包鹭宾论著选

包鹭宾/著
马　敏　付海晏　文廷海/编

华中师范大学
CENTRAL CHINA NORMAL UNIVERSITY
1903 - 2023

华中师范大学120周年校庆丛书

华大经典文库
HUADA
JINGDIAN WENKU

华中师范大学出版社
HUAZHONG SHIFAN DAXUE
CHUBANSHE

新出图证（鄂）字 10 号

图书在版编目（CIP）数据

包鹭宾论著选 / 包鹭宾著；马敏，付海晏，文廷海编. — 武汉：华中师范大学出版社，2023.8

（华大经典文库）

ISBN 978-7-5769-0114-6

Ⅰ.①包… Ⅱ.①包… ②马… ③付… ④文… Ⅲ.①社会科学—文集 Ⅳ.①C53

中国国家版本馆 CIP 数据核字（2023）第 063396 号

编 辑 室： 综合编辑室
电　　话： 027-67867370
责任编辑： 张怀东
责任校对： 王　炜
封面设计： 甘　英　胡　灿
出版发行： 华中师范大学出版社有限责任公司
社　　址： 湖北省武汉市洪山区珞喻路 152 号
销售电话： 027-67861549
邮　　编： 430079
网　　址： http://press.ccnu.edu.cn
印　　刷： 湖北新华印务有限公司
督　　印： 刘　敏
开　　本： 710mm×1000mm　1/16
印　　张： 28.5
字　　数： 382 千字
版　　次： 2023 年 8 月第 1 版
印　　次： 2023 年 8 月第 1 次印刷
定　　价： 114.00 元

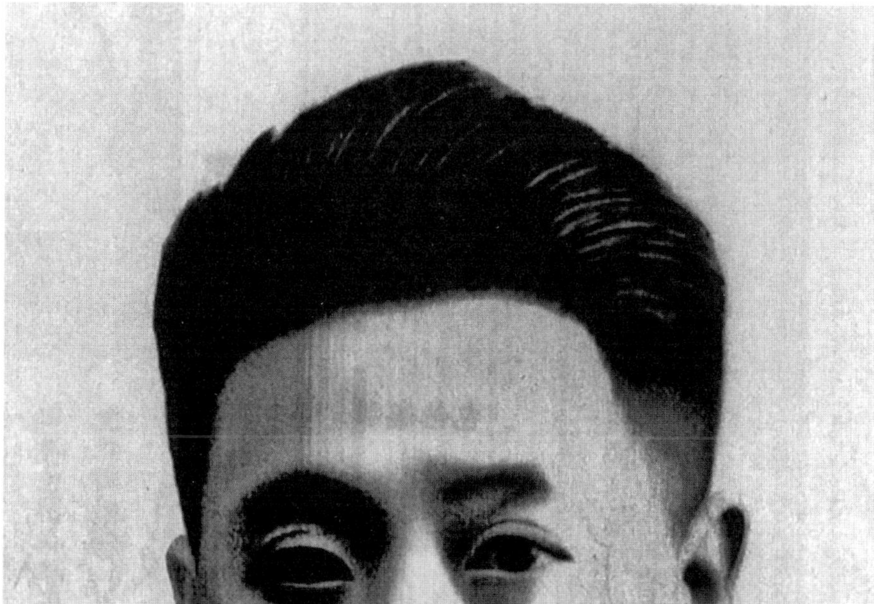

包鹭宾先生（1899 年 9 月—1944 年 8 月）

1998年3月7日，包氏三姐妹向华中师范大学敬献父亲包鹭宾遗著和感谢诗，并与时任校长王庆生（右）、历史文化学院院长马敏（左）合影

包鹭宾镌刻的两枚书斋名图章（保存于包佶处）：

1.“雨航问学之室”石质方章。

2. 包鹭宾致学生胡人龙的信笺上有三处“愳罔殆斋”（原长方形象牙章已改刻包佶的名字）印迹。《说文·心部》：“惧，恐也。……‘愳’古文。”《康熙字典·卯集》：“惧，古文‘愳’。”《晋书·元帝纪》：“恶我者愳。”《汉语大字典》：“愳，同‘惧’。”《马王堆汉墓帛书·老子甲本·德经》：“奈何以杀愳之也?”“罔”、“殆”二字应是取义于《论语·为政》“学而不思则罔，思而不学则殆”。该印章表明包鹭宾在埋头钻研的同时，还时时刻刻警策自己牢记先哲的教导，切勿蹈“学而不思”或“思而不学”，以致既“罔”且“殆”的覆辙。

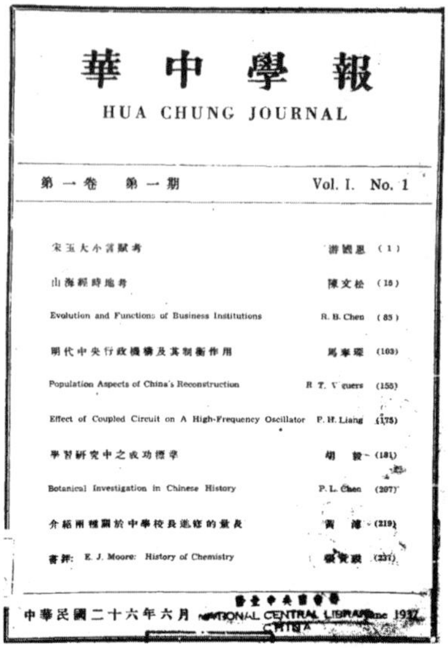

華 中 學 報

HUA CHUNG JOURNAL

第一卷 第一期 Vol. I. No. 1

宋玉大小言賦考	游國恩	(1)
山海經時地考	陳文松	(15)
Evolution and Functions of Business Institutions	R. B. Chen	(85)
明代中央行政機構及其制衡作用	馬奉琛	(103)
Population Aspects of China's Reconstruction	R. T. Vyeuers	(155)
Effect of Coupled Circuit on A High-Frequency Oscillator	P. H. Liang	(175)
學習研究中之成功標準	胡 毅	(181)
Botanical Investigation in Chinese History	P. L. Chen	(207)
介紹兩種關於中學校長進修的量表	黃 溥	(219)
書評：E. J. Moore: History of Chemistry	張資珙	(237)

中華民國二十六年六月 June 1937

華 中 學 報

武昌華中大學出版

常務編輯：胡 毅(主席) 張資珙 嘉樂滿

編 輯：包鷺賓 雷美佳 甘施禮
卞 彭 陳伯康 黃 溥

總經理：譚仁義

HUA CHUNG JOURNAL

Published by Hua Chung College
Wuchang, China.

Managing Editors: I. Hu (Chairman), N. F. Garrett, T. G. Djang.

Editors: L. P. Pao, M. Bleakley, L. Constantine,
R. P. Bien, B. K. Chen, P. Hwang.

Business Manager: J. I. Tan

包鷺賓先生编辑的《华中学报》

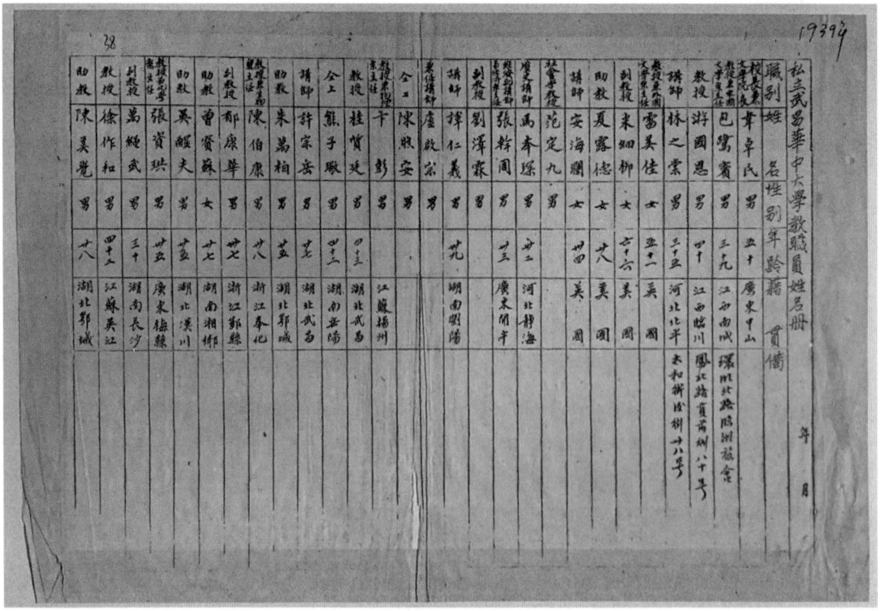

38 19394

私立武昌華中大學教職員姓名冊 年 月

職別	姓名	性別	年齡	籍貫	備
校長兼文學院長	韋卓民	男	五十	廣東中山	
教授兼中國文學系主任	包鷺賓	男	三十九	江西南城	環湖北路臨湖福舍
教授	游國恩	男	四十	江西臨川	鳳北路貢茵村八十号
講師	林之棠	男	三十五	河北北平	太和街成村卅八号
教授兼英國文學系主任	雷美佳	女	五十一	美國	
副教授	米細柳	女	六十六	美國	
助教	夏露德	女	廿八	美國	
講師	安海瀾	女	卅四	美國	
社會學教授	范定九	男			
歷史講師	馬奉琛	男	卅二	河北靜海	
教育學講師兼附中主任	張粹岡	男	卅三	廣東開平	
副教授	劉澤霖	男			
講師	韓仁義	男	廿九	湖南瀏陽	
兼任講師	盧啟宗	男			
仝上	陳照安	男			
教授兼系主任	卞彭	男		江蘇揚州	
教授	桂質廷	男	四十三	湖北武昌	
仝上	熊子驌	男	四十二	湖南益陽	
講師	許宗岳	男	卅七	湖北武昌	
助教	朱萬楠	男	廿五	湖北鄂城	
教授兼生物系主任	陳伯康	男	廿八	浙江奉化	
副教授	鄔康華	男	卅七	浙江鄞縣	
助教	曾賢蘇	女	廿七	湖南湘鄉	
助教	吳醒夫	男	廿五	湖北漢川	
教授兼化學系主任	張資珙	男	卅五	廣東梅縣	
副教授	萬純武	男	三十	湖南長沙	
教授	徐作和	男	四十五	江蘇吳江	
助教	陳美覺	男	廿八	湖北鄂城	

私立武昌华中大学教职员姓名册

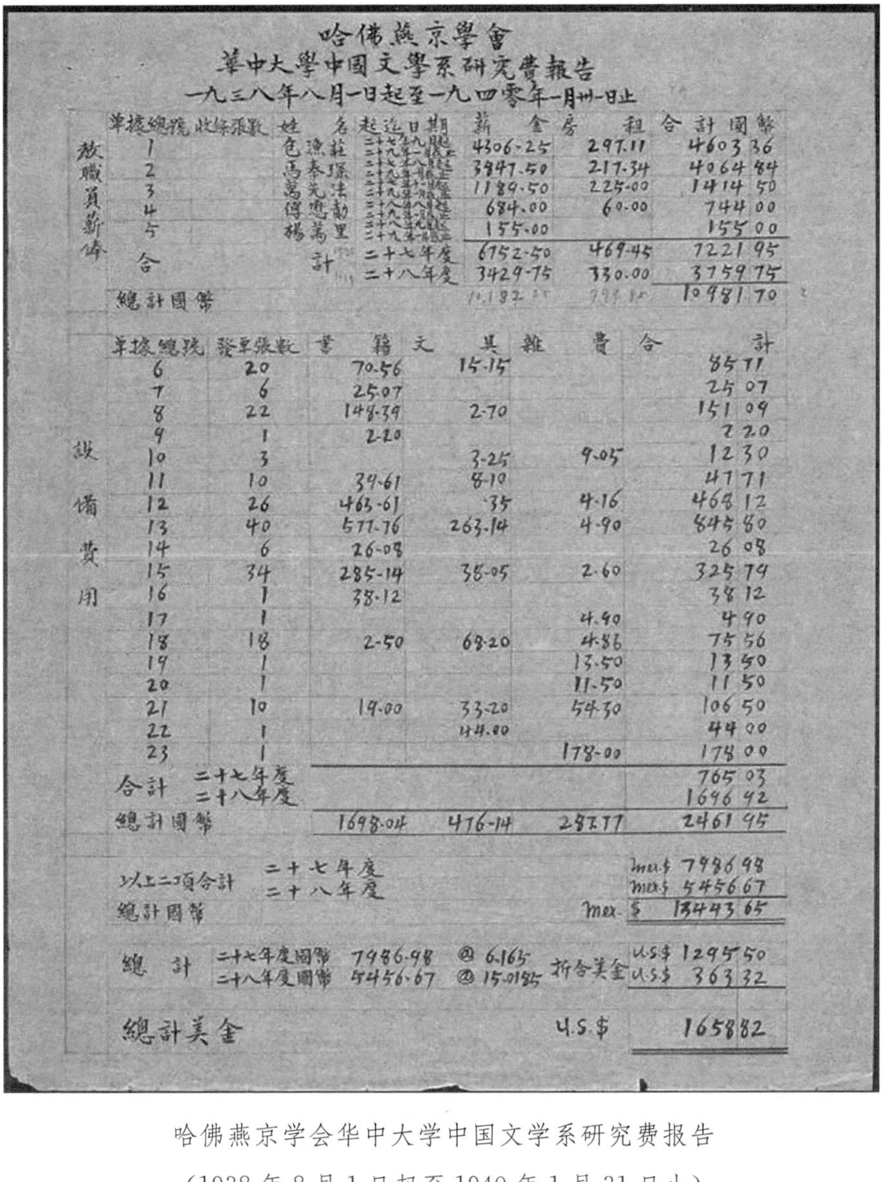

哈佛燕京學會
華中大學中国文學系研究費報告
一九三八年八月一日起至一九四零年一月卅一日止

	單據總號	收條張數	姓名	起迄日期	薪金	房租	合計國幣
教職員薪俸	1		包漁莊	[illegible]	4306.25	297.11	4603.36
	2		馬泰琛	[illegible]	3847.50	217.34	4064.84
	3		萬先法	[illegible]	1189.50	225.00	1414.50
	4		傅懋勣	[illegible]	684.00	60.00	744.00
	5		楊萬里	[illegible]	155.00		155.00
	合計			二十七年度	6152.50	469.45	7221.95
				二十八年度	3429.75	330.00	3759.75
	總計國幣				[illegible]	[illegible]	10981.70

	單據總號	發單張數	書籍	文具	雜費	合計
設備費用	6	20	70.56	15.15		85.71
	7	6	25.07			25.07
	8	22	148.39	2.70		151.09
	9	1	2.20			2.20
	10	3		3.25	9.05	12.30
	11	10	39.61	8.10		47.71
	12	26	463.61	.35	4.16	468.12
	13	40	577.76	263.14	4.90	845.80
	14	6	26.08			26.08
	15	34	285.14	38.05	2.60	325.79
	16	1	38.12			38.12
	17	1			4.90	4.90
	18	18	2.50	68.20	4.86	75.56
	19	1			13.50	13.50
	20	1			11.50	11.50
	21	10	19.00	33.20	54.30	106.50
	22	1		44.00		44.00
	23	1			178.00	178.00
	合計	二十七年度				765.03
		二十八年度				1696.42
	總計國幣		1698.04	476.14	287.77	2461.45

以上二項合計	二十七年度	mex$ 7986.98
	二十八年度	mex$ 5456.67
總計國幣		mex $ 13443.65

總計	二十七年度國幣 7986.98	@ 6.165	折合美金	U.S.$ 1295.50
	二十八年度國幣 5456.67	@ 15.0185		U.S.$ 363.32

總計美金 U.S.$ 1658.82

哈佛燕京学会华中大学中国文学系研究费报告

（1938 年 8 月 1 日起至 1940 年 1 月 31 日止）

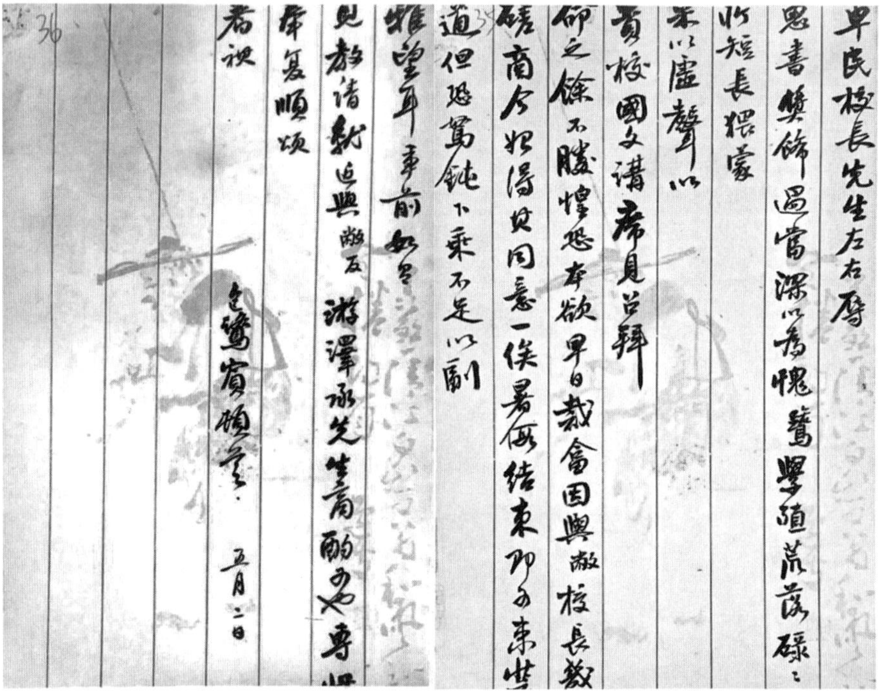
卓民校長先生左右辱
惠書獎飾過當深以為愧鷺學殖荒落碌碌
所短長猥蒙
采以虛聲以
貴校國文講席見召拜
命之餘不勝惶恐本欲早日裁答因與敝校長數
磋商今始得其同意一俟暑假結束即可束裝
道但恐駑鈍下乘不足以副
雅望耳事前如蒙
見教請就近與敝友 謝澤承先生商酌可也專此
奉復順頌
著祺
包鷺賓頓首 五月二日

包鹭宾先生给韦卓民校长的回信

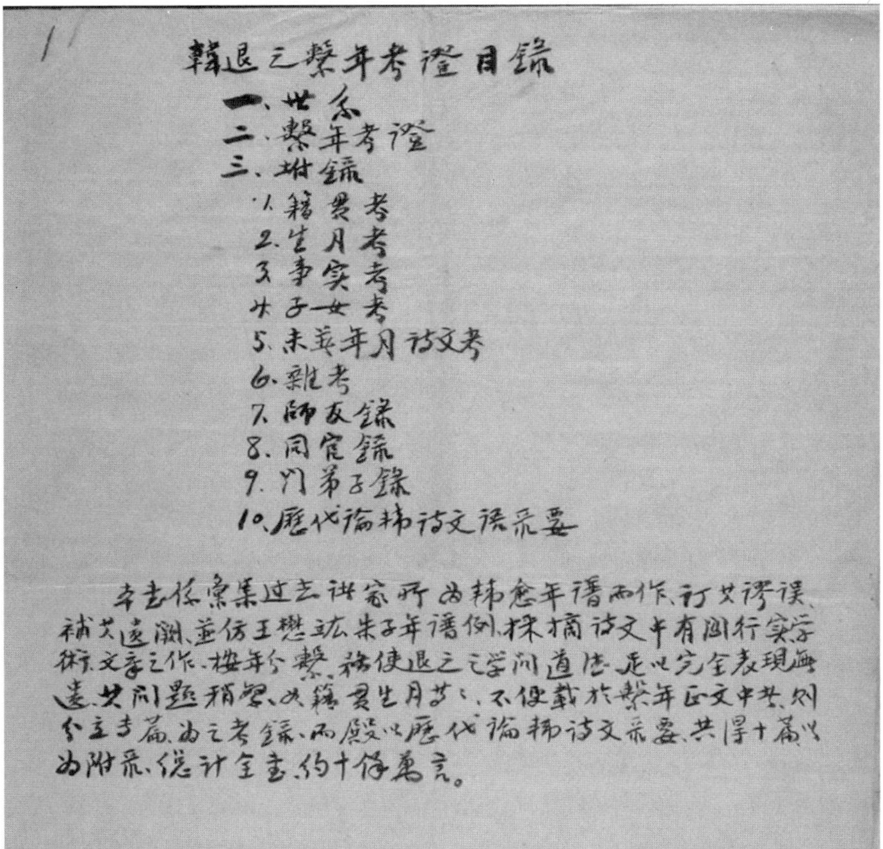

11

韓退之繫年考證目錄

一、世系
二、繫年考證
三、附錄
1. 籍貫考
2. 生月考
3. 事實考
4. 子女考
5. 未著年月詩文考
6. 謚考
7. 師友錄
8. 同官錄
9. 門弟子錄
10. 歷代論韓詩文采要

本书係彙集过去諸家所為韩愈年譜而作，訂其譌误、補其遗闕，並仿王懋竑朱子年譜例，採摘詩文中有关行实学術文章之作，按年分繫，務使退之之学問道德，悉以完全表現無遗。其問題稍繁，如籍貫生月等等，不便載於繫年正文中者，則分立专篇，為之考錄，而殿以歷代論韩詩文采要，共得十篇，以為附录，總计全书约十餘萬言。

包鹭宾先生手稿《韩退之系年考证目录》

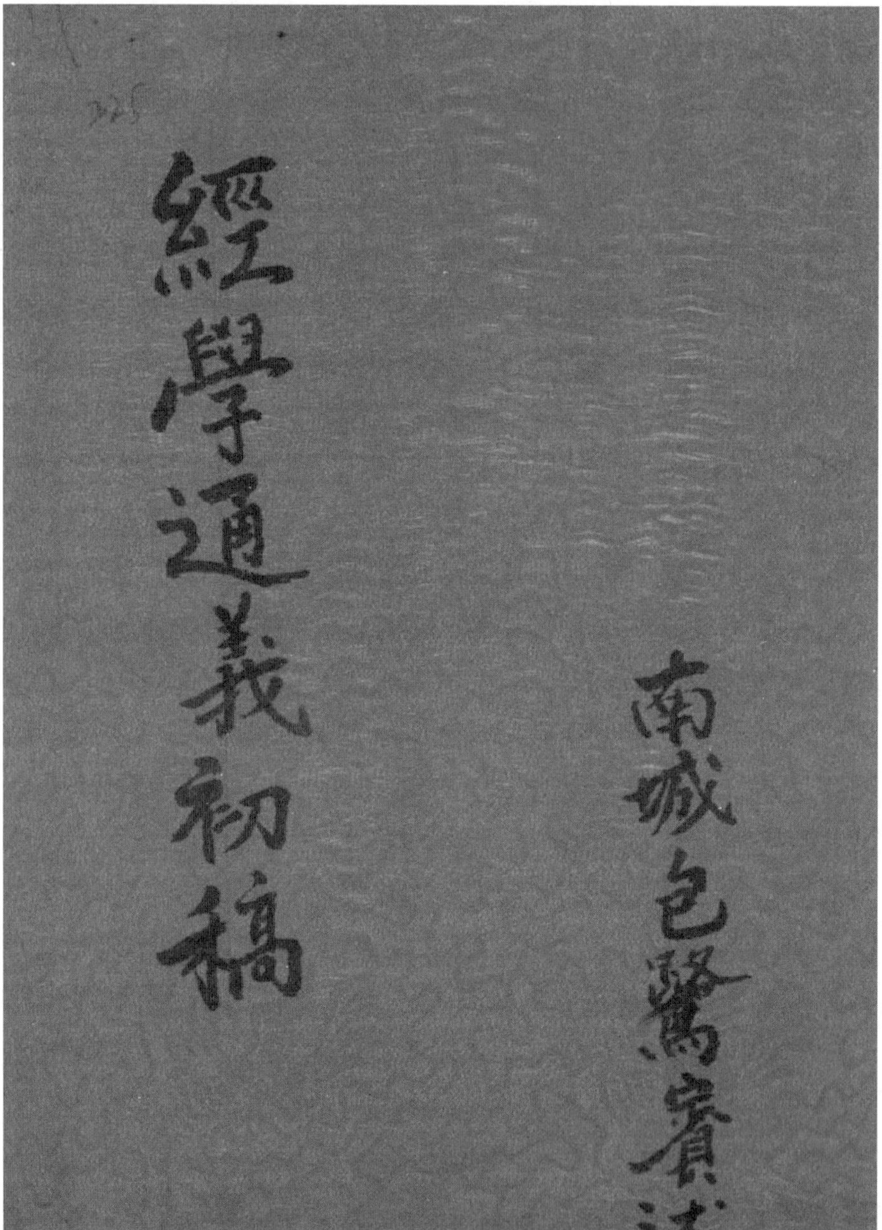

包鹭宾先生《经学通义初稿》手稿封面

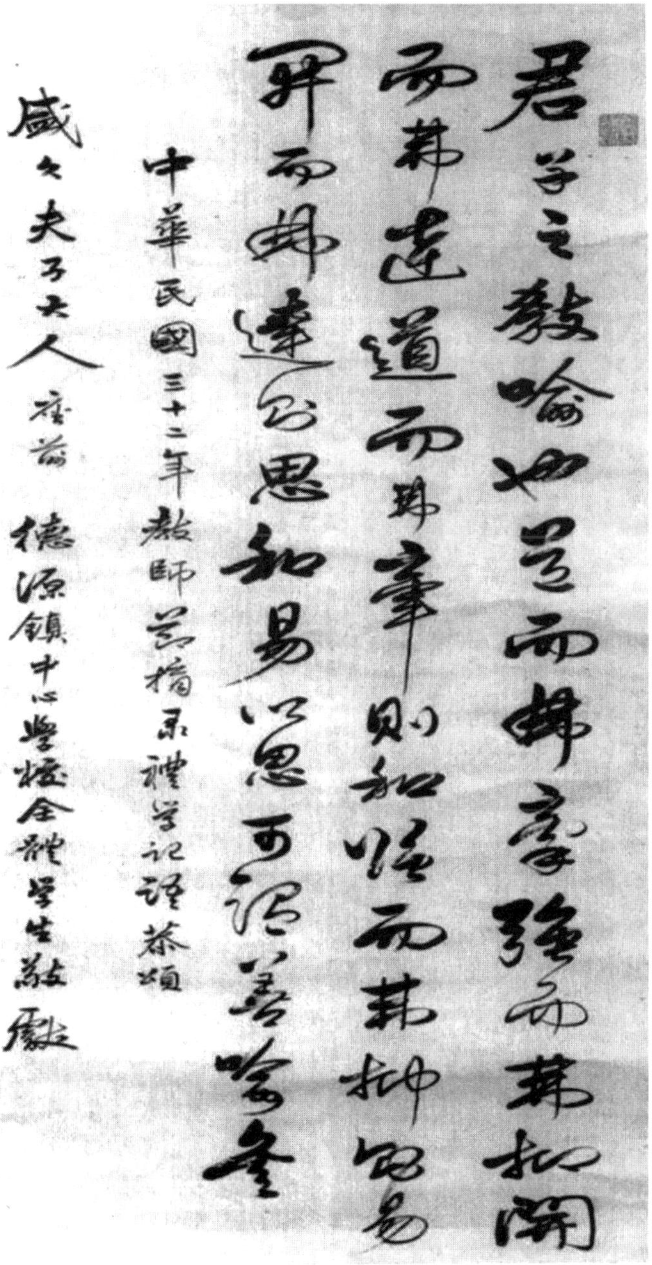

包鹭宾先生墨宝

（这草书条幅是大理白族自治州图书馆前馆长吴棠先生在大理古城玉洱路一古玩店发现并代购回）

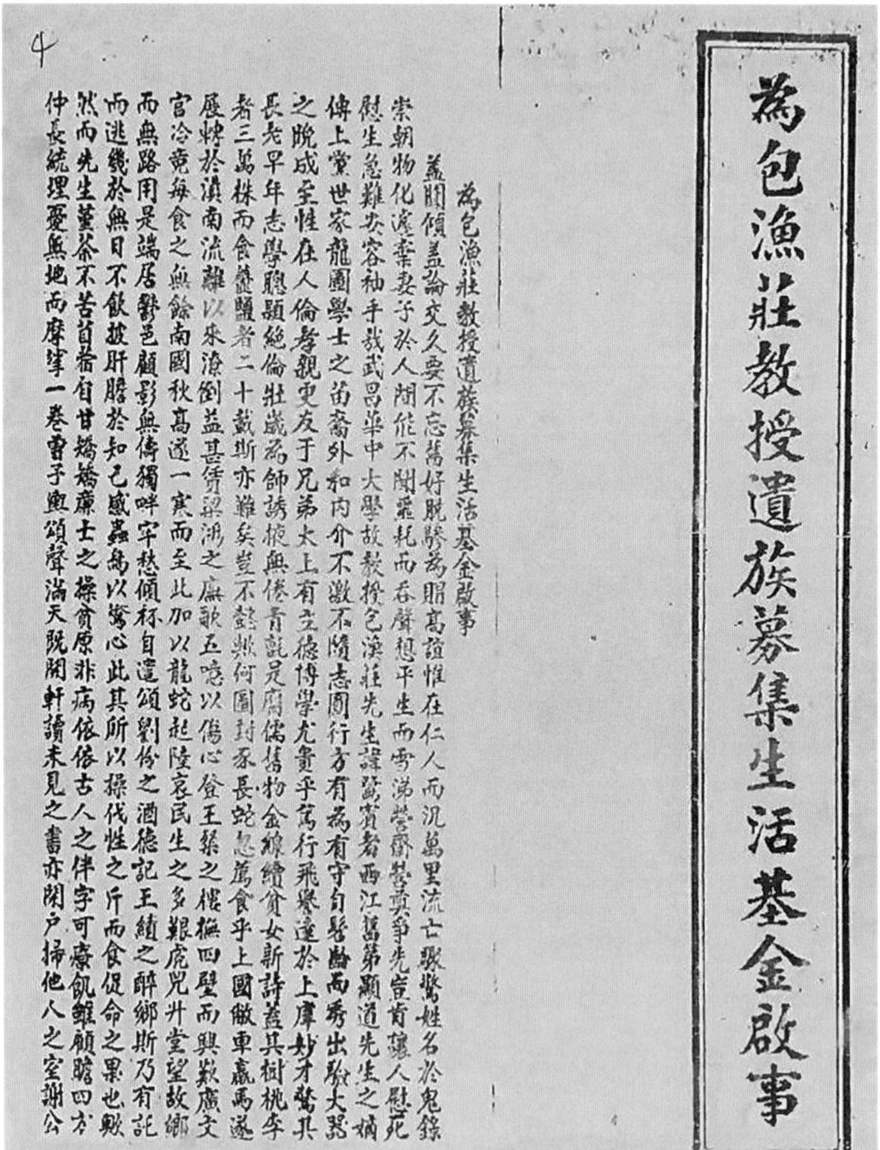

爲包漁莊教授遺族募集生活基金啟事

爲包漁莊教授遺族募集生活基金啟事

蓋聞傾蓋論交久要不忘舊好脫驂爲賵高誼惟在仁人而況萬里流亡聚驚姓名於鬼錄崇朝物化遽棄妻子於人間能不聞歌耗而吞聲想平生而雪涕營齋營奠爭先豈肯讓人慰死慰生急難安容袖手哉武昌華中大學故教授包漁莊先生諱鷺賓者西江舊第顯道先生之嫡傳上黨世家龍圖學士之苗裔外和內介不激不隨志圓行方有爲有守自髫齡而秀出驗大器之晚成至性在人倫孝親更友于兄弟太上有立德博學尤貴乎篤行飛騫達於上庠妙才驚其長老早年志學聰穎絕倫壯歲爲師誘掖無倦青氈足腐儒舊物金線續貧女新詩蓋其樹桃李者三萬株而食虀鹽者二十載斯亦難矣豈不懿歟何圖封豕長蛇忽薦食乎上國徵車羸馬遂展轉於滇南流離以來潦倒益甚賃梁鴻之廡歌五噫以傷心登王粲之樓撫四壁而興歎廣文官冷竟每食之無餘南國秋高遂一寒而至此加以龍蛇起陸哀民生之多艱虎兕升堂望故鄉而無路用是端居鬱邑顧影無儔獨畔牢愁傾杯自遣頌劉伶之酒德記王績之醉鄉斯乃有託而逃幾於無日不飲披肝膽於知己感蟲鳥以驚心此其所以操伐性之斤而食促命之果也歟然而先生菫荼不苦苜蓿自甘矯矯廉士之操貧原非病依依古人之伴字可療飢雖顧瞻四方仲長統理愛無地而摩挲一卷曹子桓頌聲滿天既閉軒讀未見之書亦閉戶掃他人之室謝公

为包渔庄教授遗族募集生活基金启事

目 录

CONTENTS

目　录

CONTENTS

目 录
CONTENTS

目录

CONTENTS

经学通义初稿（上篇）

目　　录

上篇　总论

参考书目

皮锡瑞　《经学历史》《经学通论》
陈汉章　《经学通论》
江　藩　《经解入门》《汉学师承记》
刘师培　《经学教科书》（第一册）
余萧客　《古经解钩沉》
陈祖范　《经咫》
毛奇龄　《经问又补》
孔广森　《经学卮言》
刘台拱　《经传小记》
宋翔凤　《五经通（要）义》
俞　樾　《群经评议》
胡秉虔　《西京博士考》（《艺海珠尘续编》）
张金吾　《两汉五经博士考》（《花雨楼续钞》）
王国维　《汉魏博士考》（《广仓学窘丛刊》《王忠悫公遗书》）

洪亮吉 《传经表》《通经表》

朱彝尊 《经义考》

翁方纲 《经义考补正》

郑　樵 《通志・艺文略》(《通典・选举门》《通志・选举略》)

马端临 《文献通考・经籍考》(《选举考》《学校考》)

顾炎武 《石经考》

万斯同 《石经考》

杭世骏 《石经考异》

王国维 《五代两宋监本考》

上篇　总论

引　言

经学至于今日，不振极矣。非之者至谓其名不类，欲废之不得与于诸学科之列，以为一学之立，必有其所以立之之道，举其名足以喻其实，称其学足以明其事。哲学，吾知为探宇宙之本体，与人生之鹄的者也；科学，吾知其究天人之轨法也；艺术，吾知其表生人之情意也。推算理者，吾知其为数学；论质力者，吾知其为物理学；考原素者，吾知其为化学；推而至于生物、心理、伦理、法律、政治、经济、地理、历史，以及其他诸学，举莫不有其特殊研究之对象与内容，举其一足以别其它，主于此而不入于彼，界域分明，秩然不乱。惟经学则不然，言哲学者有之，言伦理者有之，言教育、政治、经济、法律者亦有之，甚至言心理工艺者亦莫不有之，庞杂而不清，淆溷而不明，举其名不足以喻其实，称其学不足以明其事。试取所号称为经籍者，就今世之诸学，视其性之所近，二分而属诸其中，则所谓经学者，将不枵然而无物乎？噫！此知二五，而不知一十者也。

夫所谓经者，为数非一，其言自不能以一端而限。古之人已备言之：《礼记·经解》述孔子之言曰："温柔敦厚，《诗》教也；疏通知远，《书》教也；广博易良，《乐》教也；挈静精微，《易》教也；恭俭庄敬，《礼》教也；属辞比事，《春秋》教也。"《庄子·天下篇》曰："《诗》以道志，《书》以道事，《礼》以道行，《乐》以道和，《易》以道阴阳，《春秋》以道名分。"义各有归，言各有当，初未尝一概视之也。然此无害于经之为学也。经学者，以经籍为对象，而论其旨归、派别、问题，与夫其学之所以成立与迁流者是也。其为文艺、哲理、政治、教育与否，不问焉。譬诸《诗》，固今之所谓文学者矣，而经学者于此曾不之问；其所问者，曷为“六义”？曷为“四始”？《诗》之篇什，即今所存之三百篇乎？抑古诗三千，经孔子删存，而有此数乎？所谓“逸诗”，其即所删之遗乎？《诗序》其孔子作耶？抑子夏与毛公作耶？抑皆非也？《商颂》果商代之诗乎？抑周之中叶宋之诗乎？《国风·关雎》，美文王后妃作耶？刺康王晏起作耶？美刺之说于义何居？何谓今学？何谓古学？今学三家与古学毛氏，其异安在？三家今学有无不同？说各何似？各家之学，成立以来，传授何若？孰得孰失？孰存孰亡？凡此诸端，不遑备举，然皆《诗经》学者所当务也。《书》《礼》诸学，理亦如是，其或不分经籍，而通考其学之成立、传授、流别、演变，与夫各家之精神、旨趣，及其所提献之问题与解说，此亦经学者所当务也。若知经学之所务，则举其名自足喻其实，称其学自足明其事，畛域分明，安见与他学相溷？其与今世诸学异者，特所取之观点有不同耳。彼以天人之事为定诸学之性质，此以相传之经籍为研究之对象，如是而已。立学之道，岂真果有所异乎哉？此所谓知二五，而不知一十者也。

况今之诸学，其名本非吾所固有，吾先圣哲，于此虽不无精深独到之言，然求其有条有贯，有本有原，足以勒为专学者，实未之见。惟经学自成立以来，至今二千余岁，宗派繁衍，载籍浩繁，传授有渊源可寻，立说有颛门之号。同一经也，各家之宗主不同；同一家也，立说之旨趣各别。一家有一家之特色，一经有一经之问题，系统分明，条理清晰。故不欲言中国之学则已，欲言中国之学，则舍经学外未见其能有与今所称泰西诸学相抗者也。安在其能废哉？昔汉儒说经，多有通义通论如刘向有《五经通义》，刘辅有《五经通论》。之作，高密郑氏为六艺论，更以总论纲全经，以分论明各学。今之所述名曰通义，而其旨趣窃有取于郑氏焉。

第一章　经之名义

第一节　经名之始见

《诗》《书》《礼》《乐》，由来尚矣，然其初未尝称之为经也。其有引述之者，曰《诗》、曰《书》而已，未尝冠以经名，称之曰《诗经》《书经》也。其合而称为五经、六经，则尤未之前闻。有之，其惟《管子》乎？《管子·戒篇》曰："泽其四经。"尹知章注："四经，谓《诗》《书》《礼》《乐》也。"《管子》书是否为管仲所作，姑不具论，即尹氏所注，其为《管子》原意与否，亦不可得知。《戒篇》四经，安知非如《山权数篇》之五官技乎？五官技，于诗外，未尝言及书与礼、乐，而又别有时、春秋、行、易、卜五者，所谓备六家者也。四经云云，得无象之然乎？而说者乃谓经亦训术。《说文》训术为邑中道，郑注《考工记》曰：经，亦谓城中道。《礼记·王制》："乐正崇四术，立四教，顺先王之诗、书、礼、乐以造士。春秋教以礼、乐，冬夏教以诗、书。"诗、书、礼、乐，本周代教士之成法，《管子》所以处士就闲燕，"先生施教，弟子是则"者，实宗乐正之四术，而定名为经。说见陈汉章先生《经学通论》。《管子》之书，固不无后世之作羼杂其间，然此则先秦诸书皆然，不独《管子》为然也。吾人能以《论语·〈子张〉〈尧曰〉》之可疑，崔适先生《论语原始》有此说。而并《论语》全书疑之乎？是《诗》《书》《礼》《乐》四者称经始于《管子》，而在春秋之初，孔子之前矣。

而章学诚《文史通义·经解》则曰："《易》曰：'云雷屯，君子以经纶。'经纶之言，纲纪宇宙之谓也。郑氏注谓：'论撰书礼，乐施政事。'经之命名，所由昉乎？"按屯卦象传为孔子所作，则经名又始于孔子，而不始于管仲。《管子》一书其果不足信欤？惟屯卦传文，为纶为论，郑、王两家注本各异。王辅嗣本注："经纶，谓君子经纶之时。"孔颖达《正义》曰："经谓经纬，纶谓纲纪，言君子法此屯象有为之时，以经纶天下，约束于物，故云君子以经纶也。刘表、郑玄以纶为论，非王本意。"是屯卦象传之文非必如郑氏所注为"论撰书礼，乐施政事"也。况《论语》所记孔子之言，从未闻有称《诗》《书》《礼》《乐》为经者乎？

虽然，降至战国，诸子书中，其称《诗》《书》《礼》《乐》为经者，则固所在多有。《庄子·天运篇》曰："孔子谓老聃曰：'丘治《诗》《书》《礼》《乐》《易》《春秋》六经，自以为久矣，孰知其故矣。'"又《天道篇》曰："孔子往见老聃，而老聃不许，于是翻十二经以说。"陆德明《释文》曰："说者云《诗》《书》《礼》《乐》《易》《春秋》六经，又加六纬，合为十二经。一说云《易》上、下经，并《十翼》，为十二。又一说云春秋十二公经也。"此不独称《诗》《书》《礼》《乐》为经，并益以《易》与《春秋》称六经矣。《荀子·劝学篇》曰："学恶乎始？恶乎终？曰：其数则始乎诵经，终乎读礼。"虽未明言经者何谓，而《儒效篇》则云："圣人也者，道之管也。天下之道管是矣……《诗》《书》《礼》《乐》之归是矣。《诗》言是其志也，《书》言是其事也，《礼》言是其行也，《乐》言是其和也，《春秋》言是其微也……天下之道毕是矣。"《庄子·天下篇》亦曰："其在《诗》《书》《礼》《乐》者，邹鲁之士，搢绅先生，多能明之。《诗》以道志，《书》以道事，《礼》以道行，《乐》以道和，《易》以道阴阳，《春秋》以道名分。"与荀子《儒效》所言，其意大抵相同。惟《儒效》未尝言《易》，其言《春秋》，亦略有不同耳。合《庄子》诸篇与荀子《儒效》参互观之，则知其《劝学篇》所云"始乎诵经"者，其经亦必为《诗》《书》《礼》《乐》无疑也。然则《诗》《书》称经，虽不必始于春秋，然至战国而有是名，则固的然而无疑矣。

第二节　经名之由来

《诗》《书》《礼》《乐》，曷为而称为经？经名之由来，果何所取义乎？自来解释之者，不一其说。《说文》云："经，织也。从糸，坙声。"此"经"字本义。有经而后有纬，有经纬而后有纂组文章，由是以为经者，指文章组织言，异于鄙词直说，此一说也。经既训织，引申自有编丝缀属之义，因以凡编丝缀属者皆谓之经，初称官书，后施易至于群籍，此又一说也。《玉篇》曰："经纬以成缯布。"《诗·灵台》："经之营之。"经者犹经纬、经纪云尔。经同尊称，义取综要，非谓圣人有意作为文字，以传后世，此又一说也。经亦训常、训法。《易》颐六二："颠颐拂经于丘。"王肃注《书·大禹谟》"宁失不经"孔传，《诗·小旻》"匪大猷是经"，毛传并训经为常。《周礼·天官·太宰》"以经邦国"郑注，《礼记·礼器》"以为礼之大经"孔疏，左氏宣公十二年《传》"武之善经也"杜注，并训经为法。故言：经者必圣人之所述作，足以为万世常法者，乃得蒙此美名，此又一说也。是说渊源最早，义最通行，今惟言今文者主之。其上之说则皆近世号称古文学者之所持也，兹分述之：

一、以经指文章纂组藻绘言，异于鄙词直说者，其原出清阮元之说《易》乾坤《文言》，而仪征刘师培著《经学教科书》本之以释经义，其言曰："许氏《说文》'经'字下云：'织也。从糸，坙声。'盖'经'字之义，取象治丝，从丝为经，横丝为纬，引申之则为组织之义。上古之时，字训为饰。又学术授受，多凭口耳之流传，六经为上古之书，故经文奇偶相生，声韵相协，以便记诵，而藻绘成章，有参伍错综之观。按此本阮元《文言说》意。古人见经文之多文言也，于是假治丝之义而锡以六经之名。即群书之用文言者亦称为经，以与鄙词直说示异。后世以降，以六经为圣王之旧典也，乃训经为法；又以六经为尽人所共习也，乃训经为常。此皆'经'后起之义也。"此刘氏之说也。夫经训织，本义固尔，群书之用文言者亦称为经，如老子五千言称《道德经》，屈原《离骚》称《离骚经》，亦未尝不是；然何以解于六艺如《周礼》《仪礼》文多质直无藻韵者亦称为经乎？此得其一而未得其二也。

二、以经为编丝缀属之义，为一切书籍之通称，其说出于余杭章炳麟。章氏《国故论衡·文学总略》曰：“经者，编丝缀属之称，异于百名以下用版者，亦犹浮屠书称修多罗，修多罗者，直译为线，义译为经，盖彼以贝叶成书，故用线联贯也。此以竹简成书，亦编丝缀属也。传者，专之假借。中略。《说文》训专为六寸簿，簿即手版，古谓之忽。原注：今作‘笏’。中略。专之得名，以其体短，有异于经。郑康成《论语序》云：‘《春秋》二尺四寸，《孝经》一尺二寸，《论语》八寸。’中略。论者，古但作仑，比竹成册，各就次第，是之谓仑。中略。是故绳线联贯谓之经，簿书记事谓之专，比竹成册谓之仑，各从其质以为之名，亦犹古言方策，汉言尺牍，今言札记矣。”又《原经》篇曰：“挽世有章学诚，以经皆官书，不宜以庶士僭拟，故深非杨雄、王通。案《吴语》称‘挟经秉枹’，兵书为经。《论衡·谢短》曰：‘五经题篇，皆以事义别之，至礼与律，独经也。’法律为经。《管子》书有《经言》《区言》（编者按：今本《诸子集成·管子》只有《枢言》《霸言》，未见《经言》《区言》），教令为经。说为官书诚当。然《律历志》序庖犠以来，帝王代禅，号曰《世经》。辨疆域者有图经，挚虞以作《畿服经》也。原注：见《隋书·经籍志》。经之名广矣。仲尼作《孝经》，汉《七略》始传六艺，其始则师友雠对之辞，不在邦典。《墨子》有《经》上下，贾谊书有《容经》，韩非为《内储》《外储》，先次凡目，亦楬署经名。老子书至汉世邻氏复次为经传。孙卿引《道经》曰：‘人心之危，道心之微。’《道经》亦不在六籍中。此则名实固有施易，世异变而文殊化，非徒方书称经云尔。中略。问者曰：‘经不悉官书，今世说今文者，以六经为孔子作，岂不然哉？’应之曰：经不悉官书，官书亦不悉称经。原注：《史籀篇》《世本》之属。《易》《诗》《书》《礼》《乐》《春秋》者，本官书，又得经名。孔子曰：‘述而不作，信而好古。’明其亡变改。其次《春秋》，以鲁《史记》为本，犹冯依左丘明。左丘明者，鲁太史。原注：见《艺文志》。然则，圣不空作，因当官之文。《春秋》《孝经》，名实固殊焉。原注：《春秋》称经从本名，《孝经》称经从施易之名。”此章氏之说也，其言经不悉官书，官书亦不悉称经，以非难实斋，说固谛当。至谓经之得名，由于编丝缀属，似尚不无可议。专对经言，而许书说专，从其本义，训六寸簿；其于经，则曰织也。是经者，原非典籍之谓。六艺称经，特后世假借之以仰名前事，而非从其朔也。若仅以编丝缀属，遂名为经，则若专若仑，不编丝缀属，而能比次之乎？名从其质，称典可也。《书》有《尧典》《舜典》。《说文》曰：“典，五帝之书也。从册，在丌上，尊阁之也。庄都说：典，大册也。”称六艺为六典，得无名实俱当，愈于编丝缀属，与传论相淆乎？故章氏之说，可谓得其实而未得其义矣。

三、谓经为经纬、经纪，义取综要，此会稽章学诚说也。章氏《文史通义·经解》上曰：“《易》曰：‘云雷屯，君子以经纶。’经纶之言，纲纪宇宙之谓也。郑氏注谓：‘论撰书礼，乐施政事。’按经纶之‘纶’，王弼注本作‘纶’，郑玄本作‘论’。经之命名所由昉乎？然犹经纬、经纪云尔，未尝明指诗书六艺为经也。中略。夫子既没，弟子门人各录其文，皆名为传，因传而有经名。以上多省节。至于官师既分，处士横议，诸子纷纷著书立说，而文字始有私家之言，不尽出于典章政教也。儒家者流乃尊六艺而奉之为经，而又不独对传而为名也。中略。当时诸子著书，往往自分经传，如撰集《管子》之分别经言，《墨子》亦有经篇，韩非则有《储说》经传，盖亦因时立义，自以其说相经纬耳，非有拟而僭其名也。经同尊称，其义亦取综要，非如后世之严也。圣如夫子，而不必有经，诸子有经，以贯其传，其义各有攸当也。中略。今之所谓经，强半皆古人所谓传也。古之所谓经，乃三代盛时典章法度，见于政教行事之实，而非圣人有意作为文字，以传后世也。”章氏之说，较之诸家为略得其实矣。

四、以经训常训法，因谓六艺称经，必经孔子删订，足为万世常法，而后得有此名。此善化皮锡瑞之所主，而导源于今文学家者也。皮氏《经学历史》曰："孔子以前，不得有经，犹之李耳既出，始著五千之言，释迦未生，不传七佛之论。中略。孔子有帝王之德，而无帝王之位，晚年知道不行，退而删订六经，以教万世。其微言大义，实可为万世之准则。中略。故孔子为万世师表，六经即万世教科书。"又曰："孔子出而有经名。中略。《礼记·经解》曰：'孔子曰：入其国，其教可知也。其为人也，温柔敦厚，《诗》教也；疏通知远，《书》教也；广博易良，《乐》教也；絜静精微，《易》教也；恭俭庄敬，《礼》教也；属辞比事，《春秋》教也。'始以《诗》《书》《礼》《乐》《易》《春秋》为六经。然篇名《经解》，而孔子口中无'经'字。《庄子·天运篇》曰：'孔子谓老聃曰：丘治《诗》《书》《礼》《乐》《易》《春秋》六经。'孔子始明言经。或当删订之时，以其道可常行，正名为经。中略。龚自珍曰：'仲尼未生，先有六经；仲尼既生，自明不作。仲尼曷尝率弟子使笔其言，以自制之经哉？'如龚氏言，不知何以解夫子之作《春秋》？是犹惑于刘歆、杜预之说，不知孔子以前，不得有经之义也。"以上并"经学开辟时代"文。又曰："经名昉自孔子，经学传自孔门。中略。孔子所定谓之经，弟子所释谓之传，或谓之记，弟子辗转相授谓之记。惟《诗》《书》《礼》《乐》《易》《春秋》六艺，乃孔子所手定，得称为经。如释家以佛所说为经，禅师所说为律论也。"以上"经学流传时代"文。皮氏之说略得经名之义，然谓命名由来，由于孔子删订，殆亦非名从其朔之旨也。会稽、余杭两章氏所举老子、管子、墨翟、韩非诸书，或名为经，或经传并列，此足以破其惑矣。

要之四家之说，各得一偏，而皆未足以赅其全也。申叔、太炎两君，本主古文家说，以六艺为先王旧典，未经孔子删订，旧法此传，史尚多有，故力反经为尊称之说，而从文字义训以诠释之，以为名从其质，理固应尔也。然名之为用，义取分别，编丝缀属，简册之所同然，纂组成文，诸子亦或如是。苟非意有所专，复何贵于名号？况官私板式，大小虽异，而官书又不悉称为经；私家篇章，长短无殊，而诸子又或经传自别，名实溷淆，莫此为甚。借曰世异化殊，名有施易，然经名之起，始自先秦，实假后名，仰名前事，非若简牒册牍，本为书制之称，则其命名之初，又何不别取专义，而必有取于纂组缀缉，不使与简策牒牍示异乎？且诗、书、礼、乐，本属专名，四术四教，可为总号，若非别有新义，亦何烦于改作？故两君所说，可谓得“经”字之义，而未得经名之旨也。至若实斋、鹿门之言，意旨无大殊异。经训常法，群经传注，今古文家并多有之。特实斋主古文，不以六艺为孔子所述作，有意作为文字，垂教万世；经同尊称，义取综要，不如皮氏之严，斯为异耳。究其指归，当以实斋之言为近是。惟以经传之别，由于官私著作之异，或亦未必然也。古者书制，板式大小自有一定，如郑玄《论语序》所云。专训六寸簿，《说文》。其制特小，自亦当然。但不能谓经传义别，即由于此也。盖诗书六艺，本先王旧典，掌于王官，为教士之成法，诸子百家所共习之。然自诸子既兴，各倡一说，以争鸣一时，而又皆以其有，为不可加，用庄子语读从本师马叙伦先生《庄子义证》。思以其学易天下。由是一人倡之，百人和之，家派乃成，流别斯著，辗转相传，各家弟子各以其所习闻于其师者，著录之而为之说，本皆私家之著述，而皆可名之为传。然无以别于若师若弟子云者，由是弟子所说还谓之传，而别以其师说名之为经；义固取于综缉要义，纲纪群言，而亦谓为一家之所秉持，尊奉以为常法者也。《庄子·天下篇》论墨家苦获、已齿、邓陵子之属，俱诵《墨经》，而谲诡不同可见。此《管子》之书所以区为《经言》《区言》，而《墨子》有《经》与《经说》两家并在春秋时，为称经之最早者。之别，初不以官书、私著分也。儒家者流当时亦同诸子，王充《论衡·率性篇》云：孔子者，诸子中最卓者也。其所异者，诸子各有新说，惟儒家独持奉先王之诗书六艺，遵守弗失，不自倡教，故六艺原为诸子所共习者，一变而为儒家所专有矣，由是而称之为经。其意亦曰：先王经纶世务之常法，固厌在于斯耳，亦犹管、墨诸家各奉其师说以为经也。是以《诗》《书》初虽官书，而其名经之义，意固不在官书也。《诗》《书》为孔子所雅言，然孔子口中无“经”字，儒家称经始于荀子，远在管、墨之后。此经之名义所由来也。逮汉以后，诸子既绌，儒术独尊，经之一名遂若为儒家六艺所专有。今文家者又以孔子删述六艺，为后王立法，垂教万世，由是一家所持之要典，又变而为万世致治之常法，而经之名特尊矣。诸子称经，遂同僭窃，此岂事之本欤？皮氏之病，在于从流，往而不反，与刘、章太炎。二氏务为讨源之论，厥失维均。故当以章实斋之说为近是，然今论经学，又当以儒家六艺之属为断。

第二章　经之数要

第一节　先秦之四经

经之数，时愈进而愈繁。章实斋谓：“今之所谓经，强半皆古人所谓传。”《文史通义·经解》。龚自珍谓：“六经、六艺之名由来久远，不可以臆增益。后世以传为经，以记为经，以群书为经，以子为经，以经之舆儓为经，有七经、九经、十经、十二经、十三经、十四经之喋喋。”《六经正名论》。实则先秦所称足以当经之目者，惟《诗》《书》《礼》《乐》四者而已。《管子·戒篇》所谓泽其四经，虽不必为《诗》《书》《礼》《乐》，而其他诸书所称，尚有可以考见者。

《礼记·王制》“乐正崇四术，立四教，顺先王之《诗》《书》《礼》《乐》以造士，春秋教以《礼》《乐》，冬夏教以《诗》《书》”，前固以称述之矣。而《左传·僖公二十七年》，城濮之战，晋作三军，谋元帅，赵衰曰：“郤谷可，臣亟闻其言矣，说《礼》《乐》而敦《诗》《书》。《诗》《书》，义之府也；《礼》《乐》，德之则也。”亦以《诗》《书》《礼》《乐》并言。《论语》记孔子燕居常言，曰：“子所雅言，诗书执礼。”《述而》。其教弟子曰：“博学于文，约之以礼。”《雍也》《子罕》《颜渊》。文对礼言，当指《诗》《书》。注言“先王之遗文”足矣，不必如疏云

"《易》《书》《诗》《礼》《乐》《春秋》六经"也。孔子赞《易》，游、夏不能赞一辞，孟子言孔子作《春秋》，当不在教弟子之列。举礼足以包乐，《阳货》礼云乐云，则礼乐对举。礼乐重在习作，故云"执"。执者，服事之也。《诗·执竞》释文引《韩诗》：执，服也。《礼记·月令》郑注：执者，治其器物，习其事之言。《诗》《书》著于竹帛，故曰"言"。雅言者，正言也。阮元云：犹今之官话。是孔子所教，亦即乐正之四术。故孔子虽未尝举《诗》《书》《礼》《乐》并言，而所教则在于是矣。《庄子·天下篇》曰："其在《诗》《书》《礼》《乐》者，邹鲁之士，搢绅先生，多能明之。"又《徐无鬼篇》曰："横说之，则以《诗》《书》《礼》《乐》。"《荀子·儒效篇》亦曰："故《诗》《书》《礼》《乐》之归是矣。"皆以《诗》《书》《礼》《乐》四者并言，虽《天下》《儒效》下文皆言《春秋》，或并及于《易》，《庄子·天运》亦言《诗》《书》《礼》《乐》《易》《春秋》六经。然其释此四者则无异辞，《春秋》则两家所释不同。是则《诗》《书》《礼》《乐》，其时虽未称经，而其足以当经之目者，惟此四者而已。

第二节　两汉之六经（五经）

庄、荀诸子，于《诗》《书》《礼》《乐》四者而外，虽或并称《易》与《春秋》，然不过连类及之，而不得视为定说也。逮至炎汉，则言经术者必以《诗》《书》《礼》《乐》《易》《春秋》六者并称。董仲舒《春秋繁露·玉振篇》曰："《诗》《书》序其志，《礼》《乐》养其纯，《易》《春秋》明其事经。"《礼记·经解》曰："孔子曰：入其国，其教可知也。其为人也，温柔敦厚，《诗》教也；疏通知远，《书》教也；广博易良，《乐》教也；絜静精微，《易》教也；恭俭庄敬，《礼》教也；属辞比事，《春秋》教也。"《史记·自序》曰："《易》著天地、阴阳、四时、五行，故长于变；《礼》经纪人伦，故长于行；《书》记先王之事，故长于政；《诗》记山川溪谷、禽兽、草木、牝牡、雌雄，故长于风；《乐》乐所以立，故长于和；《春秋》辩是非，故长于治人。是故《礼》以节人，《乐》以发和，《书》以道事，《诗》以达意，《易》以道化，《春秋》以道义。”然史公称之，则曰六艺。《滑稽传》曰：“孔子曰：六艺于治一也。《礼》以节人，《乐》以发和，《书》以道事，《诗》以达意，《易》以成化，《春秋》以道义。”《伯夷传》曰：“夫学者载籍极博，犹考信于六艺之文。”《孔子世家》曰：“备王道，成六艺。”又曰：“弟子身通六艺者七十二人。”“中国言六艺者折中于夫子。”《儒林传》曰：“至秦之季世，焚诗书，坑术士，六艺从此缺焉。”至班固《汉书》则称六学。《儒林传》曰：“古之儒者，博学六艺之文。六学者，王教之典籍，先圣所以明天道，正人伦，致至治之成法也。”《叙传》曰：“宪章六学。”六艺、六学之称，亦犹乐正之四术、四教耳。

别有称五经者。班固《白虎通德论·五经篇》曰：“经所以有五，何？经，常也，有五常之道，故曰五经。《乐》仁，《书》义，《礼》礼，《易》智，《诗》信。”又曰：“五经何谓？《易》《尚书》《诗》《礼》《春秋》也。”二说不同。唐虞世南《北堂书钞》、徐坚《初学记》，宋李昉《太平御览》引《白虎通》则云：“五经何谓？《易》《尚书》《诗》《礼》《春秋》也。古者以《易》《书》《诗》《礼》《乐》《春秋》为六经，至秦焚书，《乐经》亡，今以《易》《书》《诗》《礼》《春秋》为五经。”与第二说同。而《艺文志》则云：“六艺之文：《乐》以和神，仁之表也；《诗》以正言，义之用也；《礼》以明体，明者著见，故无训也；《书》以广听，知之术也；《春秋》以断事，信之符也。五者盖五常之道，相须而备，而《易》为之原。故曰：‘易不可见，则乾坤或几乎息矣。’言与天地为终始也。至于五学，世有改变，犹五行更相用事也。”所称与第一说亦不相同，且以《易》统其原矣。然《汉书·武帝纪》扬雄《法言》《问神》《寡见》等篇，并以《易》《诗》《书》《礼》《春秋》为五经，故《太平》谓为《乐经》亡也。其后王莽补作《乐经》，故《文选》扬雄《剧秦美新》云：“制成六经。”注：“经有五而又立《乐》，故云六经。”蔡邕《郭有道碑》：“遂考览六经。”注：“五经及《乐经》。”并以

《易》《诗》《书》《礼》《春秋》为五经，而以《乐经》为王莽补作，不在五经之数矣。惟《春秋纬说题词》以《诗》《书》《易》《礼》《孝经》为五经，为可异耳。纬候之书，其果不足以征信耶？

夫先王造士，乐正所崇，本为《诗》《书》《礼》《乐》，称之为经，其名固正，何以至于汉世，又益以《易》与《春秋》，称经为六？或虽增《易》，而《乐》与《春秋》或有或无，称经为五？此其故何耶？曰此学术世变之迹也。《文献通考》应氏曰："乐正崇四术以造士，则先王之《诗》《书》《礼》《乐》，其设教固已久。《易》虽用于卜筮，而精微之理非初学可语；《春秋》虽公其记载，而策书亦非民庶所得尽窥。故《易象》《春秋》，韩宣子适鲁始得见之。则诸国之教，未必尽备六者，盖自夫子删定赞修笔削之余，而后传习滋广，经术流行。"是《易象》《春秋》之称经，由于孔子翼赞笔削耳。《诗》《书》《礼》《乐》，本周代教士成法，百家之所共习，及其为儒家所专，称之为经，则儒家宗主孔子所翼赞笔削之《易》与《春秋》，自为儒家之所尊奉，而足以与于经之列；然孔子当时，尚未尝举之以教弟子。孔子五十学《易》，笔削《春秋》，游、夏不能赞一辞，是以战国之季，庄、荀诸子虽列举《诗》《书》，间或及于《春秋》《易象》，然或备或缺，尚未著为定论也。《白虎通》称五经，或不举《春秋》，则别有故，说详后。其后诸子既衰，儒术独尚，言六艺者必折中于孔子，则孔子之所赞翼笔削者，自足与《诗》《书》《礼》《乐》并列也。由是或称六艺，或称六学，或称六经，亦由乐正四术、四教，进而称为四经耳。经者，典籍尊称之谓，曰术、曰艺、曰教、曰学，则教科名目之称，其事虽同，而其名则有别也。

又西汉之世，五行之说最为流行。一切学术莫不附以五行之义，由是经术之士亦沿袭其说，以附会经义。然经本有六，何以说之为五？因谓秦之季世，焚书坑儒，《乐经》亡失，汉得秦乐人制氏，但记其铿锵鼓舞，而不能言其义；或谓乐本无经，乐之纲目具于《礼》，其歌词具于《诗》，其铿锵鼓舞，则传在伶官，制氏所记，盖其遗谱，非别有一经为圣人所定。论乐本无经，以清儒邵懿辰《礼经通论》最为明畅，附采于后。由是六经去《乐》而为五，此《白虎通论》第一说也。然乐正四术，《乐》固赫然列为一目，先王造士，孔子设教，所共尊习，似又不可或缺；《易》则作卦始于伏羲，《系辞》言卦、爻辞。著于文王周公，而又经孔子赞翼，所谓事更三圣，伏羲、文王、周公、孔子，圣有四而称三者，举父包子，言文王以包周公也。孔颖达说。自又不可或缺。惟《春秋》，虽孔子因《鲁史》旧文而作，然笔则笔，削则削，游、夏之徒不能赞一辞，孟子称之，至比于禹抑洪水，周公兼夷狄，义固尊严，而较诸《诗》《书》《礼》《乐》《易》五者，则更为后起也。故减去《春秋》而称为五，此《白虎通论》第二说也。虽然，《乐经》原本有无，姑不具论，至其所传于今者，乐固未尝有经也，而《春秋》乃孔子志事之所在，孟子至谓知丘罪丘，惟在《春秋》，则举五经，安得置《春秋》不论？故《法言》之称五经，亦去《乐》而举《春秋》。而后世言经者皆从《白虎通》第二说，而以《诗》《书》《礼》《易》《春秋》为五经也。要之六经之论，本属谛当；五经云云，则五行之说以为之祟，遂至取舍从违莫之能定也。

所最异者，为《春秋纬说题词》，以《诗》《书》《易》《礼》《孝经》为五经。盖亦由经虽有六，而必强配以五行，以为之五；而汉帝莅民，首重孝道，《汉书·艺文志》曰："夫孝，天之经，地之义，民之行也。举大者，故曰《孝经》。"郑康成注《孝经序》曰："《孝经》者，三才之经纬，五行之纲纪，孝为百行之首，经者不易之称。"其《六艺论》又曰："孔子以六艺题目不同，指意殊别，故道离散，后世莫知其根源，故作《孝经》以总会之。"此皆汉儒重《孝经》之说也。而其实又本之纬候之书。《孝经纬钩命诀》曰："孔子曰吾志在《春秋》，行在《孝经》。"又曰："《春秋》属商，《孝经》属参。"皆以《孝经》与《春秋》并举。汉既以孝治天下，而孔子制作又为汉世立法，今文家有此说。《春秋》治世，《孝经》导行。治世独天子之事，导行则上下共之，是以立教，《孝经》为重。乐则无经，配以五行，故称《诗》《书》《易》《礼》《孝经》也，此殆《春秋纬说题词》之旨也。纬书本不足信，《孝经》真伪亦不可知，郑注今亦不传，而善化皮氏乃据之，复益以郑氏之说，以为《孝经》称经最早，且言魏文侯已有《孝经传》，作传亦视诸经为先，与子夏《易传》同时，不知学术世变之道，傎矣！子夏《易传》、魏文侯《孝经传》，《汉书·艺文志》并不载，班、郑所云因汉儒说也。

附邵懿辰《礼经通论》论《乐经》有无：

乐本无经也，诗言志，歌永言，声依永，律和声，故曰诗为乐心，声为乐体。夫声之铿锵鼓舞，不可以言传也。可以言传，则如制氏等之琴调曲谱而已。石林叶氏以来，言之悉矣。乐之原，在《诗》三百篇之中；乐之用，在《礼》十七篇之中。故曰兴于诗，立于礼，成于乐。子所雅言，诗书执礼，不言乐也。夫大夫而声乐皆具，非礼也。魏绛受赐，始备金石，宫县、轩县、判县、特县，各有等杀，而学者之学乐及舞，必于其官。大乐正、小乐正、大胥、小胥、大师、籥师及丞，分而教之，所谓乐正司业也。父师司成，则论说其义理，而非乐工之所知也。君子安弦操缦，私家具琴瑟而已，习礼与乐必在乡饮射时焉。……工歌《鹿鸣》之三，以宾兴贤能之士，所谓'宵雅、肄三，官其始也'，合乡乐《周南》《召南》，则所谓《关雎》之乱，洋洋盈耳。乡乐、邦国乐，当时通习，而雅、颂之用于朝廷宗庙者，稀旷不习，故或至失所。而孔子反鲁而正之，则《文王》之三、《清庙》之三等，亦各识职而不相渎乱矣。故欲知乐之大原，观三百篇而可，欲知乐之大用，观十七篇而可，而初非别有《乐经》也。窦公所为献其书，乃《周官·大司乐》章者，固不得与《礼经》比并。而汉代阳成子长所为，则更掇拾形器之粗迹，而不足以为经矣。先儒惜《乐经》之亡，不知四术有《乐》，六经无《乐》，乐亡，非经亡也。周、秦间，六经六艺之云，特自四术加以《易》《春秋》而名之耳。

第三节　魏晋以后之群经

魏晋以后，经学范围愈演愈广，始之以孔子作述及弟子记孔子言行者入经，继之以七十子后学解经之作亦称为经，再进则以足为经传辅翼或为儒学宗主者入焉。于是有七经、九经、十经、十一经、十二经、十三经等目，世愈降而经之范围亦愈广。兹分别略述于后，以见其演进之迹焉。

一、七经　七经之名始见于《三国·蜀志·秦宓传》，云："文翁遣相如东受七经。"《后汉书·赵典传》注亦引谢承书："典学孔子七经。"承，三国吴人，著《后汉书》百余卷，今亡。至七经谓何，两书皆未明言，而解者则谓《诗》《书》《礼》《易》《春秋》加《论语》《孝经》。然相如前汉人，其时实未尝有七经之目，相如《封禅书》言"五三六经"可见。《蜀志》所云，或陈寿以相如所受者七，遂并称之为七经，有以后名名前事者。承则三国吴人，或汉魏之际果有所谓七经之号乎？而清全祖望《经史问答》则谓："七经者，盖六经之外加《论语》，东汉则加《孝经》而去《乐》。"又似前汉已有七经之名。不知全氏何据。《春秋·昭公二十六年左氏传》孔《疏》引傅咸为七经诗，以《易》《书》《诗》《周官》《左传》《孝经》《论语》当之，无《春秋》《仪礼》，又其异也。至宋刘敞为《七经小传》又以《书》、《诗》、三《礼》、《公羊传》、《论语》为七经。清柴绍炳《考古类篇》又云："有称七经者，五经之外，兼《周礼》《仪礼》也。"诸家之说不一，要不外分《礼》为三，《春秋》复别三《传》，而于三《礼》、三《传》之中，任择其一以当《礼》与《春秋》，再加《论语》或兼及于《孝经》也。魏晋七经，虽不知果何所指，而七经之称始于其时，则可以无疑也。

二、九经　九经之名始于唐，其目则见于《唐书·儒学传·谷那律传》。陈伯弢先生《经学通论》据徐坚《初学记》引《白虎通》云："又

《礼》有《周礼》《仪礼》《礼记》，曰三《礼》；《春秋》有《左氏》《公羊》《穀梁》，曰三《传》；与《易》《诗》《书》通数，亦谓之九经。”以为谷那律所称九经已始于汉，恐非其实，观于上述魏晋七经之说可以见也。然陆德明《经典释文》叙次经名为《周易》、《古文尚书》、《毛诗》、三《礼》、《春秋》、《孝经》、《论语》九种，《春秋》虽三《传》并列，而标目则总称《春秋》。故清柴绍炳《考古类编》据之谓九经为七经五经加《周礼》《仪礼》。加《论语》《孝经》也。皮锡瑞《经学历史》则又据《谷那律传》谓：唐分三《礼》、三《传》，合《易》《诗》《书》为九。刘师培《经学教科书》亦谓：“至于唐代，则《春秋》《礼经》咸析为三，自注：《春秋》分为《公》《穀》《左》三经，而《礼经》之外并以《周礼》《礼记》为经，且误以《仪礼》为一书本经。立三《礼》、三《传》之名，合《易》《书》《诗》为九经。自注：《释文》则《春秋》仅为一经，加《论语》《孝经》为九经。”似皆以《谷那律传》为正。然陆德明《释文》并有《老子》《庄子》《尔雅》，非独经书，故题曰“经典”，目虽仅举《春秋》，而所释则并及三《传》，三《传》之于《春秋》，与《周礼》《仪礼》《礼记》三《礼》，其本质实异，故《礼》必并称三《礼》，至《春秋》则举一足以摄三矣。其系《孝经》《论语》《尔雅》于五经之后，固仿《汉书·艺文志·六艺略》附《论语》、《孝经》、小学之例，以《论语》《孝经》为儒生所共习，《尔雅》为训诂之书，亦犹厕以《老》《庄》，以其为魏晋以来士大夫所推尚也，非必异于谷那律以《论语》《孝经》为经，于《春秋》不数三《传》也。开成刻石国子学即世称“开成石经”。亦以三《礼》、三《传》分数，见后。故唐称九经者，自以《易》《书》《诗》合三《礼》、三《传》为当也。三《传》若不合《春秋》并数，是与《春秋》为四，九经变为十经矣。

三、十经、十一经、十二经　《庄子·天道篇》曰：“孔子往见老聃，翻十二经以说。”《释文》所引解者三家：“说者云：《诗》《书》《礼》《乐》《易》《春秋》六经，又加六纬，合为十二经也。一说云《易》上、下经并《十翼》为十二。又一说云春秋十二公经也。”此称十二经之始也。然其事则拟于不类，惟第一说经纬并称，后亦有如此者，详后。唐太和中刻十二经立石国学，见晁公武《郡斋读书志》。则以九经《易》、《书》、《诗》、三《礼》、三《传》。加《孝经》《论语》《尔雅》。后蜀石经亦然。此正式所称为十二经者也。称十经者，则见《南史·周续之传》。传云：“续之通五经、五纬，号曰十经。”与《释文》所引释《庄子》十二经者第一说同并纬书数之，盖乐既无经，六经缺一，纬亦应尔，故变十二为十也。其有称十一经者，则元何异孙《十一经问对》是。异孙本《释文》，《诗》、《书》、《易》、《春秋》、三《礼》之七经，加以宋时之四书，《大学》《中庸》《论语》《孟子》。故曰十一经也。凡此所云，要皆各代经数之异称，而不足为典要者也。

四、十三经　十三经之称始于宋。顾炎武《日知录》云：“自汉以来，儒者相传，但言五经。而唐时立之学官则有云九经者，三《礼》、三《传》分而习之，故为九也。其刻石国子学，则云九经并《孝经》《论语》《尔雅》。宋时程、朱诸大儒出，始取《礼记》中之《大学》《中庸》，及进《孟子》以配《论语》，谓之四书，本朝因之，而十三经之名始立。”似以九经加四书为十三经。然《大学》《中庸》本《礼记》中之二篇，《礼记》既列为经，不应复数《学》《庸》。且宋补刻后蜀石经亦仅及于《孟子》，开封、临安石刻亦为九经与《孝经》《论语》《尔雅》《孟子》。《宋史·李至传》云：“至判国子监，上言：五经书既已板行，惟二《传》、二《礼》、《孝经》、《论语》、《尔雅》七经疏未修，望令直阁崔颐正、孙奭、崔偓佺等重加雠校，以备刊刻。”虽未及《孟子》，然亦未尝退《孝经》《尔雅》而进《大学》《中庸》。盖《孟子》于唐，虽有皮日休请立学官之议，而未见诸实行；至宋程、朱出，力尊孟氏，遂进《孟子》以配《论语》，故李至上言尚未及于《孟子》。至宋初人，生太祖建隆，卒仁宗明道。至南宋补刻后蜀石经，始以《孟子》勒石，则十三经云者，当以九经加《论语》《孝经》《尔雅》《孟子》，而非顾氏所谓九经加四书也。

然经之数，犹不止此。宋史绳祖《学斋占毕》云：“先时尝并《大戴礼记》于十三经末，称十四经。”清戴震则谓：“《大戴礼记》《国语》《史记》《汉书》《资治通鉴》及《说文解字》《周髀算经》《九章算术》皆宜称之为经，以为此保氏国子六艺书数之遗。”《与友人论经学书》。是经之数，且广为二十有一矣。时愈进，而经之数愈增，此其故何邪？曰此学术演变之道也。夫先秦之《诗》《书》《礼》《乐》本百家所共习，及其降而为儒家所专有，则儒家宗主孔子所赞修之《易》与《春秋》，自亦不得不被以经名。《孝经》亦言为孔子所作，《论语》虽非孔子作，而为七十子之徒所记孔子言行，亦宜称之以为经。于是所谓经者，乃由儒家所尊奉之《诗》《书》，进而以儒家宗主之孔子为中心矣。《礼经》本谓《仪礼》，《周礼》后出，而刘歆、郑玄之徒谓为周公致太平之书，则固周之旧典，宜称为经。《礼记》《小戴记》。相传为七十子后学绍承孔子之意所纂述，自亦可被以经名，由是《礼》增为三。《礼记》既称经，则《左氏》《公羊》《穀梁》同传《春秋》，宜称为经，理亦同然。《尔雅》本训诂之书，相传《释诂》为周公所作，孔子、子夏各有增益，其称为经亦宜。由是以孔子为中心者更广而以儒家为中心矣。故《孟子》虽本诸子之流，而以其言为儒家之言，所传为孔子之道，遂亦由诸子之书进而尊之以为经也。东原戴氏二十一经之说，其理亦如是也。是则诸凡言儒家之道，广儒家之术者皆可称之为经，而经之义界遂淆然而不可问矣。善夫龚自珍之言曰：“六经、六艺之名由来久远，不可以臆增益。中略。或以传为经，《公羊》为一经，《穀梁》为一经，《左氏》为一经。审如是，则韩亦一经，齐亦一经，鲁亦一经，毛亦一经，可乎？欧阳一经，两夏侯各一经，可乎？《易》分三家，《礼》分庆、戴，《春秋》又分邹、夹。汉世总古今文，为经当十有八，何止十三？如其可也，则后世名一家，说一经，其言甚众，经当以百数。或以记为经，大小二戴毕称经。夫大小戴二《记》，古时篇篇单行，然则《礼经》外当有三十一经。或以群书为经，《周官》晚出，刘歆始立，刘向、班固灼然知其出于晚周、先秦之士之掇拾旧章所为，附之于《礼》，等之于《明堂》《阴阳》而已。中略。又以子为经，汉有传记博士，无诸子博士。按：此说不尽然。刘歆《让太常博士书》：'诸子传记犹广立学官，为置博士。'赵岐《孟子章句题词》云：文帝欲广游学之路，《论语》《孝经》《孟子》《尔雅》皆置博士。然其所言当指《孟子》。且夫子也者，其术或醇或疵，其名反高于传记。传记也者，弟子传其师，记其师之言也。诸子也者，一师之自言也。中略。后世以传为经，以记为经，以群书为经，以子为经，犹以为未快意，则以经之舆儓为经，《尔雅》是也。"《六经正名论》。是故考义正名自当以《诗》《书》《易》《礼》《春秋》乐无经。五经为限，若云名从其俗，约定俗成亦当以十三经为断。

第三章　经学之起源及其成立

第一节　孔子以前之经说

经名始称于战国，经学成立于汉代，而《诗》《书》《易》《礼》之说，则远在孔子以前，而散见于传记之中矣。盖《易》掌于太卜，《诗》掌于太师，《书》与《春秋》掌于太史、外史，《礼》掌于宗伯，《乐》掌于大司乐。有官斯有法，故法具于官；有法斯有书，故官守其书。用章实斋说。内而王朝，外而群邦诸侯，皆以六艺为教士之法，学士大夫莫不从而习之，故解释之说由是而兴焉，见仁见智，所不同也。今引春秋之时，诸所释《易》《书》者数事以见一斑。

其释《周易》者，如宣公六年《左氏传》："郑公子曼满与王子伯廖语，欲为卿。伯廖告人曰：无德而贪，其在《周易》丰䷶之离䷝，弗过之矣。"又宣公十二年《传》："夏六月，晋师救郑，中略。知庄子曰：此师殆哉！《周易》有之：'在师䷆之临䷒曰：师出以律，否臧，凶。'执事顺成为臧，逆为否，众散为弱，川壅为泽。有律以如己也，故曰律。

否臧，且律竭也。盈而以竭，夭且不整，所以凶也。不行谓之临，有帅而不从，临孰甚焉？此之谓矣。”其释《书》者，如文公七年《左氏传》：“晋郤缺言于赵宣子曰：‘中略。《夏书》曰：戒之用休，董之用威，劝之以九歌，勿使坏。九功之德皆可歌也，谓之九歌；六府三事，谓之九功；水、火、金、木、土、谷，谓之六府；正德、利用、厚生，谓之三事。义而行之，谓之德礼。无礼不乐，所由叛也。若吾子之德，莫可歌也，其谁来之？’”他如晋羊舌肸、鲁闵马父之释《诗》，见于《国语·〈周语〉〈鲁语〉》；楚观射父之释《礼》，见《国语·楚语》；吴季札之论乐，见左氏襄公十二年《传》；楚申叔时、晋羊舌肸之释《春秋》，见《国语·〈楚语〉〈晋语〉》。其他列国士大夫往来朝聘之赋《诗》以明志，出师征伐之占易以定吉凶，尤所在多具，见于《春秋》内外《传》，不烦历数也。

惟各国虽亦以诗书为教，然又有其各自为教之方，故楚庄王使士亹傅太子，问于申叔时，叔时曰：“教之《春秋》，而为之耸善而抑恶焉，以戒劝其心；教之《世》，而为之昭明德而废幽昏焉，以休惧其动；教之《诗》，而为之导广显德，以耀明其志；教之《礼》，使知上下之则；教之《乐》，以疏其秽而镇其浮；教之《令》，使访物官；教之《语》，使明其德，而知先王之务用明德于民也；教之《故志》，使之废兴者而戒惧焉；教之《训典》，使知族类，行比义焉。”《国语·楚语上》。此楚之所为教也。《管子·山权数篇》曰：“桓公曰：‘何谓五官技？’管子曰：‘《诗》者，所以记物也；《时》者，所以记岁也；《春秋》者，所以记成败也；《行》者，道民之利害也；《易》者，所以守吉凶成败也；《卜》者，卜吉凶利害也……六家者，即见其时，使豫先早闲之日受之。”此齐之所以为教也。《易》《诗》《礼》《乐》而外，其同于乐正之四术、保氏之六艺者寡矣。又谓《春秋》者，各国有之，《墨子》书周之《春秋》、燕之《春秋》、齐之《春秋》、宋之《春秋》，孟子曰晋之《乘》、楚之《梼杌》、鲁之《春秋》，其义一也。则所谓教之《春秋》者，自当为各国之《春秋》，而非鲁之《春秋》矣。曰《世》，曰《故志》，曰《训典》，其殆《书》之类，而各国史掌之所有乎？

夫各国既各有其为教之具，则其不专守六艺之教也可知。然虽不专守，而又未尝不以为教，故学士大夫亦得诵习而为之称说。惟不专守，则书所以称说之者，又不过随文敷义，或述事以见志，或援古以证今，初非欲以明其义蕴，阐其意旨，故虽有经说，而不得以经学目之。以经为学，渊源于邹鲁，肇始于孔门，而成立于炎汉之世也。

第二节　邹鲁与六艺

《庄子·天下篇》曰："古之所谓'道术'者，果恶乎在？曰：'无乎不在。'""其明而在数度者，旧法世传之，史尚多有之；世传之句'尚'读为'掌'，并从本师马叙伦先生说。其在于《诗》《书》《礼》《乐》者，邹鲁之士，搢绅先生，多能明之。""其数散于天下，而设于中国者，百家之学，时或称而道之。"盖战国之世，学术分而为三：旧法世传之史所掌者，一也；如楚申叔时所称之《世》《令》《故志》《训典》，管仲所称之《时》《易》《卜》。邹鲁之士所言之《诗》《书》《礼》《乐》，二也；诸子百家之所称道以上说下教者，三也。如墨子言大禹，道家言黄帝，许行之徒言神农。诗书六艺，本周公之旧典，所用以为相周之治，而为教国中者。鲁为周公所封，故于六艺之教薰沐独深。其后王纲解纽，礼乐征伐，出自诸侯，政衰教弛，各国既有其旧法所传，史掌所有，而诸子者流又托诸古道，以自倡一说，上说下教，由是诗书六艺之学，乃独在于邹鲁。此其事成于战国，而滥觞于春秋也。齐欲图鲁，仲孙湫以其独秉周礼，谓不可动。见《左·闵元年传》。晋韩宣子适鲁，见《易象》与《春秋》，曰："周礼尽在鲁矣！吾乃今知周公之德，与周之所以王也。"《左·昭二年》。其后哀公三年夏，司铎火，火逾公宫，救火者皆曰顾府。及南宫敬叔至，则命周人出《御书》；子服景伯至，命宰人出《礼书》；季桓子至，命藏《象魏》，曰："旧章不可亡也。"《左传》。而其时，则已为孔子在陈时矣。此六艺所以独存于鲁也。故孔子曰："吾欲观周道，幽、厉伤之，舍鲁何适?”《礼记·礼运》。后史公为《史·儒林传》言:“邹鲁之士，身习六艺之文，彬彬向学，迄于周末而弗衰。”故陈涉起兵，鲁儒生携孔子之礼器以往;汉灭楚，围鲁淹中，淹中诸儒讲诵习礼，弦歌之音不绝。此可以知邹鲁儒者之效也。

第三节 孔子与六经

孔子祖述尧舜，宪章文武，生当衰周之世，惓怀周公之德，其于诗书六艺，秉持弗失，所以谓弟子，训后世者，亦厥惟六艺是尚。《论语》曰:“君子博学于文，约之以礼。”《雍也》《颜渊》疏谓先王之遗文，又《学而》则以学文注遗文者，《诗》《书》《礼》《乐》《易》《春秋》六经是也。又曰:“子所雅言，诗书执礼，皆雅言也。”《述而》。又曰:“兴于诗，立于礼，成于乐。”《泰伯》。又曰:“假我数年，五十以学《易》。”《述而》。又曰:“(子)尝独立，鲤趋而过庭，曰:‘学《诗》乎?’对曰:‘未也。’‘不学《诗》，无以言。’他日又独立，鲤趋而过庭，曰:‘学《礼》乎?’对曰:‘未也。’‘不学《礼》，无以立。’”《季氏》。其他闲居燕处，讲论《诗》《书》《礼》《乐》之事，不遑枚举。是则向之乐正所立，诸子所习者，今则独在于孔子，《淮南子·主术训》曰:孔墨皆修先王之道，通六艺之文，则墨子尝修六艺，特未能秉守弗失，中道而背之耳。而成为颛业，由是转相传授，光大而发挥之。太史公曰:“中国言六艺者，折中于夫子。”此则经学之肇始也。

《世家》又曰:“孔子之时，周室微，礼乐废，诗书缺。中略。(孔子)追述三代之礼，序《书传》，上纪唐虞之际，下至秦穆，编次其事。”是孔子于《书》，则尝编次之也。又曰:“子曰:夏礼吾能言之，杞不足征也;殷礼吾能言之，宋不足征也。足则吾能征之矣。观殷夏所损益，曰虽百世，可知也。以一文一质，周监二代，郁郁乎文哉!吾从周。”则于《礼》，又尝订其从违矣。又曰:“孔子语鲁太师:乐其可知也，始作翕如，继之纯如，皦如，绎如也，以成，吾自卫反鲁，然后乐正，雅颂各得其所。”则于《乐》又尝考正之矣。又曰:“古者诗三千余篇，及至孔子去其重，取可施于礼义，上采契、后稷，中述殷周之盛，至幽厉之缺，始于衽席。故曰《关雎》之乱以为《风》始，《鹿鸣》为《小雅》始，《文王》为《大雅》始，《清庙》为《颂》始，三百五篇孔子皆弦歌之，以求合韶武雅颂之音，礼乐自此可得而述。”是又尝删《诗》矣。又曰：“孔子晚而好《易》，序《传》《系辞》《说卦》《文言》。读《易》韦编三绝，曰：‘假我数年，如是，我于《易》则彬彬矣。’”是又尝赞《易》矣。又曰：“弗乎！弗乎！君子疾没世，而名不称焉。吾道不行矣！吾何以自见于后世哉？乃因史记而作《春秋》，上至隐公，下殆哀公十四年。据鲁，亲周，故殷，运之三代，约其文辞而旨博。中略。《春秋》之义行，则天下乱臣贼子惧焉。”是《春秋》独孔子之所作也。自是厥后，遂以六艺皆经孔子所删订，非复周之旧典。周之旧典称为六艺，惟孔子所修则宜称之为六经矣。

其尤甚者，至谓《易》之卦辞、爻辞亦孔子所作，《礼》亦尝有修补。《礼记》杂曰：“孺悲学《士丧礼》于孔子，《士丧礼》于是乎书。”是《仪礼》十七篇旧称《仪礼》为《礼经》。非独孔子所删存，且亦尝增益之矣。《史记·周本纪》：“文王益之，八卦益为六十四卦。”《日者列传》：“自伏羲作八卦，周文王演为三百八十四爻而天下治。”扬雄《法言》：“《易》始八卦而文王演为六十四，益可知也。”《寡见篇》。“文王渊懿也，重《易》六爻，不亦渊乎。”《间明篇》。王充《论衡》：“文王图八，自演为六十四，故曰演。”《对作篇》。“伏羲得八卦，非作之；文王得成六十四，非演也。”《正说篇》。皆不言作卦、爻辞事，则卦、爻辞非孔子作乎？

顾亦有持反对说者。《礼》《乐》《诗》《书》，本宗周教士之成法，此可征于先秦诸子，及其传记之书可得而知者，固不待言。至若《易》之经文，如所卦、爻辞者，亦明为文王所作。《系辞》曰：“《易》之兴也，其于中古乎？作《易》者其有忧患乎？”又曰：“《易》之兴也，其当殷之末世，周之盛德耶？当文王与纣之事耶？”其为文王何疑？借曰爻辞多文王以后事，如升卦六四“王用享于岐山”，武王克殷之后，始追号文王为王，不得于文王时已有王之称。明夷六五“箕子之明夷”，武王观兵之后，箕子始被囚奴，文王不宜预言其明夷。既济九五“东邻杀牛，不如西邻之禴祭”，西邻谓文王，东邻谓纣，文王之时纣尚南面，文王岂容自言己德，受福胜殷，抗君之国？纵以为文王不当爻辞，亦当为周公作，不当为孔子作也。周公被流言之谤，亦得谓为忧患。马融、陆绩等皆谓文王、周公所作之卦辞、爻辞为经，孔子所作之《十翼》为传，太史公司马谈《论六家要旨》引《系辞》：“天下一致而百虑，殊途而同归。”亦称《易大传》。孔颖达《周易正义》引《左传·昭公二年》注云：“《易》有六十四卦，分为上、下二篇，及孔子又作《易传》十篇，以翼成之。”皆以成孔子所作之《十翼》为传，则卦辞、爻辞所称为经者，其非孔子明矣。

抑尤有甚者，自杜预为《春秋左传集解》，谓：“《春秋》五十凡例，为周公所定，于昭公二年‘韩宣子适鲁，见《易象》《春秋》’注云：《春秋》遵周公之典以叙事。”其作《集解序》并畅其说曰：“发凡起例，皆经国之常制，周公之成法，史书之旧章，仲尼从而修之，以成一经之通体，其显微阐幽，裁成文类者，皆据旧例而发，义指行事，以正褒贬。中略。亦有史所不书，即以为义者，此则《春秋》之新意。”遂或据此谓：孔子未作《春秋》，其于《春秋》，不过遵旧文义例，修正之而已也。若果如史公所述义法之严，孟子所谓足惧天下后世之乱臣贼子，则如此大事，《论语》不应不载，试观《论语》二十篇有言及《春秋》者乎？故孔子之于六经，未尝有所创作也。此章实斋氏之所言，与上述以《易》卦、爻辞并为孔子作，《礼》亦有为孔子增者之皮鹿门氏正立于两极端者也。

此皆近世一偏之论也。《易》之卦辞、爻辞，自当还之文王、周公；《春秋》自为孔子所作无疑，史公所言，盖得其实矣。详后分论《易》与《春秋》。是故孔子之于六经，《易》则有《传》，《书》则有《序》，《诗》则有去取，《礼》则有从违，《乐》则有所正，《春秋》则有其义。《易》有《传》，而后道明；《书》有《序》，而后意显；《诗》有去取，而后可迹盛衰；《礼》有从违，而后可考质文；《乐》正则后可与移风易俗；《春秋》作，而后可以惩恶劝善。虽自称为“信而好古，述而不作”，而作已寓于述之中。扬子云曰：“《诗》《书》《易》《礼》《春秋》，或因或作，而咸成于仲尼。”斯得之也。自是递相传授，遂成一家之学，此经学所以肇始于孔氏之门也。

第四节　孔门诸子与经学

《史记·孔子世家》曰：“孔子以《诗》《书》《礼》《乐》教，弟子盖三千焉，身通六艺者七十有二人。”而六艺传授之可考者，《仲尼弟子列传》仅载孔子传《易》于商瞿；曾参，孔子以为能通孝道，故授之，作《孝经》，其他未尝言焉。故司马贞《索隐》云：“子夏文学著于四科，序《诗》，传《易》，又孔子以《春秋》属商，又传《礼》著于《礼记》，而此史并不论，空记《论语》小事，按：指《弟子列传》仅取《论语·弟子问》次以为篇也。亦其疏也。”《家语·弟子解》则载：商瞿传《易》，曾参传《孝经》，漆雕开习《尚书》，他亦无所纪焉。《韩非子·显学篇》乃言：“自孔子之死也，儒分为八：有子张氏之儒，有子思之儒，有颜氏之儒，有漆雕氏之儒，有仲良氏之儒，有孙氏之儒，有乐正氏之儒。”自颜氏以下仅有氏而无名，不知果属何氏？而世传陶潜《圣贤群辅录》云：“颜氏传《诗》，为讽谏之儒；孟氏传《书》，为疏通致远之儒；漆雕氏传《礼》，为恭俭庄敬之儒；仲梁氏传《乐》，为移风易俗之儒；乐正氏传《春秋》，为属辞比事之儒；公孙氏传《易》，为絜静精微之儒。”不知何据？其言之凿凿，一若俨然亲见诸儒传经之事者，然夷考其实，特掇拾韩非之言，再以《礼记·经解》为之比附，盖后人伪作而托之陶潜者，要不可信也。参《四库总目提要·子部·类书类存目》。即韩非所言，其所传何学？传授如何？亦莫可考，独宋洪迈《容斋随笔》云：“孔子弟子惟子夏于诸经独有书。”最为得实。后汉徐防亦云：“《诗》《书》《礼》《乐》，定自孔氏。发明章句，始于子夏。”盖子夏列于文学之科，晚又教于西河，故于诸经独有发明，与其他诸子不同也。

今据诸书所载可信者，列《子夏传经表》：

子夏传经表（传授至汉代为止，以与后汉儒经学传授相接）

- 子夏
  - 《易》
    - 旧传子夏作《易传》，《汉・艺文志》不载，始见于《隋书・经籍志》，云：二卷，魏文侯师子夏传，残缺。宋王俭《七志》引刘向《七略》云《易》传子夏韩氏婴也。又似汉初传《韩诗》之韩婴，字子夏。近儒刘师培校《弟子列传》授《易》商瞿，谓子夏名商，故说商瞿为子夏也。今所传子夏《易传》，伪书
  - 《诗》
    - 旧传《诗序》为子夏作。郑玄《诗谱》谓《大序》子夏作，《小序》子夏、毛公作。王肃《家语》注云：子夏所序《诗》即今《毛诗序》。说最多，不足据
    - 高行子—薛仓子—妙帛子—河间大毛公—赵人小毛公（《经典释文》引徐坚语云）
    - 鲁曾申—魏李克—鲁孟仲子—根牟子—荀卿—鲁大毛公亨—赵小毛公苌（陆玑《毛诗草木鸟兽虫鱼疏》）
  - 《礼》　《仪礼・丧服传》传子夏作（贾公彦《仪礼正义・丧服十一编》题注）
  - 《乐》　（《礼记・乐记》有子夏对魏文侯问乐之言）
  - 《春秋》
    - 穀梁赤—荀卿—申赐公—瑕丘江公（《风俗通义》）
    - 公羊高—公羊平—地—敢—寿—胡毋生（徐彦《公羊传疏》何休《序》引戴弘《序》）
  - 《论语》　（郑玄《论语序》以为子夏与子游仲弓同纂）

子夏而外，自余诸儒，其经学传授有可考者，亦列之如次：

（1）曾子
- 《礼》（见《檀弓》《杂记》等篇，又《大戴礼记》有《曾子》十篇）
- 《论语》（曾子及门人所记——柳宗元、程颐、朱熹说）
- 《孝经》（《史记・仲尼弟子列传》，朱彝尊《经义考》）

（2）子游　《礼》（见《礼记》之《檀弓》《杂记》等篇）

（3）商瞿　《易》　公孙殷（朱彝尊校《汲冢书补》）—馯臂子弘（《汉书・儒林传》《经典释文・序》采，并与下子庸互易，“弘”作“弓”）—桥庇子庸—周子家竖（《汉书・儒林传》作

"周丑子家",《经典》无"子家"二字)—光子乘羽(《汉书·儒林传》作"孙虞子乘",《经典》同无"子乘"二字)—田子何庄(《汉》作"田何子装",《经典》作"田何")

(4) 孺悲 《礼》(传《士丧礼》,见《礼记·杂记》。漆雕开传《礼》,无传)

(5) 孔鲤 《书》 孔伋—孔帛—孔求—孔箕—孔穿—孔顺—孔鲋(《孔丛子》)

诸子而后,孟子、荀卿之列,咸遵夫子之业而润色之,以学显于当世。《史记·儒林传》。然孟子经学传授,诸书未载,惟赵岐《孟子章句题辞》谓孟子通五经,尤长诗书。近儒皮锡瑞则谓孟子长于《春秋》,盖据《孟子》赞述《春秋》言也。荀卿传经,其受授渊源则颇有可考者,亦表列于后:

荀子传经表

荀卿
- 《鲁诗》 浮丘伯
  - 申公—瑕丘江公(《史·儒林传》)
  - 白生
  - 穆生
  - 楚元王交(并见《楚元王传》)
- 《毛诗》 子夏五传至卿(见上)—鲁人大毛公亨—赵人小毛公苌(见上《子夏传经表》)
- 《韩诗》(今《韩诗外传》引荀子之说四十四处)
- 《穀梁传》 子夏三传至卿(见上)—浮丘伯—申公—瑕丘江公(《经典释文》)
- 《左传》 左丘明—曾申—吴起—吴期—铎椒—虞仰—荀卿(自左氏至卿七传)—张苍(《经典释文》)
- 《大戴礼》(曾子《立身篇》载荀子《修身》《大略》二篇文)
- 《小戴礼》(《乐记》《三年问》《乡饮酒义》载《礼论》《乐论》文)
- 《易》(刘向《别录》称荀子善为《易》,其义略见《非相》《大略篇》中)

自余诸儒，如高叟之言《诗》见于《孟子》，乐正克之传《春秋》见于赵岐《孟子注》《公孙尼子》，《隋书·音乐志》引沈约说，谓《乐记》取于是；孔颖达《礼记疏》引刘瓛说，《缁衣》取于是；《音乐志》又引沈约云：《中庸》《表记》《坊记》《缁衣》取之于《子思子》。他如窦牟贾之论乐见于《乐记》，仲孙说与何忌之学礼见于《左氏传》，鞠语之明于礼乐，审于服丧，见于《晏子春秋》；《公羊传》引子沈子、子司马子、子北宫子、鲁子、高子、子女子，《穀梁传》引沈子、尸子诸说，皆与经学有关者也。中更暴秦，至于炎汉，建学设科，而经学遂正式成立矣。

第五节　经学之正式成立

自七十子之徒视孔子之教，成颛门之业，由是递相传授，各记所见所闻及所传闻，而名之为传。故《礼·丧服》有传，子夏作此传之最早者，其中所引传曰云云当古传记，犹章实斋所谓私家著述之称，《系辞》称传亦与此同，而皮锡瑞据之谓《系辞》孔子弟子作，非。《服问》称传曰者四，《尚书大传》称传曰、训曰者尤多，此《书》《礼》之传也。《韩诗外传》亦多引传之言，《荀子·大略》之释《国风》，称传曰"盈其欲，不愆其止"，此《诗》之传也。《公羊解诂》有引称他传者，《穀梁传》中称传曰之处尤多，此《春秋》之传也。此皆先秦之旧文，经传之权舆也。又博士之立，亦始于六国之时，《孟子》曰"鲁缪公时，公仪子为政"，赵岐《章句》以为公仪休。《史记·循吏传·公仪休传》云："公仪休者，鲁博士也，以博士高第为鲁相。"《贾山传》云："山祖父祛为魏王时博士。"褚少孙《补龟策列传》云："卫平为宋元王博士。"此博士见于六国者也。借非暴秦秉政，焚诗书，坑儒士，诏非博士官所执，有敢藏诗书百家语者，悉诣守尉杂烧之，则经学之成立，当不俟炎汉之世矣。而其大义粲然，故训明确，又远非焚烬以后所可得而比也。汉高初以戎马逐鹿天下，虽亦雅不好儒，尝溲溺儒冠，跣踞以见食其。然神器既得，知不可以马上治天下，又得叔孙通为定朝仪，用知天子之尊，遂亦渐重儒者。及惠帝除挟书律，诸书往往间出，设藏书之府，置写书之官，儒学渐盛。至文景之世，儒士在朝者多，更相为汲引，而儒术益尊。迄于武帝，用江都之策，罢斥百家，专崇儒学，广置博士，讨论诗书，自是厥后，或明章句，或专训诂，或究大义微言，或考名物数度，家法师法，厘然不紊，由是经学遂正式成立，而成为专门之学矣。

第四章　汉代之经学

第一节　汉代经学成立之原因

汉初经术尚沿秦旧，其时儒士多杂他家。贾谊称在朝之儒，刘歆语。而明申商，曹参见盖公而言黄老，皆非纯粹儒者。至武帝立五经博士，而经学始一归于纯，而正式成立。举其原因，约有数事：

诸生怨秦，奋然思起，一也。《史记·儒林传》曰："陈涉起匹夫，驱瓦合適戍，旬月以王楚，不满半岁竟灭亡，其事至微浅，然而缙绅先生之徒，负孔子礼器，往委质为臣者，何也？以秦焚其业，积怨而发愤于陈王也。"又曰："陈涉之王也，而鲁诸儒持孔氏之礼器，往归陈王，于是孔甲为陈涉博士。"又《申公传》曰："高祖过鲁，申公以弟子从师，入见高祖于鲁南宫。"又《叔孙通传》曰："叔孙通之降汉，从儒生弟子百余人，汉拜叔孙通为博士，号稷嗣君。"又曰："叔孙通使征鲁诸生三千余人，诸儒生悉以为郎。"又《郦食其陆贾传》曰："初沛公引兵过陈留，郦生踵军门上谒，沛公问使者曰：'何如人？'使者曰：'状貌类大儒，衣儒衣，冠侧注。'沛公曰：'为我谢之，言我方以天下为事，未暇见儒生也。'"由《儒林传》言，可知诸生怨秦之焚其业；由申公以下诸传言，可知儒生奋然思起之状也。

广求遗书，设置博士，二也。高祖之初，虽贱视儒者，诸客冠儒冠者，高祖辄取其冠溲溺其中，与人言，常大骂，未可以儒生说也。然自定鼎以后，叔孙通为定朝仪，用知帝王之尊，而渐重儒者，拜叔孙通为博士，封为稷嗣君，其余诸生皆以为郎矣。其后孔襄为孝惠帝博士，申公、韩婴、贾谊为孝文帝博士，辕固、董仲舒、胡毋生为孝景帝博士。及武帝遍立五经博士，尤为称盛。刘歆《移让太常博士书》曰："汉兴……独有一叔孙通，略定礼仪，天下但有《易》卜，未有他书。至孝惠之时，乃除挟书之律，然公卿大夫绛灌之属，咸介胄武夫，莫以为意。至孝文帝始使掌故晁错从伏生受《书》，在朝之儒，惟贾生而已。至孝武皇帝，然后邹、鲁、梁、赵，颇有《诗》《礼》《春秋》先师。"因知汉初儒生演进之迹，加以搜求遗书，代有所重，先古遗书，往往间出。《汉书·艺文志》曰："汉兴，改秦之败，大收图籍，广开献书之路。迄孝武世，书缺简脱，礼乐崩坏，圣上喟然叹曰：'朕甚闵焉。'于是建藏书之策，置写书之官。"齐吕南曰："大收图籍者，言高祖入关，萧何收秦丞相御史律令图书，惠帝除挟书之律，文帝使错受《尚书》也。"《七略》曰："外则太常、太史、博士之藏，内则有延阁、广内、秘室之府。"许慎《说文解字序》曰："北平侯张苍献《左氏春秋》。"《艺文志》曰："六国时魏文侯最好古，孝文时得其乐人窦公，献其书，乃《周官·大宗伯》之《大司乐》章也。"刘歆《移让太常博士书》曰："《泰誓》后得，博士集而读之。"书籍既出，故尤足以助经学之发展矣。

儒生得势，援引同侪，三也。自叔孙通作汉仪，弟子共定者咸为选首，然后喟然兴于学。高后、文、景虽不重儒，博士具官而已。然迄武帝，田蚡以孝景后同母兄弟，用儒术，得封为武安侯，由是儒者渐进；及其为丞相，绌黄老刑名百家之言，延文学儒者以百数。公孙弘以治《春秋》，白衣为天子三公，封平津侯。弘以文学礼义为官者，迁常留滞，言于上。太常弟子，一岁皆辄试，能通一艺以上，补文学掌故缺，其高第可以为郎中。太常籍奏，有秀才异等辄以名闻。其在外者，掌故秩比二百石以上及吏百石通一艺以上补左右内史、大行卒史，比百石以下补郡太守卒史，皆各二人，边郡一人。先用论多者，不足择掌故以补中二千石属，文学掌故补郡属。自此以后，公卿大夫多彬彬文学之士。以儒术至三公者有蔡谊、韦贤、韦玄成、黄霸、匡衡、张禹、翟方进、师丹、孔光、平当、彭宣、王嘉、何武、马宫，官御史大夫者有赵绾、兒宽、王卿、贡禹、萧望之、薛广德、赵立、云敞、王骏，以上所举不尽孝武时人。仕至九卿者尤夥。此虽开利禄之途，然于当时经学之发展盖亦大有功也。

第二节　两汉诸经之立学

博士之制，本始六国。见前。嬴秦因之，至汉武而后盛。《汉书·百官表》谓博士秦官者，盖明博士非汉创制，非谓始于秦也。汉初博士，尚多秦时儒生。《伏生传》曰："伏生者，济南人也，故为秦博士。"叔孙通亦秦博士。见后。其后文帝时，申公、韩婴以《诗》为博士。《汉官仪》云文帝时有博士七十余人，不知何氏。景帝时，辕固生以《诗》为博士，董仲舒、胡毋生以《春秋》为博士，此武帝前博士也。又其时诸学之置博士者，亦沿秦制，诸子百家，皆置博士。如《史记·秦始皇本纪》有梦占博士，《汉书·艺文志》名家有黄公名疵者为博士，儒家有羊子者为博士是也。汉初博士，亦如秦制。刘歆《移让太常博士书》云："诸子传记，犹广立学官，为置博士。"按此言汉初事。赵岐《孟子章句题词》云："文帝时欲广游学之路，《论语》《孝经》《尔雅》《孟子》皆置博士。"是其证也。至于五经，当时之立博士者，惟《诗》而已。宋王应麟《困学纪闻》引《后汉书·翟酺传》"文帝始置一经博士"，云："考之《史》《汉》，文帝时申公、韩婴以《诗》为博士，五经列于学官者，惟《诗》而已。景帝以辕固生为博士，而余经未立。武帝建武元年初置五经博士。《儒林传赞》曰：'武帝立五经博士，《书》惟欧阳，《礼》后，《易》杨，《春秋》公羊而已。'立五经而举其四，盖《诗》已立于孝文帝时，今并《诗》为五也。"其实《春秋》之立博士始于景帝，董仲舒、胡毋生以《春秋》为博士是也。特五经备立，各置博士，则始于武帝耳。惟五经既立，诸子百家则从此而废焉。故赵岐《孟子题辞》云“其后罢传记博士，独立五经而已”也。今举汉代各朝之立博士官者分述于后：

（甲）高祖　时立博士者惟一叔孙通，刘歆《移让太常博士书》所云汉初独有一叔孙通略定礼仪是也。叔孙通者，秦初本以文学征待诏博士。后论陈胜起山东事，以面谀二世，拜为博士。旋乱作，亡之薛，薛已降楚，遂从项王。及高祖入彭城，降汉。初见汉王，服儒服，王憎之，乃变其服，服短衣，楚制，汉王喜。通之降汉，从弟子百余人，然无所进，剸言诸故群盗壮士进之。诸生怨通，通曰：“诸生且待我，我不忘矣。”其后拜通为博士，号稷嗣君。及并天下，通为朝仪，与诸生共演习之，高帝喜曰：“吾乃今日始知为皇帝之贵也。”拜通为奉常，悉以诸弟子儒生为郎。此汉代博士之最早者也。此时博士尚掌通古今，如秦制，历惠、文、景皆然。故叔孙通定朝仪，所长在礼，而未尝称《礼经》博士也。

（乙）惠帝　《史记·儒林传·申公传》曰：“弟子为博士者十余人，孔安国至临淮太守。”《集解》引徐广曰：“孔鲋之弟子襄为惠帝博士，迁长沙太傅，生忠，忠生武，及安国，安国为博士，临淮太守。”孔襄盖惠帝时博士之仅可考见者。

（丙）文帝　《汉书·儒林传》曰：“韩婴，燕人也，文帝时为博士，景帝时为常山太傅。婴推诗人之意，作《内外传》，数万言，其语颇与齐鲁间殊，然归一也。燕赵间言《诗》者由韩生，韩生亦以《易》授人，推《易》意而为之传。燕赵间好《诗》，故其《易》微，惟韩氏自传之。今《韩诗内传》亡，惟存《外传》，《易传》亦莫传也。”《儒林》所载文帝博士，本惟韩婴一人，而宋王应麟《困学纪闻》以申公亦文帝《诗》博士。按申公，《史》虽言其“以《诗经》为训以教”，乃教于鲁邑中，非在朝为博士也。盖申公尝傅楚太子戊，太子戊不好学，申公耻其胥靡之，乃归鲁，退居家以教，谢宾客，终身未尝一出门。武帝时虽尝因弟子王臧、赵绾之荐，被召至京师问明堂事，然以对不称旨，仅为太中大夫而已。及明堂废，王、赵等自杀，申公亦病免归，数年而卒，是终其身未尝为博士也。惟弟子为博士者数十人，然当在武帝朝矣。王氏殆因申公于文帝时已以治《诗》闻，而弟子后又多为博士者，遂谓申公于文帝时亦为《诗》博士乎？又据《后汉书·翟酺传》言“文帝始置一经博士”，并不确。文景时博士之职皆据秦制，传记百家，多有立博士者，如前所引，初未尝谓立一经博士也。王氏更进而谓“武帝立五经博士，而独举《书》《礼》《易》《春秋》之四，盖《诗》已立于孝文帝时”，亦近臆说。如谓当武帝时，以《诗》已立于孝文之世，故不举《诗》，然董仲舒、胡毋生皆以治《春秋》为景帝博士，何以又复立《春秋》耶？盖文景以前，博士虽具官，而实未尝分经置立，称为某经博士，如孝武时云云，其立博士官为一事，博士之通某经又为一事。故韩婴、辕固为博士，而以治《诗》闻；董仲舒、胡毋生为博士，而以治《春秋》闻；然未尝称《诗经》博士或《春秋》博士也。且韩婴于《诗》外，又善《易》，家世其学。辕固尝与黄生论汤武事，又应窦太后而言《老子》，其所长亦不在专《诗》。故知其时博士实博通古今，博士分经盖自武帝始耳。自武帝罢百家，专崇六经，唯经为有博士，此外诸子传记皆不得立，后儒习见武帝后事，遂以为凡博士者皆言经，后专主一经，不相通晓，此不察之论也。

（丁）景帝　其时博士有辕固、董仲舒、胡毋生三人。辕固生治《诗》，董生、胡毋生治《公羊春秋》。辕固生，齐人，尝与黄生争论汤武受命事于景帝之前，又尝因窦太后问《老子》书，固谓为家人言，撄太后怒。而帝以固廉直，拜清河太傅，疾免归家。武帝即位，复以贤良征。诸儒嫉之，毁固老，复罢归，时年九十余矣。公孙弘亦征，仄目事固。诸齐以《诗》显者，皆固弟子也。董仲舒，广川人，少治《春秋》，孝景时为博士。下帷讲诵，弟子传以久次相授业，或莫见其面。盖三年不窥园，其精如此。进退容止，非礼不行，学士皆尊师之。及武帝即位，对策推明孔氏，抑黜百家，立学校之官，州郡举茂才孝廉，皆自仲舒发之。胡毋生，字子都，齐人，亦治《公羊春秋》，为景帝博士，与董仲舒同业，仲舒著书称其德。年老归教于齐，齐之言《春秋》者宗事之，公孙弘亦颇受焉。

（戊）武帝　时五经备立学官，其《易》《书》《礼》皆各一家，《诗》则齐、鲁、韩三家分立，《春秋》则齐鲁与赵两家分立，而皆主《公羊》者也。其他传记百家皆不得立。自是经艺遂成专学，或主一经，或专经之一体，师说有异，又复分立专家，与以前因据秦制，博士掌通古今者不同；如东汉以后，能兼通五经者亦罕也。《史记·儒林传序》曰："自是言《诗》，于鲁则申培公，于齐则辕固生，于燕则韩太傅；言《尚书》，自济南伏生；言《礼》，自鲁高堂生；言《易》，自淄田生；言《春秋》，于齐鲁自胡毋生，于赵则董仲舒。"而《汉书·儒林传赞》则曰："自武帝立五经博士，《书》有欧阳，《礼》后，《易》杨，《春秋》公羊而已。"盖史公溯其源，班氏言其实也。今参合之，表列于后，各家小传则不赘，以自此而成，所重在各家传授渊源耳。

一、《诗》
- 鲁　申培公（荀卿再传）—瑕丘江公
- 齐　辕固生（未知所受）—
  - 夏侯始昌
  - 后仓
- 燕　韩婴（未知所受，惟今所存《韩诗外传》有引荀子说四十有四，或亦传自荀卿欤）

二、《书》　济南伏生（名胜，字子贱，故秦博士）—
- 晁错
- 张生
- 欧阳生（字和伯）

三、《易》　淄川田何子庄（又号杜田生，商瞿六传）—
- 东武王同子中—
  - 淄川杨何叔元
  - 齐即墨城
- 洛阳周王孙—蔡公
- 梁丁宽子襄—砀田王孙
- 梁项生
- 齐服生

四、《礼》　鲁高堂生伯—瑕丘萧奋—东海孟卿—东海后仓

五、《春秋》　公羊寿（子夏六传）—
- 胡毋生子都—公孙弘
- 董仲舒（《史》《汉》并未明所受，仅言治《公羊春秋》）

（己）宣帝　时《诗》仍齐、鲁、韩三家，《书》于欧阳外，复立大小夏侯；《礼》更立大小戴；《易》更立施、孟、梁丘三家，刘歆《移让太常博士书》谓施、孟之《易》宣帝前已有之，此据《汉书·儒林传》。《春秋》则于公羊之外更立穀梁，而公羊则立严、颜二家，复表列于后：

一、《诗》　仍前

二、《书》　伏生—
- 张生（尝为博士，见《汉·儒林传》）—夏侯都尉—夏侯始昌（大）—夏侯胜（小）
- 欧阳生

三、《易》　田何—
- 丁宽—田王孙—
  - 施雠长卿
  - 孟喜长卿
  - 梁丘贺长翁
- 王同—杨何—京房（别一京房，非焦延寿弟子）

四、《礼》　后苍—
- 戴德（大）
- 戴胜（或作圣，小）
- 庆普（《汉书·艺文志》云“汉兴，鲁高堂生传《士礼》十七篇，讫孝宣世，后苍最明，戴德、戴胜、庆普皆其弟子，三家立于学官”，则庆普亦尝立学）

五、《春秋》（公羊）—
- 胡毋生
- 董仲舒—东平嬴公—东海孟卿—鲁眭孟—
  - 严彭祖
  - 颜安乐

六、《春秋》（穀梁）—瑕丘江公（子夏七传，荀子四传）—子孙世为博士

（庚）元帝　《易》于施、孟、梁丘之外，复立京氏《易》。京氏者名房，受《易》梁人焦延寿赣，与梁丘贺所从受《易》之太中大夫京房者别一人也。焦延寿云尝从孟喜问《易》，会喜死，房以为延寿《易》即孟氏学。翟牧、白生皆孟氏弟子，不肯，皆曰非也。房以明灾异得幸，由是京氏之《易》兴。是京《易》者，孟氏之再传，田何之六传

也。参上表自明。

（辛）平帝　于今文因袭前制外，又立《左氏春秋》《毛诗》《逸礼》《古文尚书》，此皆古文学古文学之兴起及与今文学之异详后。也。至东汉光武复兴，又皆罢去。章帝时虽尝诏高材生受《古文尚书》《毛诗》《左氏春秋》，然亦未立学官，是古文之学终汉世未尝立学也。

（壬）光武帝　光武规复汉室，重兴儒学，博士之立学官十有四，即后世所称十四博士是也。此皆今文之学，于古文无与。其后明帝、章帝以至孝灵，虽或亲幸辟雍，讲诵经艺；或会诸儒白虎观，详考异同；或正定五经，刊名立学；然于博士之立，未有逾于光武时也。故后世言汉博士者，莫不称十四博士焉。今复表之于后，以著其传。据《后汉书·儒林传》。

一、《易》　田何—丁宽—田王孙—
- 施雠
- 孟喜—焦延寿—京房
- 梁丘贺

二、《书》　伏生—
- 欧阳生—兒宽—欧阳生高—欧阳地余
- 张生—夏侯始昌—夏侯胜（大）—夏侯建（小）

三、《诗》
- 齐—辕固生
- 鲁—申培公
- 韩—韩婴

四、《礼》　高堂生—萧奋—孟卿—后苍—
- 戴德（大）
- 戴圣（小）

五、《春秋》（公羊）　董仲舒—殷仲温—眭孟—
- 严彭祖
- 颜安乐

第三节　古文学之兴起

古文之学盛于东汉，而肇始于刘歆。歆尝欲立《古文尚书》《左氏春秋》《逸礼》于学官，而博士不肯，移书让之，曰："鲁共王坏孔子宅，欲以广其宫，而得古文于坏壁之中，《逸礼》有卅九，《书》十六篇。天汉之后，孔安国献之，遭巫蛊仓卒之难，未及施行。及《春秋》左氏丘明所修，皆古文旧书，多者廿余通，藏于秘府，伏而未发。孝成皇帝闵学残文缺，稍离其真，乃陈发秘藏，校理旧文，得此三事，以考学官所传，经或脱简，传或间编，博问民间，则有鲁国桓公、赵国贯公、胶东庸生之遗学与此同，抑而未施，此乃有识者之所惜闵，士君子之所嗟痛也。中略。缀学之士，不思废绝之阙，苟因陋就寡。中略。犹抑此三事，以《尚书》为备，谓左氏为不传《春秋》，岂不哀哉！中略。且此数家之事，皆先帝所亲论，今上所考视，其古文旧书，皆有征验，外内相应，岂苟而已哉!”是则所谓古文学者，其书为《逸礼》《古文尚书》与《左氏春秋》，其后本不止此，详后。其文为旧书古文，其所自出，一由孔氏壁中，一则传自民间，远在先汉之世，而未尝立于学官者也。古文经终汉之世始终未立学。夫六经本三代之旧典，孔氏之所传，书皆古文，初无所谓今文也。及暴秦之乱，燔烧诗书，民间所藏，悉诣太尉焚之。其后项羽引兵西屠咸阳，烧秦宫室，火三月不灭；而得高祖入关，萧何之所收者，皆秦丞相御史律令图书，未遑诗书。诗书六艺，从此荡然，其见藏于山室复壁，幸而存者，盖亦仅矣。天下既定，诸儒讲习，但凭口授，晁错从伏生受《尚书》，所传之二十八篇，是其例也。其书皆以汉世通行之隶书写之。前汉诸经之所传授，悉皆如此。自挟书之令既除，藏书之策复建，诸侯王者，亦往往有笃学敦古者流，由是古书间出，其文与诸儒口授传述，以汉隶写之者自异。虽未立于学官，然其藏于中秘，流行民间自若，好古之士亦往往从而习之。至成帝陈发秘藏，命光禄大夫刘向校理之，其事始显。而中秘所藏，与民间所传者往往相合，而皆与诸儒所口述者异，其文又皆炎汉以前文字，遂名之曰古文，对古文而有今文之目。故今文者，汉世通行之隶书也。古文者，汉前所用之文字也。《史记·自序》言从孔安国问故，故者古文也。又《孔安国传》言安国得孔氏《古文尚书》，以今文读之，因以起其家。前后两《汉书》言古文应读《尔雅》，河间献王得古文，立《左氏春秋》博士，多古字古言，鲁共王得古文凡数十篇，皆古字。《经典释文》言费直传《易》，其本皆古字，号《古文易》，是皆以古文为古字也。然皆未言为古何字。唐贾公彦疏《仪礼》言："孔子宅得古《仪礼》五十六篇，其字皆篆书，是古文也。"以古文即篆书。然篆书为小篆之异称，秦始皇帝所作，孔子安得秦篆而书之？或谓大篆亦称篆书，即周宣王太史所作籀书也，然许慎《说文叙》谓："大篆与古文或异。"又谓："孔子书六经，左丘明述《春秋传》，皆以古文。古文，孔子壁中书也。""奇字即古文而异者也。"明古文非大篆。故孔颖达《尚书疏》斥之，且谓："秦有大篆，按秦八体书中有大篆。若大篆是古文，不得古文遂绝。"按此亦许氏《说文叙》语，史公亦言秦拨去古文，扬雄亦言秦划灭古文。然则所谓古文者，非小篆亦非大篆。孔安国《书序》曰："鲁共王坏孔子宅，于壁中得先人所藏古文，皆科斗文字。科斗书废已久，时人无能知者。"世遂以为古文即科斗文。至宋吴才老、朱子疑《孔传》出东晋，为伪作，王柏《书疑》并疑及科斗文字。段玉裁为《说文解字注》，亦据王隐《晋书》言太康元年汲郡民盗发魏安釐王冢，得竹书漆字科斗之文。科斗文者，周时古文，其字头粗尾细，似科斗之虫，故俗名之，谓科斗乃晋人里语，以证孔《叙》为伪作。而本师汉章先生则谓："孔《传》《叙》伪，而古文为科斗形，说实非始于晋里俗之人。《后汉书·卢植传》明称：'植上书曰古文科斗，近于为实，而厌抑流俗，降在小学。中兴以来，通儒达士，班固、贾逵、郑兴父子并敦悦之，今《毛诗》《左氏》《周礼》各有传记，其与《春秋》共相表里，宜置博士，为立学官。'郑君《书赞》又曰：'书初出屋壁，皆周时象形文字，今所谓科斗书，以形言之为科斗，指体实之周古文。'古文为科斗书，有此二征，已如铁案不可动摇。皮锡瑞《五经通论》：顾谓郑君《书赞》不可信，岂卢子干奏御之书亦不可信乎？"是所谓古文者即世所称科斗书也。

今古文字既明，可进而言今古文经。五经中今古文经，《易》与《诗》无大异，惟今文间有脱简，《汉志》所谓《易》为卜筮之书，传者不绝；《诗》遭秦而全者，以其讽诵不独在竹帛故也。所异为《尚书》与《礼》：《尚书》今文廿八篇，古文多十六篇；《礼》，高堂生所传今文《士礼》十七篇，世所称《仪礼》者，《逸礼》多出卅九篇，《汉志》所谓《礼》古经者也。《春秋》经文无大异，异在三传，《公羊》与《穀梁》皆今文，近儒崔适著《春秋复始》谓，《穀梁》亦古文，详下篇分论《穀梁》。古文独左氏。《公》《穀》经传皆终鲁哀公十四年西狩获麟，《左氏》则《经》终于哀公十六年，仲尼之后，《传》终哀公二十七年。兹据《汉书·艺文志》及《儒林传》诸所言古文者分别述之，以著其异，遇有所择亦附著焉。其于今文，上述诸经立学时盖已详言之矣。

《易》　《艺文志》曰："民间有费、高二家之说，刘向以中《古文易经》校施、孟、梁丘经，或脱去'无咎'、'悔亡'，惟费氏经与古文同。"《儒林传》曰："费直字长翁，东莱人也。治《易》为郎，至单父令。长于卦筮，亡章句，徒以彖、象、系辞十篇文言解说上下经。琅琊王璜平中能传之，璜又传《古文尚书》。"又曰："高相，沛人也。治《易》与费公同时，其学亦亡章句，专说阴阳灾异。自言出于丁将军。丁宽也。传至相，相授子康及兰陵毋将永。"由是《易》有高氏学。高、费皆未尝立于学官。

《尚书》　《艺文志》曰："《古文尚书》者，出孔子壁中。武帝末，鲁共王坏孔子宅，欲以广其宫，而得《古文尚书》及《礼记》《论语》《孝经》凡数十篇，皆古字也……孔安国者，孔子后也，悉得其书，以考二十九篇，多得十六篇。安国献之，遭巫蛊事，未列于学官。刘向以中古文校欧阳、大小夏侯三家经文。"《儒林传》曰："孔氏有《古文尚书》，孔安国以今文字读之，因以起其家逸《书》，得十余篇，盖《尚书》滋多于是矣。遭巫蛊，未立于学官……司马迁亦从安国问故。迁书载《尧典》《禹贡》《洪范》《微子》《金縢》诸篇，多古文说。"又曰："世所传《百两篇》者，出东莱张霸，分析今原作'合'，据王引之校改。二十九篇以为数十。又采《左氏传》《书叙》为作首尾，凡百二篇。篇或数简，文意浅陋。成帝时，求其通古文者，霸以能为《百两篇》征，以中书校之，非是。霸辞受父，父有弟子尉氏樊并……后樊并谋反，乃黜其书。”按伏生所传《尚书》本廿八篇，《泰誓》后得，今言廿九篇者，并《泰誓》言也。

《诗》 《艺文志》曰：“有毛公之学，自谓子夏所传，而河间献王好之，未得立。”《儒林传》曰：“毛公，赵人也。治《诗》，为河间献王博士。”按郑玄《诗谱》云：“鲁人大毛公为《故训传》于其家，河间献王得而献之，以小毛公为博士。”则《儒林传》所称毛公，小毛公也。大毛公名亨，小毛公名苌，陆玑《毛诗草木鸟兽虫鱼疏》云。

《礼》 《艺文志》曰：“《礼古经》者，出于鲁淹中，及孔氏学七十篇，文相似，多三十九篇。刘敞云：‘读当云：“《礼古经》者，出于鲁淹中及孔氏”，孔氏则孔安国所得壁中书也。“学七十篇”当作“与十七篇文相似”，五十六卷除十七，正多三十九篇也。’刘说是。及《明堂阴阳》《王史氏记》，所见多天子诸侯卿大夫之制，虽不能备，犹瘉仓等推《士礼》而致于天子之说。”《儒林传》于《逸礼》独无说，岂当时治之者无其人耶？

《春秋》 《艺文志》曰：仲尼“以鲁周公之国，礼文备物，史官有法，故与左丘明观其史记，据行事，仍人道，因兴以立功，就败以成罚，假日月以言历数，借朝聘以正礼乐。有所褒讳贬损，不可书见，口授弟子，弟子退而异言。丘明恐弟子各安其意，以失其真，故论本事而作传，明夫子不以空言说经也。《春秋》所贬损大人当世君臣，有威权势力，其事实皆形于传，是以隐其书而不宣，所以免时难也。”《儒林传》曰：“汉兴，北平侯张苍及梁太傅贾谊、京兆尹张敞、太中大夫刘公子，皆修《春秋左氏传》。谊为《左氏传训故》，授赵人贯公，为河间献王博士。子长卿为荡阴令，授清河张禹长子……禹授尹更始，更始传子咸及翟方进、胡常。常授黎阳贾护季君。……刘歆从尹咸及翟方进受。由是言《左氏》者本之贾护、刘歆。”所言视他经为详。盖古学发于刘歆，歆之学本于《左氏》，桓谭《新论》云《左氏传》遭战国寝废，刘子政、子骏，兄子伯玉三人俱是通人，尤珍重《左氏》，教授子孙，下至妇女，无不诵读者（引见《北堂书钞》《太平御览》），可见《左氏》直为刘氏家学。故详著之，以见其传授之有自云。

《汉志》于五经外，复有《论语》古二十一篇，原注云“出孔子壁中，两《子张》”。按今文有《齐》二十二篇，《鲁》二十篇，《鲁论》即今所行是也，《古论》两《子张》，故二十一篇，《齐论》别《问王知道》，故二十二篇。及《孝经》古孔氏一篇，原注云“二十二章”，颜师古注曰：“刘向云古文字也，《庶人章》分为二，《曾子敢问章》分为三，又多一章，凡二十二章。”按今文《孝经》十八章即今所行十八章加增益四章，故二十二章。《序》云：“汉兴，长孙氏博士江翁、少府后苍、谏大夫翼奉、安昌侯张禹传之，各自名家。”而于《论语》无说。何晏《论语集解序》云：“《古论》惟博士孔安国之训说，而世不传。至顺帝之时，南郡太守马融亦为之训说，汉末大司农郑玄就《鲁论》章篇，考之《齐》《古》，以为之注。”是《古论》于汉，未尝尊显。及郑司农就《鲁论》以合《齐》《古》为之注，遂以不传矣。

别有《周官经》六篇，《汉志》附之于《礼》，而未有说。惟《河间献王传》有“献王所得书，皆古文先秦旧书，《周官》《尚书》《礼》《礼记》《孟子》《老子》之属”之言，其后陆德明《经典释文叙录》引：“郑《六艺论》云后得孔氏壁中，河间献王《古文礼》五十六篇，《记》百卅一篇，《周礼》六篇。”又载或说云：“河间献王开献书之路，时有李氏上《周官》五篇，失《事官》一篇，冬官掌事典，乃购，千金不得，取《考工记》以补之。”此言《周官》所自出也。贾公彦疏《周礼》，序《周礼兴废》引马融传序曰：“《周官》出于山岩屋壁，入于秘府。中略。惟刘歆独识……知其周公致太平之道，迹具在斯。奈遭天下仓卒，兵革并起，疾疫丧荒，弟子死丧，徒有里人河南缑氏杜子春尚在，永平之初，年且九十，家于南山，能通其读，颇识其说，郑众、贾逵往受业焉。”此言《周官》之传授也。歆为王莽国师，尝以立于学官，称《周礼》，光武后国废，今文师多不信，以为歆伪作，盖谓不闻其所受云，古文经之大略如此。《周礼》真伪辨说详下篇分论《周礼》。

综右诸古文经者，或传在民间，或出于屋壁而为诸王侯所献，虽未尝立学，而学士大夫往往习之。汉初诸儒，贾谊，文帝召为博士，而为古文《左氏春秋》先师；谊弟子贯公与毛公同为河间献王博士，毛氏亦古文《诗》学；他如陆贾著书，叔孙通制礼，亦皆有古文说。诸如此者，或学不能纯，固无论矣。即在武帝时，诸所立学官博士，皆今文经，而东方朔、主父偃、司马相如作文，亦往往用《毛诗》《左氏》，故虽未立，而其学未尝绝也。重以历代开游学之路，下求书之诏，其说益繁，至成帝时刘向校中秘书，而古遂显。向子歆笃好古学，哀帝时尝欲立《古文尚书》《左氏春秋》《逸礼》，为博士所抑，至移书让之。平帝，王莽当国，喜古文，用歆说，三书与《毛诗》皆曾立学，及莽移汉而尣然。虽见于光武之后兴，然章帝建初中尝诏高材生受《古文尚书》《毛诗》《穀梁》《左氏春秋》，虽不立学官，然皆擢高第，为讲郎，给事近署。《后汉书·儒林传》。其间马融，贾逵，郑兴、众父子，班固，许慎，皆以古文名，古学几夺今学之席，至其所自，固刘歆为之倡也。

又有所谓中古文者，即古文之藏于中府者也。《汉书·艺文志》曰："刘向以中古文《易经》校施、孟、梁丘经，或脱去'无咎'、'悔亡'，惟费氏经与古文同。"又曰："向以中古文校欧阳、大小夏侯三家经文，《酒诰》脱简一，《吕诰》脱简二……文字异者七百余处，脱字数处字。"颜师古并注云："中者，天子之书也。言中以别于外耳。"王充《论衡·正说篇》曰："孝景帝时，鲁恭王坏孔子教授堂以为殿，得百篇《尚书》于墙壁中，武帝使使者取视，莫有能读者，遂秘于中，外不得见。至孝成帝征为《古文尚书》，东海张霸案百篇之序，空起百两之篇献之，成帝出百篇以校之，皆不相应。"是中古文者，藏诸秘府之古文是也。故刘向校书，有"中书"、"中秘书"、"中古文"等称。刘歆《七略》云："外则有太常、太史、博士之藏，内则延阁、广内、秘室之府。"《史记·自序》云："百年之间，天下遗文古事，靡不毕集太史云。"盖汉兴，大收图籍，其书毕集太史，博士所执，集太常太常掌博士。皆所谓外书，新集之于民间者，刘歆所谓“太史书”、“太常书”、“臣吾书”是也。其所谓“中书”、“中秘书”、“中古文”者，乃延阁、广内、秘室之藏。萧何得之于秦，而为汉家所固有，非得之于外者也。向所校云“中孙卿书”、“中书列子”、“子筦子书”、“中书晏子”是也。其云“中书多外书”、“中书无有七十章，外书无有三十六章”等云者，以国家旧藏之中秘，以校新得之于民间者也。此即所谓中古文也。

第四节　今古学之纷争及异点

今古学之分，初以文字之异，渐进而为说解之不同。许慎《五经异义》分别今古学说甚明：“今学则有今《易》孟、京、施雠等说，今《尚书》欧阳、夏侯说，今《诗》齐、鲁、韩说，今《礼》戴说，今《春秋》公羊、穀梁说，今《论语》说，今《孝经》说；古学则有古《尚书》说，古《毛诗》说，古《周礼》说，古《春秋》左氏说，古《孝经》说。”说解既异，两家之纷争遂起。其初即自刘歆欲建立《古文尚书》《逸礼》《左氏春秋》三事于学官始。歆欲立此三学，哀帝乃令其与五经博士讲论其义，诸博士鉴于往者《穀梁》争立，学乃盛行，遂深闭固拒，不肯置对，歆因移书太常博士让之，至言其“信口说而背传记，是末师而非往古。国家将有大事，若立辟雍、封禅、巡守之仪，则幽冥莫知其原，犹欲保残守缺，抑此三学，以《尚书》为备，以左氏为不传《春秋》，岂不哀哉”！由是博士怨恨，光禄大夫龚胜上疏深自罪责，愿乞骸骨，大司空丹师亦大怒，奏歆改乱旧章，非毁先帝所立。帝虽谓歆无罪，然议亦不行。此今古争议之第一次也。光武建武中，尚书令韩歆上疏，欲为费氏《易》、左氏《春秋》立博士，诏下其议。博士范升言：“左氏不祖孔子，而出于丘明，师徒相传，又无其人，且非先帝所存，无因得立。”遂与韩歆及太中大夫许淑等互相辩难，日中乃罢。升退，又复奏言：“近有司请置京氏《易》博士，群下莫能据正。京氏既立，费氏怨望，《左氏春秋》复以比类，亦希置立。京、费已行，次复高氏，《春秋》之家又有驺、夹，如令左氏、费氏得置博士，高氏、驺、夹，五经奇异，并复求立，各有所执，乖戾分争，将恐陛下必有厌倦之听。今费、左二家，无有本师，而多反异。虽设学官，无有弟子，奏立左、费，非政之急。”因奏左氏之失凡十四事，或以《太史公书》多引左氏难之，又上太史公违戾五经，谬孔子言，及《左氏春秋》不可录三十一事。陈元闻之，乃诣阙上疏，言：陛下知丘明至贤，亲受孔子，而公羊、穀梁《传》闻于后世。升等所言，前后相违，所谓小辩破言，小言破道者也。书奏，诏下其议，升复与元相辩难，凡十余上。帝卒立左氏学，以李封为博士，会封病卒，而公卿以下又数争之，左氏复废。此争议第二次也。讫于建初，肃宗特好《古文尚书》《春秋左氏传》，时贾逵治古学，诏逵入讲北宫白虎观、南宫云台，帝善之，使出《左氏传》大义长于二传者。逵乃条奏左氏尤明者三十事，又言《左氏》与图谶合。书奏，帝嘉之。逵又为帝言《古文尚书》与经传《尔雅》训诂相应，诏令撰欧阳、大小夏侯《尚书》古文同异，逵集为三卷。复令撰齐、鲁、韩《诗》与《毛诗》异同，并作《周官解故》。八年招高材生，使受左氏、穀梁《春秋》,《古文尚书》,《毛诗》，由是四经行于世。时有李育者，少习《公羊》，尝读《左氏传》，虽乐文采，然谓不得圣人深意，而前世陈元、范升之徒更相非折，又多引图谶，不据理体，于是作《难左氏义》四十一事。建初四年，诏与诸儒论五经于白虎观，育又以《公羊》义难贾逵，往返皆有理证。此争议之第三次也。顺、灵间，何休亦治《公羊春秋》，作《解诂》，以《春秋》驳汉事者七百余，妙得《公羊》本意。又与其师博士羊弼追述李育意以难二传，作《公羊墨守》《左氏膏肓》《穀梁废疾》。郑玄非之，作《发墨守》《针膏肓》《起废疾》。休见而叹曰：“康成入吾室，操吾矛以伐我乎？”而服虔又以《左传》驳何休所驳汉事六十条。许慎所作《五经异义》虽分别今古文说，而多主古文，郑玄则又作《驳五经异义》以难之。此争议之第四次也。

自刘歆与太常博士争议以来，至于劭公、康成，前后四次，亘百数十年，两家争辩虽烈，然皆未足以定是非，其学或立或罢，或行或废，盖或以政治之力或学风所趋，皆非争辩之结果或有以理胜者也。及康成混合今古，而多从古学，今文之说，遂多被湮没，历隋唐以至于清，乃复有今古学之辨，而壁垒森严，互相非难，较此为尤甚矣，然亦终莫得其究竟也。

综今古文学之异者：文字之不同，一也；由文字之不同，因而篇章之多寡，经籍之名数异，二也；由篇籍名数之不同，进而义理之诠释，名物之训诂异，三也；由名理之不同，于是凡所以辨典章，考制度，莫不皆异，四也。有此四者，而今古文之学派家法，遂判若鸿沟，终莫有能合之者矣。至谓今文重微言大义，古文重训诂考订，此又两派宗旨之异也。

第五节　师法与家法

汉儒说经，有所谓师法、家法者。师法，鲁丕所谓"说经者传先师之言，非从己出"，"法异者，各令自说师法，博观其义"是也；见本传。家法者，范晔所谓"专相传祖，莫或讹杂，繁其章条，穿求崖穴，以合一家之说"是也。见《后书·儒林传》。故师法者，一师之所言；家法者，数家之分出；先有师法，而后成一家之言，师法溯其源，家法者衍其流也。今以《汉书·儒林传》证之：凡言某经有某氏之学者，大抵皆指师法；凡言某家有某氏之学者，大抵皆指家法。如《易》有施、孟、梁丘之学，此为师法；施家有张禹、彭宣之学，孟有翟牧、白光之学，梁丘有士孙张、邓彭祖、衡成之学，家法也。《尚书》则欧阳、大小夏侯氏学，此为师法；欧阳有平、陈之学，大夏侯有孔、许之学，小夏侯有郑、张、秦、假李氏之学，家法也。《诗》有齐、鲁、韩，此为师法；《齐诗》有翼、匡、师、伏之学，《鲁诗》有韦氏之学，又有张、唐、褚氏之学，《韩诗》有王、食、长孙之学，家法也。《礼》有大戴、小戴、庆氏之学，此为师法；大戴有徐氏，小戴有扬、扬之学，家法也。《公羊春秋》有颜、严之学，《穀梁春秋》有尹、胡、申、章、房氏之学，此为师法；颜氏有冷、任之学，复有筦、冥之学，家法也。惟师又有师，如施、孟、梁丘同祖丁宽，故丁宽为《易》之祖师；《汉书·外戚传》：定陶丁姬，《易》祖师丁将军之玄孙，颜师古注云祖始也。《儒林传》：丁宽，《易》之始师。家又有家，如山阳张生本《鲁诗》之一家，而张家又有许氏学，推之各经，莫不皆然。此皮鹿门所谓师法别出家法，家法又各分颛家，如干既分枝，枝又分枝，子既生孙，孙又生孙也。惟先师皆出西汉，东汉则但有后师，故皮鹿门又谓前汉重师法，后汉重家法。

师法、家法为汉儒所最重。其见于两《汉书》者，《张禹传》："诸儒荐禹，诏萧望之问禹，对《易》及《论语》大义，望之善焉，奏禹经学精习有师法，可试事。"《吴良传》："东平王苍上疏荐良曰：'齐国吴良治《尚书》，学通师法，经任博士，行中表仪。'"此荐举重师法也。《翼奉传》："元帝问奉：'善日邪时孰与邪日善时?'奉对引师法。"《五行志》："朱博为丞相受策，有大声如钟鸣，上问李寻，寻对引师法。"此对问重师法也。《后汉书·儒林传》："立五经博士，各以家法教授。"《宦者蔡伦传》："帝以经传之文，多不正定，乃选通儒谒者刘珍及博士良史诣东观，各校雠家法。"是博士各守家法也。《质帝纪》："令郡国举明经，年五十以上，七十以下，诣太学，自大将军至六百石，皆遣子受业，四姓小侯，先能通经者，各令随家法。"是明经必守家法也。《左雄传》："雄上言郡国所举孝廉，请皆诣公府，诸生试家法，注曰：'儒有一家之学，故称家法。'"是孝廉必守家法也。以上皮锡瑞《经学通史》。其不守师法者，则同门相与攻之，朝廷亦不之用。如《儒林传》云："孟喜得《易》家候阴阳灾变书，诈言师田生且死时，枕喜鄰独传喜。而同门梁丘贺疏通证明之，曰：'田生绝于施雠手中，时喜归东海，安得此事?'博士缺，众人荐喜，上闻喜改师法，遂不用喜。"又："京房受《易》焦延寿，延寿云'尝从孟喜问《易》'，会喜死，房以延寿《易》

即孟氏学，翟牧、白生不肯，皆曰：‘非也。’”此可见师法之严矣。《后汉书·徐防传》：“防上疏：‘伏见太学试博士弟子，皆以意说，不修家法，以遵师为非义，意说为得理，诚非诏书选实本意。’”则又见家法之严也。

而世谓师法家法之重，惟今文学家为然。盖今文“无无师之学，训诂句读，皆由口授，非若后世之书，音训备具，书皆竹简，得之甚难，若不从师，无从写录。”皮锡瑞语。而古文来源不明，传授不悉，出非一时，说各自异，故无师法家法可言。象山陈伯弢先生著《经学通论》尝力辨之。其《经学会通篇》曰：“今文家谓孔安国以今文读古文，但略缀以文字，绝无章句训义，《古尚书说》由刘歆创立耳。又谓汉儒最重师说家法，若东汉古文则无师说家法。今案古文家，惟费直《易》以《彖》《象》《系辞》《文言》，解说上下经，无章句，明见《儒林传》。然《经典释文》已有《费直易章句》四卷。《晋书·天文志》亦称‘《费氏周易》分野’。费氏学，传者非竟无书。《儒林传》又言：‘孔安国以今文字读古文，因以起其家。’家即家法，司马迁从安国问故，迁书多古文说，向使安国无古文说，迁书安得载其说？况《毛诗》有《故训传》三十卷，《周官》有《传》四篇，《左氏传》有《左氏微》三篇、《铎氏微》三篇、《虞氏微传》两篇、《张氏微》十篇，皆在刘歆之前。《歆传》言：‘初《左氏传》多古字古言，学者传训故而已。及歆治《左氏》引传文以解经，转相发明，由是章句义理备焉。’然则歆之前，《左氏》非绝无传训故也。”又曰：“古文既皆古字，非通知字学及今文学者，必不能读。郑君《周礼序》曰：‘玄窃观二三君子之文章，按谓郑兴、郑众父子，卫宏，贾逵，马融，皆作《周礼解诂》。顾省竹帛之浮辞。其所变易，灼然如晦之见明；其所弥缝，奄然如合符复析。斯可谓雅达广揽者也。就其原文字之声类，考训诂，捃秘逸，发疑正读，亦信多善，徒寡且约，用不显传于世，今赞而辨之，庶成此家世所训也。’由郑此言推之，古文各经必皆以发疑正读为家法。”又曰：“《艺文志》言：‘《孝经·古孔氏》一篇，诸家说不安处，古文字读皆异。’更可见古文家法，自发疑正读始。西汉然，东汉亦然。马融《周礼传》云：‘周官既出于山岩屋壁，后入于秘府，五家之儒，莫得见焉。至孝成帝时，河南缑氏杜子春能通其读，颇讥其说。’中多省略。可见古文必通其读，乃识其说。当时杜林所以宝受漆书《古文尚书》者，亦以能通其读。林有《仓颉训纂》一篇，又有《仓颉故》一篇。《艺文志》谓：‘仓颉多古字，俗师失其读。宣帝时征齐人能正读者，张敞从受之，传至外孙之子杜林为作训故。’《杜邺传》谓：‘邺母张敞女，邺始从敞子吉学问。吉子竦幼孤，从邺问学，尤长小学。邺子林清静好古，亦有雅材，其正文字过于邺、竦，世言小学者由杜公。’是则林通古文，先通小学。其弟子卫宏撰《古文官书》，《说文解字》考之贾逵，亦引徐巡说，皆古文家大师也。古文家法如是。”今文有师法，古文曷尝无师法哉？

第六节　训诂学与谶纬学

今古文家法，既皆在通句读，明训诂，于是章句义训之学以起，而其意则皆主于释经也。然释经之书，要不自汉始，晚周先秦，已有作者：《系辞》传《易》，《尔雅》为解《诗》《书》之书，《丧服》释《礼》，三氏之传《春秋》，《礼记》七十子后学所记，亦为传《礼》之作，大抵有记、传、义、问诸例。汉人释经，虽训故章句，自立名目，而体例则由此推衍焉。邵懿辰《礼经通论》曰：“记者，记其仪节，如大记、小记、杂记之类；传者，解其文义，如大传、问传之类；义者，释其意义，如昏义、冠义、乡饮酒义之类；问者，反复辩论，设或问而已答之，如问丧、服问之类。故记、传、义、问四者，说礼之通例。汉人说经或曰‘故’，如《诗》有《鲁故》《韩故》，释其古言也；曰‘通’，通其义指也，如《易》有陆丹《易通》；曰‘微’，释其微旨也，如《春秋》有《左氏微》；曰‘章句’，如《尚书》有大小《夏侯章句》；曰‘注’，注者著也，言为之辨说，使其著明也，如《易》马融有《周易注》；曰'说义'，《诗》有《鲁说》《韩说》；曰'训诂'，或作'训故'，如《毛诗故训传》；曰'训旨'，如卫宏《古文尚书训旨》；曰'解诂'，如何休《春秋公羊传解诂》；曰'笺'，如郑玄《毛诗笺》；曰'内传'，如《韩诗内传》；曰'外传'，如《韩诗外传》《春秋公羊外传》，皆四者之支流余裔也。"此借七十子说《礼》之篇，以明汉人说经体例之所自出。然其事犹不止此。有曰"学"者，如何休《公羊解诂》又称"何休学"；有曰释者，如谢该《左氏释》；有曰删者，如郑众作《春秋删》，孔奇作《春秋左氏删》；有曰"略"者，如景鸾《礼略》；有曰"难"者，如曹充作《庆氏礼章句辨难》；有曰"条例"者，如郑兴、贾徽、颖容并作《左氏条例》；有曰"异同"者，如贾逵撰《欧阳大小夏侯尚书古文异同》，马融著《三传异同说》。立名虽多，要不外传、注、章句三体，诸异名者，其质皆不出乎此耳。

至于释经之法，要亦不外数事。如费直治《易》之章句，徒以《彖》《象》《系辞》十篇《文言》，解说上下经；刘歆治《左氏》，引传文以解经，经传相发明，由是章句、义理备具，此以本经解本经者一也。此所用本古传，今称经，用俗名。又如毛公诂《诗》，多用《尔雅》；郑玄笺《诗》，广引《礼经》，此以他经解本经者二也。孔氏有《古文尚书》，孔安国以今文读之，考论其文义，定其可知者为隶古定；刘陶明《尚书》，推三家《尚书》及古文，是正文字三百余事，名曰《中文尚书》，此以字解经者三也。段玉裁谓汉人作注，于字发疑正读，其例有三：一曰读如、读若，二曰读为、读曰，三曰当为。读如、读若，拟其音也，古无反语，故为比方之词；读为、读曰者，易其字也，易之以音相近之字，故为变化之词；当为者，定为字之误、声之误，而改其字也，故为救正之词。其言以字解经之例甚明。毛公传《诗》有仲梁子、孟仲子、高子之说，公、穀传《春秋》有子沈子、司马子、女子、北宫子、尸子、沈子之说，郑玄注《周官》多引郑司农说，此引师说以解经者四也。其有先立一事，而后引经以为断案，如《韩诗外传》之所为，则意在因缘经义，成一家言，论虽依经为断，书固离经独立，与通常释经者殊科也。又释经之法，虽两汉相同，而或繁或简，则得失互见。《汉书·艺文志》曰："古之学者耕且养，三年而通一艺，存其大体，玩经文而已。是故日用少而畜德多，三十而五经立也。后世经传既已乖离，博学者又不思多闻阙疑之义，而务碎义逃难，便辞巧说，破坏形体，说五字之文，至于二三万言。后进弥以驰逐，故幼童而守一艺，白首而后能言。安其所习，毁所不见，终以自蔽。此学者之大患也。"是则经说过繁，转使经义隐晦，此在西汉之末已然，至东汉而其事为尤甚也。

太史公曰："齐鲁之闲于文学，自古以来，其天性也。"由是汉儒传经，亦不出于齐，则出于鲁。鲁人为学多迂谨，笃守典章之遗，上所述章句训故之学，虽不必尽出于鲁，要以鲁人为多，故近人或有以专明训故称鲁学者。齐则好尚恢奇，喜言天人之理，驺衍谈天，称于战国，其学有五德终始之说，先序今以上至于黄帝，载其禨祥度制，配之以五行，称引天地剖判以来，五德转移，治各有宜。其流风遗韵，沾被于后人者深也。其后虽或不产于齐，而治齐学者咸如之。《易》有孟喜言阴阳灾变，孟虽鲁人，而齐杜田生之四传也。京房治《易》，以明灾异得幸，其《易》受之于焦延寿，而托之孟氏。梁丘贺亦以善筮有应，见幸于宣帝。梁丘亦田生四传。别有高相，治《易》专说阴阳灾异，自言出丁将军。丁将军宽者，杜田生弟子也。济南伏生治《尚书》，作《大传》，中有《洪范五行传》。《诗》则齐《诗》有五际六情，而翼奉以之言政。《春秋》则董仲舒以《公羊》灾异之变，推阴阳所以错行，居舍著灾异之记。《礼》之《明堂阴阳》盖亦齐学之支流也。谶纬之学，亦即伏于此耳。"纬候之书，伪起哀平。"孔颖达《尚书正义·洪范篇》。图谶之说，则起原甚早。《史记·赵世家》"秦谶于是乎出"，《秦本纪》"亡秦者胡"，"明年祖龙死"，皆谶文也。然与经不相涉。自汉儒有阴阳灾异，天人相应之学，或乃以图谶之说牵合经义，而后秘纬之学以起。《四库总目提要》曰："儒者多称谶纬，其实谶自谶，纬自纬也，非一类也。谶者诡为隐语，预决吉凶。《史记·秦本纪》称卢生奏录图书之语，是其始也。纬者经之支流，衍及旁义。《史记·自序》引《易》‘失之毫厘，差以千里’，《汉书·盖宽饶传》引《易》‘五帝官天下，三王家天下’，注者均以为易纬之文是也。盖秦汉以来，去圣日远，儒者推阐论说，各自成书，与经原不相比附。如伏生《尚书大传》、董仲舒《春秋阴阳》，核其文体，即是纬书，特以显有主名，故不能托诸孔子。其他私相撰述，渐染以术数之言，既不知作者为谁，因附会以神其说。迨弥传弥失，又益以妖妄之言，遂与谶合而为一。然班固称圣人作经，贤者纬之。杨侃称纬书之类谓之秘经，图谶之类谓之内学，河洛之书谓之灵篇。胡应麟亦言谶纬之书虽相表里，而实不同。则纬与谶别，前人固已分析之，后人连类而称谶纬，非其实也。”《经部·易类六》附录后语。是则谶固与纬有别，而纬亦非先圣秘藏之书，然世以谶纬并称，盖亦有故。谶既为诡设隐语，预决吉凶，如夏侯始昌言柏梁之灾，夏侯胜预知霍光之谋，睦孟以柳石自立，谓当有匹夫起为天子，翼奉以正辰加邪时，知平昌侯之非善类，此与图谶之说何异？纬候之书，盖又此等之尤恢奇者也。先之用以说经，继之假以伪造，流传浸盛，作伪滋多，降至哀平，有李寻者遂以六纬与五经并称矣。其后王莽篡汉，托诸符命，光武兴刘，言出图谶，由是谶纬之学，其势愈炽，五经之义，皆以谶决，贾逵争立《左氏》，曹褒定汉礼仪，皆由是取证焉。

自是之后，乃称五经为外学，七纬为内学。七纬者，一、《易纬》，《稽览图》《乾凿度》《坤灵图》《通卦验》《是类谋》《辨终备》六种；二、《书纬》，《璇玑钤》《考灵曜》《刑德放》《帝命验》《运期授》五种；三、《诗纬》，《推度灾》《记历枢》《含神雾》三种；四、《礼纬》，《含文嘉》《稽命征》《斗威仪》三种；五、《乐纬》，《动声仪》《稽耀嘉》《汁图征》三种；六、《孝经纬》，《援神契》《钩命决》二种；七、《春秋纬》，《演孔图》《元命苞》《文耀钩》《运斗枢》《感精符》《合诚图》《考异邮》《保乾图》《汉含孳》《佑助期》《握诚图》《潜潭巴》《说题词》十三种，见《后汉书·樊英传》注。凡三十五篇。其散见于他书者尚多，《尚书中候》《论语谶》其尤著者也。嗣经苻秦、北魏与隋三次焚毁，诸纬尽亡，惟《易纬》仅存。

然纬书之中，多存汉儒解经之说，且有极有精当者。如皮鹿门所谓“六日七分出《易纬》，周天三百六十度四分度之一出《书纬》，夏以十三月为正云云出《乐纬》，后世解经不能不用”，故谓其“合于经义者近纯，涉于谶文者多驳，纯驳互见，未可以一概诋之”也。

第七节　今古学之混合

自今古之学既分，于是各守门户，不相为能。今学以古学为“颠倒五经，毁弃师法”，左将军公孙禄非毁刘歆语。古学以今学为“党同妒真，专己守残”，刘歆责让太常博士语。势若雠仇，形同水火。郑众、贾逵、马融、杜预注《周礼》《左传》不用今文之说，何休注《公羊》亦不引《周礼》一字，此可见其旨矣。又或以说经为应敌，借碎义以逃难。《汉书·儒林传》云：“夏侯建师事夏侯胜及欧阳高，左右采获，又从五经诸儒问与《尚书》相出入者，牵引以次章句，具文饰说。胜非之曰：‘建所谓章句小儒，破碎大道。’建亦非胜为学疏略，难以应敌。”《艺文志》曰：“后世经传既已乖离，博学者又不思多闻阙疑之义，而务碎义逃难便辞巧说。”由《儒林传》言，则前汉已发其源，由《艺文志》言，至后汉则益推波而助澜矣。于是说五字之文至于二三万言，释篇目之名至于十余万字，说解纷纭，莫衷一是，此孟坚、蔚宗所以有“幼童而守一艺，白首而后能言”，孟坚语。“学徒劳而少功，后生疑而莫正”范氏赞郑玄语。之叹也。

有北海郑玄者初造太学，师事京兆第五元，通《京氏易》《公羊春秋》《三统历》《九章算术》，又从东郡张恭祖受《周官》《礼记》《左氏春秋》《韩诗》《古文尚书》，以山东无足问者，乃西入关，因涿郡卢植，事扶风马融，从质诸疑义而归。是其为学，先通今文，后通古文。及其博通今古，遍注群经，遂糅合今古，折衷一是。其所注者，有《周易》、《尚书》、《毛诗》、《仪礼》、《礼记》、《论语》、《隋志》又有古《论语》注。《孝经》、以上均见本传。《周官》、《隋志》。《春秋左氏传》、未成，以授服虔，见《世说新语》。《论语释义》、《唐志》。《孟子》、《隋志》。《尔雅》、《周礼》贾疏引《尔雅》北极谓之北辰，郑注。马融《丧服记》、《唐志》。《戴礼·丧服谱》、《隋志》。戴德《丧服变除》、《唐志》。《尚书大传》、《中候》、《乾象历》。并本传。所著则有《天文七政论》《鲁礼禘祫义》《六艺论》《毛诗谱》《驳许慎五经异义》《答临孝存周礼难》《针膏肓》《起废疾》《发墨守》。其注诸经，皆今古文兼用，注《周易》用费氏古文，"爻辰说"亦出费氏"分野"。注《尚书》用古文，而与马融多异。马从今而郑从古，或马从古而郑从今。笺《诗》以毛为主，而间易毛氏之字，自云"若有不同，便下己意"，所谓己意，实本三家。注《仪礼》并存今古文，从今文则注内叠出古文，从古文则注内叠出今文。注《论语》就《鲁论》篇章，参考《齐》《古》以为之注。注《孝经》多用今文说。惟《礼记》无今古文之分。《周礼》则有古文无今文，此不必论者。张融曰："玄注渊深广博，两汉四百余年，未有伟于玄者。"范《史》亦曰："郑玄经传洽熟，称为纯儒，齐鲁间宗之。"弟子从远方至者凡数千人，嬴粮景从，如细流之赴东海。京师号为"经神"。王粲谓："世称伊洛以东淮汉以北，康成一人而已。咸言先儒多缺，郑氏道备。"向之所苦家法繁杂，众说纷纭者，惟以康成为所归依矣。于是郑《易注》行，而施、孟、梁丘之《易》废；郑《书注》行，而欧阳、大小夏侯之《书》废；《诗笺》行，而齐、鲁、韩之《诗》废；《礼注》行，而大小戴之《礼》废；郑《论语注》行，而齐、鲁《论语》废。其于经说，固可谓小统一时代，而汉儒今古家法之坏，亦自康成始也。

郑学既兴，党徒遍天下，天下儒士，翕然宗之。虽有虞翻奏玄解《尚书》违失四事，言其《易注》未得入门，难以示世，所注五经违义尤甚者百六十七事，然其说不行中州。《颜氏家训》称王粲集中有难郑玄《尚书》事，然其事亦不详，今集亦不载。而其专与郑氏立异，足与为敌者，厥有王肃。肃善贾、马之学，本好古文，父朗尝从杨赐受《尚书》，杨氏世传《欧阳尚书》，故肃亦尝习今文。其兼通今古与郑玄同，然不好郑玄之学，持说专与郑氏立异，郑用古文，则以今文驳之，郑用今文，则用古文驳之，甚至集《圣证论》伪造孔安国《尚书传》，《〈论语〉〈孝经〉注》《孔子家语》《孔丛子》托之孔氏，籍为其说之根据，而使其徒孔衍为之证明。所为《尚书》、《诗》、《论语》、三《礼》、《左氏解》及撰定父朗所作《易传》，以托姻司马氏故，曾于魏时立诸学官，盛行一时，然亦皆今古杂糅，不复分别，未能救郑氏之失，分别家法，各还其旧，而古今文家法至是遂益紊乱而不可问矣。

第八节　两汉经学之比较

两汉经学，其初本皆官学。官学掌之博士，博士传之太学诸生。西汉太学诸生，多者二三千人，东汉则至于三万，此东汉盛于西汉者一也。官学之师，国家所命，不必皆精于学，教有定式，不足以资深造，来学者多为干禄之计，加以门户分争，拘牵日甚，亦不足语于博雅。是故前汉大师至于末季，多者亦仅千余。至于东汉，则大师迭起，又多私家教授，兼综并贯，著作自宏，因材而施，有教无类，门徒之盛，远胜于前。如蔡玄弟子著录万六千人，张兴、牟长数亦号万，楼望九千有余，宋登、魏应、丁恭亦皆数千，曹曾、姜肱亦三千有余，下至千有余人，如杨伦、杜抚、张玄者，则其最少者也。此后汉盛于前汉者二也。前汉经学初兴，藏书未出，所称大师，多专一经，罕能兼通，且有或为《雅》或为《颂》，而不能尽一经者。若申公兼通《诗》与《春秋》，韩婴兼通《诗》《易》，孟卿兼通《礼》与《春秋》，已属难能可贵。至若夏侯始昌通五经，刘向撰《五经通义》《五经要义》，则更为绝无仅有者矣。后汉则尹敏习《欧阳尚书》，兼善《毛诗》《穀梁》《左氏春秋》；景鸾能理《齐诗》《施氏易》，兼受河洛图纬，又撰《礼内外说》；郑兴好古学，尤明《左氏》《周官》，长于历数；郑众从父受《左氏春秋》，明《三统历》，兼通《易》《诗》；贾徽从刘歆受《左氏春秋》，兼习《国语》《周官》，又受《古文尚书》于涂恽，学《毛诗》于谢曼卿；贾逵诵《左氏传》及经本文，以《大夏侯书》教授，虽为古学，兼通五家《穀梁》之说。蔡玄通五经，何休精研六经。其见于时人之语者：五经无双许叔重，解经不穷戴侍中，戴凭。五经纷纶井大春，井丹，大春，博学高论。五经复兴鲁叔陵，鲁丕，叔陵，兼通五经。关西孔子杨伯起，杨震，伯起，明经博览，无不穷究。天下德宏刘仲承，刘叔，仲承，少明五经。天下稽古刘伯祖，刘祐，伯祖，学严氏《春秋》《小戴礼》《古文尚书》。天下忠贞魏少英，魏朗，少英，诣太学受五经。五经纵横周宣光，周举。海内所称刘景升，刘表，景升，撰定《五经章句》。皆以博洽闻。而刘辅撰《五经通论》，曹褒、张遐均著《五经要义》，许慎著《五经异义》，郑玄作《六艺论》等，尤非淹贯者不能。盖前汉章句训诂皆由口授，其通之也难。后汉书著竹帛，音义备俱，视简可诵，其习之也易。故前汉弟子只习一经，后汉多兼受五经。后汉建初残墓砖：十五入太学受《礼》，十六受《诗》，十七受□，十八受《易》，十九受《春秋》。此后汉盛于前汉者三也。前汉笃守遗经，罕有撰述，章句略备，文采未彰。《汉志》所载者，说各止一二篇，惟《灾异孟氏京房》六十六篇为最夥。董仲舒《春秋繁露》志不载。韩婴《诗内外传》今存《外传》。后苍说《礼》数万言，号曰《后氏曲台记》，今无传者。后汉则周防撰《尚书杂记》三十二篇，四十万言。景鸾作《易说》及《诗解》，又撰《礼略》及《月令章句》，著述五十余万言。赵晔著《吴越春秋》《诗细》《历神渊》。程曾著书百余篇，皆五经通难，又作《孟子章句》。贾逵受诏撰定《大小夏侯尚书古文同异》集为三卷，又撰《齐鲁韩诗与毛氏异同》，并作《周官解故》。马融著《三传异同说》，注《孝经》、《论语》、《诗》、《易》、三《礼》。卢植作《尚书章句》《三礼解诂》。何休作《公羊解诂》，又注《孝经》《论语》，以《春秋》驳汉事六百余条，作《公羊墨守》《左氏膏肓》《穀梁废疾》，皆博观闳览，自成一家。此后汉盛于前汉者四也。

惟以转授浸盛，著述渐多，而碎义烦辞，自又在所不免。如桓谭《新论》云："秦近君说《尧典》篇目两字之谊，至十余万言，但说'曰若稽古'亦三万言。"《后汉·儒林传》云信都秦恭延君守小夏侯说文，增师法至百万余言。按延君、近君当是一人，两字形似。此与前汉丁将军《易说》仅举大谊，申公《诗训》疑者弗传，但说经文、存大体者异矣。徐干《中论》有云："鄙儒博学，务于物名，详于器械，验于训诂，摘其章句，而不统其大义之所极，以获先圣之用心，此无异女史诵诗，内竖传令。"盖即为其时诸儒发耳。此则后汉之逊于前汉者也。

第五章　魏晋南北朝之经学

第一节　三国经学之一斑

郑氏之学行数十年而有王肃。肃本郑学，此王氏语，见《周礼媒氏疏》。而善贾、马，博雅闳通，遍注群经，惟《易》为其父朗所作，肃为之撰定。作意与郑氏立异。重以司马秉政，其学遂行，几欲夺郑氏之席，虽有孙炎、马昭辈申郑以难之，而终莫之易也。然当两家相攻之际，其不为左右袒者，则鱼豢《魏略》所称为儒宗者是。《魏略》以董遇、贾洪、邯郸淳、薛夏、隗禧、苏林、乐详七人为儒宗。淳、林与详，皆黄初中博士。淳善苍雅、虫篆、许氏字指。林亦博学多通古今字指，凡诸书传文间危疑，林皆释之。详尝从谢该问左氏疑难诸要，撰《左氏乐氏问》七十二事。于时太学初立，有博士十余人，学多褊狭，又不熟悉，略不亲教，备员而已。惟详五业并授，以是擅名远近，门徒数千人。董遇、贾洪并特精《左氏传》。遇更为作朱墨别异，于治经开一新法，又撰《周易章句》。隗禧所习较博，鱼豢从问《左氏传》，禧答："左氏直斫相书耳，不足精意。"豢因从问《诗》，禧说韩、齐、鲁、毛四家义，不复执文，有如讽诵，又撰作诸经解数十万言。惟薛夏之学不详。比而观之，邯郸苏氏皆为古文之学，通诸《左氏传》者亦古学也。隗氏则古今学兼通之。要皆名足名家，无与于郑学者也。七君而外，周烈生学精不仕，著有《春秋左氏传注》《论语义例》。杜宽于经传之义多所论驳，惟草创未就，其已就者有《删集礼记》及《春秋左氏传解》。麋信著《春秋穀梁传注》《左氏传说要》及《理何氏汉议》，其《穀梁注》，晋泰元立博士用之，至齐犹然。今《穀梁疏》于范《注》之略者，每引麋氏《注》以补之，则固亦当时名儒矣。然此皆保守汉儒残余之壁垒，著于魏初，鱼豢《魏略》终于明帝。而无党于郑、王者也。虽曰博士，亦不过文具而已耳。故《魏略·儒宗传序》曰："太学始开，有弟子数百人，至太和、青龙中，中外多事，人怀避就，虽性非好学，而多求请入学。太学诸生有千数，而博士率皆粗疏，无以教弟子；弟子本亦避役，无能习学，冬去春来，岁岁如是。正始中有诏议圜丘，普延学士，是时郎官及司徒，领吏二万余人，而应书与议者略无几人。又是时朝堂公卿以下四百余人，其能操笔者未有十人，多皆相从饱食而退。嗟乎！学业沉陨，乃至于此！是以私心常区区贵乎数公者，按言邯郸、苏、乐等也。各处荒乱之际，而能守志弥敦者也。"此可以见曹魏学术之风矣。杜恕上疏云："今之学者，师商、韩而上法术，竞以儒家为迂阔，不周世用，此则风俗之流弊。"此又孟德心乎移汉，鄙拘谨之儒，重跅弛之士有以致之耳。

至若吴蜀则不然。吴有虞翻，以纳甲卦气之说解《易》，自言五世传孟氏《易学》，尝以所著《易注》示孔融，融答书以探赜穷通许之。又有陆绩者，治京氏《易》，其《易注》所述六爻发挥旁通卦爻之变，有与孟氏相出入者，盖京氏自言其《易》即孟氏学，而又与虞翻友善，或相与咨讨者已。姚信亦尝为《易注》，言乾坤致用，卦变旁通，九六上下，亦与虞氏《注》相应，则亦治孟氏之《易》者。此不独与郑氏异，且为西京今学矣。又有士燮，少游学京师，事颍川刘子奇，治《左氏春秋》，为之注解，又兼通《古今文尚书》，大义详备。张昭从白侯子安受《左氏春秋》，著《春秋左氏传解》及《论语注》。张弦少入太学，事博士韩宗，治《京氏易》《欧阳尚书》，又于外黄从濮阳闿受《韩诗》及《礼记》《左氏春秋》。诸葛瑾少游京师，治《毛诗》《尚书》《左氏春秋》。严畯善《诗》、《书》、三《礼》，又好《说文》，著《孝经传》。征崇治《易》《春秋左氏传》。射慈撰《丧服图》及《变除》。唐固著《国语》《公羊》《穀梁传》注。韦昭注《孝经》及《国语》，虽不必专以经学名，然于经则家法分明，师承可考矣。

蜀则杜琼著《韩诗章句》十余万言，许慈师事刘熙，善郑氏学，治《易》、《尚书》、三《礼》、《毛诗》、《论语》。先主定蜀，慈与胡潜并为博士，潜亦通丧纪五服之数。孟光好《公羊春秋》，来敏善《左氏春秋》，尤精于《仓》《雅》训诂，好是正文字。尹默从司马德操、宋仲了等受古学，皆通诸经史，又专精于《左氏春秋》，自刘歆《条例》、郑众、贾逵父子、陈元方、服虔注说，咸略诵述，不复按本。谯岍治《尚书》，兼通诸经及图纬。史称益都多贵今文，而不崇章句，殊未然也。

综观吴蜀经学，虽当时不能与中土比隆，而两汉古今学师说，则间存一二。惜诸家著作，后世多佚，莫由窥其梗概矣。至若郑学不行吴中，而于蜀独有传人者，盖郑君避地徐州，昭烈为徐州牧，尝师之，姜维武夫，亦好郑学；吴则虞翻尝斥郑注《易》与《尚书》之非，斯又吴蜀之异矣。

第二节　魏晋间经学之芜杂

《三国志·魏志·文帝纪》："黄初五年，立太学，制五经课试之法，置《穀梁》博士。"未言余经。《魏略·儒宗传》："太学初立，有博士十余人。"未言实数。《晋书·职官志》："晋承魏制，置博士十九人，及咸宁四年，武帝初立国子学，定置国子祭酒、博士各一人，助教十五人。"未言所掌何经。大抵古文之学，或融合古今之通学也。参考上节。王国维云："东汉中叶以后，博士之选不如西汉之严。故周防以治《古文尚书》为博士，卢植兼通今古学亦为博士。又中平五年所征博士十四人，若荀爽、郑玄、陈纪亦古学家。爽等虽征而未至，如周防、卢植固尝任职矣，而当时实未尝立古文学。盖以古文家为今文博士，犹孔安国虽传《古文尚书》而实为今文博士，胡常、翟方进虽兼传《左氏》而实为《穀梁》博士也。古文学之立于学官，盖在黄初之际。自董卓之乱，京洛为墟，献帝托命曹氏，未遑庠序之事，博士失其官守垂三十年，今学日微，而民间古文之学日兴而月盛。逮魏初复立太学，博士已无复昔人，其所传授课试者，亦绝非曩时之学，盖不必有废置明文，而汉家四百年官学今文之统，已为古文家取而代之矣。"《观堂集林·汉魏博士考》。王氏之言，似是而实非也。魏晋博士并非真纯古学，实今古杂糅之郑、王学耳。试取其时博士考之。邯郸淳传《古文尚书》，乐详、周生烈传《左氏春秋》姑弗论。宋均、田琼皆亲受业于郑玄，张融、马昭亦私淑郑氏，苏林、张揖通古今字指，不尽古文。余如高堂隆上书述《古文尚书》《周官》《左氏春秋》，赵怡、淳于峻、庾峻等亦称述郑学，其可考者如此，则无可考者可知。又以高贵乡公幸太学问答考之：所问之《易》，郑注也；所讲之《书》，贾逵、马融、郑、王之注也；所问之《礼》，则《小戴礼》，盖亦郑玄、王肃注也。《魏志》称甘露元年高贵乡公临幸太学，问诸儒经义，帝虽执郑说，而博士之对则以肃义为长，则存于博士者是又独重王肃之学矣。《王肃传》明言其所注诸经，皆列学官，见上。则郑注五经，自必亦列于学官可知，此魏博士之非纯于古学也。《晋书·荀崧传》："元帝践祚，简省博士，晋初亦同于魏，置十九人。置《周易》王氏、《尚书》郑氏、《古文尚书》孔氏、《毛诗》郑氏、《周官》《礼记》郑氏、《春秋左传》杜氏服氏、《论语》《孝经》郑氏博士各一人，其《仪礼》《公羊》《穀梁》及郑《周易》皆省不置。崧转太常，以为不可，上疏请增置郑《易》、郑《仪礼》、《春秋》、《公羊》、《穀梁》各置博士一人。诏以《穀梁》肤浅，不足置，余如议。"卒之郑《易》亦不果立，仅增《仪礼》《公羊》各一人。《公羊》今亦不知所立何家，余如诸所立者则多郑氏之学，《孔氏古文尚书》乃王肃伪作，辅嗣《易》、元凯《左传》又非王肃比者，汉十四博士所传，盖无一见于此时矣。

试更就右所举诸氏及当时各家及今十三经中魏晋人诸所为注观之。王弼《易注》虽亦本费氏古文与郑君同，然祖尚玄虚，舍象数以空谈名理，与汉儒朴实说经者不似。其后晋人说《易》，遂无不援老庄以为说，张璠集解所余凡二十二家，或为《易义》，或为《易论》，大抵与辅嗣沆瀣一气，虽刘兆《周易训注》以正劲之体互通其文。干宝《易学》以卦爻配时日或月，传诸人事，以前世已然之迹证之，似属别为一家，然亦与汉学绝异。《古文尚书》孔《传》，王肃伪作，非真古文，肃学亦杂糅今古，不守颛门家法。何晏《论语集解》合包咸、周氏之《鲁论》，孔安国、马融之《古论》而混杂莫辨，又采郑《注》而不专主于郑，所引孔《注》，更为伪书。皮氏云：孰谓鄹人之子知礼乎？孔《注》：鄹，孔子父叔梁纥所治邑。不自称几世祖，此大可疑者。且喜说名理，亦与辅嗣相同。汉人严谨之风，至今殆尽，此魏之经注也。至如晋人杜预作《春秋左氏经传解》，又参考众家谱第谓之《释例》，又作《盟会图》《春秋长历》，备成一家之学，而所据前人之说，则皆没其姓名，以为己有，又复师心自用，乖违经意。陈寿祺《左海文集·答高雨农舍人书》云："杜预注《左氏传》，其善者皆出贾服，而深没本来，其缪者每出师心而乖经意，所说长毂一乘出何经典，诚所未闻。"《穀梁传集解》，范宁撰，虽存《穀梁》旧说，亦不颛主一家，序于三《传》，并诋其失，虽博洽通贯，立义精审，为世所重，要非汉儒颛门家法，而不免于杂也。他如王接谓"《左氏》辞富义赡，自是一家之书，然不主发经；《公羊》附经立传，经所不书，传不妄起，于文为俭，通经为长。何休训释甚详，而黜周王鲁，大体乖硋，且志通《公羊》，而往还为公羊疾病"，乃更注《公羊春秋》，虽多新义，而明攻汉学，且言左氏不主说经，为尤异也。刘兆以《春秋》一经，三家殊途，诸儒是非之议，纷然互为仇敌，乃思三家之异，合而通之作《春秋调人》七万余言，皆论其首尾，使大义无乖，时有不合者，举其长短以通之。又为《春秋左氏解》，名曰《全综》，《〈公羊〉〈穀梁〉解诂》皆纳经传中，朱书以别之。又撰《春秋解条例》，配合三《传》为之解注，撰《春秋释疑》。王长文以为《春秋》三《传》传注不同，每生讼议，乃据经摭传，著《春秋》三《传》十二篇。此皆兼治三《传》之学，自我作古，不同前人，与郑、王之糅合今古者又异。郭璞注《尔雅》自谓："缀集异同，会萃旧说，错综樊孙，博采群言。"然亦多没前人说解之名。余萧客谓其"善攘无耻"。是故魏晋经学自王肃蹈郑玄之覆辙，今古杂糅，力诋郑学，而不能救郑之失，又复假造伪书，诬圣蔑古；辅嗣、叔平继之，乃力破古人，自陈新义，空诠名理，去实就虚；元凯、武子又复以博采破颛门，自矜闳达，师成心以为用，扫却前人；初则乱今古之家法，继则毁故训之实学，终则不分甲乙，妄别是非，以私臆为权衡，同肝胆于秦越。此魏晋经学之所以芜杂也。虽有文立、治《毛诗》、三《礼》。常勖、《毛诗》《尚书》。何随、《韩诗》《欧阳尚书》。李密、《春秋左氏》。郭琦注《穀梁》《京氏易》。之徒，或专今文，或治古学，或虽今古杂治，而家法不违，如董景明《春秋三传》《京氏易》，马氏《尚书》《韩诗》，而三《礼》则专主郑氏。然其学不显，其书不传，未能行世而传后，无以救王、杜诸子之失也。

重以永嘉之乱，《易》亡梁丘、施、高，孟氏、京氏有书无师；《尚书》亡欧阳、大小夏侯；《齐诗》魏代已亡，《鲁诗》不过江东，《韩诗》虽存，无传之者；《礼》则庆、戴，诸并多散亡，又无师说；《公》《穀》虽存若亡。于是两京博士殆无嗣响。江左中兴，元帝所立博士九人中，见前引《晋书·荀崧传》。不惟辅嗣、元凯与康成、子慎并峙，即子慎、康成虽云汉学，亦非西京博士之绪，故后儒谓今文师法，由是遂绝。而象山陈汉章先生著《经学通论》且言："古文家法，至此亦乱，同一费氏《易》，有郑有王，同一《左氏春秋》，有杜有服，《古孝经》安国之本，亡于梁乱，古《论语》亦绝无师说。东晋元帝时豫章内史梅赜又奏上孔安国传、《古文尚书》与马、郑所注古文不同，反谓马、郑非孔旧本，秘府存其经文，无有传者。”此则又魏晋经学之一失也。

第三节　南北朝经学之分立

自五胡乱华，典午东渡，南北朝遂成分立之局。南则宋、齐、梁、陈递相禅代，上承东晋之绪；北则十六国互相兼并，拓跋氏奄而有之，遂开北魏之基。史家既有南朝、北朝之目，经学因亦有南学、北学之分。大抵南学多华，北学多实。南以虚谈名理为尚，驰骋浮词；北惟章句训诂是依，崇尚朴学。此则由于学术风尚、政治环境，有以致之也。

盖魏晋以后，崇尚清谈，竹林七子，见重当世，蔑弃理法，竞逐玄虚，王弼《周易》标举玄言，何晏《论语》专务名理。玄虚之风遂以入经，过江而后其风尤甚。初以易代频繁，假玄谈以避祸，继则中原沦丧，托浮文以自娱，经注成为讲疏，诗歌沿以绮丽；至若南方水土和柔，人趋简易，尤其余事也。此南学之大略也。朔北胡人，本无文化，入主中国，统治无方。倾其向慕之热忱，求其施政之工具，用是重视经术，屏弃玄谈，华美文辞，亦非所尚，山川深厚，人多笃实，则又其天性然也。赵瓯北《二十二史札记》曰：“刘渊少好学，习《毛诗》、《京氏易》、马融《尚书》，尤好《左氏春秋》、孙吴兵法，《史》、《汉》、诸子无不综览。其子和亦好学，习《毛诗》《左氏春秋》《郑氏易》。”渊为北方首出之长，其爱好经术之风直影响于以后北方建国诸主，如前燕慕容皝崇尚经史，后秦姚兴讲论经籍，后魏孝文帝尤好读书，手不释卷，五经之义览之便诵，史传百家无不读涉，可以见矣。至若修建学宫，置立博士，汉、赵、燕、秦，莫不皆然，迄于北魏，其事尤重。道武帝设太学，置五经博士；献文帝又建乡学，每郡置博士，起学校；孝文帝修国子大学、四门小学，造明堂辟雍，以奖励经学，至北周、北齐而不衰。若南朝，则晋初有太学及国子学，养学生至数千人，至晋室倾侧，亦随之废绝。东晋始修学舍，置诸经博士，然遂不振，历宋、齐、梁、陈，虽各代有之，亦徒等具文而已。吾人虽不能以学官建置论经学盛衰，然北朝惟率由旧章，故汉学之矩矱犹存；南朝惟玩忽前文，故名理之新说是竞。微尚所存，略可知此中消息矣。

《北史·儒林传》曰：“江左，《周易》则王辅嗣，《尚书》则孔安国，《左传》则杜元凯；河洛，《左传》则服子慎，《尚书》《周易》则郑康成，《诗》则并主于毛公，礼则同遵于郑氏。”按《古文尚书孔传》盖王肃伪作，发于宋吴棫，定于清阎若璩，若璩有《古文尚书疏证》，极精核。服氏《左传》，旨趣多同于郑。《世说新语》云：“郑玄欲注《春秋传》，尚未成，时行，与服子慎遇，宿客舍，先未相识。服在外车上与人说己注《传》意，玄听之良久，多与己同。玄就车与语曰：‘吾久欲注，尚未了；听君向言，多与吾同，今当尽以所注与君。’遂为服氏注。”是北朝所崇惟一郑氏，南朝则伪孔、郑、王、杜氏四家。皮鹿门云：“学出于一，则人知依归；道纷于歧，则反致眩惑。”此可以知南北之学矣。

或乃据此以两汉魏晋之学分南北学者，此则又不尽然矣。《诗》《礼》既同，姑置弗论。《易》则宋元嘉建学之始，郑玄、王弼两立。逮颜延之为祭酒，始黜郑置王，至齐又皆建置博士，下及梁、陈，郑、王二注犹并列于国学，是南朝于《易》，非专崇辅嗣也。《书》则梅赜所得《孔传》，即前所云王肃伪作《孔传》，今所行世者。原缺《舜典》一篇。齐明帝建武中，吴兴姚方兴采马、王之注，造《孔传·舜典》一篇，云于大航头买得，上之。比马、郑所注多二十八字，于是始列国学。然梁武帝时又不行用，故梁、陈所讲有孔、郑二家，是南朝于《书》非专崇安国也。《左传》自东晋泰元取服虔而兼取贾逵，宋、齐因之，及齐后用陆澄之言始立杜氏。然梁代诸儒相传为左氏学者，犹皆以贾逵、服虔之义难驳杜预。故《隋书·经籍志》亦称后学三《传》通讲，而《左氏》唯传服义，是南朝于《左传》非专崇元凯也。且《公羊》何休，《穀梁》麋信，宋、齐亦皆立学，宋颜延之常增益《穀梁》范宁注，齐又废。不独二《传》而已。此于《南史》儒学诸传可考者也。北朝诸经，固皆汉学。然《易》则王肃注亦间行焉，河南及青、齐之间，儒生又多讲王辅嗣所注。《左传》则杜预玄孙坦、坦弟骥于宋并为青州刺史，传其家业，故齐地多习之。其河外儒生，亦服膺杜氏，此并见《北史·儒林传》。他若阚驷则注王朗《易传》，刘芳则所撰《诸经音义》中有干宝《周官音》、王肃《尚书音》、范宁《穀梁音》。是北朝于魏晋之学，亦非绝无者也。故南北经学之分，非两汉魏晋之分，特一则尚华，一则崇朴。华则侈生新意，朴则率由旧章，大致所趋，如是而已耳。

第四节　南北学之比较

《北史·儒林传》又云："南人约简，得其英华；北学深芜，穷其枝叶。"然此乃唐人之言。唐初重南轻北，其所为正义，多从南学，故如是云云。甘泉江藩尝非之，曰："夫江左儒风，渊源典午，专尚浮华，务析名理，其去繁就简，理固宜然。若谓经籍英华，尽在于是，是以汉学为糟粕也。盖已隐隐开驾空玄说之端矣。"皮鹿门亦谓："说经贵约简，不贵深芜，自是定论。但所谓约简者，必如汉人之持大体玩经文，口授微言，笃守师说，乃为至约而至精也。若唐人谓南人约简，得其英华，不过名言霏屑，骋挥麈之清谈，属词尚腴，侈雕虫之余技。如皇侃之《论语义疏》，名物制度略而弗讲，多以老庄之旨，发为骈丽之文，与汉人说经相去悬绝。此南朝经疏之仅存于今者，即此可见一时风尚。"是南之不如北也。又南学于郑氏之外，于《易》则王弼，于《尚书》则伪孔古文，于《春秋左氏》则杜预，并郑为四。江甘泉亦非之，曰："王弼名士也，非经师也。杜预名将也，亦非经师。非经师则学无所授，信心而谈，空疏滉瀁，游衍无归，拨弃旧诂，竞尚新说，何足称专门之业？若孔安国则真经师矣，使果为真孔氏，虽康成亦应俯首，而无如其伪也。"又曰："行郑、服则学出于一，行杜、王、伪孔则学分为三，按应并郑言学分为四。故有两经之疏，同为一人所作，而互相矛盾，使学者茫然不知真是之归。"皮氏亦以南学"尚王辅嗣之虚玄，孔安国之伪撰，杜元凯之臆说，此数家与郑学枘凿，亦与汉儒背驰，乃使泾渭混流，薰莸同器，以致后世不得见郑学之完全，不得存汉学之什一，岂非谈空空、核玄玄者阶之厉乎？”又曰：“北人俗尚朴纯，未染清言之风、浮华之习，故能专宗郑、服，不为伪孔、王、杜所惑，此北学所以纯正胜南也。”然后汉以来，说经者竞为繁博，班固尝讥其碎义逃难。北人治经，穷其枝叶，自是承后汉烦琐之风；南人崇尚约简，当不无摧陷廓清之功，只惜其矫枉过正，成心自师，逞臆见之谈，而不能古训是式耳。

第五节　义疏学之创始

南北经学虽趣尚互殊，而诸儒治经之法则大抵相同。盖汉人治经，以本经为主，所为传注，皆以解经。魏晋以来，则多以经注为主，其所申驳，皆以明注。即有自为家者，或集前人之注少所折衷，或隐前人之注迹同攘善。其不依旧注者，则又立意与前人为异者也。至南北朝则所执者，更不出汉魏晋诸家之外，但守一家之注而诠解之，或旁引诸说而证明之，名为经学，实则注学，于是传注之体日微，义疏之体日起矣。

缘义疏之兴，初盖由于讲论，两汉之时已有讲经之例。石渠阁之所平，白虎观之所议是其事也。魏晋尚清谈，挥麈树义，相习成风，移谈玄以谈经，而讲经之风益盛。南北朝崇佛教，敷座说法，本彼宗风，从而效之，又有升座说经之例。初凭口耳之传，继有竹帛之著而义疏成矣。南朝讲经，如宋明帝集朝官于清暑殿讲《周易》，齐高帝幸国学听讲《孝经》，文惠太子亦讲《孝经》于崇正殿。梁武帝则更自撰《五经讲疏》，朝臣奉表质疑，皆为解释。立士林馆，命朱异、贺琛、孔子祛等递相讲述。帝又亲与岑之敬论难《孝经》，与张讥辩议《周易》。皇太子宣城王亦于东宫宣猷堂及扬州廨开讲。简文引座，尝许张正见决疑。元帝居藩，亦敕贺革讲《礼》，此亦仿佛石渠白虎之规焉。其诸儒中如伏曼容讲于瓦官，严植之讲于潮沟，沈峻之讲《周易》，戚衮之讲朝聘，何佟之讲《丧服》，虞僧诞之讲《左传》，太史叔明之讲三立，皇侃之讲三《礼》，周弘正名动朝野，卞华誉冠当时，斯皆史传所称讲经之上选也。而梁时百济国表求讲《礼》博士，诏遣陆诩往聘，则讲经之风直被于四夷矣。

北朝诸帝，虽曰非我族类，亦颇存情经术。魏晋二代，欲用夏变夷无论矣。北齐则所谓学在乡邑不在帝都者。然文襄尝集朝士，命卢景裕讲《易》，孝武亦于显阳殿诏刘廞讲《孝经》，李郁说《礼》，卢景宣讲《大戴礼·夏小正篇》，亦差可谓好学。至于大儒如徐遵明，每临讲座，先持经疏，然后敷讲，学徒相与慕之。权会则临机答难，酬报如响，为诸儒所推，贵族弟子或就其宅，或寄宿邻家，昼夜承问受业，会欣然演说，未尝懈倦。张吾贵每一讲唱，门徒数千。熊安生岁岁游讲，从之者倾郡县。樊深以博物闻，张彫武以强辩著，则亦南朝之流亚矣。

夫南北诸儒，既同重讲经，故诸经义疏，于时为盛。南则伏曼容有《论语义》，崔灵恩有《三礼义宗》《左氏经传义》《公羊穀梁文句义》，沈文阿有《〈春秋〉〈礼记〉〈孝经〉〈论语〉义记》，孔子祛有《尚书义》，皇侃有《〈论语〉〈礼记〉义》，戚衮有《礼记义》，张讥有《〈周易〉〈尚书〉〈毛诗〉〈孝经〉〈论语〉义》，顾越有《〈丧服〉〈毛诗〉〈孝经〉〈论语〉义疏》，王元规有《〈春秋〉〈孝经〉义记》，何胤有《〈毛诗〉〈礼记〉隐义》，贺阳有《〈礼〉〈易〉讲疏》，朱异有《〈易〉〈礼〉讲疏》，周弘正有《〈周易〉〈论语〉〈孝经〉疏》；北则刘芳有《毛诗笺音义证》《〈礼记〉〈周官〉〈仪礼〉义证》，刘献之有《三礼大义》《毛诗序义》，徐遵明有《春秋义章》，李铉有《〈孝经〉〈论语〉〈毛诗〉〈三礼〉义疏》《周易义例》，沈重有《〈周三礼〉〈毛诗〉〈丧服〉经义》，熊安生有《〈周礼〉〈礼记〉义疏》《孝经义》，乐逊有《春秋序义》，此见于《〈南〉〈北〉史·儒林传》者也。其见于孔《正义》诸序所称者，于诸氏外，重者不复出。于《易》南有萧子政、褚仲都等，北则未见著录；《书》南有蔡大宝、巢猗、费甝，北亦缺如；《诗》南有舒瑗、全缓，北有刘轨思、刘丑；《礼记》南有贺循，北有黄庆；是北于诸经未若南士之备也。唐注疏之学，盖于此时已肇其先声矣。

第六章　隋唐之经学

第一节　隋代经学之统一

南北分立，至隋统一，学术政教，于焉混同，虽享国不永，其道未弘，然上拾周、陈之坠绪，下启李唐之始规，隋实介居其中，而为之系矣。《隋书·经籍志》云："开皇三年，秘书监牛弘，表请分遣使人，搜访异本，每书一卷，赏绢一匹，校写既定，本即还主，于是民间异书往往间出。及平陈以后，经籍渐备。检其所得……总集编次，存为古本。召天下工书之士……于秘书内补续残缺，为正副之本……藏于宫中，其余以实秘书内外之阁，凡三万余卷。炀帝即位，秘阁之书，限写五十副本，分为三品……于东都观文殿东西厢构屋以贮之。"据此则南北经籍，至于隋而有所萃集矣。《隋书·儒林传序》云："自正朔不一，将三百年，师说纷纶，无所取正。高祖膺期纂历，平一寰宇，顿天网以掩之，于是四海九州强学待问之士靡不毕集……京邑达于四方，皆启黉校。齐、鲁、赵、魏，学者尤多，负笈从师，不远千里，讲诵之声，道路不绝。中州儒雅之盛，自汉以来，一时而已。及高祖暮年，精华稍竭，不悦儒术，专尚刑名，执政之徒咸非笃好。暨仁寿间遂废天下之学，惟存国子一所，弟子七十二人。炀帝即位，复开庠序，国子郡县之学，盛于开皇之初。征辟儒生，远近毕至，使相与讲论得失于东都之下，纳言定其差次，一以奏闻焉。"据此则南北学者相率而归于隋矣。夫收集散亡，敦奖隽彦，研核同异，有所折衷，此南北经学所以亦至隋而皆会于一也。

惟杨氏发迹于此，本以北并南，而经学之会合，则北并于南。据《隋书·经籍志》言：《毛诗》、三《礼》、《孝经》、《论语》尚行郑注，《易》至隋王《注》盛行，郑学浸微，《书》至隋孔、郑并行而郑氏甚微，《春秋左氏》至隋杜氏盛行，服义浸微。《易》之王氏，《书》之孔氏，《左传》之杜氏，皆南学也。皮锡瑞推言北并于南之故曰："南朝衣冠礼乐，文采风流，北人常称羡之。高欢谓：'江南萧衍老公，专事衣冠礼乐，中原士大夫望之，以为正朔所在。'是当时北人称羡南朝之证。经本朴学，非专家莫能辨。俗目见之，初无可悦。北人笃守汉学，本也质朴，而南人善谈名理，增饰华词，表里可观，雅俗共赏。故虽以亡国之余，足以转移一时风气，使北人舍旧而从之。"盖得其实矣。

皮氏又曰："南学、北学，以所学之宗主分之，非以其人之居址分之也。当南北朝时，南学亦有北人，北学亦有南人。如崔灵恩本北人而归于南，沈重本南人而归于北。"然沈重之入北周也，甚为周武所礼重，诸儒亦咸共推尊之。而崔灵恩与卢广、孙详、蒋显之入梁，虽并聚讲说，而孙、蒋音革楚夏，学徒不至，卢广以言论清雅，不类北人，为仆射徐勉所赏。灵恩且迁就南人，以所习服氏《左传》不为江东所行，而改说杜义。虽其所著之《左氏条例》，每文句常申服以难杜，然既云改说，自是以杜为名。夫南儒往北，一致见推，北儒来南，不免依违，则南学势力之潜滋，早已伏于隋代以前矣。其后南朝学者，如张讥、沈德威、王元规、张冲等，陈亡多入仕于隋。元善、何妥虽由周入隋，然善少从父至江南，通涉五经；妥亦少游梁国子学，长事湘东王，皆习于南学者，而又皆为文帝国子博士祭酒。善为祭酒，妥为博士。褚辉、顾彪、鲁世达又复以南人为炀帝所征，辉为太学博士，彪为秘书学士，世达为国子助教，是隋之官学，大抵操于南人，或为南学者之手，宜于经学自北而折入于南也。

然开皇之初，北学尚盛，马光、张仲让、孔笼、窦士荣、张黑奴、刘祖仁等，并以山东义学之士，于高祖时征为太学博士。光、笼、黑奴、士荣皆出熊安生门，是固北学者也。其后朝廷以诸人鄙野无仪范，不之贵，渐启轻视北方学者之意。故平陈以后，南学遂得以乘之。然为博士，若不兼通南北学，犹不足以胜其任。《房晖远传》云："上尝令国子生通一经者，并悉荐举，将擢用之，既策问讫，博士不能时定臧否。祭酒元善怪问之。晖远曰：‘江南、江北义例不同，博士不能遍涉，学生皆持其所短，称己所长，博士各各自疑，所以久而不决也。’祭酒因令晖远考定之。晖远览笔便下，初无疑滞，或有不服者，晖远问其所传义疏，辄为始末诵之，然后出其所短，自是无敢饰非者，所试四五百人，数日便决。盖晖远治三《礼》、《春秋》三《传》、《诗》、《书》、《周易》，本以北之学者而并通南学，牛弘所称为五经库者也。”此可以其时虽重南学，而北学尚未尝绝也。

别有张文诩者，特精三《礼》，其于《周易》《诗》《书》及《春秋》三《传》，并皆通习，每好郑玄注解，以为通博；至诸儒异说，亦皆详究，盖亦南北兼通者也。而最著者厥为二刘，二刘者信都刘焯与河间刘炫也。史并以“拔萃出类，学通南北”赞之。考二刘同受《诗》于刘轨思，受《左传》于郭懋，常问《礼》于熊安生，此皆渊源于北学者。惟《尚书》北朝下里诸生，初略不见孔氏《注解》，武平末，二刘始得费甝《义疏》，乃留意焉。则又南学也。炫尝自言其学：“于《周礼》《礼记》《毛诗》《尚书》《公羊》《左传》《孝经》《论语》孔、郑、王、何、服、杜等注凡十三家，虽义有精粗，并堪讲授。焯亦言于贾、马、王、郑所传章句，多所是非。”则知二刘不独《书》主孔氏为南学，其王、杜二家即子雍、元凯，亦南学也。夫晖远、文诩，虽多所通涉，而著作无闻，余如何妥撰《周易讲疏》《孝经义疏》，褚辉撰《礼疏》，顾彪撰《古文尚书疏》，鲁世达撰《毛诗章句义疏》，张仲撰《春秋义略》《〈丧服〉〈孝经〉〈论语〉义疏》，虽有著作，而但专精一二。独二刘则诸经皆有疏：焯著《五经述议》，炫著《〈论语〉〈孝经〉〈春秋〉〈尚书〉〈毛诗〉述议》《春秋故昧》《五经正名注》《诗序》，“并行于世，搢绅咸师宗之”；唐孔颖达撰《五经正义》，于诸儒所著，各有所采，惟《诗》《书》二疏，则独本二刘。二刘遵毛、郑，无可议者，《书》则得费甝《伪孔传古文尚书义疏》而喜之，竟传其学，未免‘择术不正’，皮氏语。

贻误来兹。皮氏更据孔《书疏序》说，谓其“变朴实说经之体，蹈腴华害骨之讥”，盖又习俗移人，虽贤者亦不能免也。

第二节　唐代五经之考正与正义之撰定

唐有天下，儒教聿兴。贞观四年太宗以经籍去圣久远，文字多讹谬，诏颜师古于秘书省考定五经，多所厘正，及功毕，复诏房玄龄集诸儒重加详议，时诸儒传习师说，舛谬日久，皆共非之，异端蜂起。师古辄引晋宋以来古本，随方晓答，援据详明，皆出其意表，诸儒莫不叹服。七年颁书于天下，命学者习焉，是为新定五经。太宗又以儒多门，章句繁杂，诏孔颖达与诸儒撰定《五经义疏》。贞观十六年书成，凡一百八十卷，博士马嘉运驳正其失，至相讥诋，有诏更令裁定，功未就。永徽二年，诏中书门下与国子三馆博士崇文馆学士考正之，于是长孙无忌、于志宁、张行成、高季辅就加增损。四年，书始布下，是为《五经正义》。自五经定本出而后经籍无异文；自《五经正义》出，而后经义无异说。每年明经依此考试，宋明相沿，以至于清，历代士民奉为圭臬，自汉以来经学统一，未有若斯之专且久也。二书，以《五经定本》颁行在前，故《正义》亦尝引之。惟师古、颖达，并以隋儒入唐，隋儒已重南学，师古之祖之推，初亦南人，晚始归北，其作《家训》，引江南、河北本，多以江南本为优，师古承其家学，故新定五经亦断从南本。颖达《正义》，本奉敕而作，观贞观十四年表章先儒之诏，为梁皇侃、褚仲都，周熊安生、沈重，陈沈文阿、周弘正、张讥，隋何妥、刘炫等，中惟熊安生纯为北学，余多南人，或北人而兼通南学者，此《五经正义》所以亦多从南学也。其参与修疏之人，据颖达《序》：《易》有马嘉运、赵乾叶，《书》有王德韶、李子灵，《诗》有王德韶、齐威，《礼记》有朱子奢、李善信、贾公彦、柳士宣、范义頵、张权，《春秋左传》有谷那律、杨士勋、朱长才。至参加复审者，则为赵弘智、苏德融、隋德素、王士雄、贾普曜、周玄达、赵君赞等，而嘉运、乾叶、德韶、长才亦与焉。颖达特统其成耳，徒以年辈在先，名位独重，故标题特著孔名。然颁布时又经增损，盖亦非孔氏之旧矣。按《周易正义》《唐书·艺文志》作十六卷，孔《序》云十四卷，又撰定之人《序志》于孔《序》外又有颜师古、司马才章、王恭、王谈、于志宁，两者稍异，余皆同。

《五经正义》依据之本，孔颖达《序》分述甚明。其于《易》曰："王辅嗣之《注》，独冠古今。其江南义疏十有余家，皆辞尚虚玄，义多浮诞，既背其本，又违于注。今考察其事，必以仲尼为宗，义理可诠，先以辅嗣为本，去其华而取其实，欲使信而有征。"其于《书》曰："古文则两汉亦所不行，安国注之，实遭巫蛊，遂寝而不用。历及魏晋方始稍兴，故马、郑诸儒，莫睹其学，所注经传，时或异同。晋世皇甫谧独得其书，载于帝纪，其后传授乃可详焉。但古文经虽然早出，晚始得行，其辞富而备，其义宏而雅，故复而不厌，久而愈亮，江左学者咸悉祖焉。近至隋初，始流河朔，其为正义者蔡大宝、巢猗、费甝、顾彪、刘焯、刘炫等。其诸公旨趣，或多因循，帖释注文，义皆浅略。惟刘焯、刘炫最为详雅。然焯乃织综经文，穿凿孔穴，诡其所见，异彼前儒，非险而更为险，无义而更生义。炫嫌焯之烦杂，就而删焉。虽复微稍省要，又好改张前义，义更太略，辞又过华，虽为文笔之善，乃非开奖之路。今存其是而去其非，削其烦而增其简。"其于《诗》曰："近代为义疏者有全缓、何胤、舒瑗、刘轨思、刘丑、刘焯、刘炫等。焯、炫并聪颖特达，文而又儒，擢秀干于一时，逞绝轡于千里，于其所作疏内，特为殊绝，今据以为本。然焯、炫等负恃才气，轻鄙先达，同其所异，异其所同，或应略而反详，或宜详而更略。今削其所烦，增其所简，唯意存于曲直，非有心于爱憎。"其于《礼记》云："爰从晋宋，逮于周隋，其为义疏者，南人有贺循、贺玚、庾蔚、崔灵恩、沈重宣、皇甫侃等，北人有徐道明、李业兴、李宝鼎、侯聪、熊安生等。其见于世者惟皇、熊二家而已。熊则违背本经，多引外义，犹之楚而北行，马虽疾而去愈远矣。又欲释经文，唯聚难义，犹治丝而棼之，手虽繁而丝益乱也。皇氏虽章句详正，征稍繁广，又既遵郑氏乃时乖郑义，此是木落不归其本，狐死不首其丘。然以熊比皇，皇氏胜矣。今据皇氏以为本，其有不备，以熊氏补焉。”其于《春秋左传》云：“杜元凯为《左氏集解》，今较先儒优劣，杜为甲矣。其为义疏者，有沈文阿、苏宽、刘炫。然沈氏于义例粗可，于经传极疏。苏氏则全不体本文，唯旁攻贾服，使后之学者钻仰无成。刘炫于数君之内，实为翘楚，然聪颖辩博，固亦罕俦，而探赜钩深，未能致远；又意在矜伐，性好非毁，规杜之失凡一百五十余条，习杜义，而攻杜氏，犹蠹生于木，而还食其木，非其理也。虽规杜过，义又浅近，所谓捕鸣蝉于前，不知黄雀在其后也。然比诸义疏，犹有可观，今据以为本。其有疏漏，以沈氏补焉。若两义俱违则特申短见。”观此可知：五经《易》宗王注，而疏无所主；《书》宗孔传，而疏主二刘；《诗》宗毛传、郑笺，疏亦同《书》主二刘氏；《礼记》宗郑注，而疏主皇熊；《左传》宗杜注，而疏主刘沈；分别去取，言之綦详，虽曰偏于南学，实缘于不得已也。观《隋书·经籍志》所言，便知郑、服之学，隋代已微，见前。北学之衰，隋前固尔，虽欲采博，不可得矣。而或者乃谓：颖达本素习服氏《左传》、郑氏《尚书》，足征服郑之学未尝亡绝；其《正义》《书》用孔氏，《左传》用杜，实与素习相违，不知《正义》之作，原非自撰，皆假旧疏，折衷取舍，服郑之注虽存，前人传之者尠，况此乃官学，与修者多，功令所悬，士习所尚，亦非颖达一人之私，所得而左右之也。

其继《五经正义》而作者，有贾公彦《〈周礼〉〈仪礼〉义疏》，并宗郑注。公彦礼学受之张士衡，士衡受之刘轨思、熊安生、刘焯，是盖渊源于北学者。董逌谓：《周礼疏》据陈邵《周礼异同评》及沈重《周礼义》为之，然公彦未尝自言。《仪礼疏》则《自序》称前人章疏有齐黄庆、隋李孟哲二家，殆其所据矣。又有杨士勋《穀梁传疏》宗范宁《注》，徐彦《公羊传疏》宗何休《注》，皆不闻所本。盖二传南北朝时治者亦甚少也。然此四经之疏，虽非奉敕而作，而贞观九年敕：自今以后，明令兼习《周礼》如《仪礼》者，于本色内量减一选。开元八年，国子司业李元瓘又上言：“‘三《礼》、三《传》及《毛诗》《尚书》《周易》等并圣贤征旨，《周礼》经邦之轨则，《仪礼》庄敬之楷模，《公羊》《穀梁》历代宗习。今两监及州县，以独学无友，四经殆绝，事资训诱，不可因循，其学生请停各量配作业，并贡人预试之日，习《周礼》《仪礼》《公羊》《穀梁》，并请帖十通五，许其入第，以此开劝，即望四海均习，九经赅备。’从之。”据此，则四经在唐实并列于学官，其用此四家疏与否，虽无明文，而四疏之体，则亦同正义。盖贾、杨二氏，于撰定正义，本尝亲其役，或有意效之，而冀与之同尊以广其欤？

第三节 唐正义之得失

诸经义疏，《朱子语录》谓：“《周礼》最好，《诗》与《礼记》次之，《春秋左传》又次之，《仪礼疏》说得不甚分明，《易》《书》为下。”此论最为公允，非深于义疏之学者不能道。盖“《易》用王注，本属清言；《书》主伪孔，亦多空诠。”皮锡瑞语。《仪礼》经本既有残缺，注又止郑一家，黄、李二疏，复有修短，虽欲择善而从，亦觉折衷无自。《左传》主杜，疏用刘炫。刘规杜失，义取贾、服，多中杜病，然实先申而后规；疏乃反其所为，先规后申，即用刘之申杜者列于后，借以驳刘所规，用是上下相违，首尾横决。《诗》与《礼记》所宗皆郑，且为郑之所长，故疏益舒发。《周礼》亦宗郑氏，又成于公彦一人之手，无所抵牾，发挥郑学，亦最详明，故朱子以为最好也。《公》《穀》二疏，朱子未言，而魏晋以来，二《传》本不甚显，南北朝疏者尤稀，杨徐撰疏，遂乏凭借，以视孔贾，故觉不待，此就其分别言也。至于总论诸经正义者，则清儒诋之最力，略而言之，约有四端：舍北用南，汉学以亡，一也。臧琳《经义杂记序》曰：“秦汉大儒，专精雠校训诂声音，魏晋以来，颇改师法。《易》有王弼，《书》有伪孔，杜预之《春秋》，范宁之《穀梁》，《论语》何晏解，《尔雅》郭璞注，皆昧于声音训诂，疏于校雠者也。疏于校雠，则多讹文脱字，而失圣人之本经；昧于声音训诂，则不识古人语言文字，而失圣人之真意。如是则学者之大患也。隋唐以来，如刘焯、刘炫、陆德明、孔颖达者皆好尚后儒，不知古学，于是为《义疏》，为《释文》，皆不能全用汉儒章句，而经学有不明矣。”段若膺曰：“魏晋间师法尚在，南北朝时，说经义者隆多，而罕识要领，至唐人作正义，自以六艺所折中，其去取甲乙，时或颠倒。”江艮庭曰：“唐初陆、孔专守一家，又偏好晚近，《易》不用荀、虞，而用王弼；《书》不用郑氏，而用伪孔；《左氏春秋》则舍服、贾而用杜预；汉学之未坠，惟《诗》《礼》《公羊》而已。《穀梁》退麋氏而用范氏犹可也，《论语》用何晏，而孔、包、周、马、郑之注仅存，《尔雅》用郭璞，而刘、樊、孙、李之注尽亡。尤可惜者，卢侍中《礼记注》足与康成媲美，竟湮没无传，承斯学者，欲正经，岂不难哉?”江郑堂《汉学师承记》自序曰：“唐太宗命诸儒萃章句为注疏，惜乎冲远之徒，妄出己见，去取失当，《易》用辅嗣而康成废，《书》去马、郑而信伪孔，《穀梁》退麋氏而进范宁，《论语》专主叔平，弃珠玉而收瓦砾。”此其失一也。剿袭旧说讳所从来，二也。刘文淇《左氏传旧疏考证》序曰：“冲远之书，吹毛求疵，剜肉为创，掇前儒所驳之短以诬彼短，袭前儒所解之长以矜己长，割裂颠倒，剽窃博揜。”黄春谷曰：“孔氏之书进退众义，而不复更举其人。至如《礼记疏》问涉熊、皇而体段瞢然不见，《毛诗》空言焯、炫而标注阒然无闻。虽复肃毓时陈，雀卢偶掇，然疏中精义之出于谁何，只成虚粕。又况《左传》之颠倒弥甚矣。”此其失二也。专守一家湮没众说，三也。刘师培《论正义得失》曰：“汉代之时，立经学于学官，为经学统一之始。唐代之初，为五经撰正义，又为注疏统一之始。汉崇经学，而诸子百家之学亡。唐撰正义，而两汉魏晋南北朝之经说，凡与其所用之注相背者，其说亦亡。故正义之学，乃专守一家，举一而废百之学也。冲远主正名之名，谓其例必守一家之注，有引申而无驳诘，凡言之出于所用之注者则奉为精言，凡非出于所用之注者，则拒若寇敌。故自有正义，而后六朝之经义失传，且不惟六朝之说失传，即古说之存于六朝旧疏者亦随之而湮没。”此其失三也。间采各家，是非失当，四也。刘氏又曰：“唐人之学，富于见闻，而短于取舍，故所辑之书，不外类书一体，盖富于见闻，则征材贵博，短于取舍则立说多讹，且以编辑类书为撰述，故为经作疏，亦以编辑类书之例，而移之以说经，此《五经正义》之书，所由出于剿袭，而颠倒割裂，不能自成一家也，此其失也。”至或谓其曲徇注文，杂引谶纬，彼此互异者。皮氏锡瑞则以为：“著书之例，注不驳经，疏不驳注，不取异义，专宗一家。曲徇注文，未足为病。谶纬多存古义，原本今文，杂引释经，亦非巨谬。惟彼此互异，学者莫知所从，既失刊定之规，殊乖统一之义，即如谶纬之说，经疏并引，而《诗》《礼》从郑，则以为是，《书》不从郑，又以为非，究竟谶纬为是为非，矛盾不已甚欤?”此则凡官定之书，非出一手者，所通有之病，而非独诸经正义之失也。它如阎、江、沈、黄、刘诸君所斥，亦非孔贾诸子所能变。观于诸书疏序与《隋书·经籍志》所载，更进而考诸《〈南〉〈北〉史》《隋书》之儒林各传，则汉魏晋宋南北之学，其兴废之迹，可了然矣。惟谓其袭前人之说，讳所从来，则未始非一失也。

第四节　注疏以外之经说

唐代经学，除正义一派之外，尚有一书，为后世言经学所不可废者，则陆德明《经典释文》是也。陆氏，南人，初受学于周弘正，善言玄理，其作《释文》创始于陈后主至德元年，在尚未入隋之先，故所主《易》则王氏，《书》则伪孔，《左传》则杜氏，纯为南学。其书首《叙录》一卷，次《周易》一卷，次《古文尚书》二卷，次《毛诗》三卷，次《周礼》二卷，次《仪礼》二卷，次《礼记》一卷，次《春秋左氏》六卷，《公羊》一卷，《穀梁》一卷，《孝经》一卷，《论语》一卷，《老子》一卷，《庄子》三卷，《尔雅》一卷。其列《老》《庄》而不取《孟子》者，《提要》云："北宋以前，《孟子》不列于经，而《老》《庄》自西晋以来，为士大夫所推尚，德明生于陈季，犹沿六朝之余波也。"其于诸经所主之本，虽与正义相同并为南学，其言诸学者，惟于《论语》云北学有杜弼颇行于世，而于王晓《周礼音注》则云江南无此书，不详何人。他如北方大儒徐遵明诸子皆不一引，盖当时犹未见诸儒之书也。然注疏只宗一家，此则博采众训，后来治经，得以考见古义，惟赖此书之存。其卷首《叙录》，每于一书，先明其书之原委，学之师承，次及诸学兴替，与著录传注，足以补正史之遗，订前志之误，亦正义之所不及。其《叙录》云："文字音训，今古不同。前儒作音，多不依注，注者自读，亦未兼通。今之所撰，微加斟酌，若典籍常用，会理合时，便即遵承，标之于首。其音堪互用，义可并行，或字有多音，众家别读，苟有所取，靡不毕书，各题姓名，以相甄识。义乖于经，亦不悉记。"又云："近代学徒，好生异见，改音易字，皆采杂书，唯止信其所闻，不复考其本末。且六文八体，各有其义，形声会意，宁拘一揆？岂必飞禽即须安鸟，水族便应着鱼，虫属要作虫旁，草类皆从两中，如此之类，实不可依。"是陆氏之书，虽主作音，亦兼释义，不惟音经，又且音注。广征异本，旁证参稽，审音读，辨方言，明假借，正字体，集校本之大观，为校刊之规范。自谓古今并录，括其枢要，经注毕详，训义兼辨，示传一家之学者洵非夸语也。又陆氏夙以《易》称，故《周易释文》尤为精博。虽主于辅嗣，而所采有子夏、孟喜、京房、马融、荀爽、郑玄、刘表、虞翻、陆绩、董遇、王肃、姚信数十家，余如《诗》之韩婴，《书》之马融，亦存其概。独惜服之《春秋》，郑之《书》《易》，江左不行，不得赖以流传，然汉魏古音古注，片义单言，借此而存者不少矣。

此外博存古注者，又有李鼎祚《周易集解》。《集解》采子夏、孟喜、焦赣、京房、马融、荀爽、郑玄、刘表、何晏、宋衷、虞翻、陆绩、干宝、王肃、王弼、姚信、王廙、张璠、向秀、王凯冲、侯果、蜀才、翟玄、韩康伯、刘瓛、何妥、崔璟、沈麟士、卢氏、崔觐、伏曼客、孔颖达、姚规、朱仰之、蔡景君等三十五家，而以《九家易·乾凿度》附焉。隋唐以上，《易》家诸书佚不传者，于是书可见其一二。其《自序》称“刊辅嗣之野文，补康成之逸象”，盖宗郑学者也。又序于众家之中独标虞翻、荀爽，故全书所取虞、荀之说特多。张惠言谓：“王弼注行而古师说废，孔颖达正义行而古《易》书亡，其见于《释文·叙录》者自晋以前三十有二家，李鼎祚《集解》所引二十有三焉。”可见李书虽专为《易》作，而存古之功，实与陆氏并伟，后之治《易》欲以古学自别者，所以咸摭李书从而推衍其例也。

其他经学知名之士，如徐文远明《左氏春秋》，每说经，遍举先儒异说，分别是非，乃出新意以折衷，撰有《左传音》及《义疏》。许叔牙精于《毛诗》《礼记》，尤善讽咏，所撰《毛诗纂义》，御史大夫高智周尝谓人曰：“凡欲言《诗》，必先读此书。”盖文达受学刘焯，尤精三《传》，窦抗誉为“冰生于水而寒于水”。盖文懿开讲《毛诗》，发扬风雅，甚得诗人之致，故与文达时称“二盖”。此数君者行辈与孔颖达相接，贞观中皆为学士博士，而不参修《正义》。又如王恭讲三《礼》，别为《义证》甚精博。朱子奢从顾彪受《左氏春秋》，出使新罗，为讲大谊，传经学于远人。李玄植受三《礼》于贾公彦，兼习《春秋左传》于王德韶，受《毛诗》于齐威，撰《三礼音义》。此三君虽尝与修《正义》之役，而恭所参修者为《周易》，子奢所参修者为《礼记》，玄植所刊定者为《尚书》，咸与其所素习者不同。是知当时正义馆开，盖有遗才；即参与者亦未必用其专长，故上述诸儒，亦不得以正义一派范围之也。

第五节　唐代经学之始衰

《五经正义》颁行而后，学固定于一尊，然至武后长安中，王元感上其所撰《尚书纠谬》《春秋振滞》《礼记绳愆》，则皆与《正义》立异，诏令弘文、崇贤两馆学士及成均博士，详其可否。学士祝钦明、郭山恽、李宪等，皆专守先儒章句，深讥元感掎摭旧义，元感随方应答，竟不之屈。时魏知古、徐坚、刘知几、张思敬雅好异闻，每为元感申理其义。知古且称其书为五经指南，联疏荐之，遂下诏褒美，以为儒宗。盖官学虽尊，然执守一家之言，每不足以厌通人之望，缘罅思难，亦其势也。而经学之衰，已伏于此时矣。其后玄宗刊定《礼记·月令》一卷，命李林甫、陈希烈、徐安贞等注解，自第五易为第一，擅改旧本之次。魏光乘复请用魏征《类礼》列于经，帝命元行冲与诸儒集义作疏，将立学官，以张说奏驳而止。此则经亦欲以新者乱之矣。而其尤足以见其衰乱之迹者，则为科举明经之试与中唐以后之异说是也。

科举之制，始于隋，而唐因之，历宋元明至清末而后废。有所谓明经科者，唐以《易》、《书》、《诗》、三《礼》、三《传》合为九经以试，以经文及注之多少，分大中小三等：《礼记》《春秋》《左传》为大经，《毛诗》《周礼》《仪礼》为中经，《易》《尚书》《春秋〈公羊〉〈穀梁〉》为小经，经义之深浅难易不问也。通二经者，大小经各一，若中经二；通三经者，大中小经各一；通五经者，大经皆通，余经各一。《孝经》《论语》则皆兼通之。其课试之法，先帖经，而后口试。帖经者以所习经，掩其两端，中间惟开一行，裁纸为帖，凡帖三字，随时增损，可否不一，或得四，或得五，或得六，为通。口试：问大义十条，时务策三道，以经文言之，大经《左传》多于《礼记》，中经、小经《周礼》《仪礼》《公》《穀》难于《易》《书》《诗》，故大经多习《礼记》，中经、小经多习《易》《诗》《书》，盖所以避难而就易也。开元八年国子习业李元瓘上言："三《礼》、三《传》及《毛诗》《尚书》《周易》等，并圣贤微旨，生人敬业。今明经所习，务在出身，咸以《礼记》文少，人皆竞读；《周礼》经邦之轨则，《仪礼》庄敬之楷模，《公羊》《穀梁》历代宗习，今两监及州县，以独学无友，四经殆绝。"又十六年杨阳为国子祭酒，亦奏言："今明经习左氏者十无二三；又《周礼》《仪礼》《公羊》《穀梁》殆将绝废。"开元为玄宗年号，尚属盛时，事已如此，是所谓明经者，实所以废经也。盖帖经专考记诵，口试空衍义理，其去经学并远。其后宋墨义，元明经义时，并滥觞于此，毁弃传注，凿空立论，经学之衰，遂益发不可问矣。利禄使然，视汉立博士而适得其反也。

降至中唐，益多新说，如啖助、赵匡、陆质之于《春秋》，施士匄之于《诗》，仲子陵、袁彝、韦彤、韦茝之于《礼》，蔡广成之于《易》，强蒙之于《论语》，皆自名其学，不复遵守旧训。仲、袁、韦、强，不闻有书。蔡氏《周易启源》《周易外义》，《唐志》未著录，仅见《宋志》，今已佚。施氏《诗说》亦佚，惟韩愈为施墓志，言士匄明毛、郑《诗》，通《春秋左氏传》，善讲说，朝之贤士大夫，从而执经考疑者继于门。《唐语林》载：刘禹锡与柳八、韩七诣施氏听《毛诗》，说《毛》《传》之失，及毛、郑不注数事，则颇近穿凿，其《春秋传》不甚传。后文宗喜经术，宰相李石言士匄《春秋》可读，文帝谓为穿凿之学，徒为异同，则知亦《诗说》之流也。啖助著《春秋集传》，赵匡著《春秋阐微》《春秋纂类》《春秋义统》，亦不传。今可见者，惟陆质所作《春秋纂例》《辨疑》《微旨》三书，其说盖本之啖、赵，以为《左传》解义多谬，其书乃出于孔氏门人，非《论语》之丘明，《公》《穀》口授子夏所传，密于左氏，但后人据其大义，散配经文，亦多乖谬，失其纲纪。此等议论，前世范升、王接、刘兆等虽尝发其端，而三《传》并攻，不如此之甚。且诸治《春秋》者，大抵专门名家，尊传过于尊经，苟有不通，宁言经误。啖、赵、陆氏则援经攻传，自谓契于圣人之旨，故其书一出，好异者骛之。柳宗元至以得执弟子礼于陆氏为荣。同时卢仝撰《春秋摘微》，解经亦不用传，故韩愈赠诗谓："《春秋》三《传》束高阁，独抱遗经究终始。"成伯玙撰《毛诗指说》述作《诗》大旨及师承次第，以《诗》众篇之小序，子夏惟裁初句，其余为毛公所续，亦《春秋》《毛诗》之新派也。韩愈亦有《论语笔解》，今所传实浅薄，《唐语林》所载数条亦无足称，或言其徒李翱等所记。翱又有《易诠》，论八卦之性。陆希声作《易传》削去爻象。高重《春秋经传要略》分诸国各为书。陈岳《春秋折衷论》，以三《传》异同三百余条，参求其长，以通《春秋》之义，此皆以己意说经者也。盖自大历而后，经学新说日昌，初则难疏，继则难注，既则难传，终乃离传言经，开宋人变古创新之绪。若柳宗元之《读论语》，则又进于疑古考证者矣。

第七章　宋元明之经学

第一节　宋初诸经注疏之刊补

自唐以九经取士，历五代迄宋，其制不改。五代虽曰乱离，而镂板之术，于时始行。后唐长兴三年，中书门下冯道、李愚奏请依石经文字刻九经印板，敕儒臣马镐、陈观、段颙、路航、田敏等详勘，先成五经。汉乾祐元年，国子监奏在雕印板，九经内《周礼》《仪礼》《公羊》《穀梁》四经未有印板，今欲集学官校勘四经文字镂板，从之。周广顺三年，九经皆成，而田敏终始其事。惟田敏虽笃于经学，然好为穿凿，颇以独见自任，更改文字。《宋史》本传尝载其改《孝经》《尔雅》文字，是九经外尚有《孝经》《尔雅》，且既依石经，当有《论语》，合之为十二经，言九经者，以三书向附于经耳。惟此所镂者，但有经注而无疏。至宋太宗端拱时始以孔颖达《五经正义》诏国子监镂板行之，命孔维、李觉等校定。淳化初又以经书板本有田敏删去者数字，命觉、维评定。寻判国子监李至上言："本监先校正诸经音疏，其间文字讹谬尚多，盖前所遣官，多专经之士，或通《春秋》者未习《礼记》，或习《周易》者不通《尚书》，至于旁引经史皆非素所传习，以是之故，未得周详，望重加刊正，冀除舛谬。"从之。真宗咸平元年，又召学究李可名言：诸经板本多舛误，上命崔颐正详校。可名奏《书诗正义》差误事。孙奭等改正九十四字。二年，命祭酒邢昺领其事，舒雅、李维、李慕清、王涣、刘士元与焉，《五经正义》始毕。李至又言：五经书既已板行，惟二《传》、二《礼》、《孝经》、《论语》、《尔雅》七经疏未修，望重加雠校以备刊刻，从之。咸平三年，邢昺复受诏与杜镐、舒雅、孙奭、李慕清、崔偓佺等，校定《〈周礼〉〈仪礼〉〈公羊传〉〈穀梁传〉正义》，又重定《〈孝经〉〈论语〉〈尔雅〉正义》。四年表上，命摹印颁行，于是九经疏义悉备矣。盖二《传》、二《礼》已有贾公彦、杨士勋、徐彦之疏在前，唐已通行，故但校定，《孝经》《论语》《尔雅》不用旧疏，故重定也。然虽重定，而亦确守唐人《正义》之法，三疏皆定于邢昺。其《论语》以何晏《集解》为主，为之疏者，唐代所传有皇侃本，邢《疏》亦因皇侃所采诸儒之说，刊定而成。虽稍传以义理，而章句训诂名器事物之际亦详。故论者谓汉学宋学，兹其转开。《孝经》以唐玄宗御注为主，为之疏者，有元行冲，唐代尝立于学官，故邢《疏》即取行冲本约而修之。惟疏未尝标明孰为旧文，孰为新说，今已不可辨矣。《尔雅》以郭璞《注》为主，为之疏者，俗间有孙炎、高琏，昺以为皆浅近俗儒，不经师匠，因与杜镐等共相讨论，别为疏释。虽注所未及，不复旁搜，亦尚多能引证。惟三书所主，一魏一晋一唐，则犹南学之余波也。

别有《孟子疏》，以赵岐《注》为主，旧本题宋孙奭撰，然考之《宋史》，奭与邢昺等校定诸经义疏中无《孟子》，《涑水纪闻》载：奭定著之书有《〈论语〉〈孝经〉〈尔雅〉正义》，亦无《孟子正义》，故《朱子语录》谓为邵武士人，非出奭手。且语气敷衍，全不似疏体，则其所主虽汉学，尚不能与邢《疏》抗衡也。盖《孟子》自《汉书·艺文志》以下，皆入子部，本不与经同科。宋儒尊《孟子》，遂与《孝经》《论语》《尔雅》并参九经之列，亦以之试士，是又宋代官增于前代者也。由是《十三经注疏》遂通行至于今矣。

第二节　庆历后经学之变古

宋自仁宗庆历以后，经学渐尚新奇，变易古说，非毁注疏，驯至疑经改经，横生议论。欧阳修《论经学札子》曰：“唐太宗时始诏名儒撰定九经之疏，号为《正义》，凡数百篇，自尔以来，著为定论，凡不本正义者，谓之异端。然其所载既博，所择不精，多引谶纬之书，以相杂乱，怪奇诡僻，所谓非圣之书，异乎正名义之名也。臣欲乞特诏名儒学官，悉取九经之疏，删去谶纬之文，使学者不为怪异之言惑乱，然后经义纯一，无所驳杂，其用功至少，其为益则多。”此欲删诸经之疏者也。孙复《上范仲淹书》：“欲召天下鸿儒耆老，识见出王、韩、左、穀、公、杜、何、毛、范、郑、孔之右者，重为注解，俾六经廓然莹然，如揭日月，以复虞夏商周之治。”则此并经之传注而亦欲拨弃之。夫疏定于唐，欧请删疏，仅为不慊唐学；传注乃成于春秋战国与汉魏晋诸子，孙欲改传注，直是自我作法，前无古人。虽孙论徒高，欧议不行，然自是风气一变，学者竞以新意解经，视注疏如土苴，所谓宋学，盖已见其端矣。

司马光《论风俗札子》：“近岁公卿大夫，务为高奇之论，流及新进后生，口传耳剽，读《易》未识卦爻，已谓《十翼》非孔子言；读《礼》未知篇数，已谓《周官》为战国之书；读《诗》未尽《周南》《召南》，已谓毛、郑为章句之学；读《春秋》未终十二公，已谓三《传》可束之高阁。循守注疏者谓之腐儒，穿凿臆说者谓之精义。”此可以见当时风气之所趣矣。《困学纪闻》引陆游云：“唐及国初，学者不敢议孔安国、郑康成，况圣人乎？自庆历后，诸儒发明经旨，非前人所及，然挑《系辞》，毁《周礼》，疑《孟子》，讥《书》之《胤征》《顾命》，黜《诗》之序，不难于议经，况传注乎？”盖议传注唐季已肇其端，尚不始于宋人，至于昌言议经，则宋儒实优为之，且进而疑经改经，一往而不返也。

疑经者，如欧阳修不信《河图》《洛书》，谓《系辞》《文言》《说卦》而下，皆非圣人之作。陆希声尝病爻辞不类，辄欲去取。赵汝梅疑《说卦》《序卦》《杂卦》皆为汉儒窜入；又以《系辞》多称“子曰”，疑为门人所记，非夫子之书。此疑《易》者也。吴棫渐觉《古文尚书》之伪，朱子疑之益甚，赵汝谈并今文而疑之，于伏生所传诸篇，亦多所掊击觝排；非独如刘敞欲移易《尚书·武成》次第，苏轼讥《书》之《胤征》《顾命》。此疑《书》者也。欧阳修谓《诗序》非子夏之作，又谓各诗所系，类例不一，未可尽从。苏辙谓《诗》之《小序》，反复繁重，类非一人之词，疑为毛公之学，卫宏之所集录。王安石谓为采诗之官，当时所记，杨简亦据《后汉书·儒林传》以小序为出自卫宏，郑樵、朱子、王质皆攻《小序》，程大昌不惟辨大小《序》，且谓古有二《南》而无《国风》，《国风》之名，出于左、荀，《豳诗》非《七月》。此疑《诗》者也。刘敞疑《礼记》"茹其坐如尸"一节有脱简，"人喜则陶"九句有遗文，"礼不王不禘，及庶子王亦如之"有倒句。赵汝谈谓《周礼》为傅会女主之书。欧阳、大小二苏，亦皆有毁《礼》之言。欧见集中《问进士策》，轼见《续集·策天子六军之判篇》，辙见《后集·历代论一》。此疑《礼》者也。他如李觏撰《常语》，中多非《孟》之言，司马光有《疑孟》一卷。此则又在九经之外矣。

改经者，如冯椅《原斋易学》改"《彖》曰"、"《象》曰"为赞，以《系辞》之卦即《彖》，《系辞》之辞即《象》，王弼本"《彖》曰"、"《象》曰"乃孔子释《彖》《象》，又改《系辞传》上下为《说卦》上中。李过《西溪易说》于乾卦《彖辞》下便掇入《彖传》，《彖传》内又掇入《文言》，释《象》处继以大《象》，又分《爻辞》附于小《象》，又附入《文言》。赵汝梅《周易辑问》以大《象》移于卦画之后，《彖辞》之前，以《文言》散附在乾坤《彖传》及小《象》后，又去"《彖》曰"、"《象》曰"、"《文言》曰"等字，使经传混淆，茫然莫辨。此改《易》者也。龚鼎臣改定《洪范》，刘敞改定《武成》，王柏《书疑》动以脱简为辞，并《舜典》于《尧典》，删除姚方兴所撰二十八字，合《益稷》于《皋陶谟》，以《大禹谟》《皋陶谟》为《夏书》，至于《尧典》《皋陶谟》《说命》《武成》《洪范》《多士》《多方》《立政》八篇，则纯以意为易置，一概托之于脱简，有割一两节者，有割一两句者。此改《书》者也。苏辙《诗集传》，《小序》仅存发端一言，余悉删汰。郑樵《诗传》及《诗辨妄》，尽削去《小序》，而以己意为之序。陈鹏飞《诗解》去商、鲁二《颂》，以为《商颂》当阙而《鲁颂》可废。至于王柏《诗疑》或删去全篇，或篇删其章，章删其句，或互相并合，或改易篇名，或以简错，或以篇乱，尤为奇诡。此改《诗》者也。刘敞谓《周礼》"诛以驭其过"，"过"当作"祸"，"士田贾田"，"士"当作"工"；谓《礼记》"诸侯以狸首为节"，"狸首"当作"鹊巢"。俞建椿《周礼复古篇》谓五官所属皆六十，不得有羡，其羡者皆取以补冬官。又谓《天官》世妇与《春官》世妇，《夏官》环人与《秋官》环人为一官复出，当省并之。二程则更定《大学》篇，朱子又分为经传，此改《礼》者也。刘敞《春秋传》其经文杂用三《传》，不主一家，每以经传连书，不复区分，又好减损三《传》字句，往往失真。此改《春秋》者也。

夫自秦火而后，经有残脱，自是事实。《史》《汉》所言，昭昭可考，故刘歆、荀悦皆有不全之叹，必谓经无可疑，未免失之过拘。又况学术固虽宜尊古，亦当贵疑，惟当疑而不改，付诸盖阙，或如仅汉儒作注，遇有可疑者，但存其说于注下，而不更改正文，以俟学者心通其意，则自无诬古之嫌。宋儒不此之效，往往喜奋私意，矜为创获，轻肆剪伐，变经面目，用是不免割裂之讥，卤莽之诮也。

第三节　王氏《三经新义》与诸儒经说

王应麟《困学纪闻》云："自汉儒至于庆历间，说经者守故训而不凿。《七经小传》出而稍尚新奇矣，至《三经新义》行，视汉儒之学若土梗。"《七经小传》者，刘敞、原父所撰，一《尚书》、二《毛诗》、三《周礼》、四《仪礼》、五《礼记》、六《公羊》、七《论语》，其说已略见于上矣。《三经新义》亦称《三经义》，《书》《诗》《周礼》是也。旧俱称王安石撰。安石尝作《字说》，其解经即多援《字说》为训诂，虽富新意，颇伤穿凿。据蔡绦《铁围山丛谈》，《诗》《书》两经，盖多出安石子雱及诸门弟子手，惟《周礼新义》，安石亲为之笔削。晁公武《读书志》，亦于新经《尚书义》题王雱撰，新经《毛诗义》题王雱训其辞，安石训其义，而新经《周礼义》则题安石撰，且谓安石以《周礼》《书》理财者居半，受之，所以自释其义者，盖以其所创新法，尽传著经义，借塞异议者之口也。三经而外，安石所撰尚有《易解》《论语解》《孟子解》。晁氏谓《易解》安石自谓少作未善，不专以取士。其《三经新义》，则神宗时王氏当国，立于学，颁之天下，用以取士者也。绍圣中，复有龚原、耿南仲注《易》，据《东都事略》，龚原亦为王氏之学者。《论语解》，晁氏谓绍圣后亦行于场屋。《孟子解》，则其子雱与其门人许允成皆有注释，崇观间场屋举子宗之。龚原所作《易注》，亦于绍圣中行于场屋。盖绍圣间章惇用事，崇观间蔡京用事，两人皆安石之党，是以其说犹行。故陈振孙《书录解题》曰："王学独行于世者六十年，科举之士熟于此，乃合程度，前辈谓如脱墼然，按其形模而出之尔。"其时援王学以解经者则有蔡卞《尚书解》及《毛诗名物解》，陆佃《尔雅新义》《诗物性门类》及《礼记解》。卞，安石之婿，佃受经于安石，自不足异。他如王昭禹《周礼详解》、林之奇《周礼讲义》亦多据其说。而方悫又以王氏父子《礼记》独无解义，因取所撰《三经义》及《字说》申而明之，著《礼记解》。马晞孟《礼记解》亦宗王氏。是则王学在当时，不惟行于场屋，其流亦且广矣。乃至通学中人如程子则取其《易解》，朱子则取其《尚书义》，可见王学当非绝无是处。后人谓安石解经之说与所立新法，各为一事，实为持平之论。今诸经义解并佚，独《周礼新义》从《永乐大典》中录出，犹存其概耳。陆佃、王禹昭之书，尚有存者，欲观王学，可于此而得其略焉。

其他诸儒经说，能不宗陈，自辟新术，非一家一派所得而囿者，《易》则胡瑗《易解》、司马光《温公易说》、苏轼《东坡易传》、李光《读易详说》、杨万里《诚斋易传》、李杞《周易详解》、郑刚中《周易窥余》、赵彦肃《复斋易说》、易祓《周易总义》，其濂溪、康节诸家之说，另见于后者尚不与焉。《书》则有苏轼《东坡书传》、林之奇《尚书全解》、郑伯熊《敷文书说》、夏撰《尚书解》。《诗》则有欧阳修《诗本义》、苏辙《诗集传》、王质《诗总问》、吕祖谦《家塾读诗记》、严粲《诗缉》。《礼》则有叶时《礼经会元》、李如圭《仪礼集解》。至于《春秋》则尤多，如孙复《春秋尊王发微》，王皙《春秋皇纲论》，刘敞《春秋权衡》《春秋意林》《春秋传》，孙觉《春秋经解》，苏辙《春秋集传》，崔子方《春秋经解》，叶梦得《春秋传》《春秋谳》《春秋考》，胡安国《春秋传》，陈傅良《春秋后传》，吕祖谦《春秋左氏传说》《左氏博议》，程公说《春秋分纪》，黄仲炎《春秋通说》，赵鹏飞《春秋经荃》，皆其著者。或折衷古训，或独抒别裁，或以议论相高，或以综比矜富，或陈往以讽今，或明体而达用，既异汉唐之诂训，复殊道学之义理，斯又极宋学之变，而不相统摄者也。其间《易》与《春秋》，作者尤繁。盖《易》本隐以之显，《春秋》推见至隐，一明天道，一明人事，惟人所说，不必征实。故自王弼废象数，而谈《易》者日增，自啖助废三《传》而谈《春秋》者日盛，空言易骋，亦不独宋儒为然矣。又南渡而后，国势不振，士大夫愤夷祸之日亟，痛恢复之难期，情殷中兴，念切雪耻，无以寄意，退而著书，则垂戒莫显于《易》象，复雠莫大于《春秋》，竞趋二经，殆亦有不获已者焉。噫！可痛也。

又有广甄群言，意在存古，类于陆德明、李鼎祚之为者，则有房审权《周易义海》，所采上起郑玄，下讫王安石，凡百家；黄伦《尚书精义》，其所征引，自汉迄宋，亦极赅博；王与之《周礼订义》所采旧说凡五十一家；卫湜《礼记集说》自郑玄而下所取凡百四十四家；吕本中《春秋集解》自三《传》而下，迄于宋，所采九家；高元之《春秋义宗》所采前后凡三百余家，其间褒录当代诸儒之说，尤为特多。后之考宋学者，因可于数书而观其汇也。而魏了翁《九经要义》，取诸经注疏之文，据事别类而录之，每条之前，各为标题，系以先后次第，此其意亦在存古。然前主于博，此主于约，体例盖迥殊焉。又如陈祥道之《礼书》，贯通经传，缕析条分，前说后图考订详实，则后考通礼者之所自出也。

王应麟之《三家诗考》《周易郑康成注》则后世辑佚书者之所取法也。贾昌朝之《群经音辨》，丝牵绳贯，同异粲然，俾学者易于寻省，虽不及陆氏之《释文》，而亦经音之总贯矣。

第四节　道学与经学

昔司马迁《史记》特立《儒林传》，位置经生，班、范诸书，仍其成法。至宋而有所谓道学。撰《宋史》者，乃又于《儒林传》外立《道学传》以尊之。如周、二程、张、邵、朱、张及程、朱门人，皆入之《道学传》。后之论者遂谓宋学即道学。其实《周官》“太宰以九两系邦国，四曰儒以道得民”，则古者儒与道固不分也。而考宋之道学，初盖本于《图》《书》，《图》《书》出于陈抟。抟以道士居华山，搜采道书，得九宫诸术，倡先天、后天之说，此乃道家之学，与儒学无与。及抟以《易龙图》授种放，三传而得刘牧，牧作《易数钩隐图》，于是道家之说始与《周易》相傅而混于儒学矣。邵雍稍后于牧，其《图》《书》得之李之才，之才得之穆修，修得之种放，与牧本同渊源，而言《易》则颇殊，然皆象数一派也。惟之才先示雍以陆质《春秋》，意欲以《春秋》仪表五经，既可语五经大旨，则授《易》而修焉，故雍虽以《易》显，而《皇极经世》一书，观其命名，亦兼有《春秋》之意。同时周敦颐作《太极图说》《通书》，不言所出，然与陈抟先天方位，太乙下行九宫之说，亦隐隐相应，故宋人有谓敦颐之学亦出于抟者。惟其书言理甚精，所论入德之方，经世之务，亦皆亲切简要，不独非刘牧辈支离破碎之比，即视邵雍亦醇而约，故《宋史》以周子冠《道学传》之首。二程受学敦颐，又尝侍其父与邵雍议论，顾不喜雍象数之说，故小程作《易传》专阐义理，不及象数。张载讲《易》，亦与二程不谋而合，自是义理又自为一派。及朱熹出，私淑二程得其正传，但所作《易本义》首列《河洛九图》，实欲合义理象数为一。于是元明以来之《易》者，开卷便说先天、后天矣。

程朱既以倡明道学自任，因复表章《大学》《中庸》二篇，与《论语》《孟子》并行，以为此道统之所在。二程于《学》《庸》《语》《孟》皆有说。出其门者，如谢良佐有《论语说》，游酢有《中庸义》《论语孟子新解》，杨时有《中庸解》《论语解》《孟子义》，尹焞侍讲经筵，奉诏作《〈论语〉〈孟子〉解》，大抵发挥师说，一以义理为归。朱子则作《〈大学〉〈中庸〉章句》《〈论语〉〈孟子〉集注》，合称曰"四子书"，益萃群贤之言而折衷之，且于《大学》分别经传，于《中庸》定著章节，遂使二篇离《礼记》而独自成学。朱子后，朝廷以其四书训说立于学官，于是四书亦为一经矣。

道学之传，以周濂溪、程明道、伊川、张横渠、朱晦庵五子为正宗。五子之学大都以《周易》《学》《庸》《语》《孟》为体用，然如伊川、横渠、晦庵则皆兼治诸经。横渠自作虽止《横渠易说》，而门人所集尚有《〈诗〉〈礼记〉〈春秋〉说》。伊川则于《易传》外，别有《春秋传》，刘徇、罗从彦传之。徇作《春秋解》，从彦作《春秋指归》。他如《伊川书说》《伊川诗说》则门人之所记也。朱子于经学撰著更多。《易》则于《本义》外又有《易学启蒙》《蓍卦考误》，《诗》有《集传》，《礼》有《仪礼经传通解》。其于《易》主复古本；其于《诗》虽疑大小《序》而自为说，然晚年多用毛、郑说，亦不废《序》；其于《礼》以《仪礼》十七篇为经，而取大小《戴记》及诸经史书所载，有及于礼者，附于本经之下，具列注疏诸儒之说，补其阙疑，而析其疑晦；《尚书》《春秋》虽无训释，然尝疑孔安国《书》是假，《书序》是魏晋间人作，谓《书》凡易读者皆古文，伏生所传皆难读，如何偏记其难，而易者全不能记？此皆精识卓见。《春秋》自谓于义例不能自信于心，故未敢措一辞，然观其与人问答，则实深于《春秋》。惟其研之深，故出之愈矜慎。盖朱子之学，博综旁通，不欲以道学自限。其平居教人治经宜先看注疏，尤非空谈性命，屏汉唐之学为不足取，假道学以自饰其浅陋者所可同日而语也。陈澧《东塾读书记》曰："朱子《论语训蒙口义》序云：'本之

《注疏》，以通其训诂，参之《释文》，以正其音读，然后会以诸老先生之说，以发其精微。'《论语要义目录》序云：'其文义名物之详，当求之注疏，有不可略者。'此朱子之重注疏也。《语类》云：'本寻常解经，只要依训诂说字。'又云：'训诂当依古注。'又云：'近日看得后生，且教他依本子认得训诂文义分明为急。'此朱子之尊训诂也。学校贡举私议云：'其治经必专家法者，天下之理固不外乎人之一心，然圣贤之言，则有渊奥尔雅而不可以臆断者；其制度品物，行事本末，又非今日之见闻所能及，故治经必用先儒已成之说而推之，即曰未必尽是，亦当究其所以得失之故，而后反求诸心，而正其谬。此汉之诸儒，所以专门名家，各守师说，而不敢轻有变其者也。'此朱子之崇家法专门也。《语孟集义》序云：'汉魏诸儒，正音读，通训诂，考制度，辨名物，其功博矣。学者苟不先涉其流，则亦何以用力于此?'《语类》云：'汉初诸儒专治训诂，如教人，只言某字训某字，自寻义理而已。自晋以来，解经却改变得不同，王弼、郭象是也。汉儒解经，依经演绎，晋人则不然，舍经而自作文。'此朱子之尊汉儒也。"陈氏尚博引朱子说《礼》之推服郑氏，训诂之本诸《说文》，讲求音读，以见朱子之异于其他宋儒之空谈义理，不据古训者也。惟是章句训诂，先儒已明，朱子不能出其外，又生于道学极盛之时，前儒之说又多不能惬然于心，故不得不发凡起例，创制显庸，以待来者。又此宋人义理之学所以终与汉儒训诂之学分道扬镳也。

朱子弟子，五经传授，皆有专门，举其著者，若蔡渊撰《周易经传训解》、蔡沈撰《尚书集传》、辅广撰《诗童子问》、黄翰撰《续仪礼经传通解》、张洽撰《春秋集注》，皆能申述师说，自成一家，卓然有以树立于后；而朱学传授，亦亘数百年而弗衰。皮锡瑞曰："汉学至郑君而集大成，于是郑学行数百年；宋学至朱子而集大成，于是朱学行数百年，懿彼两贤，师法百祀，其巍然为一代大宗者，非特以学术之宏通，实由制行之高卓也。"

其有《宋史》不列之于《道学传》中，而讲学精神，实与道学无异，且亦自命为道统之传者，则有象山陆九渊。陆氏尝言“六经注我，我注六经”，“学苟知道，六经皆我注脚”，故于经学无所撰述。惟其教人为学，以求本心为主，故门人如杨简、袁燮即本其说以解经。简有《杨氏易传》《尚书五诰解》《慈湖诗传》《春秋解》，燮有《絜斋家塾书钞》《絜斋毛诗经筵讲义》，并多推本于心学，而杨氏解《易》尤大开易学入禅之途。别有王宗传撰《童溪易传》，力斥象数之弊，惟凭心悟，宗旨亦与慈湖同。陈经撰《尚书详解》自序谓：“以古人之心求古人之书，吾心与是书相契于无间，然后知《典》《谟》《训》《诰》《誓》《命》皆吾胸中之所有，亦吾日用之所能行。”此又近于陆氏“六经注我”之说，二家虽非陆氏门人，要亦传陆氏学派者也。朱子尝言：“世之解经者有三：一儒者之经，一文人之经，一禅者之经。”儒者盖以说道学。文人之经，朱子举苏东坡、陈少南辈为例，则上述诸儒经说无派可归者，实多属之；禅者之经，朱子举张子韶辈为例。然子韶学出伊川，书已不传。据陈振孙称无垢诸经解，大抵援引详博，文意澜翻，而务欲开广后学之见，似又非尽禅学者。然则禅者之经，其将属之象山学派简、燮之流乎？

第五节　经学汉宋之分野

自汉武立五经博士，而经学正式成立，历魏晋以至隋唐，其间虽间有出入，要之不出汉人之矩矱。中唐而后，新途渐启，思有以脱前人之束缚，而自创新解，然其所以治经之精神，则与两汉尚无大异。至于有宋，义理之学盛极一时，毅然以道学自任，举汉魏南北朝隋唐以来一切注疏之学而尽弃之，意欲直探六经，以求圣人之意。于是各骋新说，率异前人，而其所以治经之方法精神皆有前异。元人于经，虽曰汉魏唐宋兼采其长，明经取士，虽古注疏，时与宋儒经说并存，而实偏重于宋。至于明代，尤不能出宋人之范围。清代学者虽有复古之功，其所造就，驾魏晋而侪两汉，然朝廷取士，亦尚不能脱离元明之成规，故私学虽盛，浸浸有两汉之风，而其官学，则尚准式乎宋。是以自汉迄清，经学演变，中间虽有二千余年，而究其指归，要不出汉宋两代之外，此后世所以以汉学、宋学并称也。

论汉学、宋学之分，可以一言尽之，即汉学重义训，宋学尚义理是也。西汉今文主大义微言，与宋儒之言义理名虽似同，其实大异。西汉所谓微言大义，盖古先圣王制礼作乐，治国经邦，创法垂教之义也。宋儒所谓义理，则一己之修身缮性，心身性命之理也。汉儒非不言性命，在即事而言之；宋儒非不言治平，在本心以推之。汉儒在即事而言，故其学实；宋儒在本心以推，故其学虚。西汉诸儒去古未远，训诂章句率由口授，故虽言微言大义，而皆有所传而不失于空疏；宋儒蔑弃古学，断以己见，故虽言性命之理，亦间征及旧义，然皆以私意为衡，而不免于穿凿。东汉儒者尤重训诂名物，典章制度，此皆不能逞臆而谈，故尚考核而跖于实；北宋诸子虽言政教礼制，然在沿袭古说，以成其学，故骋议论而蹈于空。如荆公、东坡诸子是。朱子在两宋诸儒中虽较为征实，然观其贡举私议引见前。所云，是其最后之权衡，亦在反求诸心，而无以异于诸子也。要之汉儒之于经术，在考索以求得圣人之真；宋儒之于经术，在借镜以明其独见之理，此汉、宋学之所以异也。

第六节　元代经学之因袭

宋代经学，集大成于朱子。自宝庆而后，朱学盛行，凡治经者，莫不崇尚朱说，惟其时宋室偏安，南北道断，载籍不能相通。北人虽知有朱夫子，而未能尽见其书也。及元兵下江汉，姚枢奉命即军中求儒士，得赵复以归，复以所记程朱所著诸经传注，尽录以付枢。自复至燕，学子从者百余人。而许衡、郝经、刘因等亦皆得其书而尊信之，北方于是知有程朱之学矣。宋室既亡，南中士大夫张须、金履祥、许谦、胡一桂、胡炳文、陈栎之流，咸得朱子之传，相与教授讲习。史称："须俨朱氏之尸祝，谦为朱氏之世适，一桂得朱氏源委之正，栎刊去诸儒之说有畔于朱氏者，于是朱学大明，炳文辨正与朱氏抵牾者，于是朱子未尽之蕴以发。”至于金履祥，身体力行，尤为当代之儒宗矣。是故宋元之交，朱学几如日中天，犹郑学之于汉魏间也。至仁宗延祐间，定科举之制，用许衡前议，罢诗赋，重经学，取士以德行为本，试艺以经术为先，其所主之经，《大学》《论语》《孟子》《中庸》并用朱子《章句集注》，《诗》以朱氏为主，《尚书》以蔡氏为主，《周易》以程氏、朱氏为主，而三者兼用古注疏，《春秋》用三《传》及胡氏《传》，《礼记》用古注疏。可见其显然侧重朱学。《春秋》《礼记》朱子无所作，故不获采用；《尚书》主蔡氏，蔡为朱子门人，用蔡即所以用朱也。惟可注意者，《易》《书》《诗》《春秋》，犹与古注疏相参，是尚不废汉唐之学，至于《礼记》，且专用古注疏，亦知《礼》之不可以空言解也。此元代官学之所用也。

至于私家著述，则绝不能越朱子之范围。如胡一桂《易本义附录纂疏》《易学启蒙翼传》，胡炳文《周易本义通释》，熊良辅《周易本义集成》，此皆墨守朱子之《易》者也。陈栎《尚书集传纂疏》、陈师凯《尚书蔡传旁通》，此墨守蔡沈之《书》者也。蔡《传》本出朱子指授，则亦无异朱子之《书》矣。刘瑾《诗集传通释》、梁益《诗传旁通》，此墨守朱子之《诗》者也。又如陈栎《礼记集义详解》，书虽不传，据其自序所称，盖“目习朱子《大学》《中庸》，窃有所闻，即其所已闻，推其所未究，不无所谓，乃目众说之纷纭而持衷去取之”，是又《礼记》之朱学也。王元述《春秋谳议》，虽兼采程子、朱子、胡安国三家，而全书之内，独于朱子无一异辞，是又《春秋》之朱学也。至于四书，赵德之《四书笺义纂要》、刘因之《四书集义精要》、陈栎之《四书发明》、胡炳文之《四书通》，皆据朱子《章句集注》之意而发挥之，更朱子一家之学矣。虽有赵采《周易程朱传义折衷》，龙仁夫《周易集传》，许谦《读书丛说》《诗集传名物钞》，间抒己见，不主一家，然其大旨所依，仍不出朱子范围之外，与墨守朱说者，仅相差一间耳。

其所资较博，能不为朱学所囿者，独一草庐吴澄。澄于当时最为老师，天下学者，四面归之，于诸经皆有述作，有《易纂言》《书纂言》《仪礼逸经传》《礼记纂言》《春秋纂言》。《易》则援引古义，具有源流；《书》则专释今文，亦有合于古义；《仪礼》《礼记》则始终先后，条理密察；《春秋》则采摭诸家传注，间以己意论断之。今诸书具存，信能自成一家言者，惟于经文，率皆有所点窜，颇蹈宋季陋习，尤以《礼记》任意改并，迹近删述，致召谮圣之讥耳。他若熊来朋《五经说》之改易文字，移易经文，于古义古音，多所抵牾，则又元人之通习矣。至如赵汸《春秋属辞》之义例显明，陈澔《礼记集说》之浅显简要，敖继公《仪礼集说》之去取谨严，斯又元人中之翘楚矣。

第七节　明代经学之纰缪

皮锡瑞曰："论宋元明三朝经学，元不及宋，明又不及元。宋儒学有根柢，故虽拨弃古义，犹能自成一家。若元人则株守宋儒之书，而于注疏所得甚浅。明人又株守元人之书，于宋儒亦少研究，是明又不及元也。"盖明初官学，承元代之旧，而稍有损益。如洪武间所定举式，《四书》主朱子《章句集注》，《易》主程《传》、朱子《本义》，《书》主蔡沈《传》、夏僎《详解》，《诗》主朱子《集传》，《春秋》主左氏、公羊、穀梁三《传》及胡安国《传》、张洽《集注》，《礼记》主陈澔《集说》，其古注疏亦兼用之，与元延祐间所定，本无甚异也。惟《礼记》元用古注疏，明用陈澔《集说》。至永乐十二年敕胡广、杨荣、金幼孜等修五经《四书大全》，用以取士，则尽本于元人之所作矣。《周易大全》取材于董楷之《周易传义附录》、董真卿之《周易会通》、胡一桂之《周易本义附录纂疏》、胡炳文之《周易本义通释》；《书传大全》则大旨本于陈栎之《尚书集传纂疏》、陈师凯之《书蔡传旁通》；《诗经大全》则全袭刘瑾之《诗集传通释》而微变其例；《春秋大全》则全袭汪克宽之《胡传纂疏》

而稍去其冗；《礼记大全》则以陈澔《注》为主，而采掇诸儒之说凡四十二家以足之；《四书大全》则剽缀倪士毅之《四书辑释》而小有增删。此皆取诸元人者也。自是而后，经义试士奉此为则，不惟古注疏尽废，即宋儒之书，学者亦不必寓目矣。顾炎武曰："当日儒臣奉旨修《〈五经〉〈四书〉大全》，颁餐两，给笔札，书成之日，赐金迁秩，所费于国家者不知几，将谓此书既成，可以章一代教学之功，启百世儒林之绪；而仅取已成之书，抄誊一过，上欺朝廷，下诳士子，唐宋之时，有是事乎？经学之废，实自此始！"夫明修《大全》与唐修《正义》，同为官学，而一则为人钻仰，一则见讥后代，其故何也？盖唐修《正义》，历时十有余年，修改凡两三次，而后颁行；其所据者为汉魏六朝诸儒之说，综其事者又皆经术湛深之士，故其书不仅该洽可观，抑亦渊源有自，宜其为百世之所钻仰也。《大全》者，其所据皆元人之作，拾宋人之遗，又各取其二三种，而不能博观约取，自修撰以至告成，前后不及一年，采滥忽精，篇成急就，其为后人所讪笑也宜矣。

自永乐而后，以《大全》取士，四方俊秀，困于帖括，以讲章为经学，以时艺为文章，其上者又复高谈性命，蹈于空疏，儒林之名，遂为空疏藏拙之地。故《明史·儒林传序》曰："有明诸儒，专门经训，授受源流，则二百七十余年间，未闻以此名家者。"盖自宋熙宁变唐代帖经之法以为墨义，用以取士，元明因之，而有制艺之名。帖经之法，须记诵属实，欲求应试尚非数年不为功。至于制艺之文，可以空衍义理，横发议论，惟求立说新颖，借以歆动考官耳目。而元明所用以试士诸经之注，悉皆取诸宋人所为，虽曰古注疏亦或兼用，不过聊备一格而已。而宋人说经之书，亦多用经义之法。如元明颁诸学官之胡安国《春秋传》，朱子尝答人问云："寻常亦不满于胡说，解经不使道理明白，却说其中多使故事，大与做时文答策相似。"是则平日所习，即已如此，及其作为经义，安得不驾空议论哉？为之既久，习染渐深，以至施于说经，遂亦如此。故顾炎武曰“自八股行而古学废，《大全》出而经说亡”也。且自宋以来，理学盛行，程朱诸子固皆于古经传，钻研有得，用能自创新解。然谓之为有得于经则可，若以之为释经之矩矱则不可。盖理学所重，在于自得，而其谓有得于圣人经旨者，特不过由经训之所启示，而自得其得而已。若乃即以其所自得者，为得圣人之得，谓圣人之旨即在于是，因而毁弃传注，一以空洞之理折之。习之渐久，流风所及，则惟各师成心，执意以为真理，后人不察，遂亦以能得经旨者归之。故于宋儒经说，秉持之而弗失，加以阳明学兴，致知之说，盛极一时，而象山“六经注我，我注六经”之精神，亦渐染于说经之士。其最甚者，循至改经、删经、移易经文而不顾，宋末本已如此，不如元明之盛。要所以完成一己之私说而已。故黄宗羲曰：“明人讲学，袭语录之糟粕，不以六经为根柢，束书不观，但从事于游谈。”而仪征阮元则谓：“终明之世，学案百出，而经训家法，寂然无闻，盖科举盛而儒术衰，理学昌而经学微，亦其势然也。”此明代经学之所以荒也。

明人说经之最纰缪者，则有季本、郝敬之多凭臆说，杨慎、丰坊之作伪欺人。季师事阳明，著述颇富，其《易学四同》割裂经文，《诗说解颐》每伤穿凿，《读礼疑图》以后世情形推论前代，亦多牵合，至《春秋私考》则缪戾更不可胜举。郝亦多著作，其《周易正解》释“蛊卦”为武王之事，而以“先甲后甲”为取象“甲子昧爽”；《尚书辨解》释周公居东为就管叔以兄弟之义感之，皆与先儒立异者也。杨慎记诵之博，著作之富，于明世当推第一，然学无根柢，好为夸诞，世所传《岣嵝禹碑》即慎伪作。丰坊则尤以作伪著，其最著者为《子贡诗传》《申培诗说》，而《古书世学》则尤奇诞可怪，据其序言：正统六年其曾祖庆，官京师，朝鲜使臣妫文卿，日本使臣徐睿入贡，各以其国箕子、徐市所传之《古文尚书》，自《帝典》至《洪范》，录以予庆。庆秘藏于家，宝贵之不以示人。真可极怪诞之能事矣。

至如刘三吾之《书传会选》，于蔡传之合者存之，不预立意见，其不合者改之，不坚持门户。每传之末，系以经传音释，于字音字体字义，辨之甚悉，其称引古人姓氏古书名目，必具出处，兼亦改正典故。顾炎武称其为“自幼务本之学，非由八股出身之人”。梅鷟《古文尚书考异》辨古文之伪，开阎若璩、惠栋之先；陈第《毛诗古音考》《屈宋古音义》以为古人之音，原与今异，凡今所称叶韵，皆即古人之本音，并非随意，辗转迁就，立本证旁证以明之。庆宋元叶音之说，开清代古音学之端，此在明人之中可谓空谷足音者矣。

第八章　清代之经学

第一节　宋明理学之反动

自宋理学盛行，至于明而流弊已极，空言性命，束书不观，游谈无根，卤莽灭裂，人人自命为圣人，物物各有其佛性，于是有清学者起而矫正之。本实事求是之精神，为经学研究之鹄的，倡经学即理学之说，以救其空疏诬矫之病，而建有清三百年学术朴实之风。初尚仅对余姚王氏大肆攻击，而于朱子无违辞，甚或假朱子读书穷理之说，以拯王学之臆断空谈；继则并朱子而亦攻击之。盖既以经学即理学，则经学之崇尚朴质，与理学之矜持创见，其精神根本不能相容；又况科举经艺之弊，其源亦出于宋，推其至极，自不得不并宋学而攻击之，是故有清三百年学术之所以崇尚朴质，揭橥汉学以为帜志，而惟经学是归者，皆宋明理学有以激之也。

顾亭林曰：“今之君子，聚宾客门人数十百人，与之言心言性，舍多学而识，以求一贯之说，置四海困穷不言，而讲危微精一我弗敢知也。”又曰：“今之学者偶有所窥，则欲尽废先儒之说而驾其上。不学，则借一贯之言以文其陋，无行，则逃之性命之乡，以使人不可诘。”又曰："以一人而易天下，其流风至于百有余年之久者，古有之矣：王夷甫之清谈，王介甫之新说；其于今则王伯安之良知是也。"其对于阳明攻击之烈，可谓丝毫不留余地。顾于时文，攻击亦异常激烈，谓"八股之害，甚于焚书；而其败坏人材，有甚于咸阳之郊所坑者但四百六十余人也"。黄梨洲亦言："明人讲学，袭语录糟粕，不以六经为根柢，束书不观，而从事于游谈，更滋流弊，故学者必先穷经。"以梨洲王学后人，其言尚且如此，则当时王学之弊，可以想知矣。至于朱子，则亭林、梨洲与夫船山，清初所称为三先生者，皆未尝加以非难，非特不非难也，且于朱子之学，皆尝钻研有得，尝欲借朱子格物致知，读书穷理之说，以救王学末流之弊。盖朱子在理学诸家中，最为笃实，其教人治经看注疏，讲究训诂名物，不可轻议汉儒，皆足以见其精神。故清初诸儒治经之风，尚多有取于朱子之说，其显然对于朱子加以攻击者，则惟颜习斋与毛西河。习斋尝言："予昔尚有将就程朱，附之圣门支派之意，自一南游，见人人禅子，家家虚文，直与孔孟对敌；始以为必破一分程朱，始入一分孔孟。"与亭林之攻击王学，殆无二致。西河博学多涉，于书无所不窥，其所著作，皆与朱子作对。传其尝刻朱子木主，置之案头，读朱子《四书集注》，遇有不合，则板击之，因著《四书改错》。颜氏于思想别开一派，非经学专家；毛氏则经学之述作颇多，虽其学不纯，其流不长，然不能不谓其于有清汉学之兴，绝无影响者也。

第二节　御纂七经与清初经学

清开国之初，试士之法，尚沿明制。据清《通典》所载："顺治二年，所定试士之例，《四书》主朱子《集注》，《易》主程朱二《传》，《诗》主朱子《集传》，《书》主蔡《传》，《春秋》主胡《传》，《礼记》主陈氏《集说》，虽不用《大全》，而实袭《大全》所本各注，且完全宋元之学，视元明兼用古注疏者尚有间矣。"此则天下初定，尚未遑有所更张耳。至于康熙御纂《周易折中》，虽仍以程《传》朱《本义》为先，然不全用程朱之说；钦定《书经传说汇纂》，虽仍以蔡《传》居先，亦不全用其说；《诗经传说汇纂》，于朱子《集解》亦然；至《春秋传说汇纂》，虽仍以胡《传》标题，序列三传之次，然于胡《传》多所驳正刊除，则已渐不局于宋学矣。及纯皇御宇，特刊《十三经注疏》，颁诸学宫，而汉唐注疏之学益显。又御纂《周易述义》，于宋《易》、汉《易》酌取其平；钦定《诗义折中》，分章多准郑《笺》，征事率从《小序》；钦定《三礼义疏》，《周官》虽采掇群言，《仪礼》虽多宗敖说，而郑《注》兼用，《礼记》则更博采汉唐遗文，而于陈澔《集说》，仅弃瑕录瑜，杂列诸儒之中，不以冠首，与《易》《诗》《书》三经异例；御纂《春秋直解》则并明揭胡《传》之傅会臆断于序文之中，以视康熙所纂已显然不同矣。此言御纂七经者所不可不知者也。

然此等官书，摭拾虽勤，理解终少，视明之《大全》，诚为过之，然尚未能望唐之《正义》。所谓清初经学，固不在此。其开清代三百年之端绪，为清代经学之健全之基者，即所谓清初三先生是。三先生者顾亭林炎武、黄梨洲宗羲、王船山夫之是也。三先生合经学理学为一，而启清初汉宋兼采之派。顾氏谓："古今安得别有所谓理学者？经学，即理学也。自有舍经学以言理学者，而邪说以起。不知舍经学则其所谓理学者，即禅学也。"故自少至老，无一刻离书，虽据鞍亦必默诵诸经注疏，所著有《左传杜解补正》《石经考》《九经误字》《五经异同》，尤精韵学，著《音学五书》，一《音论》，二《诗本音》，三《易音》，四《唐韵正》，五《古音表》。本明陈第之说而益阐之，据唐韵以正宋人之失，据古经以正唐人之失，而知三代之音，部分秩然，至赜而不可乱，由是古音始明。后之言古音者，莫不从其说而入焉。弟子吴江潘耒，颇识议音韵，山阳张弨能知六书，然所得甚微，未能传其学。黄氏则谓："学者必先穷经，读书不多，无以证理之变化，多而不求于心，则为俗学。"故其教人，"说经必则宗汉儒，立身则宗宋学"。所著有《易学象数论》《授书随笔》《深衣考》《春秋日食历》，持论皆有依据，而能正前人之谬。

王氏论学，以汉儒为门户，以宋五子为堂奥，著述视二氏为尤富。于《易》有《稗疏》《内外传》《大象解》《考异》，于《书》则有《稗疏》《引义》，于《诗》则有《稗疏》《广传》《考异》《叶韵辨》，于《礼》则有《礼记章句》，于《春秋》则有《稗疏》《家说》《世论》《续左氏传博议》，于《四书》则有《稗疏》《考异》《训义》《读大全说》。惟王氏生平痛诋党人标榜之习，不欲身隐而文著，故其书久而始显。黄氏则尝设讲经会，浙东西学者多往归之。顾氏虽亦以聚徒讲学为非，然足迹遍南北，声气益复旁达。故三先生之学，其影响于清初经学者，顾最大，黄次之，王则甚微。

继顾黄而起者，有万斯大、斯同兄弟，阎若璩、胡渭、张尔岐、朱鹤龄、陈启源诸氏。其学皆汉宋杂治，亦皆与顾黄相涉。斯大本从宗羲游，长于《春秋》、三《礼》，编纂至博，惜多亡佚，仅存《学春秋随笔》《学礼质疑》《仪礼商》《礼记偶笺》《周官辨非》。弟斯同以史学名，而于《礼》亦擅长，尝为徐乾学编《五礼》，以其余为《丧礼辨疑》《庙制折衷》。若璩长于考证，于顾黄之书皆有指摘，然实尝问业于梨洲，或谓亦尝执贽于亭林之门，所著有《古文尚书疏证》《四书释地》《毛朱诗说》《丧服翼注》，以《尚书疏证》最有名而影响亦最大，其书引经据古一一陈其矛盾之故，使《古文尚书》之讹大白于世。而皮氏谓其于蔡《传》臆造之事实，邵子意推之年代，固非纯粹汉学者。渭精舆地之学，所作《禹贡锥指》最有名。又撰《易图明辨》辟宋人《图》《书》谬说。论者谓视《锥指》尤为有功经学，然《锥指》之精，后世言《禹贡》者莫之能外也。别有《洪范正论》，又攻汉儒，是亦不纯为汉学。尔岐著《周易说略》《诗说略》《夏小正传注》，而尤究心《仪礼》，为《仪礼郑注句读》，顾氏读而善之，而为之序，称其“根本先儒，立言简当”。鹤龄著《易广义略》《尚书稗传》《诗经通义》《春秋集说》《读左日钞》《禹贡长笺》，而以《诗经通义》《读左日钞》尤为世所称道。皮锡瑞谓：“国初诸儒治经，取汉唐《注疏》及宋元明人之说，择善而从，由后人论之，为汉宋兼采一派；而在当日诸公，不过实事求是，非必欲自成一家。”斯言得之。至谓江藩作《汉学师承记》列若璩于首，而以顾黄二公附于册后，为“刻于顾黄而宽于阎”，不知江氏以二公不臣清室，艰贞自守，故不欲侪之于清儒之列。然清经学之兴，实以二公为开山，又不能不著之于传，以见学术渊源，故附之于后，此观于江氏顾、黄二公传后跋语，而可以知其微旨之所在也。

其时能不涉宋儒门户者厥惟臧琳玉林、毛奇龄西河。琳著《尚书集解》《经义杂记》，阎若璩以深明两汉之学称之。奇龄于五经皆有撰著，又作《经问》，务与朱子为难，于顾、阎、胡三君亦咸指明攻驳，人所为是者则以为非，人所为非者则以为是。如阎疏证《古文尚书》之伪，奇龄则作《古文冤词》以反之；朱子崇信《仪礼》，奇龄则以为《仪礼》可疑，大抵逞辨好胜心重，故虽不染宋学，而亦非汉学实事求是精神，盖朱子所谓文人之经也。汉帜之复张，必将有待于乾嘉诸老矣。

第三节　东吴之学与汉学复兴

清代治经，确守汉儒家法，不入宋元人之域者，实始于乾隆之时，而吴中元和惠氏发之。惠氏三世传经，其始曰周惕元龙，康熙时进士，受学汪琬，著有《易传》《春秋三礼问》及《诗说》。传子侍读士奇天牧，兼治史学，而尤邃于经，著有《易说》《礼说》《春秋说》，分别条理，多有可采，然犹时时间以空言，明而未融，尚未能称为汉学。迨孙栋定宇出而后汉学之帜始张。栋自幼亦承家学，于诸经熟洽贯串，撰《古文尚书考》《春秋左传补注》；而尤邃于《易》，撰《易汉学》《易例》《周易述》，以荀爽、虞翻为主，参以郑玄、宋咸、干宝之说，论者谓汉学之绝者千有五百余年，至是而粲然复章。又以经训不明，由于俗师失其音读，昧其本字，因作《九经古义》，讨论古音古字，以博异闻正俗学。其他《明堂大道录》《禘说》，则因学《易》有悟而作也。钱大昕谓：“惠氏世守古学，而先生所得尤深，拟诸汉儒，当在何劭公、服子慎之间，马融、赵岐辈不能及也。”惟王引之颇讥：“惠氏考古虽勤，而识不高，心不细，见异于今者则从之，大都不论是非。”盖惠氏意在扶植微学，故以掇拾为主，不复加以裁断，此亦作始者之所以异也。同时有与栋友善者有沈彤，以欧阳修有《周礼》“官多田少，禄且不给”之说，乃详稽周制，撰《周官禄田考》以祛其疑。其他《仪礼》《尚书》《左传》，均有小疏。王鸣盛、钱大昕、王昶亦皆与栋相接，而以师礼事之。鸣盛撰《尚书后案》，以郑、马为主，间采孔、王之说以补其缺，不杂唐宋诸儒义疏之学。鸣盛弟鸣韶亦治经，著《春秋三传考》《十三经异义考》。昶通音韵训诂之学，尤精金石，而于经鲜名著。大昕博综群籍，不专治一经，而无经不通，其《潜研堂文集》《十驾斋养新录》，其中论六经之大义，释《说文》之异字，辨中西历算之得失，考古今声纽之变迁，与释天文地理之赜，订草木鱼虫之状，传忠臣孝子之事，访山川碑志之迹，囊括万象，无所不包，而尤于声纽转变之理，可谓独得之奥。章太炎言清儒明韵者多，明纽者惟大昕一人而已。其家学亦最盛。弟大昭、子东壁、东塾、从子塘、坫、东垣、绎、侗皆通经术，有“九钱”之目，大昭通《尔雅》《说文》，东垣撰《孟子解谊》，而尤以塘、坫为杰出，著述尤多。塘有《律吕古义》《淮南天文训注》《说文声系》《春秋古义》，坫有《诗音表》《说文斠注》《地理志》《车制考》《尔雅释义》。栋弟子之著者，则有江声、余萧客。声读栋《古文尚书考》及阎氏《古文疏证》，有会于心，兼荟萃古训，作《尚书集注音疏》，能补惠、阎所不及。萧客辑《古经解钩沉》，凡唐以前旧说，自诸家经解所引，旁及史传类书，片语单词，悉著其目，有网罗放失之功。江声之友褚寅亮，与钱大昕为同年生，早岁治《公羊》何休之学，从事《礼经》凡三十年，撰《仪礼管见》《公羊释例》《周礼公羊异义》，其论述何劭公语谓：“有殷制，有时王之制；《公羊》为质家学，与《周礼》不同。”后之言今文者颇本之。声孙沅能传声之学，著有《说文释例》。弟子顾广圻于经、史、小学、天文、历算、舆地之学，靡不贯通，而以校勘之学著。余萧客之友吴凌云学亦博洽，著《十三经考异》，援据精核。江藩受业萧客，又从江声受《惠氏易》，续惠氏未竟之绪，惠栋《周易述》自革至未济十五卦及序卦杂卦两传未成，藩续成之。作《周易述补》。藩甘泉人，于是惠氏之学稍被江北。钟怀、李宗泗、徐复辈，均闻风兴起，虽学无可观，亦吴派之支流也。至藩所作《汉学师承记》《经师经义目录》，则尤足以考乾、嘉诸师传授渊源，而为治清经学者所不可少者也。大抵惠派之学好博而尊闻，虽治经史，旁及稗官小说，掇拾旧闻，网罗散失，诚为有功；然信古过笃，寡于断制，精核不逮东原戴氏，故其传流之广，宗派之盛，贡献之多，亦视戴氏为逊也。

第四节　皖南学派之特盛

皖南之学，盛于戴震，戴尝从惠栋，而其学实得之婺源江永。婺源为朱子故里，故永亦治朱学。以朱子《仪礼经传通释》未成，黄、杨《续纂》又多缺漏，乃广采博约，依吉、凶、军、宾、嘉五礼之次，分类排纂，于《通释》之误者正之，缺者补之，次第之不合者移易之，命之曰《礼书纲目》，以竟朱子未竟之绪。于三《礼》咸有著述，而于宫室衣服，考订特详；又精于声律音韵，以顾氏《音学五书》详于考古而疏于审音，作《古韵标准》《四声切韵表》《音学辨微》，大抵其学长于比勘，于书能观其会通。戴氏谓"自汉经师郑康成后，罕其俦匹"，非阿好也。弟子歙县金榜、程瑶田，均受三《礼》之学。榜著《礼笺》，瑶田撰小书十余种，慎思明辨，不依傍传注，其精处有古人所未及者。江其他弟子尚多，然皆只得师之一体；其能得江氏之全，而再为之发挥光大者，厥惟戴震一人。震之学，由声音文字以求训诂，由训诂以得义理，凡治一学，立一说，必参互考验，曲证旁通，以辨物正名为经，以同条共贯为纬，于古学之掩没者发挥之，古义之钩棘者晓释之，故能古义宣明，疑义昭晰，所著有《毛郑诗考正》《诗经二南补注》《尚书义考》《仪礼考正》《考工记图》《春秋即位改元考》《大学中庸补注》《孟子字义疏证》《尔雅文字考》《经说》等十余种，其他尚多历算舆地之作。汪中谓“国朝古学之兴，顾炎武开其端，及震而集其大成”云，至是皖学以朱学为基者，始专以汉学为帜志，与江氏门户稍殊矣。

震之至于京师也，以钱大昕之揄扬，当时闻人纪昀、朱筠、秦蕙田、王鸣盛、王昶辈咸纳交之，而卢文弨、任大椿、汪榜、汪元亮尤为同志之友。纪、朱二氏，博学宏通，著述极富。秦则精于三《礼》，撰《五经通考》，为类凡七十有五，其中惟间属旁涉，非五礼所应该，然考证经史，具有经纬，非剽窃饾饤，挂一漏万者可比。鸣盛与昶，其学已见于上，不具述。文弨则与顾广圻同以校书称，遍搜古本，择善而从，谡正积非，嘉惠后学。武进臧琳元孙庸、礼堂俱从问学。庸拟其高祖琳《经义杂记》为《拜经日记》，礼堂撰《说文引经考》《尚书集解》。任大椿与震同举于乡，通习三礼，尤长名物，著《弁服释例》《深衣释例》《释缯》，言典章者推之，论者谓为得戴氏之典章制度之学之传。汪榜少与震交，通五经，兼善音韵。汪元亮亦究心经义及六书之学，后得狂疾，无著述。此数子者，虽所造不同，要皆得戴氏之一察以自好者也。

其亲炙戴氏，而能传其文字训诂声韵之学者，为金坛段玉裁、高邮王念孙、曲阜孔广森，世称戴氏三大弟子。玉裁博极群书，尤精小学，初为《六书音韵表》，本顾、江之学，而益探其奥，戴震谓其分“之”、“支”、“脂”为三旁古音为十七部，为自唐以来讲音韵者所未发。而尤以治许氏《说文解字》为最精，为清代言《说文》者所宗主。又谓：“汉人所注，于字发疑正读，其例有三：‘读如’、‘读若’者，拟其音也，比方之辞；‘读为’、‘读曰’者，易其字也，变化之辞；‘当为’者，定为字之误而改其字也，救正之辞。三者分而汉注可读，而经可读。”缘是作《汉读考》，成《周礼》六卷、《仪礼经考》一卷。阮元谓：“段氏之书，有功于天下后世者三，言古音一也，言《说文》二也，汉读考三也。”其他有《古文尚书撰异》《毛诗小学》等。其门下知名者，则有长洲陈奂，元和朱骏声。奂精《毛诗》，著《毛诗传疏》；又举其条例为《毛诗说》；准以古音为《毛诗音》；仿《尔雅》例，编《毛传》为《义类》；以郑本三家与毛异，为《郑氏笺考征》，为毛诗学家之最者。骏声亦从钱大昕游，精《说文》之学，以韵统声，以子从母，为《说文通训定声》，使本义借义，循环相生，又综其条贯，为《古今韵准》，虽于《说文》为别开生面之作，然使音训相通之理，由是益明。玉裁女夫龚丽正则犹精《春秋外传》，著《国语正义》，传子自珍，则习于今文之说矣。王念孙亦精文字声音训诂之学，通《尔雅》《说文》，欲有所撰述，继见邵晋涵为《尔雅疏》、段玉裁为《说文注》，遂不复为。乃移其注《尔雅》《说文》者以释《广雅》，为《广雅疏证》，凡汉以前仓颉古训，皆搜括而通证之，就古音以求古义，引申触长，无义不宣。其读书之法，钩稽参互，求出公例，为自古学者所未道，所著《读书杂志》，虽非尽关经学，然言训诂之精，殆为绝伦。子引之能传其学，推广庭训，成《经义述闻》《经传释词》，凡前人误解者，皆能广征曲喻，以得其本原之所在。说者谓："使古圣贤见之，必曰吾言固如是，沿误数千年，而今乃得明。"故世之治经言训诂者，必于高邮二王首屈一指，未有能舍此而他求者也。广森于震以姻娅执弟子礼，以公羊自汉后已成绝学，博览沉思，成《公羊通义》，撷江都之微言，通胡母之条例，于何劭公有未当者，亦不强同，融会贯通，务使旨洽意当而后已。阮元谓"读其书始知圣意之所在，与惠栋之《周易述》同为孤家专学"，其他以《大戴礼补注》《诗声类》为最精。其言古韵分阴阳十八部，章太炎称其言韵之精与钱大昕之审纽相并也。

其与震为同乡而年辈稍次者，有凌廷堪及三胡。三胡者，匡衷、承珙、培翚也。廷堪博综载籍，尤专《礼经》，为《礼经释例》，向之所苦为难读之书，得此皆迎刃而解。匡衷于《周礼》《左传》《论语》皆有训释，而亦长于三《礼》，其《三礼札记》《周礼井田考》《井田出赋考》《仪礼释宫》等书，皆极精之作也。承珙以兼治《诗》《礼》知名。于《毛诗》有《后笺》，杂取三家诗，考其同异，旁采西汉古说，证明毛旨，训诂名物，考证尤详，亦如郑君本三《礼》以释《诗》也。于《仪礼》则有《古今文疏义》，疏通证明，考稽旁采，亦为治《仪礼》者所取资，然不如《毛诗后笺》之著也。培翚，匡衷之孙，又受学廷堪，故亦精三《礼》，既为《仪礼正义》，又别著《贾疏订疑》《宫室提纲》《仪礼释文校补》以羽翼之，惜未竟而卒，门人杨大堉补成之，说《仪礼》者以此为最详云。论者谓凌氏三胡虽非戴氏门人，然皆得戴氏典章制度之绪，可以兴化任氏相比并也。

其他与戴门诸子相与讲习，而衍戴学之绪者，以扬州为最盛。其著者有甘泉焦循，宝庆仪征二刘氏，而尤以仪征阮元最为大宗。循博闻强识，识力精绝，经、史、历算、声音、训诂，无所不精，而尤精于《易》。以数之比例，求《易》之比例为《易通释》，又有《易章句》《易图略》，称焦氏《易学三书》，为清治《易》最著者。其他名著甚多，最为世知者，为《孟子正义》《论语通释》。宝应刘台拱著《论语骈枝》《经传小记》《汉学拾遗》，语约而义精，非贯通载籍不能为。段玉裁尝称“其潜心三《礼》，为所不如”。然于三《礼》未见其有所作也。从子宝楠从其学，与仪征刘淇齐名，世称扬州二刘。宝楠病《论语》皇《疏》芜陋，爰蒐辑汉儒旧说，兼以宋人长义，及近世诸家，先为《长编》，次乃会萃而折衷之，为《论语正义》，未成而卒，子恭冕续成之。恭冕幼习《毛诗》，晚治《公羊春秋》，发明新周之说，力诋何休之误；而所撰《何休论语注训》则多伸休，盖不苟为同异者也。文淇受学舅父江都凌曙，曙治《公羊》，而文淇好《左氏》，辑《左传旧注疏证》，先取贾、服、郑三君之注疏通证明，凡杜氏所排击者纠正之，所抄袭者表明之，其沿用《国语》韦《注》者一一疏记之。长编已具，而成书未能，卒。子毓松缵其业，先成《春秋左氏传大义》，然拟续完《左氏旧注疏证》而未果。孙寿曾慨然以为己任，严立课程，其《读左札记》《春秋五十凡例表》，即治《左氏》时逐日所疏记，又以早逝，其本书亦竟未成。寿曾侄师培博通经术，而以左氏为其世业，治之尤精，然仅得三十有六，未有成书，以视宝应刘氏，二世以成《论语正义》者，尤为不幸也。阮元始入都即与邵晋涵、王念孙、任大椿为友，究心朴学。迨登显仕，为《经籍纂诂》以括义训之全，为《十三经校勘记》以会校雠之极，此其著述之要者，则其抚浙督粤，所裁成作育经术之士尤多，是光远而有耀者也。他如勾容陈立治《公羊》，丹徒柳兴宗治《榖梁》，旌德姚配中通汉《易》，时皆寓扬州。故扬州戴氏之学独盛。至如文士如汪中、孙星衍、洪亮吉、张惠言之流，说经虽多与惠学为近，然亦时用戴学，盖回翔于两派之间者耳。

时浙中学者有鄞县全祖望、仁和杭世骏、天台齐吕南、余姚邵晋涵。全、杭、齐皆继其乡先进黄万之绪，为学渊博无涯涘，以治史学著。然出徐绪以治经，如全氏之《经史问答》、世骏之《经史质疑》《石经考异》《续礼记集说》、吕南之《注疏考证》皆极精审，又非至博至通者不能为也。晋涵则与戴氏为同志之友，史学以绝伦，至于经，所著有《孟子述义》《榖梁正义》《韩诗内传考》，而以《尔雅正义》为最精，其书以郭璞为宗，而兼采舍人樊、刘、李、孙诸家，郭有未详者摭他书补之，盖病邢《疏》之浅陋而为之也。自是承学之士，遂多舍邢而从邵矣，时栖霞郝氏懿行之《义疏》尚未及出而问世矣。

郝氏与德清许宗彦、归安姚文田、嘉兴李富孙、临海洪颐煊并仪征阮氏门下士。郝以晋涵《尔雅正义》搜辑虽广，然于声音训诂之原，尚多壅滞，因作《尔雅义疏》，于字之借声通转处，必明其所以然，于古训同异，名物疑似必详加辨论，疏通证明，所造较晋涵为深。妻王照圆博涉经史，与懿行以诗相答问，懿行录之为《诗问》，其疏《尔雅》，亦间取照圆说。当时言经术者，有高邮王父子、栖霞郝夫妇之目。许宗彦治三《礼》，长于天文，虽时有心得，然颇伤武断。姚文田治文字声韵之学，著《说文声系》《说文考异》诸书，几入许氏之室。李富孙，初尝从卢文弨、钱大昕、王昶诸子游，饫闻绪论，及肄业诂经精舍，所造尤深，著《七经异文释》，详核奥博，为诂异义者集大成。洪颐煊与弟震煊并精于《礼》，颐煊著《礼经宫室答问》《经义丛录》，震煊著《夏小正疏义》皆称作者。此阮氏抚浙时所得士也。其督两粤，立学海堂，南海曾钊精于《易》，为《周易虞氏义笺》；番禺林伯桐长于《毛诗》，为《毛诗通考》《毛诗传例》《毛诗识小》；番禺侯庚善治《穀梁》，著《春秋古经说》《穀梁礼证》皆其著者也。其他一能一艺之士，见于《诂经》《学海》两集者不下数十百人，所谓源远流长，光远而有耀者也。

诸上所述，皆与休宁戴氏相涉，视吴中惠氏衣被特远而久者，新会梁启超尝比较论之曰："惠派之治经也，如不通欧语之人读欧书，视译人为神圣；汉儒则其译人也，故信凭之，不敢有出入。戴派则不然。对于译人不轻信焉，必求原文之正确，然后即安。惠派所得则断章零句，据古正后而已。戴派则发明一例，则通诸群书而皆得其读。是故惠派可名之为汉学，戴派则确为清学而非汉学。"此其所以特盛也。

第五节　惠、戴两派以外之经学

惠戴两派之外，其独名家者亦莫不乏人。于北有曲阜桂馥，安丘王筠，偃师武亿。于南有桐城马宗涟及子瑞辰，歙县江有诰，海州许桂林，嘉善钟文蒸。桂馥治《说文》最久且勤，取诸经之义，与《说文》可相疏证者为《说文义证》。学者以桂、段并称，谓段得其精，而桂极其博。王筠作《说文释例》《说文句读》《说文系传校录》《文字蒙求》，成一家之学，于桂、段诸家外，另辟蹊径。论者谓为许氏之功臣，桂、段之劲敌。武亿撰《经读考异》《群经义证》，参互钩稽，亦时有新义。马宗涟杂治诸经，多所撰述，而要以《毛郑诗诂训考证》为精，子瑞辰本其义而益阐之，为《毛诗传笺通释》。论者谓与陈奂《毛诗传疏》并与专门之学。江有诰以音韵名，著《音学十书》，王念孙父子服其精审。许桂林酷嗜《穀梁》之学，著《春秋穀梁传时日月书注释例》。孙星衍称其条理精密，论辨明允。钟文烝亦治《穀梁》，垂三十年成《穀梁经传补注》，网罗众家，折衷一是，其未经人道者，略引其绪以待后贤，言《穀梁》者宗之。此皆一时之杰，而不离乎汉儒之宗者也。

至于援宋学以自壮，而欲摧汉学之垒者，则有桐城文派。始于方苞、姚范，而以姚鼐为大师。苞亦颇言三《礼》，范校核群籍，尚不惑于空谈。鼐则初欲从戴震学，为震所谢，持论遂诋汉学为破碎。至方东树因江藩作《汉学师承记》，为《汉学商兑》，而两派之攻，遂同水火，然桐城本以古文义法相高，其于经学术，固不能损汉学于毫末也。

第六节　今文学派之重兴

自东汉古文之学兴，而今文衰；自郑玄混合今古，而今文之说隐；中更魏晋，至永嘉之乱，而今文绝；历南北朝以至隋唐，而今文之说，遂息灭而不可复见矣。逮清中叶，以惠、戴末流之弊，英华既竭，枝叶是穷，义鲜宗极，语乏归宿，于是而有常州今文学派之重兴，距西汉今文十四博士之立，盖将二千年于兹也。初武进庄存与方耕，博通六艺，而善于别择，诸经皆有撰述，尤喜公羊家言，为《春秋正辞》，然或时加驳诘，且杂治《周官》《毛诗》，尚未以今文自名也。其从子述祖亦遍治群经，尝谓《连山》亡而尚存《夏小正》，《归藏》亡而尚有仓颉古文，略可稽求义类，爰著《夏小正经传考释》，谓："夏时以正月甲寅启蛰为历元，岁祭为郊，万用入学为禘。"著《古文甲乙篇》，谓："《说文》始一终亥，即古《归藏》，为六书条例所自出。"后杂引古籀遗文，分别部居，为《说文古籀疏证》，于是常州学者说经必宗西汉，解字必宗籀文，而今文之帜张矣。述祖之甥有武进刘逢禄、长洲宋翔凤，皆传其学。逢禄谓：世之言经者，于先汉则古《诗》毛氏，后汉则今《易》虞氏，文词稍为完具，然毛公详诂训而略微言，虞翻精象变而罕大义，求其知类通达，微显阐幽者，厥惟《公羊》。在西汉有董生，后汉有何劭公，于是得其余贯，正其统纪，为《公羊何氏释例》，析其疑滞为《笺》为《答难》，推原左氏穀梁氏之得失，为《申何难郑》及《左氏春秋考证》。又谓晚近学者说《春秋》，皆袭宋儒直书其事，不烦褒贬之词，独孔广森《公羊通义》能抉其微；然尚不能信三科九旨为微言大义所在，乃著《春秋论》以张圣权。又推其意为《论语述何》《夏时经传笺》《中庸崇礼论》《仪礼决疑》。其于《易》著《易虞氏变动表》《六爻发挥旁通表》《卦象阴阳大义》《虞氏易言补》。于《诗》《书》则有《尚书今古文集解》《书序述闻》《诗声衍》。论者谓其由董生《春秋》以窥六艺家法，别作《纬略》则稽邻恢诡矣。翔凤之学，略次于刘，而饰说过之。所著有《论语郑注考》《大学古义说》《孟子赵注补正》《孟子刘熙注》《四书释地辨证》《卦气解》《尚书说》《尚书谱》《尔雅释服》《小尔雅释服》《小尔雅训纂》《五经要义》《五经通义》，而其主旨在《论语说义》，谓："子夏等六十四人共撰仲尼微言以当素王。微言者性与天道之合也。此二十篇寻其条理求其旨趣而太平之治，素王之业备焉。"由是今文之学大张。德清戴望初读博野颜元书为颜氏学，继谒长洲陈奂受声音训诂，后从翔凤传公羊。撰《论语注》以《公羊》证《论语》，以《论语》统六经，益衍翔凤之绪。逢禄弟子有仁和龚自珍。自珍为段玉裁外孙，颇识文字训诂之学，为文桀骜自熹，推《公羊》以说五经，作《五经大义终始论》咸通三世之义。江都凌曙初治郑氏学，从沈钦韩问疑义，研精三《礼》，后闻逢禄论何氏《公羊》而好之。然于礼学亦未废，为《礼论》三十九篇，多得礼意。其治《公羊》，亦以礼通之，为《公羊礼疏》《公羊礼说》，而《董子春秋繁露注》尤精。弟子句容陈立，兼师刘文淇受《公羊春秋》《许氏说文》《郑氏礼》。文淇尝谓徐彦《公羊疏》空言无当，近人如曲阜孔氏、武进刘氏，皆谨守何氏之例，偏详义例，于典礼训诂，多略而未详。立乃为《公羊义疏》，专明训诂故实，与今文家虚张微言者殊科。又谓汉儒师法，莫备于《白虎通》，广采微言，为《白虎通疏证》。邵阳魏源与龚自珍友善，著《董子春秋发微》《书古微》《诗古微》，虽为文悍利廉峻，然不能细别家法，时伤凌乱，颇为经师所短。此常州派之今文学也。

别有吴江迮鹤寿治《齐诗》，有《齐诗翼氏学》，泾县包慎言有《公羊历谱》，普化苏舆有《春秋繁露笺》。闽县陈寿祺、陈乔枞父子则尤鳃理完密，著述极富，著《尚书大传笺》《五经异义疏证》《左海经辨》，尝以郑注《礼经》多改读，又尝钩稽三家《诗》佚文佚义与毛氏异同者，辑而未就，疾革，谓子乔枞成其志。乔枞因绌绎旧闻，成《礼记郑读考》《三家诗遗说考》。又著《齐诗翼氏学疏证》《诗纬集证》以明齐《诗》一家之学；著《今文尚书经说考》《欧阳夏侯经说考》，以存《尚书》博士之遗。别有《诗四家异文考》《毛诗郑笺改字说》《礼堂经说》《尚书说》亦精审之作。自是今文之学，家法益明，经说益备，足与惠戴古文之学对垒也。

第七节　清季之经学

清室自咸同而后，政教日衰，有识之士，咸思改革，而魏、龚庶悍雄姿之文，又复为世好尚，由是今文三世之义，改制之说亦张。其时为今文者以湘中为最盛。湘潭王闿运高文典册，擅名一时，五经咸有撰述，而尤归重于《公羊》，撰《春秋公羊传笺》，时时引伸其义以说经，虽家法不纯，而湘中今文，由王氏发也。稍后有善化皮锡瑞著书二十余种，以《尚书大传疏证》《尚书中候疏证》《三疾疏证》《驳五经异议疏证》《六艺论疏证》《鲁礼禘祫义疏证》为最精，《王制笺》为最辨，《今文尚书考证》为最博，《五经通论》为最明，《经学历史》为最约，论者谓其翔实与句容陈立等也。其流风余绪今湘中犹有存者。井研廖平为闿运弟子，初作《今古学考》谨守家法；已乃自名其学，颇闳大不经。以《穀梁》为今文正宗，撰《穀梁古义疏证》，用力至勤，其“四益馆丛书”数十种，或讥其小者不能盈卷，独得者间有之，而荒渺不根者十之八九，盖以儒为戏者也。而南海康有为得其说而张皇之，著《新学伪经考》，谓古文皆刘歆伪作，条举《史记》《汉书》之《儒林传》参互而证明之；又作《孔子改制考》，则缘经术以倡改革者也。独吴兴崔适闭户自精，不求闻达，与当时言今文者异趣。本师同乡俞樾治古文，后究心今学，著《春秋复始》，以《穀梁》亦古学，为诸治今文者未尝言，又著《论语足征记》以明《公羊》之义，著《史记探源》明史公为今学者，其他所著尚多，而为世所知者止此云。

其守古学之残垒，效死而勿去者，则有德清俞樾、瑞安孙诒让。樾治学，以高邮王氏为宗，规《经义述闻》为《群经平议》，规《读书杂志》为《诸子平议》，稍后本《经传释词》之意，为《古书疑义举例》。比类以见谊，推十以合一，向之所谓钩章棘句者，至是咸砉然而解。然说经好改字，末年自敕，为《经说》十六卷，多与前异，著述极博，然精者亦尽于此。诒让好六书古文，著有《名原》《古籀拾遗》《古籀余论》，甚精。其他所作皆称是，而尤以《周礼正义》为有名。研撢二十年，以《说文》《尔雅》正其训诂，以《仪礼》，大、小《戴记》证其制度，博采汉唐以来迄乾嘉诸儒旧说，参互证验，以发郑注之奥，补贾疏之缺，而注疏有违失者亦辄为匡纠，所发正凡百余事，仪征刘师培称为"古今绝作也"。师培为刘文淇后裔，四世传经，而皆究心《左氏春秋》，至师培尤聪颖特达，自幼知名，惜年仅三十六，所著多发凡起例，未能成其业。与师培友善，而年差长，师事俞樾，有余杭章炳麟。章氏智过其师，为学精博，亦远驾俞氏而上，然素嫉清室，固不当置之清儒中也。

别有欲调齐汉宋，不欲以一端自局者，如山阳丁晏于《诗》《礼》皆宗郑《注》，于《易》则述程《传》。尝谓汉儒正其诂，诂正而义以显；宋儒折其理，理明而诂以精，二者不可偏废。番禺陈澧则谓汉儒言义理无异于宋儒。宋儒轻蔑汉儒者非也，近儒尊汉儒而不讲义理亦非也。著《汉儒通义》《读书记》，多采郑玄、朱熹遗说。定海黄式三说经亦不拘汉、宋，择是而从。其子以周综治三《礼》，更谓三代以下经学，郑君朱子为最。而汉学家破碎大道，宋学家弃经臆说，不合郑、朱，何论孔、孟？因守顾炎武"经学即理学"之训，以追讨孔门之博文约礼。此数君者，虽不得成为派别，然观其意旨所极，殆将欲复于清初诸故老之所为，语曰“九变复贯”，其是之谓乎？

第八节　清经学之特色及其贡献

有清三百年学术，惟经学为最有异彩，匪独超越唐宋，凌轹魏晋，且几欲驾两汉而上之；其所得于经义之正者，视两汉为并胜也。盖明社既屋，遗儒耆学，越在草莽，惩空说心性之足以亡国，而思以征实之学挽救之，实事求是，不尚恢奇，虽无救于宗邦之覆亡，而实奠定清代学术之基础。重以“满清”以异族入主中华，广兴语言文字之狱，钳制士类，小诗短简，偶有撄触，动遭灭门之诛，才俊之士，无以自见，于是尽其力于无碍当时政网之经术。考虫鱼不厌其琐，订亥豕不病其繁，以求是为归，以探真为尚，用是持论贵正，植义尚雅，无西汉之恢诞，而名物训诂之诠释，典章制度之考证，视东汉尤为明确也。故虽揭汉学之帜，而所得固不能以汉学囿之矣。然亦惟有汉学，差足以与比拟之耳。魏晋缘以老庄，宋明传以释老，独汉与清，为本经言经，不饰他说。而其重师承，如惠戴庄刘之学，发之于一二人而流及于全国；传家学，如元和之惠、高邮之王、嘉兴之钱、宝应仪征之二刘氏，或一门通经，或数世递嬗；守专门，如毛《诗》、郑《礼》、何氏《公羊》，以此名家者甚多，即荀虞之《易》，齐鲁韩之《诗》，欧阳夏侯之《书》，贾服之《左传》，久经亡佚者，亦为之缀缉补苴，以成一家之言，亦堪与汉儒相伯仲。至若汉之经学，凡经三变：初由今文而趋重古文，复由古文而进于通学。清之经学其变亦三：始则汉宋杂糅，继则排宋主汉，终则于汉学之内又有今古之分，一由分而之合，一由合而之分，此其张弛因革之异，非有人所能预计者矣。

若其有功后学，善化皮氏尝举辑佚书、精校勘、通小学三事言之，此固谛当，然于三者之外，尚有一事可言，则作新疏是也。盖唐宋旧疏，所据前人旧说，湮没姓名，孰为今学？孰为古学？孰为通学？淆混不分；释一制度，诠一名物，甚至前后自相矛盾，初学无所适从。清儒新疏，则大异是，不惟今古分明，抑且家法清晰，从兹入手，理解正确。返观旧疏用能自行分别，何去何从。举其著者，如惠栋《周易述》、江藩《周易述补》，《易》之新疏也；江声《尚书集注音疏》、孙星衍《尚书今古文注疏》，《尚书》之新疏也；陈奂《毛诗传疏》、马瑞辰《毛诗传笺通释》，《诗》之新疏也；孙诒让《周礼正义》，《周礼》之新疏也；胡培翚《仪礼正义》，《仪礼》之新疏也；刘文淇《春秋左氏传正义》，《左传》之新疏也；陈立《公羊义疏》，《公羊》之新疏也；刘宝楠《论语正义》，《论语》之新疏也；皮锡瑞《孝经郑注疏》，《孝经》之新疏也；邵晋涵《尔雅正义》、郝懿行《尔雅义疏》，《尔雅》之新疏也；焦循《孟子正义》，《孟子》之新疏也。独《礼记》，如江永《礼记训义择言》、朱彬《礼记训纂》；《穀梁》，如钟文烝《穀梁经传补注》、许桂林《穀梁传时日月书法释例》、柳兴宗《穀梁春秋大义述》、侯康《穀梁礼证》，或短促不能具大体，或义不师古，或专明一端，故此二经无新疏。其为诸新疏所取资者，《书》则有王鸣盛之《尚书后案》，段玉裁之《古文尚书撰异》；《周礼》则惠士奇之《礼说》；《左传》则惠栋之《左传补注》；《公羊传》则刘逢禄之《公羊何氏释例》及《解诂笺》，凌曙之《公羊礼疏》，包慎言之《公羊历谱》；而姚配中之《周易姚氏学》，刘逢禄之《书序述闻》《尚书今古文集解》，马瑞辰之《毛诗传笺通释》，胡承珙之《毛诗后笺》，此虽不纯为疏体，而精深博大，或高出新疏之上。他如张惠言之《周易虞氏义》，孔广森之《公羊通义》，焦循之《易通释》，褚寅亮之《周礼公羊异义》，黄式三之《论语后案》，并专家绝业，精审无与比伦，足为先儒功臣，后士楷模矣。至若阮元、王先谦《正续清经解》网罗宏富，单篇钜制，无美不收，学者得于此而从事焉，触类旁通，引申阐发，是又在学者之善于致力也。

文心雕龙讲疏（残稿）

序　　志

纪评云："此全书之总序。古人之序皆在后。《史记》《汉书》《法言》《潜夫论》之类，古本尚班班可考。"按古人著书，于全书之末自述学术渊源与著书旨趣，标以篇目，例与他篇相同，并不特称为序。《庄子·天下》《淮南·要略》皆属如此，此古人著书体例然也。后人著书，序置书前，自是后人之例。体例有殊，非古今版本之异。今本《史记》《汉书》其"自序"、"叙传"何尝移置书前，不得云古本尚班班可考，且《史》《汉》以前，《庄子》《淮南》书后已有序，《孟子》最后一章亦自序体。标目与彦和《文心》尤合，举《史》《汉》为例，亦非其朔。

夫文心者，言为文之用心也　"文心"一名，实含二义，言为文之用心，一也；言文章之心，二也。《孟子》曰："心之官则思。"《素问·灵兰秘典论》云："心者，君主之官也，神明出焉。"心用则神明以生，文成而作者之精神思意以见。扬子云云："言，心声也；书，心画也。"是也。彦和所引"王孙"、"巧心"是指第一义，"涓子"、"琴心"是指第二义。"巧心"见《汉书·艺文志》"儒家"云："《王孙子》一卷，固自注一名《巧心》《琴心》。"近人黄侃《文心雕龙札记》以为即《史记·孟子荀卿列传》之环渊所著书名，见后引。二书今皆不传。“巧心”二字即文可以见意，“琴心”字又见《史记·司马相如列传》云：“卓王孙有女文君，新寡，相如以琴心挑之。”《集解》引郭璞曰：“以琴中音挑动之。”《索隐》引张揖云：“挑，娆也，以琴中娆之。”两家语意皆不甚达晓，唯《索隐》又引其诗云云。其诗曰：“凤兮凤兮归故乡，远游四海求其皇。有一艳女在此堂，室迩人遐毒我肠，何由交接为鸳鸯。”又曰：“凤兮凤兮从皇栖，得托子尾永为妃，交情通体必和谐，中夜相从别有谁。”辞意皆言凤之求皇，所谓琴心者似即指此。故《索隐》但言“琴中”，不言“琴中音”。“琴中”即“琴心”，亦即鼓琴者之心之所寄也。彦和《文心》义亦有取于此言，为文之用心者，所以示作者以涂术言；文章之心者，所以抉文章之利病。盖斯二者，而后《文心》之义始足。《知音》篇云：“夫缀文者情动而辞发，观文者披文以入情，沿波讨源，虽幽必显。世远莫见其面，觇文辄见其心。岂成篇之足深，患识照之自浅耳。”（《征圣》篇赞云：“百龄影徂，千载心在。”——整理者据眉批加）诚能披览前修之文，洞烛精微，得其心匠，则临篇命笔，自亦知所用心矣。

涓子琴心　黄注引《文选注》，见孔稚圭《北山移文》“涓子不能俦”句，下引《列仙传》文。涓子著《琴心》三篇，虽见《列仙传》原文，但李善注未引。注当谓“《列仙传》云云”，不当作《文选》注。“涓子”，黄侃《札记》云：“即《史记·孟子荀卿列传》之环渊。环渊，楚人，为齐稷下先生。原注此《列仙传》，所以称为齐人。言黄老道德之术，著书上下篇。”原注《琴心》，盖即此书之名，犹《王孙子》亦名《巧心》也。“环”，一作“蠉”，一作“蜎”，声类并同。按《汉书·艺文志》“道家”有《蜎子》十三篇，固自注云：“名渊，楚人，老子弟子。”师古曰：“蜎，姓也。”与《孟荀列传》之环渊自为一人，惟一言著书上下篇，一言十三篇，为不同耳。

故用之焉　黄校云：一本“故”上有“夫”字。“用之焉”三字元脱。按《广文选》《补广文选》旧题明刘节编、陈慧等重订。

古本文章至群言雕龙也 《黄氏札记》云：此与后章“文绣鞶帨离本弥甚”之说，似有差违。实则彦和之意，以为文章本贵修饰，特去甚去泰耳。按黄氏谓彦和以为文章本贵修饰，甚是。惟谓其在去甚去泰，似当有一间未达。《情采》篇云：“庄周云，辩雕万物谓藻饰也。韩非云，艳采辩说谓绮丽也。”《神思》篇赞云：“刻镂声律，萌芽比兴。”《风骨》篇云：“孚甲新意，雕画奇辞。”其他《丽辞》《声律》《事类》《夸饰》诸篇，莫非讲求雕画刻镂之事，何尝以“泰、甚”为过。至若晋、宋以后，极貌写物穷力追新之作，在彦和视之，盖所谓浮诡讹滥，非特泰甚已也。浮滥讹诡谓之离本。本者，性情风骨之谓也。有性情，有风骨，则刻镂雕画正文家之要事，否则浮诡讹滥而已。故虽有取于《雕龙》之名，然与文具难施，齐人所号为雕龙之驺奭异也。

近人范文澜《文心雕龙注》引《释藏迹十》释慧远《阿毗昙心序》云云，谓：“彦和精湛佛理，《文心》之作，自《书记》以上即所谓界品，《神思》以下即所谓问论。盖采取释书法式而为之。”其说甚是。

夫有肖貌天地，禀性五才 黄校云：“有”字衍，“才”一作“行”。李详《文心雕龙补注》云：“《汉书·刑法志》：‘夫人宵天地之貇，怀五常之性。’”彦和语本此。颜云：“宵”，义与“肖”同；“貇”，古“貌”字。五常：仁、义、礼、智、信。按李说是，“有”字非衍，“人肖”二字偶合而小损，遂误为“有”字。“五才”，当依一本作“行”。

拟耳目于日月，方声气乎风雷 范注引《淮南子·精神训》：“是故耳目者，日月也；血气者，风雨也。”又《春秋繁露·人副天数篇》：“耳目戾戾，象日月也；鼻口呼吸，象风气也。”皆彦和所本。按耳目、日月、血气、风雨之说又见《文子》。

齿在踰立 《御览》六百一“踰”作“逾”。 李氏补注云：“谓踰，三十也。古人以《论语》纪年，如年十五，则曰年始志于学；三十，则曰是时向立年；四十，则曰行行向不惑；五十，则曰年已知命；六十，则曰年垂耳顺；唯七十，人罕言之。”此自魏晋以逮，南朝文士多如此云。

刘毓崧《通谊堂集·书〈文心雕龙〉后》谓："勰虽梁人，今书皆题梁刘勰撰。而此书之成则不在梁，而在南齐之末。"东昏侯上高宗之庙系永泰元年八月事，据"高宗兴运"之语，《时序篇》有"中宗以上哲兴运"语，黄注谓："明帝萧鸾，庙号高宗。无中宗。"则成书必在是月以后。梁武帝受和帝之禅，系中兴二年四月事。据"皇齐驭宝"之语，亦《时序篇》语。则成书必在是月以前，其间首尾相距，将及四载，所谓今圣历方兴者，亦《时序篇》语。虽未尝明有所指，然以史传核之，当是指和帝，而非指东昏也。其说甚确。范氏注据此谓彦和之生当在宋明帝泰始元年前后，其卒当在梁武帝普通元年、二年之间，享年约五十六七岁。其著《文心》当在三十三四岁时，更三四年而成书，适在和帝之世，沈约贵盛时也，所言亦是。

执丹漆之礼器，随仲尼而南行 《御览》六百一"则尝夜梦"无"则"字。黄《札记》云：谓"笾豆也，《三礼图》玉函山房辑本。云，豆，以木为之，受四升，高尺二寸，桼赤中。《周礼注》曰：笾，竹器圆者。"按《史记·孔子世家》："孔子为儿嬉戏，常陈俎豆，设礼容。"《正义》曰："俎豆，以木为之，受四升，高尺二寸。大夫以上赤云气，诸侯加象饰足，天子玉饰也。"《世家》又曰："孔子年十七，鲁大夫孟厘子病且死，诫其嗣懿子曰：'孔子年少好礼，吾即没，若必师之。'及厘子卒，懿子与鲁人南宫敬叔往学礼焉。又齐景公将欲以尼溪田封孔子，晏婴进曰：'孔子盛容饰，繁登降之礼，趋详之节，累世不能殚。其学当年不能究其礼，君欲用之以移齐俗，非所以先细民也。'"其他《论语》所记孔子对问当时诸侯大夫及弟子言礼之事，不一而足。《礼记》盖七十子后学之所记，可知礼为孔门之所重习。而礼之大，莫大于祭。《祭统》曰："凡治人之道，莫急于礼；礼有五经，莫重于祭，唯贤者能尽祭之义。故曰执丹漆之礼器。"然制礼乃天子之事。《拾遗记》曰："夫子未生时，有麟吐玉书于阙里，文云：水精之子，继衰周而为素王。王者，南面，故曰随仲尼而南行。"或曰《孔子世家》曰："桓子受齐女乐，三日不听政，郊又不致膰俎于大夫，孔子遂行，宿乎屯。《集解》云：‘王肃曰：“膰，祭肉。又云屯，在鲁之南。”’自是，孔子适卫过曹，适宋过郑，至陈迁于蔡，迎于楚，最后归鲁。而鲁终不能用，乃删《诗》《书》，定《礼》《乐》。”盖孔子去鲁以桓子不致膰，而其行则自南始故云。

旦而寤乃怡然而喜 《御览》六百一作“寤而喜曰”四字。

自生人以来 《御览》六百一引《梁书》：“人以作灵已。”近人刘永济（有校字记，见二十六年武汉大学出版之学□）云：今《梁书》作“人”，《南史》作“灵”。疑本作“民”，唐人避太宗讳改。无“就有深解，未足立家”两句。

五礼资之以成 《周礼》：“小宗伯，掌五礼之禁令。”郑司农云：“五礼，吉、凶、军、宾、嘉。”“成”字下《御览》六百一。有文字。按有文字，是说见下。

六典因之致用 《周礼》：“太宰之职，掌建邦之六典。一曰治典，二曰教典，三曰礼典，四曰政典，五曰刑典，六曰事典。”“致用”上《御览》六百一。有“以”字。按有“以”字是，此与上句相对成文。上句脱一“文”字，此句因又脱一“以”字，“礼文”连词以成语，意不足。“五礼”、“六典”、“君臣”、“军国”四句，即《原道》篇“经纬区宇，弥纶彝宪，发辉事业，彪炳辞义”之谓，言文章之大用。

莫非经典 黄校云：“非”一作“外”。按“作外”是。“五礼”、“六典”云云，本非经典，然经典所载莫外乎是。

去圣久远至**将遂讹滥** 纪评云：“全书针对此数语立言，是文体讹滥始于宋，至齐、梁而极。溯其所自，则导源于骚赋，而流衍于魏晋也。不切之谓浮，不正之谓诡。诡之极至于讹，浮之极至于滥。滥则文胜于情，至于淫靡；讹则文不附质，极于新奇。”《物色》篇云：“自近代以来，文贵形似，窥情风景之上，钻貌草木之中。”《定势》篇云：“近世辞人，率好诡巧，原其为体，讹势所变，厌黩旧式，故穿凿取新；察其讹意，似难而实无他术也。”《明诗》篇云：“宋初文咏，体有因革，庄老告退，而山水方滋；俪采百字之偶，争价一句之奇，情必极貌以写物，辞必穷力而追新，此近世之所竞也。”山水之作，灵运为首，而诗辞雕绘，亦始灵运。钟嵘《诗品》云：“谢灵运才高词盛，富艳难踪。”又曰：“灵运源出陈思，杂有景阳之体，故尚巧似而逸荡过之，颇以繁芜为累，然名章迥句处处间，起典丽新声，络绎奔会。”同时颜延之尤伤繁富。《南史·颜延之传》云：“延之与谢灵运俱以辞采齐名，延之尝问鲍照，己与灵运优劣，照曰：‘谢五言如初发芙蓉，自然可爱；君诗若铺锦列绣，亦雕绘满目。’”《诗品》云：“颜延、谢庄尤为繁密，于时化之。故大明、大明，宋武帝年号。泰始泰始，宋明帝年号。中，文章殆同书抄。近任昉、王元长等辞不贵奇，竞须新事。尔来作者寖以成俗，遂乃句无虚语，语无虚字。至永明永明，齐武帝年号。中又有声韵之说。”《南史·陆厥传》云：“吴兴沈约、陈郡谢朓、琅琊王融以气类相推毂，汝南周颙善识声韵，约等文皆用宫商，将平上去入四声以此制韵。有平头、上尾、蜂腰、鹤膝。五字之中，音韵悉异；两句之内，角徵不同，不可增减，世呼为‘永明体’。”而《诗品》则云：“齐有王元长者，尝谓余云：‘宫商与二仪俱生，自古词人不知之，唯颜宪子乃云律吕音调，而其实大谬，唯见范晔、谢庄颇识之耳。王元长创其首，谢朓、沈约扬其波，三贤咸贵公子孙，幼有文辩，于是士流景慕务为精密，襞积细微，专相凌架，故使文多拘忌，伤其真美，此所谓浮滥讹诡者也。’《通变》篇：‘魏晋浅而绮，宋初讹而新。’”《明诗》篇又云：“晋世群才，稍入轻绮，采缛于正始，力柔于建安；或析文以为妙，或流靡以自妍；此其大略也。”又《丽辞》篇云：“魏晋群才，析句弥密，联字合趣，剖毫析厘。然契机者入巧，浮假者无功。”《乐府》篇云：“魏之三祖，气爽才丽，宰割辞调，音靡节平。观其《北上》众引、《秋风》列篇，或述酣宴，或伤羁戍，志不出于淫荡，辞不离于哀思；虽三调之正声，实《韶》《夏》之郑曲也。逮于晋世……艳歌婉娈，怨志詄绝，淫辞在曲，正响焉生！然俗听飞驰，职竞新异，雅咏温恭，必欠伸鱼睨；奇辞切至，则拊髀雀跃。诗声俱郑，自此偕矣。”此所谓流衍于魏晋也。《丽辞》篇又云："自扬马张蔡，崇盛丽辞，如宋画吴冶，刻形镂法，丽句与深采并流，偶意共逸韵俱发。"《通变》篇又云："夫夸张声貌，则汉初已极。自兹厥后，循环相因。"《夸饰》篇云："自宋玉、景差，夸饰始盛。相如凭风，诡滥愈甚。"此所谓导源于骚赋也。推究其原，盖由于不以情志为本。《情采》篇云："情者，文之经；辞者，理之纬。经正而后纬成，理定而后辞畅，此立文之本也。昔诗人什篇，为情而造文；辞人赋颂，为文而造情。为情者要约而写真，为文者淫丽而烦滥。而后之作，采滥忽真，远弃风雅，近师辞赋，故体情之制日疏，逐文之篇愈盛。"职竞新奇，流荡忘返，盖离本之失耳。

《周书》论辞至**宜体于要**　《尚书》伪《毕命》："政贵有恒，辞尚体要。"伪《孔传》云："辞以体实为要，故贵尚之。若异于先王，君子所不好。"按"体要"二字为彦和论文根本，《征圣》《风骨》等篇并征引及之，盖谓欲使文不离本，免于讹滥，惟在于能知体要，与钟嵘《诗品》所谓"吟咏性情，不贵用事，但令清浊，通流口吻，调利之矫枉而失其正者，异也。"夫刻镂声律，雕画奇辞，文之所贵，本于自然。龙凤呈瑞，虎豹凝姿，云霞雕色，草木贲华，林籁调如竽瑟，泉流和若球锽，一皆本于自然，而无待于外饰，文章之道亦若是耳。其所以异于浮诡讹滥之作者，即在于有无体要而已。体要之本，在于宗经。《通变》篇云："矫讹翻浅，还宗经诰。"《宗经》篇云："文能宗经，体有六义：一则情深而不诡，二则风清而不杂，三则事信而不诞，四则义直而不回，五则体约而不芜，六则文丽而不淫。"盖文章以情志为神明，以事义为骨髓，以辞采为肌肤，以宫商为声气。《附会》篇语，《体性》篇"赞"亦云："才性异区，文辞繁诡，辞为肌肤，志实骨髓。"而圣贤之作义，既极乎性情，辞亦匠于文理，譬万钧之洪钟而无铮铮之细响也。文能如此，则志足文言，情信辞巧，文有新而有质，色虽糅而有本，玩华而不坠其实，酌奇而不失其真矣。至其为事，约有三端：一曰明体，二曰通变，三曰风骨。《体性》篇云："才有庸俊，气有刚柔，学有浅深，习有雅郑。童子雕琢，必先雅制，沿根讨叶，思转自圆。”《通变》篇云：“夫设文之体有常，变文之数无方。诗赋书记，名理相因，此有常之体也；文辞气力，通变则久，此无方之数也。”《通变》篇：“故练青濯绛，必归蓝蒨，矫讹翻浅，还宗经诰。斯斟酌乎质文之间，而檃括乎雅俗之际，可与言通变矣。”又：“参伍因革，通变之数也。是以规略文统，宜宏大体，先博览以精阅，总纲纪而摄契；然后拓衢路，置关键，长辔远驭，从容按节，凭情以会通，负气以适变，采如宛虹之奋鬐，光若长离之振翼，乃颖脱之文矣。”《风骨》篇云：“辞之待骨，如体之树骸，情之含风，犹形之包气。结言端直，则文骨成焉；意气骏爽，则文风清焉。”又云：“故练于骨者，析辞必精；深乎风者，述情必显。捶字坚而难移，结响凝而不滞，此风骨之力也。若瘠义肥辞，繁杂失统，则无骨之征也。思不环周，索莫乏气，则无风之验也。”又云：“洞晓情变，曲昭文体，然后能孚甲新意，雕画奇辞。昭体故意新而不乱，晓变故辞奇而不黩。若骨采未圆，风辞未练，而跨略旧规，驰骛新作，虽获巧意，危败亦多。岂空结奇字，纰缪而成经矣。《周书》云：‘辞尚体要，弗惟好异。’盖防文滥也。”知此则知所以为体要矣。惜乎齐梁文士多不解此，流连忘返，放荡不归，直至《李谔上书》，犹不足以革其弊，《颜氏家训》尚不足以解其惑，必待韩、李辈出，而后有矫枉过正之失也。

辞训之异　近人刘永济曰：“异”疑“奥”，误。《史记·屈平列传》：“文质疏内兮，众不知余之异采。”《集解》引徐广曰：“‘异’一作‘奥’。”此“异”、“奥”形近易误之证。“辞训”二句即总上“《周书》论辞，尼父陈训”四句之义而言之也。《周书·毕命》曰：“辞尚体要，弗惟好异。”恶异端，即不好异，故此总说“奥义”，惟举体要耳。按刘说“异”为“奥”之误，是。此“奥”字当训为“主礼运”，故人以为奥也。郑注“奥”犹“主”也。（据眉批加）

魏文述典至**宏范翰林**　魏文帝《典论》亡《论文》篇，见《文选》，其他散见各书所引者，清孙冯翼有辑本。陈思序书或即《与杨德祖书》，亦见《文选》。陆机《文赋》同。应玚文论，《艺文类聚》二十二载有应玚《文质论》，不知是指此否？

仲治，晋挚虞字，撰《文章流别集》四十一卷，又《志》《论》各二卷，见《隋书·经籍志》。《晋书》本传称虞撰《古文章类聚》，区分为三十卷，名曰《流别集》，各为之论，辞理惬当，为世所重。今书并亡。清严可均《全上古三代秦汉三国六朝文·全晋文》辑为一卷，彦和所称，当指《流别论》言。

宏范翰林，见黄注《隋书》所著录之李充《翰林论》，今亦亡，亦见严氏《全上古三代秦汉三国六朝文》之《全晋文》。

或臧否当世之才　《典论·论文》"今之文人"以下之论七子，陈思王《与杨德祖书》之论王仲宣、陈孔璋、徐伟长、刘公干、应德琏、丁敬礼、刘季绪等。李充《翰林论》称潘安仁为文，犹翔禽之羽毛，衣被之绡縠，严《全晋文》五十三。皆是。

或铨品前修之文　《典论》云："优游案衍，屈原之尚也；穷侈极妙，相如之长也。然原据托譬喻，其意周旋有余味矣，长卿、子云意未能已。"《北堂书钞》卷一百。挚虞《文章流别论》："前世为赋者，有荀卿、屈原，尚颇有古诗之义，至宋玉则多淫浮之病矣。"楚辞之赋，赋之善者也，故扬子称"赋莫深于《离骚》，贾谊之作，则屈原俦也"。严《全晋文》七十七。又解嘲之弘缓优大，应宾之渊懿温雅，述旨之壮丽忼慨，应间之绸缪契阔，郁郁彬彬，靡有不长焉矣。同上。又《论蔡邕〈元表赋〉》云："通精以整，孙诒让《札迻》云：'通'上当有'幽'字。思玄博而赡，元表拟之而不及"梁元帝《金楼子·立言》篇引。等语皆是。

或泛举雅俗之旨　《典论》之论奏议、书论、铭诔、诗赋四科，《文赋》之言诗赋、碑诔、铭箴、颂论、奏说诸体所宜，及其所言文之美恶与利害所由，其显然者。他如挚虞《流别论》云："古诗之体，以情义为主，以事类为佐；今之赋以事形为本，以义正为助。情义为主，则言省而文有例矣；事形为主，则言当而辞无常矣。文之烦省，辞之险易，盖由于此。夫假像过大，则与类相远，逸辞过壮则与事相违，辩言过理则与义相失，丽靡过美则与情相悖。此四过者，所以背大体而害政教。是以司马迁割相如之浮说，扬雄疾辞人之赋丽以淫。"《全晋文》七十七，其他所论各体尚多不具引。李充《翰林论》云："容象图而赞立，宜使辞简而义正。"《全晋文》五十三。又"表宜以远大为本，不以华藻为先"，同上。皆是。

或撮题篇章之意　《典论》云："余观贾谊《过秦论》，发周秦之得失，通古今之制义，洽以三代之风，润以圣人之化，斯可谓作者矣。"《御览》五百九。挚虞《流别论》云："《七发》造于枚乘，借客楚以为客主，先言出舆入辇，蹷痿之损；深宫洞房，寒暑之疾；靡曼美色，晏安之毒；厚味暖服，淫曜之害。宜听世之君子要言妙道，以疏神导引蠲淹滞之累。既设此辞以显明去就之路，而后说以色声逸游之乐。其说不入，乃陈圣人辩士讲论之娱，而霍然疾瘳。此因膏粱之常疾以为匡劝，虽有甚泰之辞，而不没其讽喻之义也。"《全晋文》七十七。李充《翰林论》云："应休琏五言诗百数十篇，以讽规治道，盖有诗人之旨焉。"《文选》百一《诗》注引。又扬子论秦之剧称新之美，此乃计其胜负，比其优劣之义，皆撮题篇章之意也。

魏典密而不周　《典论·论文》评骘七子长短，标举体制所宜，亦云密矣。然所论不过一端，固未足以言周遍也。

陈书辩而无当　陈书文甚辩畅，然于文章利病未尝一语道及，不过自抒牢骚，以见好尚之不同，而知音之难遇耳，此所谓无当也。

应论华而疏略　应玚《文质论》，《艺文类聚》所载文自"且少言辞者"以下，典赡异常，然未尝论及文事。彦和所谓"华而疏略"，不知是指此否？

陆赋巧而碎乱　陆机《文赋》或言文机之发，或状构思之情，或究利害所由，或论修辞巧拙，无不剖析精微，曲尽其妙，此则彦和所谓"巧"也。然其言前后错出，未能各以类从，彦和所谓"碎乱"，殆指此欤？黄侃《札记》则云：“陆本赋体，势不能如散文之叙录有纲。”此与《总术》篇所言（黄书“言”作“云”）皆疑少过。按《总术》篇云：“陆氏《文赋》，号为曲尽，然泛论纤悉，而实体未该。”意与此同，故黄氏云然。

《流别》精而少功　“功”，原书作“巧”，黄校引《梁书》作“功”，纪评云作“功”是。仲洽《流别》，就严氏所辑各则观之，颇多精当，如前所引“论古诗之赋，以情义为主，以事类为佐”。及言诗，“虽以情志为本，而以成声为节”，尤与彦和论文宗旨相合。其它释、颂、铭、箴、哀、诔诸体之义称是，故彦和许之为精，然散乱而无友纪，此又所谓无功也。

《翰林》浅而寡要　李充《翰林论》，严氏所辑，仅得八条，无以窥其究竟，且充字宏度，彦和作“宏范”，不知所言是否指此？

君山公干之徒，吉甫士龙之辈　公干，刘桢字；吉甫，应贞字。两君论文语无考。君山，桓谭字，所著《新论》，颇有论文之语。陆士龙与兄平原书牍，亦多商量文事，然皆涉笔所及，偶抒所见，非颛门论文之作，故彦和谓其泛议文意。

范文澜注云：“刘桢论文语无考，本书《风骨篇》《定势篇》各引一条。”《南齐书·陆厥传》，厥《与沈约书》有云：“自魏文属论，深以清浊为言，刘桢奏书亦明体势之致，岨峿妥帖之说，操末续颠之说，兴玄黄于律吕，比五色之相宣，苟此秘未睹。”兹论为何所指耶？详其文意，似刘云“体势”为指音韵而言。章太炎《音理论》云：“韵纽者，慧琳《一切经音义》称‘梵文阿等字’十二字为声势，‘迦等’三十五字为艳文。声势者韵，艳文者纽。斯盖前代韵书所言中略”，云云。刘桢奏书今不可考，然魏文《典论》所谓“清浊”是气之清浊，非音之清浊，则刘氏所云体势，或亦非指音韵而言。《定势》篇云：“公干所谈，颇亦兼气。然文之任势，势有刚柔，不必壮言慷慨，乃称势也。”《风骨》篇云：“公干亦云：‘孔氏卓卓，信含异气，笔墨之性，殆不可胜。’”则刘桢所谓“体势”，当亦就指声韵言也。

本乎道至**变乎骚**　近人多疑“变乎骚”句与上四句所言事不相类。且谓上篇目次《辨骚》篇，当降而列于卷二《明诗》篇上。按此说非也。此不知我国文学之源，兼昧彦和论文之旨。我国文学至两汉而始独立，而其所自又皆祖述楚辞。《时序》篇云：“爰自汉室，迄至成哀，虽世渐百龄，辞人九变，而大抵所归，祖述楚辞。”“以前经史诸子，其辞非无美者，然或则孝敬之准式，人伦之师友，或则以立意为宗，不以能文为本，或隆传之简牍，而事异篇章，或乃褒贬是非，亦不同于篇翰。”《昭明文选》“序”语。皆与后世所谓文学者殊科。《诗》三百篇固属文学，然而皆尊之为经，不与文学等视。赋虽并出《诗》《骚》，然后世之诗则自汉代乐府演变而来。楚辞以后或文或笔，莫不受其影响。唐宋所谓古文者别论，然非语于彦和之时。《明诗》以下至于《谐隐》，文之流也。《史传》以下至于《书记》，笔之流也。灵均余影，并在于是。所作在《离骚》以前者别论。故彦和以之与《原道》诸篇并列，而总称为文之枢纽。刘向集楚辞，王逸《章句》尊之为经，盖谓文家之经也。 唯彦和又以后世文之夸饰，至于讹滥，推其所自，亦出《楚骚》，因欲还宗经诰以救其弊，是以于经则言本，言体于骚则言变，言辩下，语极有斟酌，然欲谓其非后世文章之祖，而以之与其它诸体等量齐观，则未可也。《辨骚》云：“衣被词人，非一代也。”有以哉。

论文叙笔，囿别区分　黄侃《札记》云：“六朝人分文笔，大概有二途：其一以有韵者为文，无韵者为笔；其一以有文采者为文，无文采者为笔。［谓］（黄书原文有‘谓’字）宜兼二说而用之。”又《总术》篇《札记》云：“自《明诗》以至《谐隐》，皆文之属；自《史传》以至《书记》，皆笔之属。”《杂文》篇曰：“汉末杂文，名号多品。”《书记》篇曰：“笔札杂名，古今多品。”详“杂文”名目猥繁，而彦和分属二篇，且一曰《杂文》，一曰《笔札》，是其论文叙笔，囿别区分，疆界昭然，非率尔为判析也。

原始以表末至**敷理以举统**　“原始以表末”者，推原各体文之所自始，及其末流之变，释名以章义者，诠释各体命名之意，以见其义旨所在。选文以定篇者，选前修之作以为标的，而资楷模。“敷理以举统”者，敷说体制之宜，以明雅俗之别，盖言上篇各篇叙述之旨也。兹举《明诗》一篇，为自“大舜云”至“有符焉耳”，为释名章义；自“人禀七情”至“实五言之冠冕”，为原始表末；自“至于张衡怨篇”至“而纲领之要可明矣”，为选文定篇。若夫四言正体以下，则敷理以举统也。

至于割情析采至**下篇以下毛目显矣**　涵芬楼影明本“割情”作“剖情”，“苞”作“包”，上有“以”字，“阅”字上亦有“以”字（按似以有两“以”字为佳，盖“神性”“风势”两句承上“割情”言，“会通”“声字”两句承上“析采”言）。“割情析采”指《情采》篇言文章不过“情采”二事，情理以为经，辞采以为纬，故分定剖析。“采”一作“表”，非。“摛神性”，指《神思》《体性》两篇言。“图风势”，指《风骨》《定势》两篇言。“苞会通”，指《通变》《附会》两篇言。此皆言文章构思审体谋篇定势之事。“阅声字”，包括《声律》以至《练字》诸篇，言文辞之修饰。“崇替于时序”四句，指《时序》篇以下除《物色》外之三篇，言论文家之鉴赏。

《序志》则全书之总序也。

《声律》以上略近于情，《声律》以下则全属诸采。除《时序》诸篇外。《情采》一篇则为诸篇之纲领，所谓剖情析采，笼圈条贯也。

据此而言，则知下篇目次。今本多凌乱，尤以《时序》篇后杂以《物色》最显。当首《物色》，次《情采》，《物色》文情之源，《情采》文章之本。次《神思》，次《养气》，二篇以类相从。次《体性》，摹体定习，因性练才。次《通变》，斟酌质文，隐括雅俗。次《风骨》，述情始风，铺辞先骨。次《定势》，因情立体，即体成势。次《熔裁》，规范本体之谓熔，剪裁浮辞之谓裁。次《附会》，附辞会义，务总纲领。此构思谋篇之大端也。次《声律》《章句》《丽辞》《练字》《比兴》《夸饰》《事类》《隐秀》《指瑕》，而终之《总术》，此声辞雕绘之妙用也。殿以《时序》诸篇，略示文之品藻，而后论文之能事毕矣。所谓“下篇以下，毛目显［矣］（黄书原文有‘矣’字）”者，此也。

大易之数　两句。《易·系辞上·传》：“大衍之数五十，其用四十有九。”本书五十篇，除《序志》篇外，其论文者实四十九篇，故云。

夫铨序一文为易至**亦不胜数矣**　此亦陆机《文赋》所言：“操斧伐柯，虽取则不远。”若随手之变，良难以辞逮，所能言者，盖具于此之意，所谓大匠能予人规矩，不能使人巧者，此也。

及其品列成文至**亦几乎备矣**　纪评云：“平允之见。如此，乃可以著书；亦如此，其书乃传。”此彦和之所以高出时人处，所谓岂好辩哉，不得已也。

既沉予闻　黄校云：“沉”一作“洗”。纪评云：“洗”字是。按“沉”字是也。“既沉予闻”者，谓前代论文精深之作，未有所闻也，与上句意正相接。下文云“眇眇来世，倘尘彼观［也］（黄书原文有‘也’字）”，盖谓前代诸作，既无所闻，则今兹所著，或足以贻诸来世，以资观览也。

傲岸泉石　鲍照代挽歌，傲岸平生，中不为物所裁，彦和语本此。

整理者语：本篇原在《文心雕龙》末第五十，注疏者将其置于文稿首，似重在推阐刘勰撰著《文心雕龙》之作意。

原　道

《淮南·原道训》，高诱注原本也。“本道根真，包裹天地，以历万物，故曰原道。”彦和之意，大抵与《淮南》同。惟《淮南》推原道体，包裹天地，亭毒万物。彦和则只推文章之本原于道而已，道者非它，自然之谓耳。王弼《老子注》、郭象《庄子注》皆如此。本篇亦言自然之道。盖自然耳云云。其后韩愈作《原道》篇，篇中屡言心生而言立，言立而义明，自然之道也。夫岂外饰？盖自然耳。“原道”之意有二，一言其本，一言其用。以“仁与义为定名，道与德为虚位”，以仁义为道德之实。其《答李翊论文书》因言为文之道，在“行之乎仁义之途，游之乎诗书之源”。至季汉《序昌黎集》遂有“文者，贯道之器也”之说，为唐宋以来“文以载道”之说所本，然与彦和《原道》命篇之意，截然不同。彦和虽有“经纬区宇，弥纶彝宪，发辉事业，彪炳辞义”之说，不过言文章之能事，非推本文章之原也。或即以此为道，亦与韩愈“仁义”之说广狭殊异矣。故“原道”之名虽同，而所原之道则异。纪评云：“文以载道，明其当然；文原于道，明其本然，识其本乃不逐其(本)[末]。(黄书原文作‘末’字，据改)首揭文体之尊，所以截断众流。”尚不免影响。又曰：“齐梁文藻，日竞雕华。标自然为宗，是彦和吃紧为人处。”其说亦非。彦和所谓自然，非后世朴素不饰之谓。彦和虽疾齐梁以来文章讹滥，特病其文胜于质，辞浮于情耳，非斥其藻饰雕绘也。既以文名，要以华美为贵，特勿过情胜质而已。此盖推本自然之道而可知者。本篇宗旨，即在于此，观以下所言，其意自见。

文之为德　“德”，得也。《庄子·天地》篇，郭注：“万物得之以生，曰德。”文德之意，盖即谓此，故曰：“与天地并生。”后世谓文人之德操为文德；文章之德性为文德，并与彦和之意异。

夫玄黄色杂至**道之文也**　言既有天地，即有文章。日月《汉书·律历志》曰：“日月如合璧，五星如联珠。”魏明帝《汉山阳公赠册文》：“乾精承祚，坤灵吐曜。”山川其著焉者，即此是文，即此是道。自尔如此，故曰自然。

仰观吐曜　《易》“坤”六三：“含章可贞。”《法苑珠林》：“西土通吐曜，实资妙响。”至**自然之道也**　黄校云：一本“实天地之心”，“实”上有“人”字，“心”下有“生”字，非。此言人秉五行之秀，实为天地之心。性灵所钟，故有语言，有文字，然皆自然之道，莫之为而为，非有神智大巧造作于其间也，此《原道》之义一。郑康成《中庸注》："木神则仁，金神则义，火神则礼，水神则信，土神则智。"孔疏云："木神则仁者，皇氏云东方春，春主施生，仁亦主施生。金神则义者，秋为金，金主严杀，义亦显，敢断决也。火神则礼者，夏为火，火主照物，而有分别，神亦主分别。水神则信者，冬主闭藏，充实不虚，水有内明，不欺于物。"(《御览》五百八十一、五百八十五。"调如宇瑟"作"竽琴"。)信亦不虚作也。土神则帝者，金、木、水、火、土，无所不载。土所含义者多智，亦所含者众，故云土神则智也。

傍及万品至**其无文欤**　"盖自然耳"句以上，明自然之文，有形采之美。"至于林籁结响"至"声发则文生矣"，明自然之文，有音调之美。《礼记·乐记》曰："声成文谓之音。"李详补注云："《高唐赋》：纤条悲鸣，声似竽籁。""夫以"至"其无文欤"，明自然之文。既有声色之美，则人文之美，自亦宜以形采音调为贵。惟人秉性灵，更宜以性情为主。《情采》篇云："立文之道，其理有三：一曰形文，五色是也；二曰声文，五音是也；三曰情文，五性是也。五色杂而成黼黻，五音比而成《韶》《夏》，五性发而为辞章，神理之数也。"此又人文之所以异而一皆本于自然，用知文章之作，本宜雕饰，但宜以性情为主，徒事华辞者，非也。径情直说者，亦非也。此皆推本于自然之道而可知者，此《原道》之义二。本篇之命意在此，全书之宗旨亦在此。

乾坤两位至**天地之心哉**　范注曰："《周易音义》：'文言，文饰卦下之言也。'"《正义》引庄氏曰："文谓文饰，以乾坤德大，故特文饰以为文言。"黄先生侃曰："此二说与彦和意正同。"按黄、范之说是。纪评谓："此解文言，不免附会。"未得其实。李详补注云："阮文达《揅经室集·文言说》本此。"按《文言》说，并取本书《丽辞》篇语发挥之。

若乃《河图》至**"九畴"**　纪评云："何晏《论语注》引孔安国之说，谓《河图》即八卦，与此'孕乎八卦'语相合。"知五十五点之伪图，彦和未见也。《洛书》配《九宫》。北齐卢辩注《大戴礼》已有是语。则其说起于南北朝，故彦和亦云然。按《易纬乾凿度》有"太乙下行九宫"之说。郑玄注云："太一者，北辰神名也。下行八卦之宫，每四乃还于中央。中央者，地神之所居，按《日知录》卷三十‘太一’条云：‘地神’疑作‘北辰’，顾说是也。故谓之九宫。南北朝人以之配《洛书》。”“九畴”，《洪范·九畴》，则初一曰五行，次二曰敬用五事，次三曰农用八政，次四曰协用五纪，次五曰建用皇极，次六曰乂用三德，次七曰明用稽疑，次八曰念用庶征，次九曰向用五福，威用六极。《汉书·五行志》引刘歆语，以此为《雒书》本文。黄注《河图》引《易正义》云云。纪评云：“不应以《正义》。”按《正义》所引，《尚书中候》文。

玉版至**之华**　黄注引王嘉《拾遗记》、沈约《宋书》云云。纪评云：“‘玉版’、‘丹文’，绿字，散见《纬书》，皆非根柢”，是。按“之实”，“实”字，《太平御览》五十八引作“宝”，非“实”字，与下文“华”字对文。“玉版”、“图书”，有《河图》，玉版。又《诗纬含神雾》，刻之玉版，藏之金府。《史记·自序》：“明堂石室，金匮玉版，图籍散乱。”《集解》引如淳曰：“刻玉版以为文字。”

“金镂”，镂饰也。金镂者，黄金为饰也。《春秋纬·合诚图》：“尧坐舟中，与太尉舜临观，凤皇负图授尧，以赤玉为匣，长三尺八寸，厚三寸，黄金检，白玉绳，封两端，其章曰‘天赤帝符玺’五字。”又《春秋纬·运斗枢》：“舜五年二月，河洛有黄龙，五采负图出，置舜前蹫，入水而前去。图以黄玉为匣，如柜。中略。而有户，白玉检，黄金绳，芝为泥，封两端，章‘天黄帝符玺’五字，广袤各三寸，深四分，鸟文。”

“丹文绿牒”，《尚书中候》：“河龙出图，洛龟书威，赤文绿字，以授轩辕。”又“尧率群臣东沈璧于洛，退候至于下稷，赤光起，元龟负书出，背甲赤文，成字止坛”。又“修坛河洛，仲月辛日礼备，至于日稷，紫光出河，休气四塞，白云起，回风摇龙，马衔甲，赤文绿地，临坛止霁，吐甲图而蹫”。

鸟迹代绳　《易·系辞》曰：“伏羲氏之王天下，仰则观象于天，俯则观法于地，观鸟兽之文与地之宜。近取诸身，远取诸物，于是始作八卦。”《尚书》伪孔《序》曰：“古者伏羲氏之王天下也，始画八卦，造书契，以代结绳之政，由是文籍生焉。伏羲神农黄帝之书，谓之三坟，言大道也。”彦和当用此说，故曰：“炎皞遗事，纪在《三坟》。”若用许《序》，则仓颉为黄帝史官，在伏羲后矣。

或曰：“孔颖达《伪孔序疏》引崔瑗、曹植、蔡邕索请云：‘仓颉，古之王者。’慎到云：‘在虞羲之前。’张揖云：‘仓颉为帝王，生于禅通之纪。’”（据眉批加）

《孝经纬》曰：“三皇无文，有文字之后，追系三皇时事。”（据眉批加）

三坟 黄注：“书久亡，元吴莱《三坟辨》”云云。纪评云：“此宜先注《三坟》，而以书亡伪托之说附于后，且书出毛渐。宋人已言之，不得引元人之说。”李详补注云：“‘毛渐说’出《直斋书录解题》，谓渐得之民间，不云书出于渐，纪氏似误。”按《左传·昭公十二年》“是能读《三坟》《五典》《八索》《九丘》”，杜注云皆古书名，孔疏引伪孔安国《尚书·序》云：“伏羲、神农、黄帝之书，谓之《三坟》，言大道也。”炎帝、神农、太皞、伏羲，故言其事载在《三坟》。贾逵云：“《三坟》，三皇之书。”张平子说：“《三坟》，三礼，礼为大防。《尔雅》曰：‘坟，大防也。’《书》曰：‘谁能典朕三礼。’三礼，天地人之礼也。”马融说：“《三坟》，三气，阴阳始生，天地人之气也。”诸家各以意言，无证验，杜所不信，故云皆古书名。今所传《三坟》，题晋阮咸注者，盖即纪氏所谓出于毛渐，李引《陈书》谓渐得之民间者也。

元首至之风 “元首载歌”指文，言益稷；“陈谟”指笔，言《益稷谟》，伪《古文（尚书）》篇名，今文合之《皋陶谟》。元首歌即见《益稷谟》篇。帝庸作歌，曰：“敕天之命，惟时惟几。”乃歌曰：“股肱喜哉！元首起哉！百工熙哉！”皋陶拜手稽首，飏言曰：“念哉！率作兴事，慎乃宪。钦哉！屡省乃成，钦哉！”乃赓载歌曰：“元首明哉！股肱良哉！庶事康哉！”又歌曰：“元首丛脞哉！股肱惰哉！万事堕哉！”帝拜曰：“俞，往钦哉！”（据眉批加）

业峻鸿绩 黄《札记》云：“业绩同训功，峻鸿皆训大，此句位字，殊违常轨。”案：《章句》篇云：“搜句忌于颠倒，裁章贵于顺序。”似此当有乖于文律。

符采复隐　李补云：“左思《蜀都赋》云：‘符采彪炳。’刘逵云：‘符采，玉之横文也。’”

振其徽烈　黄校：“振”下云，“元”作“褥朱”，朱郁仪谋玮也，卷首元校姓氏。故是。纪评云：“‘褥’疑作‘缛’，非李补注云。”应璩《与王将军书》：“雀鼠虽微，犹知徽烈。”《文选》刘峻《广绝交论》，李善注引。

剬诗缉颂　日本帝国图书寮刊宋本《御览》五百八十五引作“制诗缛颂”。“剬”，黄注引《韵会》云：“多官切，整饰貌。”纪评云：“‘剬’即‘剸’字，《说文》训为‘齐’。按《说文》刀部，‘剬’，断齐也；‘剸’为‘䎣’或体，见首部，截首也。《广韵》，‘剬’同‘剸’。言切割而使之齐，与诗义无涉。古帖‘制’字多书为‘剬’。此‘剬’字疑为‘制’字之讹。《史记·五帝本纪》：依鬼神以剬义。注：‘剬’有‘制’义。”是三字相乱已久，不必定用本训也。李补注云：“张守节《史记正义》论字例云：‘“制”字作“剬”，缘古字少通用之。’”《史》《汉》本有此古字者，乃为好本。据此，“剬”即“制”字，既不可依《说文》训“剸”为“齐”，亦不必辨“剬”、“制”相似之讹也。按：“制”篆文作“”，隶作“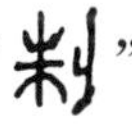”，“剬”篆文作“”，隶作“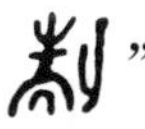”，隶形两字极相似，故汉碑“制”字多作“剬”，此犹古文以“”为“”，虽非声音通假，形实相似。字本二体，又非缘字少也。

“缉颂”《御览》作“缛颂”，是。黄注引《国语》云：“周公之为颂，曰：思文后稷，克配彼天。”纪评云：“此言‘缉颂’，不言作颂，引《国语》非是。”按“缉颂”字实见《国语·鲁语》“正考父校商之名颂于鲁太师，其辑之乱曰”云云。“缉”与“辑”通。周公“诗颂”见于《春秋内外传》《书》《诗序》者有《七月》《鸱鸮》并《豳风》。《棠棣》《小雅》。《时迈》《思文》并《周颂》。《缉颂》，说未详。

斧藻群言　“斧藻”，见黄注引扬子《法言·学行篇》注谓：“修饰也。”“群言”，谓《易》《书》《礼》《春秋》也。《周易正义》论卦辞、爻辞谁作云，以为卦辞文王，爻辞周公。马融、陆绩等并同此说。

《书》：《牧誓》《金縢》《大诰》《嘉禾》逸。《洛诰》《多士》《毋逸》《君奭》《将》《蒲姑》逸。《立政》，并周公作，见《书序》。《史记·鲁周公世家》又云：“‘成王少病，周公乃揃其蚤，沈之于河，祝于神曰’云云，则未见诸书者也。”

《礼记·明堂位》云：“武王崩，成王幼弱，周公践天子之位以治天下。六年，朝诸侯于明堂，制礼作乐，颁度量而天下大服。”《周礼》郑注云：“周公居摄，而作六典之职，谓之《周礼》，营邑于土中。七年致政成王，以此礼授之，使居洛邑治天下。”

昭公二年《左氏传》，韩宣子适鲁，见《易·象》与《鲁春秋》曰：“周礼尽在鲁矣。吾乃今知周公之德与周之所以王也。”杜预《左氏传序》云：“其发凡以言例，皆经国之常制，周公之垂法。”

夫子继圣至**金声玉振**　“至夫子继圣”，《御览》五百八十五“至”字下有“若”字。《史记·孔子世家》：“孔子之时，周室微而礼乐废，《诗》《书》缺，追迹三代之礼，序《书传》，上纪唐虞之际，下至秦缪，编次其事，曰：‘夏礼，吾能言之，杞不足征也；殷礼，吾能言之，宋不足征也。足，则吾能征之矣。’观殷夏所损益，曰：‘后虽百世可知也。以一文一质，周监二代，郁郁乎文哉。吾从周。’故《书传》《礼记》自孔氏。孔子语鲁太师：‘乐其可知也。始作翕如，纵之纯如、皦如、绎如也，以成。’‘吾自卫反鲁，然后乐正，《雅》《颂》各得其所。’古者《诗》三千余篇，及至孔子，去其重，取可施于礼义，上采契、后稷，中述殷、周之盛，至幽厉之缺，始于衽席，中略。三百五篇，孔子皆弦歌之，以求合《韶》《武》《雅》《颂》之音，礼乐自此可得而述，以备王道，成六艺。孔子晚而喜《易》，序《彖》《系》《象》《说卦》《文言》。读《易》，韦编三绝，曰：‘假我数年，若是，我于《易》则彬彬矣。’孔子以《诗》《书》《礼》《乐》教弟子，盖三千焉。”

《孟子·万章》：“孔子之谓集大成。集大成也者，金声而玉振之也。

金声也者，始条理也；玉振也者，终条理也。始条理者，智之事也；终条理者，圣之事也。”

雕琢性情 李补注云：“司马迁《报任少卿书》：‘雕琢曼辞。’”

玄圣创典，素王述训 黄注引班固《典引》注：“元圣，孔子也。”纪评云：“此元圣，当指伏羲。诸圣若指孔子，于下句为复，且孔子亦非僻典。”按纪说是。一本“玄”作“元”，是。“元”训“始”也。“玄”训“幽远”也。又黑而有赤色者为玄。《春秋演孔图》：“孔子，母征在梦，感黑帝而生，故曰玄圣。”自一本作“玄黄氏”，因以致误。

原道心以敷章，研神理而设教 上句指“垂布文章”言，下句指“创制文教”言。

取象乎河洛，问数乎蓍龟 日本本《御览》五百八十五引作“蓍象乎河洛，问数乎蓍龟”。 《易·系辞上》曰：“天生神物，圣人则之；天地变化，圣人效之；天垂象，见吉凶，圣人象之。河出图，洛出书，圣人则之。”又曰：“以制器者，尚其象；以卜筮者，尚其占。”又曰：“探赜索隐，钩深致远，以定天下之吉凶，成天下之亹亹者，莫大乎蓍龟。”

观天文以极变，察人文以成化 《易·贲卦·象》曰：“观乎天文以察时变观乎人文以化成天下。”又《系辞上》曰：“参伍以变，错综其数［通其变］（原稿脱，据原文补）遂成天下之文；极其数，遂定天下之象。”

发辉事业 黄校云：“‘辉’疑作‘挥’”，是。《易·乾·文言》曰：“六爻发挥，旁通情也。”又《系辞上》：“举而措之天下之民，谓之事业。”

旁通而无滞 《御览》五百八十五作“无涯”。 扬子《法言·问明》篇：“或问行。曰：‘旁通厥德。’”注：“动静不能由一涂，由一涂不可以应万变，应万变而不失其正者，惟旁通乎。”陆机《演连珠》：“是以至道之行，万类取足于世。大化既洽，百姓无匮于心。”李善引刘孝标注言：“以至道均被，万物取而咸足，淳化普洽，百姓用而不匮。”

赞曰 本书《颂赞》篇曰："赞者，明也，助也。"本书之"赞"即用此义，盖以数语总明全篇之意，与史书"论赞"不同。

征　　圣

征，验也，证也。征圣者，验诸圣人以证文章之本也。与《原道》《宗经》两篇义本贯，皆所以明文学之本，然而示人以为文之要。其所以分为三篇者，《原道》在探文章之本，以见其事之不外声色情性。声色者，举凡天地之间之物之所以成，其为文者所同具。而性情者，则人之文章之所独有也，此原之于道而可知者，然而不可信也。惟圣人为能知天道，沿圣以垂文，圣因文以明道，用是而征诸圣，于以见政化事迹，修身诸事，莫不贵文，而文之玉牒金科，则在于志，足言文情。信辞、巧辞兼声色情志，即性情也。文章之道，至此乃信而有征矣。至若文之繁简，辞之显隐，抑引随时变通适会，要不外正言辨物，体要成辞，以独征之于圣人之言而后见特。文非一体，义各有归，因情敷文，即体成势。事非一端，各本经式，故于《征圣》篇外，别立《宗经》一篇以明其事。所谓论文必征于圣，窥圣必宗于经也。"窥圣"原作"劝学"，据唐写本校改。一言其纲，一举其目耳。纪评谓"此篇却是装点门面，推到究极，仍是宗经"，似未达彦和分篇之意。

作者曰圣，述者曰明 《礼记·乐记》曰："作者之谓圣，述者之谓明。"

陶铸性情，功在上哲 "上哲"，犹言上圣。《原道》篇曰："夫子继圣，独秀前哲。""前哲"，指其上文尧、舜、禹、汤、文武、周公言。"哲"与"圣"互言也。此"上哲"亦指上文"作者曰圣"言以下"夫子文章"两句。始言孔子所谓"述者曰明"也。《论语》："子曰'述而不作，信而好古。窃比于我老彭。'""陶铸性情"，亦言文章。《原道》篇云："雕琢性情，组织辞令。"《宗经》赞云："性灵镕匠，文章奥府。"

辞意并同。范注引《荀子·性恶》篇、扬子《法言》，谓彦和以仲尼陶铸性情之功效，见于颜渊及七十子之徒，而其文章则后世尚可得而闻也。以为四句皆指孔子，殊非。

圣人之情，见乎文辞 唐写本无“文”字。按《易·系辞下》曰：“圣人之情，见乎辞。”彦和语意本此，当以无“文”字为是。范注必谓“文谓文章，辞谓言辞”，义有广狭，似不可删，未免过泥。

布在方册 《礼记·中庸》：“哀公问政，子曰：‘文武之政，布在方册。其人存，则其政举；其人亡，则其政息。’”

夫子风采，溢于格言 《抱朴子·审举》篇：“格言不吐庸人之口。”《三国志》：“此周孔之格言。”

远称唐世至**郁哉可从** 《论语·泰伯》篇：“子曰：‘大哉，尧之为君也。巍巍乎，唯天为大，唯尧则之，荡荡乎民，无能名焉。巍巍乎其有成功也。焕乎其有文章。’”又“周监于二代，郁郁乎文哉。吾从周”。

金科 黄注引扬雄《剧秦美新》云云。纪评云：“注为王莽而言，此引以替孔子，则不必存佞辞”一句，当引李善注曰：“言金玉贵之也。”李详补注云：“‘金玉’一句，乃黄注自下己意。《文选》注实无此文。”纪云：“‘不必存’似混此语为善注矣。”

鉴周日月 范注引日本铃木虎雄云：“冈本‘周’作‘同’。”按《礼记·中庸》：“仲尼祖述尧舜，宪章文武，上律天时，下袭水土。辟如天地之无不持载，无不覆帱。辟如四时之错行，如日月之代明。”《庄子》曰：“智似深渊，明如日月，谓之圣。”此“鉴同日月”之所本也。作“鉴周日月”亦通。《荀子》“明参日月，大满八极，夫是之谓大人。夫恶有蔽矣哉？”后汉张超《尼父颂》曰：“严严孔圣，异代称杰，量合乾坤，明参日月。”是皆谓圣人之鉴察万物，如日月之明，无不烛照，无不周遍也。范注乃引《易·系辞》：“阴阳之义，配日月谓鉴周。”日月犹言穷极阴阳之道，似非。

铃木虎雄有黄本《文心雕龙校勘记》，所用书一文云：日本享保辛亥（享保十六年为公历 1731 年，当我国清雍正九年，在黄叔琳氏以前），冈白驹校正句读本，浪华书肆文海堂梓行，豹轩所藏，上下二册。上册自卷一《原道》篇起，至卷四《移檄》篇讫；下自卷五《封禅》篇起，至卷十《序志》篇讫。余所称“冈本”者，即此书也。范注本卷首引。

妙极机神 黄校云：“机”疑作“几”，是。《易·系辞上》曰：“夫《易》，圣人所以极深而研几也。唯深也，故能成天下之志；唯几也，故能成天下之务；唯神也，故不疾而速，不行而至。”又《系辞下》曰：“子曰：‘知几其神乎？君子上交不賘，下交不渎，其知几乎？几者，动之微，吉凶之先见者也。君子见几而作，不俟终日。’”

春秋一字以褒贬 隐公元年三月，公及邾仪父盟于蔑。《公羊传》云：“仪父者，邾娄之君也。何以名字也？曷为称字？褒之也。”又二年，无骇帅师入极。《公羊传》云：“无骇者何？展无骇也。何以不氏，贬。曷为贬？疾始灭也。”又元年夏五月，郑伯克段于鄢。《公羊传》云：“克者何？杀之也。杀之则何为？谓之克，大郑恶也。”又四年冬十有二月，卫人立晋。《公羊传》曰：“立者何？立者，不宜立也。其称人何？众立之之辞也。然则孰立之？石碏立之。石碏立之，则称其人何？众之所欲立也。众虽欲立之，其立之非也。”

丧服举轻以包重 《礼记·曾子问》：“曾子问曰：‘大夫之祭，鼎俎既陈，笾豆既设，不得成礼，废者几？’孔子曰：‘九中略。士之所异者，缌不祭。’”郑注云：“然则士不得成礼者，十一。”孔疏云：“士轻，故为轻亲，伸情也。”又《檀弓上》：“曾子曰：‘小功不税。’”郑注云：“日月已过，乃闻丧而服曰税，大功以上然，小功轻不然。”

邠诗联章以积句 黄注引《诗传》，纪评云：“非根柢”，是。《说文》：“邠，周大王国。”又“豳，美阳亭，即豳也”。段玉裁注曰：“经典多作‘豳’，惟《孟子》作‘邠’。”范注：“此云邠诗，当指《豳风·七月》篇。《七月》一篇八章，章十一句，《风》诗之最长者。”是。

儒行缛说以繁辞　《礼记·儒行》孔疏云："哀公馆于孔子，问以儒行之事。记者录之，以为《儒行》之篇。孔子说'儒'凡十七条，其'从以来'至下十五条，皆明贤人之儒。其第十六条，明圣人之儒。包上十五条者贤人儒也。其第十七条，是夫子自谓也。"

书契断决以象夬　夬，《卦辞》曰："夬，扬于王庭。"《彖》曰："夬，决也。刚夬柔也健。而说决而和，扬于王庭，柔乘五刚也。"按：夬卦，下乾上兑。《说卦》曰："乾，健也。兑，说也。"又《说文·叙》曰："黄帝之史仓颉……初造书契……盖取诸夬。夬扬于王庭，言文者，宣教明化于王者。朝廷君子所以施禄及下，居德则忌也。"

文章昭晰以象离　黄注引《离卦·彖传》文。又《象》曰："明两作，离；大人以继明照于四方。"又《说卦》曰："离也者，明也，万物皆相见，南方之卦也。圣人南面而听天下，响明而治，盖取诸此也。"又《贲卦·彖》曰："文明以止，人文也。贲卦，离下艮上。"故《正义》曰："文明，离也，以止艮也。"用此文明之道，裁止于人，是人之文德之教。

四象精义以曲隐　黄注引朱子《本义》："以阴阳老少为四象。"纪评云："彦和之时，当不以阴阳老少为四象。"此真郢书而燕说矣。　《易·系辞上》曰："《易》有四象，所以示也。"《正义》引庄氏云："四象，谓六十四卦之中，有实象，有假象，有义象，有用象，为四象也。"又《乾·大象传正义》曰："先儒所云，此等象辞，或有实象，或有假象。实象者，《师》。如地上有水，比也；地中生木，升也，皆非虚，故言实也。假象者，如天在山中，《大畜》。风自火出。《家人》。如此之类，实既无此象，假以为义，故谓之假也。虽有实象假象，皆以义示人，总谓之象也。""天行健"者，谓天体之行，昼夜不息，周而复始，无时亏退，故云天行健，此谓天之自然之象。君子以自强不息，此以人事法天所行。言君子之人，用此卦象，自强勉力，不有止息。

五例微辞以婉晦　杜预《春秋传序》曰："发传之体有三，而为例之情有五。一曰‘微而显’。文见于此而起义在彼。‘称族尊君命，舍族尊夫人’，按成十四年《传》。‘梁亡’，僖十九年。‘城缘陵’僖十四年。之类是也。二曰‘志而晦’。‘约言示制，推以知例’，桓二年。‘参会不地’，桓二年。‘与谋日及’宣七年。之类是也。三曰‘婉而成章’，曲从义训，以示大顺。‘诸所讳辟’，僖十六年、十七年。‘璧假许田’桓元年之类是也。四曰‘尽而不污’。直书其事，具文见意。‘丹楹刻桷’，庄二十三年。‘天王求车’，桓十五年。‘齐侯献捷’庄三十年。之类是也。五曰‘惩恶而劝善’。求名而亡，欲盖而章。书齐豹盗，三叛人名昭二十五年、襄二十一年、昭五年、昭三十一年。之类是也。”推此五体，以寻经传，触类而长之，附于二百四十二年行事，王道之正，人伦之纪备矣。

变通会适　唐写本作“变通适会”。范注云：作“适会”，是。《易·系辞》：“唯变所适。”韩康伯注曰：“变动贵于适时，趣舍存乎其会也。”是也。按本书有《通变》《附会》两篇。《通变》篇曰：“文辞气力，通变则久。”《附会》篇曰：“何谓附会？谓总文理，统首尾，定与夺，合涯际，弥纶一篇，使杂而不越者也。”此皆关系斟酌文辞，损益辞义显隐之事，举其全则曰“通变”，曰“附会”。言其略则曰“会通”。《序志》篇曰“苞会通”是也。此本书专词，“会”与“通”对言之，自以变通适会为是，不必旁引《系辞》《韩注》，其义自见。

又评语“繁简隐显”云云，自“繁简”以下至“未寻其源”六句，为黄注本原有评语八字。“精微”以下始为纪氏评语。有五色印本，及黄养素堂原本可证，范注误合为一，以为皆纪氏所评，非是。

是以子政论文至**必宗于经**　原无“子”字及“稚圭劝学”句，黄氏依杨升庵校补涵芬楼影明本亦无此五字，唐写本作“是以论文必征于圣，窥圣必宗于经”。近人赵万里云：“唐写本是也。黄依杨校补臆说，非是。”范注引。又刘氏永济《校字记》见武汉大学。云：“升庵所补，未知何据。子政论文亦所未闻，疑‘文’字乃‘政’字之缺文。《汉书》载子政所上封事，多征引仲尼证之。经义舍人，但取其征圣，不但于论文与稚圭劝学事同一例，但如唐写本亦可通。”又按子政上《晏子叙录》：“有无文章可观，义理可法，皆合于六经”之语。《管子书录》亦有“《管子》书务富国安民，道约言要，可以晓合经义”之语，岂升庵即据此文增入“子政”之名耶？又潘重规《札记》见中央大学《学林》第一期。云：“彦和《原道》《征圣》《宗经》文虽三篇，义实一贯，故《序志》篇云：‘文心之作也，本乎道，师乎圣，体乎经。’最以立道之文曰经，作经之人维圣，辞义彪炳，道之流行也；百家腾踊，圣之徒属也；文体葳蕤，经之苗裔也。以此三篇，综括终始。其在《原道》则曰：‘道沿圣以垂文，圣因文以明道。’在本篇则曰：‘论文必征于圣，窥圣必宗于经。’在《宗经》篇则曰：‘励德树声，莫不师圣；而建言修辞，鲜克宗经。是以楚艳汉侈，流弊不还，正末归本，不其懿欤？’观其措辞，若合符契，固知臆补难从，旧文可信矣。”按：当依唐本作是，以“论文必征于圣，窥圣必宗于经”，潘说最得彦和之意。

《易》称“辨物正言，断辞则备”，见《系辞下》。韩注云：“开释爻卦，使各当其名也，理类辨明，故曰断辞也。”（据眉批加）

精理为文 李补注云：“王僧达《答颜延年诗》：‘珪璋既文府，精理亦道心。’”

宗　经

《宗经》《征圣》，义本一贯，其所以分为两篇者，说已见前。所谓一明纲领，一举条目是也。故《征圣》所言，只曰“志足言文，情信辞巧，繁简显隐，变通适会，正言立辩，体要成辞”，如是而已，此盖圣人立言之宗旨。举凡所以为文者，莫不如此，不随体制而异者也。本篇则在分别“六经”体式，各有不同。体既不同，辞亦异致，而后世文章各体又皆从此而出。若能准之以制式，本之以敷辞，则所以正末归本而无浮诡讹滥之失矣。

三极彝训　黄注引《系辞》孔疏云云，不当，当引韩康伯注云："三极，三材也。兼三材之道，故能见吉凶，成变化也。"又《释文》引王肃云："阴阳、刚柔、仁义为三极。"又《书·酒诰》："聪听祖考之彝训。"《伪孔传》云："子孙皆聪听父祖之常教也。"

纪评云："本经术以为文，亦非六代文士所知之。谢喜用经语，不过割剥字句耳。"

其书言经　唐写本"言"作"曰"。《御览》六百〇八亦作"曰"。

"三坟五典"云云　黄注引《伪孔传》。纪评云："宜先引《左传》于前，是也。"按《左传·昭十二年》"楚子称左史倚相云，是良史也，能读《三坟》《五典》《八索》《九丘》"云云。李详补注云："《左传·昭十二年正义》贾逵说：'《三坟》，三皇之书；《五典》，五帝之典；《八索》，八王之法；《九丘》，九州亡国之戒。'彦和言皇世《三坟》当用贾《传》中说，孔安国伪《书序》不足凭也。"

七观　《尚书大传》云云，引见黄注。按六誓，《甘誓》《汤誓》《牧誓》《泰誓》《费誓》《秦誓》也。惟伏生所传二十八篇无《泰誓》。《泰誓》盖武帝时得之河内女子，博士集而读之，所谓廿九篇书者是也。不知《大传》何以称此。五诰，则《大诰》《康诰》《酒诰》《召诰》《洛诰》，皆在今文二十八篇中也。《周礼》"士师"以五戒先后刑罚，毋使罪丽于民。一曰誓，用之于军旅；二曰诰，用之于会同。《甘誓》孔疏引马融曰："军旅曰誓，会同曰诰。诰誓俱是号令之辞，意小异耳。"《甫刑》即《吕刑》，吕侯后为甫侯，故或称《吕刑》为《甫刑》。《礼记》《书传》多如此。《吕刑》亦在今文二十八篇中。

四始　当据《史记·孔子世家》。《诗序》云云，仅谓"四诗"，非"四始"。《序》为卫宏作，非子夏《序》也。

义既极乎性情，辞亦匠于文理　"极乎"，《御览》作"埏乎"，唐本作"挻"。范引赵云："挻"为"埏"之误。按作"埏乎"，义长。《管子·任法》云："犹埴之在埏也。"《荀子·性恶》云："故陶人埏埴以为器。"

“埏”与“匠”盖对文。

墙宇重峻　《书·五子之歌》：“甘酒嗜音，峻宇雕墙。”彦和语当不本此，当用《论语·子张》篇子贡赞孔子语。

辞文　黄校云：“文”原作“高”，孙改。按《御览》作“文”。

韦编　黄注引《汉书》不当，当引《史记·孔子世家》。

书实记言　篇末黄校语云云，不知所谓，云宜从王惟俭本，而所从仍是梅本。纪氏评语：明刊《两京遗编·文心雕龙》，如此可知为王本。以致所谓王本如何，竟不可晓。至云《尔雅》本以释诗，无关《书》之训诂。纪评谓：“《尔雅》释《书》者不一，斥之极是。”《汉志》云：“古文读应《尔雅》故解，古今语而可知也。”李详补注云：“《尔雅序》不举郭璞姓名，犹为小疵。‘释诂’以下乃魏张揖《进广雅表》中语事，在郭先，缀丁景纯之后，误矣。”（据眉批加）本叙《书》语，彦和所云，实本于此。又编末“癸巳三月以下”云云，不知谁氏跋语。

据事剬范　黄校云：“‘据事’上一本有‘宏用’二字。”纪评云：“此‘剬’字，如从本训，亦不可通，知必当为‘制’字也。”按“制范”二字，《御览》无。

采掇生言　黄校云：“‘生言’疑作‘片言’。”纪评云：“‘生’字疑‘圣’字之讹。”按《御览》作“片言”。

尚书至**访义方隐**　纪评云：“四语括尽两经，然此上疑脱数句。”按详文义似未脱。五经文字，《易》《诗》与《礼》体各不同，惟《书》与《春秋》，虽有记言记事之别，而同属于史，然辞义显隐，又有不同，故曰“圣人之殊致，表里之异体者也”。若《易》《诗》《礼》者，便无所谓表里之分矣。

“圣人”，《御览》作“圣文”。此“圣人”之殊，考唐写本，“人”作“文”。《御览》六〇八同。按作“文”是。（据眉批加）

前修文用而未先　黄校云：“文”一作“运”。潘重规《札记》：“唐写本作‘久用’。”作“久用”是。

纪传铭檄，则春秋为根 《大戴礼·武王践祚》载武王铭凡十七。《礼记·大学》有“汤之盘铭”。《祭统》纪卫公悝之鼎铭，义论铭语。《周礼·大宗伯》：“大祝掌六祝，作六辞，其六曰诔。”《檀弓》载：“哀公诔孔子。”祝辞，《仪礼》尤多。(《大戴礼·武王践祚》篇载武王十七铭。《礼记·祭统》有释铭之语。《周礼·春官下》曰：“太史掌建邦之六典。大丧，执法以莅劝防，遣之日读诔。”《礼记·檀弓》载哀公诔孔子曰：“天不遗耆老，莫相予位焉。呜呼哀哉！尼父！”《仪礼》多载祝辞。) 黄校引朱云：“铭”当作“移”。潘《札记》云：“唐写本作‘盟檄’。”按“铭”字不当重。《祝盟》篇及《檄移》篇叙“盟”与“檄”之体，皆源于《春秋》。作“盟檄”者，是也。今本以音同而误。严辑李充《翰林论》云：“‘盟檄’发于师旅”，亦“盟檄”连文之证。按潘说是也。凡此诸语，辞虽一致，义各不同。论说辞序，《易》统其首者，《易》有《传》《系》《文言》《说卦》《杂卦》《序卦》是也。《书》有六体，典、谟、誓、命、训、诰，莫非君臣上下对语告戒之辞，故曰“诏策章奏，《书》发其源；《诗》为赋颂歌赞之本，尤其显著者也”。此皆后世此等文体实际所肇始者。至若《礼》之于铭、诔、箴、祝，《春秋》之于盟檄，虽非体制本源，然其中所载多此类也。《颜氏家训》曰：“文章原出五经。诏命策檄生于《书》者也；序述论议生于《易》者也；歌咏赋颂生于《诗》者也；祭祀哀诔生于《礼》者也；书奏箴铭生于《春秋》者也。”《左传·襄公九年》：“晋士庄子为载书曰：‘自今日既盟之后，郑国而不惟晋命是听，而或有异志者，有如此盟！’”《成公十三年》：晋侯使吕和《绝秦移篇》，详其意义，即今之檄文。(据眉批加) 纪评谓此“亦强为分析，似钟嵘之论诗动曰‘源出某某’”，似未得其实。

仰山而铸铜，煮海而为盐也 唐写本“仰”作“即”。范曰：“‘即’是。《汉书·货殖传》：‘即铁山鼓铸。’师古曰：‘即，就也。’” 李详补注云：“《史记·吴王濞传》：‘吴有豫章郡铜山，濞则招致天下亡命者铸钱，煮海水为盐，以故无赋，国用富饶。’”顾亭林《与人书十·日知录》卷首：“尝谓今人纂辑之书，正如今人之铸钱。古人采铜于山，今人则买旧钱，名之曰废铜，以充铸而已。所铸之钱既已粗恶，而又将古人传世之宝舂锉碎散，不存于后，岂不

两失之乎！”即用彦和此意。（据眉批加）

旧评云：“承学之徒，辄轻言西汉而后无文章，直至韩退之始起八代之衰耳，亦思八代中固有具如许眼力，能为如许评论者乎。”纪云：“此自善论文耳。如以其文论之，则不脱六代排偶之失也。”

一则情深而不诡，二则风清而不杂　两句并指情思言，风亦情也。《风骨》篇云：“怊怅述情，必始乎《风》。”又曰：“情之含风，犹形之包气。”又曰：“意气骏爽，则文风清焉。”又曰：“深乎风者，述情必显。”皆是也。一、如《史记·滑稽列传·淳于髡传》说齐威王。《诗·大雅·烝民》：“吉甫作诵，穆如清风。”又《大雅·崧高》：“吉甫作诵，其诗孔硕。其风肆好，以赠申伯。”（据眉批加）

三则事信而不诞，四则义直而不回　两句指事义言，义亦事也。盖谓义旨，非谓意义。《事类》篇云：“事类者，盖文章之外，据事以类义，援古以证今者也。”又曰：“学贫者，迍邅于事义；才馁者，劬劳于辞情。”是也。回者，邪也，《书·泰誓》：“崇信奸回。”《伪孔传》云：“回，邪也。”三、如《辨骚》引《楚辞·天问》：“康回倾地，夷羿弹日。”如《楚策一》：苏秦说楚威王合纵，张仪连横。《赵策四》：楼缓劝赵割六城与秦。（据眉批加）

五则体约而不芜，六则文丽而不淫　两句指体式辞采，言文事不外三端。一则文情风格，二则义旨事状，三则体式辞藻。事义，文之内容；丽体，文之外形。风情则行乎文中而表诸文外者也。

分教斯五　“五”谓五经也。《礼记·经解》曰：“孔子曰：‘入其国，其教可知也。其为人也，温柔敦厚，《诗》教也。疏通知远，《书》教也。广博易良，《乐》教也。絜静精微，《易》教也。恭俭庄敬，《礼》教也。属辞比事，《春秋》教也。’”

正　纬

“经”与“纬”并称，始见于《汉书·李寻传》“五经六纬”。孟康曰：“《五经》与《乐纬》也。”张晏曰：“《五经》就《孝经纬》也。”师古曰：“五经之纬及《乐纬》也。”孟说是也。后多与图谶并言。《释名》释“典艺”云：“纬，围也，反复围绕以成经也。图，度也，尽其品图也。谶者，纤也，其义纤微也。”汉之诸儒言纬者，多通图谶之说。至其渊源所自与作者为谁，六代以前之说，今皆不可得考。盖自刘宋始禁图谶，其后梁、隋继之，谶纬之书散亡略尽。虽遗说尚多，散见于诸书所引，而言其系统渊源者，自《隋书·经籍志》外，未之前闻。《经籍志·六艺纬类序》云：“《易》曰：‘河出图，洛出书。’然则圣人之受命也，必因积德累业，丰功厚利，诚著天地，泽被生人，万物之所归往，神明之所福飨，则有天命之应。盖龟龙衔负出于河洛，以纪易代之征，其理幽昧，究极神道。先王恐其惑人，秘而不传。说者又云，孔子既叙六经，以明天人之道，知后世不能稽同其意，故别立纬及谶以遗来世。其书出于前汉，有《河图》九篇，《洛书》六篇，云自黄帝至周文王所受本文。又别有三十篇，云自初起至于孔子，九圣之所增演，以广其意。又有《七经纬》三十六篇，并云孔子所作，并前合为八十一篇。而又有《尚书中候》《洛罪级》《五行传》《诗推度灾》《氾历枢》《含神雾》《孝经钩命诀》《援神契》《杂谶》等书。汉代有郗氏、袁氏说。汉末郎中郗萌集图纬、谶、杂占为五十篇，谓之《春秋灾异》。宋均、郑玄并为谶律之注。”此今所见叙述谶纬渊源之最早者也。然后儒多言谶纬别。《四库全书总目提要》曰：“儒者，多称谶纬，其实谶自谶，纬自纬，非一类也。”谶者，诡为隐语，预设吉凶。《史记·秦（始皇）本纪》称“卢生奏录图书”之语，是其始也。纬者，经之支流，衍及旁义。《史记·太史公自序》引《易》“失之毫厘，差以千里”。《汉书·盖宽饶传》引《易》“五帝官天下，三王家天下”，注者皆以为《易纬》之文是也。盖秦汉以来，去圣日远，儒者推阐论说，各自成书，与经原不相比附。如伏生尚传《书大传》，董仲舒《春秋阴阳》，核其文辞，即是纬书，特以显有主名，故不得托诸孔子。其他私相撰述，渐染以术数之言，不知作者为谁。因附会以神，其说迨弥传弥失，又益以妖妄之言，遂与谶合而为一。然班固称：“圣人作经，贤者纬之 。”杨侃称：“纬书之类，谓之秘经；图谶之类，谓之内学；河洛之类，谓之灵篇。”胡应麟亦言：“谶纬之书，虽相表里，而实不同。”则谶与纬，前人固已析之，后人连类而称谶纬，非其实也。至于图谶，则多相混合。《史记·赵世家》扁鹊言：“秦穆公寤而述上帝之言，公孙支书而藏之，秦谶于是出矣。”《秦始皇本纪》：“燕人卢生使入海还，以鬼神事，因奏录图书。”其事相类，皆所谓预设吉凶者也。自王莽以符命篡汉，光武以图谶复兴，其学益盛行于世。儒生以之缘饰经术，文士以之润色辞华，至晋宋而不绝。然事多怪诞，语出不经，以之润色文章则可，据之以为典要则不可。纬书间有功于经义者，图谶则全诞妄。此彦和所谓无益经典，而有助文章也。

神道阐幽，天命微显　《易·观卦·彖传》：“观天之神道，而四时不忒；圣人以神道设教，而天下服矣。”《论语》：“五十而知天命。”《易·系辞下》：“夫《易》，彰往而察来，而微显阐幽。”韩康伯注：“《易》，无往不彰，无来不察，而微以之显，幽以之阐。阐，明也。”

《孝》《论》昭哲，而钩谶葳蕤　黄校云：“‘晢’原作‘哲’，许改。”李补注云：“明吴兴凌云本，‘晢’原作‘哲’，许改。”孙氏诒让《札迻》云云，语在《征圣》篇“文章昭晢”条下，系据黄荛圃校元至正本。案明凌云所见元本“昭哲”在《正纬》篇，故剪裁孙语，归此条下。

孙毂《古微书》曰：“纬书以‘命’言者，莫如《元命苞》；‘钩’言者，莫如《春秋》之《文耀钩》、《河图》之《稽耀钩》。”兹据《孝经纬》则直言《诀》矣。按：《孝经纬》有《钩命诀》。又曰：“《论语》不入经，亦不立纬，惟《谶》八卷。”范注引。

倍擿千里　黄下文校云：“倍”疑作“掊”。纪评云：“‘擿’疑作‘摘’。‘倍適’犹曰‘背驰’。”《札迻》卷十二（范亦引）。云：“‘倍擿’即下文。‘倍摘’，字并与‘適’通。”按孙语本系下文伪既“倍摘”下。《方言》云：

"適，牾也。"《广雅·释诂》同。郭注相触迕也。"倍適"犹言"背迕"也。纪以"倍"为"背"，得之；而释"適"为"驰"，则亦未允。按《札迻》是也。洪兴祖《楚辞》本《辨骚篇》："摘此四事。""摘"作"擿"。（据眉批加）

春秋之末，群经方备 孔子归鲁，删述六经，在春秋之末。

伪既倍摘 黄校云："倍"疑作"掊"。纪评云："此'倍摘'疑作'备摘'。"孙氏以此"倍摘"与上文"倍擿"并为"倍適"，犹言"背牾"。案详文义，上文"倍擿"，"擿"通"適"。"倍擿"言"背牾"，是。此则当如黄校所云，"倍"为"掊"误。"掊"，击也。"摘"，发也。"掊摘"，犹言摘发也。此总上文列举纬之四伪言，故云既也。若谓与上文"倍擿"同意，并言"背牾"，则辞不协矣。纪云"备摘"，亦通。

朱紫乱矣 《论语》："恶紫之乱朱，恶郑声之乱雅乐也。"（据眉批加）

戏其深瑕 黄校云："'戏'疑作'娀'。"唐写本"深瑕"作"浮假"。刘永济《校字记》云："唐本是也。"按《后汉书·儒林传》谓：尹敏对光武令校图谶，诋谶非圣人之作，"帝不纳。敏因其阙文增之曰：'君无口，为汉辅。'帝见而怪之，召敏问其故。敏对曰：'臣见前人增损图书，敢不自量，窃幸万一。'"盖敏欲开悟光武，使知图谶本前人浮伪之作，不可信，故戏损阙文也。

荀悦明其诡诞 唐写本"诞"作"托"。按："诡"、"诞"义同，作"托"，是。《申鉴·俗嫌》篇云："八十一首，非仲尼之作矣，是言其诡托也。"

轩皞 轩辕，少昊也。纬书托始黄帝。范注以为指少皞一人，非。

辨　骚

《离骚》，本屈原赋二十五篇之一，《汉·艺文志》列屈原赋二十五篇。原非文体之名。纪评谓"统名《楚辞》为《骚》，相沿之误"，是也。而李氏补注非之。李氏引周中孚《郑堂札记》引见范注本，惟范云见己酉年《国粹学报·文篇》。按是年学报所载无此条。余往在京时，从友人处得一抄本，则有此条。本抄本名补注。学报所载则名黄注。补正兹从抄本作补注。云：“据此知彦和亦统全书而言，纪氏殆未审也。”范注又引章实斋《文史通义·经解》“史迁以下，至取‘骚’以名其全书”之语，而驳之云：“史公《自序》及《屈原传》，并未尝单以《骚》为名。”愚按详《史记》《汉书》文意，虽若未尝以《骚》统名全书，然后书卷六十四《梁竦传》附《梁统传》。后云：“竦感悼子胥、屈原以非辜沉身，乃作《悼骚赋》，系玄石而沉之。”又卷七十八《应奉传》云：“党事起，奉乃慨然以疾自退。追愍屈原，因以自伤，著《感骚》三十篇，数万言。”则因以《骚》名，代表原所著述。宋陈说之以为屈原所著，则谓“《离骚》后人效而述之，则曰《楚辞》”。虽见非于黄伯思氏，见黄氏《东观余论》下。然以屈原所作统名《离骚》，与周、章二氏之说同。非无所依据，盖自刘向校书著录《楚辞》，以《离骚》冠篇，至王逸《章句》又有《离骚经》目。王逸《离骚经章句叙》云：“离，别也。骚，愁也。经，径也。言己放逐离别，中心愁思，犹依道径，以风谏君也。”（据眉批加）。梁章钜《文选旁证》谓：“‘经’字叔师所题，然详据《章句》释《离骚经》名云云，似‘经’名原本所有。洪兴祖补注云：‘后世之士，祖述《楚辞》，尊之为经，非屈原意。逸说非是。’”又《九歌下》云：“一本得《九歌》以下至《九思》皆有‘传’字，则经名非叔师所题。”亦非。只《章句》本如此标目。由是始则以“骚”统名原著，继则施及全书矣。故本篇题曰《辨骚》，而所言亦括《楚辞》全体。同时《昭明文选》于“赋”之外，亦另标“骚”目，辨体正名，虽曰有误，然其事相沿已久，非自六朝始也。纪云：“相沿之误。”是矣。纪氏又云：“《楚辞》之源出于《骚》，浮艳之根亦滥觞于《骚》。”亦是篇中所谓“观兹四事，同于风雅”、“摘此四事，异乎经典”，此即所谓辨也。又《后叙》云：“孝武恢廓道训，使淮南王安作《离骚经章句》，则大义粲然。”又云班固、贾逵“各作《离骚经章句》”。按《淮南王传》班固赞《序》，并未言经。（据眉批加）

风雅寝声 班固《两都赋序》云："成京后而颂声寝，王泽竭而诗不作。"彦和本此。范引《诗序》，非。

莫或抽绪 绪，余也。《楚辞·九章·涉江》："欸秋冬之绪风。"王逸注："绪，余也。"

奇文郁起 洪兴祖补注《楚辞》本作"蔚起"。 陶潜《移居》："奇文共欣赏，疑义相与析。"陆机《文赋》："郁云起乎翰林。"

轩翥诗人之后，奋飞辞家之前 《史记·屈原列传》："屈原既死，楚有唐勒、宋玉、景差之徒，皆好辞而以赋见称。"辞家谓"宋、景"等也。又本书《诠赋》云："及灵均唱骚，始广声貌。然赋也者，受命于诗人，拓宇于楚辞也。"

汉武爱《骚》，淮南作传 班固《汉书·淮南王传》及《离骚序》并云："淮南王作《离骚传》。"荀彧《汉纪·孝武纪》、高诱《淮南鸿烈解叙》又并云："淮南王作《离骚赋》。"王念孙《读书杂志》"《汉书》'《离骚传》'"条谓："'传'当作'傅'。'傅'与'赋'古字通。使为《离骚傅》者，使约其大旨而为之赋也。"《汉纪》《淮南鸿烈解叙》皆本《汉书》。《太平御览》"皇亲部"十六引此作"《离骚赋》"，是所见本与师古不同。近人杨树达《汉书札记》则谓"颜、王说并非"。疑师古《汉书注》："传经解说之若《毛诗传》。"古人所谓"传"者，有二体：解释文字名物，如毛公之于《诗》，此一体也；其他为一体，则但记述作意，而不必解释文字名物。《文选》卷五十一载王褒《四子讲德论序》云："褒既为益州刺史，王襄作中和乐职，宣布之诗，又作传，名曰《四子讲德》，以明其意焉。"非解释文字亦称曰《传》。按伏生《尚书大传》亦非解释文字训诂。（据眉批加）"传"不专为解释名物之称明矣。班固《离骚序》云："淮南王安叙《离骚》，以《国风》好色而不淫"云云，所称即是传文，并非赋体，具有明证也。范注说"杨说精当"，然本书《神思》篇云："淮南崇朝而赋骚。"疑淮南实为《离骚》作传，略举其训诂。班《序》谓"安说'五子'为'伍子胥'"，似亦作传而非作赋。而"《国风》好色而不淫”云云，是安所作《传》之序文，或东京以来，《汉书》本有作传者。有作传者，彦和两采而用之耳。

羿浇二姚，与《左氏》不合 《左氏》纪羿浇二姚事，见襄公四年及哀公元年《传》，与《离骚》所述似无不合。班固《序》云：“淮南王安叙《离骚传》，说五子以失家巷，谓伍子胥也；及至羿、浇、少康、二姚、有娀佚女，皆各以所识有所增损，然犹未得其正也。”故博采经书传记本文以为之解。是班固所云，盖谓淮南王传，非谓屈原《离骚》本文也，彦和似误。《困学纪闻》卷六：“刘勰《辨骚》：‘班固以为羿浇二姚，与《左氏》不合。’洪庆善曰：‘抵牾。羿浇等事正与左氏合，孟坚所云谓刘安说耳。”按洪说见补注《离骚》附录《辨骚》中。

昆仑悬圃，非经义所载 《离骚序》云：“今若屈原，露才扬己，忿怼不容，沉江而死，多称昆仑冥婚，宓妃虚无之语，皆非法度之政。经义所载，然其文弘博丽雅为辞赋宗，虽非明智之士，可谓妙才者也。”按昆仑悬圃。见《水经注》。

昆仑悬圃，非经义所载 《离骚》云：“邅吾道夫昆仑兮，路修远以周流。”王注引《河图·括地象》言：“昆仑在西北，其高万一千里，上有琼玉之树也。”又“朝发轫于苍梧兮，夕余至乎悬圃。”王注：“悬圃，神山，在昆仑之上。《淮南子》曰：‘昆仑悬圃，维绝乃通天。’”

整理者语：包先生“昆仑悬圃，非经义所载”条有二讲疏，整理者以为此应是两次成稿，先生未查，故有此。为保持原稿之完整，整理者以二者并存。

驷虬乘翳 日本铃木校云：“洪本作‘鹥’。”可从，诸本皆误引，见范注。按洪本即洪氏补注《楚辞》附篇。按王氏《章句》云：“鹥”一作“翳”，似原有二本。

虬龙（以喻君子，云蜺以譬）谗邪 《离骚》云：“驷玉虬以乘鹥兮，溘埃风余上征。”又：“驾八龙之婉婉兮，载云旗之委移。”又：“飘风屯其相离兮，帅云蜺而来御。”王逸《离骚经题辞》云：“虬龙鸾凤以托君子，飘风云蜺以为小人。”范注引日本铃木校云：“翳，洪本作‘鹥’，可从。诸本作误。”按王逸注：“‘鹥’一作‘翳’，是原有此二本，非误也。”“鷖”，本字；“翳”，假借字耳。

夷羿彃日 黄校云：“彃”元作“蔽”，孙改，作注引《天问》云“羿焉彃日，乌焉解羽”，王《淮南注》云云。范注云：“《淮南》语在《本经训》。”又云：“《说文》‘弓’部，彃，射也。从弓，毕声。《楚辞》曰：‘弙焉彃日。’”潘重规《札记》云：“蔽”，疑当作“弊”。《诸子》篇云：“羿弊十日。”唐人残写本作“毙”。“獘”、“毙”皆正字，“弊”则“獘”之隶变。按洪《楚辞》本“蔽”作“弊”字，或“蔽”为“弊”之误，“弊”又为“獘”之误。如潘氏所云，文则当从《楚辞》作“彃”也。

荒淫之意也 洪云：“此皆宋玉之词，非屈原意。自汉以来，靡丽之赋，劝百而讽一，其流至于齐梁而极矣，皆自宋玉倡之。”

体慢于三代，而风雅于战国 黄校云：“‘慢’，元作‘宪’，朱据《楚辞》改。”范注云：“唐写本作‘宪’。‘宪’，法也。体法于三代，谓同乎风雅之四事。‘风雅’亦应据唐写本作‘风杂’。‘风杂于战国’，谓异于经典之四事。”按朱据宋本《楚辞》改“宪”为“慢”，是风雅亦不误。“慢”者，薄也。《公羊·隐公三年传》：“慢，葬也。”何注：“薄也。”“雅”者，正也。“慢”与“雅”为对文，“体”与“风”为对文。“体”者，体性之谓；“风”者，风骨之谓。本书有《风骨》《体性》篇。《宗经》篇云：“文能宗经，体有六义。”其二曰“风清而不杂”，五曰“体约而不芜”，故知“风”“体”为对文也。“风”、“体”对文，则“风”、“雅”非联词，非谓“风”与“雅”之二体也。“体慢于三代，而风雅于战国”者，谓“楚辞之体于三代雅颂虽云为薄，然于战国尚不失为近正者也”，故下文“《雅》《颂》之博，徒词赋之英杰”。若如范注从庄写本释之，正得相反，上下文义不能相协矣。

骨鲠所树，肌肤所附 “骨鲠”谓事义，“肌肤”谓辞采也。本书《附会》篇所谓“事义为骨髓，辞采为肌肤”者是也。

招魂招隐 黄校云：“冯云《招隐》，《楚辞》本作《大招》，下云

‘屈宋莫追’，疑《大招》为是。”范注云：“唐写本《招隐》作《大招》。”按作《大招》是。洪补注：“《大招》下注云：‘屈原或言景差’。”冯所谓下文云“屈宋莫追”，是也。《招隐》“淮南小山，作文自骚经”以下所举，皆屈宋作也。

《卜居》标放言之致 李补注云，详友丹徒陈寿祺云：“《论语·微子》篇：‘隐居放言。’《集解》引包咸云：‘放，置也。不复言世务。’”《卜居》云：“吁嗟默默兮，谁知吾之廉贞。”故彦和以“放言”美之。案此句下云：“渔父寄独往之才”，亦云“渔父鼓枻而去，独往不反也。”陈说甚确。

自《九怀》以下 范注引《郡斋读书志》云云，谓据此彦和所云《九怀》（王褒作）以下当指东方朔《七谏》、刘向《九叹》、严忌《哀时命》、贾谊《惜誓》、王逸《九思》诸篇。按《读书志》所谓《释文》本目次，洪补注本亦引之，与王逸《章句》目次比勘，除《九章》，王逸第二，《释文》第三；《九辩》，王逸第八，《释文》第二外，以下并多不同。《招魂》王逸第九，《释文》第十；《招隐士》王逸第十二，《释文》第九；《大招》王逸第十，在《九怀》第十五前，《释文》《大招》第十六在《九怀》第十一后。若如范云，彦和所谓《九怀》以下，当依《释文》，则《大招》在《九怀》以下，《招魂》在《九怀》以上，与本篇上文《招魂》《大招》又不同，是彦和所据，亦非《释文》本也。此疑莫能明者。要之，彦和所谓《九怀》以下云云，其指屈宋以外诸人模拟之作，则无疑矣。

才高者菀其鸿裁 “菀”，唐写本作“苑”。范注云：“菀，训‘郁’、训‘蕴’，是自动词，下列三句中‘猎’、‘衔’、‘拾’三字皆他动词，语气不顺，疑‘菀’即‘捥’之假字。《集韵》：‘捥，取也。’‘捥其鸿裁’，谓‘取镕屈宋制作之大义，以自铸新词’，然此非浅薄所能，故曰‘才高者捥其鸿裁也’。”潘重规《札记》云：“先师黄尺云：‘苑’、‘猎’、‘衔’、‘拾’四字，词性相同，‘苑猎’连语，‘苑’犹

‘囿’也。盖才高者则尽其体制，衷巧者仅猎取其艳词而已。重规案：《诠赋》篇云‘京殿苑猎’，即‘苑猎’连语。《诠赋》篇又云：‘故知殷人辑颂，楚人理赋，斯并鸿裁之寰域，雅文之枢辖也。’即‘苑其鸿裁’之意。又案：《汉书·谷永传》师古注云‘菀’，古‘苑’字。大抵此书多存旧字，如‘析’作‘�’，‘制’作‘剬’之类是也。或读‘菀’为‘菀彼斯之’之‘菀’，大误。”按潘说是。

壮志山高 唐写本，“志”作“采”。范注本“山”作“烟”。

明　　诗

自此以下至于《书记》，依文体以为诠释，《辨骚》以上则明文章之总原，经诰为文章之祖，骚辞则文章之极变也，故《序志》曰“变乎骚”。自骚而降，文章乃成专品，后世文家咸相祖述，故曰“《辨骚》衣被词人，非一代也”。凡此盖不限于文章体制，号称为文者，莫不依之以为则也。《明诗》以下始为专论，观于《序志》，所举原始表末、释名章义、选文定篇、敷统之四事，仅可施诸?《明诗》以下，而不能施诸?《辨骚》以上，可知也。或以《明诗》当在《辨骚》上者，非。纪评云：此虽习见之语，其实诗之本原莫踰于斯。后人纷纷高论，皆是枝叶功夫。（据眉批加）

大舜云至**莫非自然** 此释名以章义也。又云“大舜”九句是发乎情诗者，七句是止乎礼义。（据眉批加）

昔葛天氏乐辞云 范注引赵万里云：“唐写本‘天’字、‘氏’字、‘云’字均无。”按此文疑当作“昔葛天乐辞，玄鸟在曲”，方与下文“黄帝云门，理不空绮”相对成文。今本衍“氏”字、“云”字，唐本夺“天”字，均有误。然终以唐本近是。

理不空绮 黄校云：“朱云‘绮’当作‘弦’。”按唐写本“绮”作“弦”，《云门》乐曲，故必弦歌，歌必有辞，故云“不空弦”也。范注引《诗谱序正义》云："'大庭有鼓钥之器，黄帝有《云门》之乐，至周尚有《云门》，明其音声和集。既能和集，必不空弦，弦之所歌，即是诗也。'《正义》语即本彦和，作'绮'者，误也。"按范说是。

尧有《大唐》之歌　黄校云："唐，一作章。"范注引《礼记·乐记》、郑注及《尚书大传》云："当作《大章》为是。《大唐》，舜美尧禅之歌，不得云'尧有'，彦和行文偶误。"是。

九序惟歌　范注引《困学纪闻》卷二云云，犹见《九歌》之目。

五子咸怨　《墨子·非乐》《竹书纪年》并作"武观"。《楚语》《水经注》并作"五观"，云"启子太康弟是为一人"。伪《古文尚书》有《五子之歌序》云："太康失邦，昆弟五人须于洛纳，作五子之歌。"是昆弟五人。《史记·夏本纪》同。彦和当用伪《古文尚书》说，故云"咸怨"。

严马之徒，属辞无方　《汉书·佞幸传·李延年传》："是时，方兴天地诸祠，欲造乐，令司马相如等作诗颂。延年辄承意弦歌，所造诗为之新声曲。"又《礼乐志》："以李延年为协律都尉，多举司马相如等数十人造为诗赋，略论律吕，以合八音之调，作十九章之歌。"王先谦《补注》引周寿昌曰："相如死当元狩五年，死后七年，元鼎六年。延年始得见是相如等前造诗，延年后为新声，多举者言，举相如等数十人之诗赋，非举其人也。则相如本自作诗，今《郊祀》十九章乃延年弦歌后所为新声曲，其辞非必皆相如等旧辞也。严助虽不闻为诗，然本传言留侍中有奇异，辄使为文，及作赋颂数十篇，度必亦有诗在内，惜不传耳。"疑严、马之诗辞在赋颂之间，非全篇四五七言，故列于韦孟柏梁之后，曰"属辞无方也"。

成帝品录，三百余篇　范注：《艺文志》"歌诗二十八家，三百一十四篇，并赋百六家，千三百一十八篇"。又班固《两都赋·序》："孝成之世，论而录之，盖奏御者千有余篇，而后大汉之文章炳然，与三代同风。"

李陵班婕妤见疑于后代　纪评云："观此则以苏李为伪，不始于东坡矣。"范注引颜延年《庭诰》云："逮李陵众作，总杂不类，元是假托，非尽陵制，至其善写，有足悲者。"则疑李诗当以颜氏为最早。按杨慎《丹铅总录》引为晋挚虞《流别志》语。"见疑于后代"，《御览》五百八十六"疑"作"拟"，"后"作"前"。刘永济曰："《御览》是。"舍人明言李陵班婕妤之作，乃前代之人所拟作。前代者，齐代以上，西汉以下也。说详所著《文学通史》中。刘氏《文学通史》未见，然按文义，究以黄本为是。（据眉批加）

比采而推，两汉之作乎　黄校云："采"一作"类"。纪云："类"字，是。纪又云："此与钟嵘之说亦大同小异。"按嵘《诗品》上云："逮汉李陵始著五言之目矣。"古诗眇邈，人世难详，推其文体，固是炎汉之制，非衰周之倡也。自王扬枚马之徒，词赋竞爽而吟咏靡闻。从李都尉迄班婕妤将百年间，有妇人焉，一人而已，诗人之风顿已缺丧。东京二百载中，惟班固《咏史》质木无文。又古诗其体源出于《国风》，陆机所拟十四首，文温以丽，意悲而远，惊心动魄，可谓几乎一字千金。其外"去立者日以疏"四十五首，虽多哀怨，颇为总杂，应疑是建安中曹王所制，"客从远方来"、"橘柚垂华实"，亦为惊绝矣。人代宜灭，而清音独远，悲夫！又汉都尉李陵，其源出于《楚辞》，文多凄怨者之流。陵，名家子，有殊才，生命不谐，声颓自丧，使陵不遭辛苦，其文亦何能至此。又汉婕妤班姬，其源出于李陵，团扇短章，辞旨清捷，怨深文绮，得匹妇之致，《侏儒》一节可以知其工矣。

古诗佳丽，或称枚叔　徐陵《玉台新咏》所列为枚乘作者九首，除《兰若生春阳》一首外，余皆在今《文选·古诗十九首》中，是当时有以为枚乘作者，故孝穆径题为"乘"云。

《孤竹》一篇，则傅毅之词　《冉冉孤生竹》一篇，今亦《十九首》中，彦和定为傅毅作，不知何据。

整理者语：按原文顺序，此二条当在"比采而推，两汉之作乎"条之前，但原稿置于其后，今照录以存原貌。

结体散文，直而不野　以上原始以表末也　纪评云："直而不野，括尽汉人佳处。”

张衡《怨》篇，清典可味 黄校云：“典”，一作“曲”，从纪闻改。纪评云：“是。‘清曲’，‘曲’字作‘婉’字解。”李补注云：“黄注引衡诗，但作‘其辞曰’云云，不记所出。”按《御览》八百九十三范注本引作“八百八十三”。载：“衡《怨》诗曰：‘秋兰，嘉美人也。嘉而不获用，故作是诗’。”此是《诗序》，当并录之。诗与黄引同。明梅庆生、凌云两本并作“清曲”。黄据《困学纪闻》改，非也。纪氏亦以“清曲”为是。范注《怨诗》四言，义极典雅，作“典”字，是。

《仙诗缓歌》，雅有新声 黄注引《同声歌》云云。纪评云：“《仙诗缓歌》，今已无考，不得以‘素女’‘天老’字附会‘仙’字。”李补注云：“纪氏识之，是也。”范注云：“乐府古辞，有《前缓声歌》。”

王徐应刘 《诗品》云：“白马与陈思赠答，伟长与公干往，虽曰以莛扣钟，亦能闲雅矣。”按《文选》有公干《赠徐干》一首。子建亦有赠诗。应玚《文选·侍五官中郎将建章台集》诗一首。

慷慨以任气至**此其所同也** 旧评云：“的是建安。”

晋世群才至**比肩诗衢** 李补注云：“沈约《宋书·谢灵运传》谓：‘降及元康，潘陆特秀，律异班贾，体变曹王，缛旨星绸，繁文绮合。”

景纯仙篇 李补注云：“钟嵘《诗品》：‘郭景纯用俊上之才，变创其体。’又云：‘文艳相辉，彪炳可玩，始变永嘉平波之体，故称中兴第一。’”

整理者语：原稿本条在“王徐应刘”条前，然于后二条则颠错太过，故按正确顺序置此。特此说明，以见原稿之貌。

至于张衡《怨》篇至**纲领之要可明矣** 此选文以定篇也。纪评云：“齐梁以后，此风又变，惟以涂饰相尚，侧艳相矜，而诗极弊焉。”

宋初文咏 旧评云：谢客为之倡。魏文帝与吴质书：“昔日游处，行则同舆，止则接席，何尝须臾相失。每至觞酌流行，丝竹并奏，酒酣耳热，仰而赋诗。当此之时，忽然不自知乐也。”颜延年作《咏怀诗》：

“任得宗身仕乱朝，常恐罹谤遇祸因。发断咏故每有忧，生之嗟维志在刺。”讥而文多隐避，百代之下难以情恻，故粗明大意，略其幽旨也。

四言正体至**清丽居宗**　纪评云：“此论却局于六朝习径，未得本源。夫雅润清丽，岂诗之极则哉。”

诗有恒裁至**其难也方来**　范注引黄氏《札记》云：“此数语虽似肤廓，实则为诗之道，已具于此，‘随性适分’四字已将古今家数派别不同之故，包举无遗矣。”

明于图谶　“明”，唐写本作“萌”，是。

回文所兴，则道原为始　李详补注云：《困学纪闻》卷十八评诗云：“《诗苑类格》谓‘回文’，出于窦滔妻所作。《文心雕龙》云云。又傅咸有回文反复诗，温峤有回文诗，皆在窦妻前。”翁元圻注引《四库全书总目》，宋桑世昌《回文类聚》四卷，《艺文类聚》载曹植《镜铭》，“回环读之，无不成文”，实在苏蕙以前。详按梅庆生音注本云：“宋贺道庆作四言回文诗一首，计十一句，范注引作‘十二句’。四十八言，从尾至首读亦成韵。”“道原”无可考，恐“原”为“庆”字之误也。范注云：“道庆之前，回文作者已众，不得定‘原’字为‘庆’字之误。”按范说是。

以此敷理以举泛也。

附　　录

《文心雕龙》之组织：

粗分：

上篇——文史　原文章之流变

下篇——文论　论文章利病及其利病之由

细分：

原文学之本原——《原道》

论文学之宗主——《征圣》《宗经》……《辨骚》

明文学之体变 ┌文——《明诗》……《谐隐》
　　　　　　 └笔——《史传》……《书记》

论文学之创作与修养——《物色》《神思》《养气》

论创作之本领——《情采》《风旨》《体性》《定势》《通变》《熔裁》《附会》《隐秀》《总术》

论文辞之修饰——《声律》《丽辞》《章句》《练字》《比兴》《夸饰》《事类》

论文学之批评——《才略》《程器》《时序》《知音》《指瑕》

版本与参考文献 仿《经学通义初稿》

黄注本　尚有养素堂原刊本。

顾千里、黄荛圃合校本　有孙仲容手录本。

孙仲容校本　存《札迻》中。

谭复生校本

赵万里校唐写残本　见范文澜注引。

孙蜀丞校本　据唐写残本、明抄本、《太平御览》三种校本。

章锡琛校本　据日本帝室图书寮藏宋刊《太平御览》校，附范注本后。

日本铃木虎雄校勘记　见范注引。

黄氏辑注本　据梅庆生音注本。

纪昀云："黄氏自言宜从王惟俭本，而所从实仍为梅本。"

卢文弨云："黄本于他人所校俱著其姓，惟梅子庚独否。"

铃木虎雄云："黄本校语殆全然依梅本。"

梅本、闵本具录校者姓字，黄则唯记其姓。校者姓中，三许、五王、二孙、二徐。单著姓氏，其为何人，何由辨之？

何焯尝引冯己苍记云："谢耳伯尝借钱功甫本于钱牧斋，牧斋仍秘《隐秀》一篇。己苍以天启丁卯从牧斋借得，因乞友人谢功甫录之其《隐秀》一篇，□遂多传于世，己苍自录之。”

《御览》《玉海》俱有引《文心》者　日僧《文镜秘府论》亦有引

注《文心》最早者，有宋辛处信（十卷）　见《宋史·艺文志》，今亡。

敦煌本　出敦煌莫高窟，盖唐末抄本。自《原道》篇“赞”尾十三字起至《谐隐》第十五篇名止。

铃木虎雄尝据黄注本对比，于大正十五年五月作校勘记（以下据铃木氏校勘记引目）。

何焯校宋本《文心雕龙》

阮华山宋椠本　明末常熟钱允治所得者，其书晚出，诸家疑其伪托。允治所抄补四百余字，见《四部丛刊》刻嘉靖本卷尾。

元至正乙刻本　刻于嘉禾者，见何焯跋语。

黄丕烈有校元至正本，见孙诒让《札迻》。

明《永乐大典》所引本　纪昀所见者。

明弘治本　弘治甲子刻于吴门者，见钱功甫记。

又弘治本见黄丕烈记。

何焯弟子蒋杲子遵亦获弘治本。梆阳冯氏重刻本，见都穆跋文。

明嘉靖本　嘉靖辛卯刻于建安，庚子刻于新安，癸卯又刻于新安，见钱功甫记。

明汪一元所校者，清何焯用宋本所校者，何焯弟子沈岩所获者，并丙子新安刻本也。今《四部丛刊》所影嘉靖本疑即庚子新安刻本。

明万历本　万历己卯张之象刻，见沉岩所引何焯语。

万历癸巳朱谋玮有校本。参考《御览》《玉海》诸籍补完改正共三百二十余字，见其跋文。

万历己酉刻于南昌，见钱功甫记。

《两京遗编》所收亦万历本，书末有“万历十年壬午夏东莱原一魁《后序》”。

吴本　歙本　浙本　见朱谋玮跋。

杨升庵批点本　即梅庆生音注本。

天启壬戌金陵聚锦堂刊，见藏日本京都帝国大学。卷首有万历己酉江宁顾起元序。天启壬戌长至日莆阳宋穀重书，题曰《文心雕龙批评音注序》。又有己酉孟冬梅庆生识语，卷之一第一叶“左湍刻，天启二年梅子庚第六次校定藏板”字样。又双行署“梁通事舍人刘勰著，明豫章梅庆生音注”。又载校雠姓氏及音注校雠姓氏。（黄语本元校姓氏自梅庆生、王惟俭以前所列姓氏，即梅氏原本校雠姓氏。）

杨升庵批点张墉、洪吉臣参校本　康熙三十四年重镌武林抱书阁梓行，日本豹轩所藏。卷头云：西湖张石宗洪载之两先生参注。又载：“有武林周兆丰所识凡例及校雠姓氏（从略）。”

铃木云：“此书全然袭梅本。”

吴兴闵绳初刻本　日本豹轩藏。

万历壬子卷首有曹学佺序及闵绳初刻序及吴兴凌云轩凡例及校雠姓氏（从略）。

铃木云：“此书亦用梅本，移出音注别为一卷……校者姓字则具录之。黄叔琳校本只记姓氏而不及其字。梅本及此书并可补其缺。”

汉魏丛书王谟本

王惟俭本　见黄氏辑注。

日本冈白驹校正句读本　日本享保辛亥浪华书肆文海堂梓行，豹轩所藏。

黄叔琳辑注本　又节抄本　又附纪昀评本

吴伊仲校本　卢文弨所见。

张松孙辑注本　乾隆五十六年张松孙序日本豹轩所藏卷首署曰“梁刘勰撰，明杨慎批点，长洲张松孙鹤坪辑注，男智莹乐水校”。此书据梅庆生本及黄叔琳本略加增损。

黄丕烈校元至正刊本　见孙氏《札迻》。

冯舒、顾广圻校本　同上。

李详《黄注补正》　初本见《国粹学报》己酉第八号，定本有石印本。

黄侃《札记》　北平文化学社铅印本。

《文镜秘府论》四卷　日本释空海撰其书卷一《四声论》引《声律篇》文。

《太平御览》一千卷　日本帝室图书寮藏宋本581、585～590、593～598、601、603、604、606、608并引之。

《玉海》二百四卷　日本京都帝国大学藏覆刻元至正本29、31、35、37、42、45、46、53、54、59～64、102、106、196、201、203、204并引之。

《困学纪闻》　2、6、17、18、19、20并引之。

洪迈《容斋笔记》　《四笔》卷十引。

《抱经堂文集》　卷十四有《书后》，又《钟山札记》卷一有校语。

《札迻》　卷十二有校语。

《庄子·齐物论》“彼是”解（残篇）

庄子之学，以逍遥为之鹄，以“齐物”为达于其鹄之方。“齐物者”（注一），泯灭人我，排弃心知，冥然任物，而一世相与乎澹漠者也。然物之不齐，物之情也。将欲齐物，其道何由？此庄子所以有“彼是”之说矣。其说曰：

> 物无非彼，物无非是。自彼则不见，自是则知之。故曰：彼出于是，是亦因彼，彼是方生之说也。虽然，方生方死，方死方生；方可方不可，方不可方可。因是因非，因非因是，是以圣人不由，而照之于天，亦因是也。是亦彼也，彼亦是也。彼亦一是非，此亦一是非。果且有彼是乎哉？果且无彼是乎哉？彼是莫得其偶，谓之道枢。枢始得其环中，以应无穷。是亦一无穷，非亦一无穷，故曰莫若以明。

自来解者于“彼是”之说，皆不得其义。郭象于此注云：

> 物皆自是，故无非是；物皆相彼，故无非彼。无非彼，则天下无是矣；无非是，则天下无彼矣。无彼无是，所以玄同也。夫物之偏也，皆不见彼之所见，而独自知其所知。自知其所知，则自以为

是；自以为是，则以彼为非矣。故曰“彼出于是，是亦因彼”，彼是相因而生者也。夫死生之变，独春秋冬夏四时行耳。故死生之状虽异，其于各安所遇一也。今生者方自谓生为生，而死者方自谓生为死，则无生矣。生者方自谓死为死，而死者方自谓死为生，则无死矣。无生无死，无可无不可，故儒墨之辨，吾所不能同也；至于各冥其分，吾所不能异也。夫怀豁者，因天下之是非而自无是非也。故不由是非之涂，而是非无患不当者，直明其天然，而无所夺故也。我以为彼所彼，彼亦自以为是。此亦自是而非彼，彼亦自是而非此，此与彼各有一是一非于体中也。今欲谓彼为彼而彼复自是，欲谓是为是，而是复为彼所彼；故彼是有无；未有定也，偶对也，彼是相对，而圣两顺之。故无心者，与物冥，而未尝有对于天下也，此居其枢要会其玄极，以应夫无方也。夫是非反复，相寻无穷，故谓之环。环中空矣，今以是非为环而得其中者，无是无非也。无是无非，故能应夫是非。是非无穷，故应亦无穷。天下莫不自是而莫不相非，故一是一非两行无穷，唯涉空得中者旷然无怀，乘之以游也。

郭氏所说虽未能得庄生之旨，然固超妙玄绝，是后世注家，莫不仰而宗之，无所献疑（注二）。然试即其说而寻绎之，则知郭于“彼是”一辞，实前后歧为二义。于“物无非彼，物无非是”注云：“物皆自是，故无非是；物皆相彼，故无非彼。”盖以“彼是”为谓词，所谓“彼”者即“非是”之谓也。而于“彼出于是，是亦因彼”，则又注云：“自以为是，则以彼为非。”乃又以“彼是”为代词，所谓“是”者，则“我”之谓也，而其注下文“是亦彼也，彼亦是也”，则又云：“我亦为彼所彼，彼亦自以为是。”又竟兼“彼我”、“是非”二义以为说矣（注三）。庄子原文，“彼是”之词无殊，而郭氏说解，前后任意歧出，随文为训，固为不当。且以“彼”为“非是”，其于词义，亦非恒训。故后之解者，乃多偏取其“彼我”(亦即彼此)一义,以为训说,俾其词旨,义归一揆。然以彼我之义,解说“物无非彼,物无非是”,若不能妙达其玄旨而徒顺郭义为说,则揆诸前后之文,终觉于词未协。由是余杭章君乃后于“彼为非是”之说寻其依据,其《庄子解故》云:彼借为匪,《小雅》“彼交匪敖”。左氏襄二十七年《传》作“匪交匪敖”是其证,“匪”即“非”字。此下“彼是”对举者,即“非是”对举也。其《齐物论释》(定本)解此文则云:

“物无非彼”,其更相彼也。“物无非是”,言各自是也。无非彼,则天下无是;无非是,则天下无彼。人皆自证而莫知彼,岂亦不了他人有我?他人之我,恒依计度推知,非恒审证之。故由此他心即彼心所有法,亦以计度推知,翩然之间,终有介尔障隔,依是起争,是非蜂午。夫其执有是非者,若无我觉,必不谓彼为非,若无彼觉,亦不谓我为是。所以者何?此皆比拟而成执见。向无比拟,即以散心任遣处之,其犹闾娵、子都,不与众人共鉴,必不自谓美好。由斯以言,“彼出于是,是亦因彼”,曾无先后,因果相生,则知彼是待欢而起,其性本空。彼是尚空,何复云容是非之论。以方生喻彼是者,一方生即一方灭,一方可即一方不可。因果同时则观待之说也。圣人无常心,以百姓心为心,故不由而照之于天。知彼是之无分,则两顺而无对。如户有枢,旋转环内。开阖进退,与时宜之。是非无穷,因应亦尔。所谓“莫若以明也”。

是章君虽于《解故》以为“彼是”对举者,皆为“非是”对举。意固亦谓不宜前后歧出,然究其论释所诠,则参以佛家唯识义外,其大本仍与郭氏无违,亦复用其“彼我”、“是非”二说,然郭氏“彼”为“非是”之义,彼是,得章君所取证,则尤令人足以深信,而若无可疑者。庄生之旨,益沉埋而不可复观矣。

试尝论之，若持郭氏之义，证以庄生之文，其最足以知郭氏之失者，盖可得三事焉。《庄子》云："物无非彼，物无非是。""彼出于是，是亦因彼。彼是方生之说也。""是亦彼也，彼亦是也。彼亦一是非，此亦一是非。果且有彼是乎哉？"果且无"彼是"乎哉，彼是莫得偶，谓之道枢。"彼"云"是"云，义皆一贯。而郭氏以"彼此"、"是非"分别为说，歧而为二（说见前），此其失一也。物之为言，自为达名（注四）。然其施于文也，则又义有通句。以通义言，当并"人""物"而遍包之；以句义言，则以人名对，未能舍"物"，而独以"人"为"物"也。庄子此文，盖就其句义言之，即所谓与人相对者是也（说详后）。而郭氏乃以此之所谓物者，偏斥"人"言（注五），此其失二也。《庄子》云："物无非'彼'，物无非'是'，'彼'出于'是'，'是'亦因'彼'，'彼''是'方生之说也，'是'亦'彼'也，'彼'亦'是'也，果且有'彼''是'乎哉？果且无'彼''是'乎哉？彼是莫得其偶，谓之道枢，此彼是之对举也。""因'是'因'非'，因'非'因'是'，'彼'亦一'是''非'，此亦一'是''非'，'是'亦一无穷，'非'亦一无穷；此是'是非'之对举也。""'彼'亦一是非，'此'亦一是非；此彼此之对举也。"一文之中，"彼是"、"是非"、"彼此"三词分别甚晰。而郭氏不复别白，混而同之，竟以"彼是"一词，兼包"彼此"、"是非"二义，此其失三也。有此三失，故知郭氏所说，实未足以得庄生之旨矣。

然则"彼"、"是"之义，果何居乎？曰："《庄子》之文曰：物无非'彼'，物无非'是'，自'彼'则不见，自知（注六）则知之"，上以"彼"、"是"对文，下则以"知"易"是"，而仍与"彼"为对，是则所谓"是"者，当不"知"之谓也。知著于心，其事在己，故以"是"言之，"知"以"是"言，则"彼"与"是"对，"彼"与"知"对，所谓"彼"者，自必为相对之境也。试持此义以解《庄子》之文，必将觉其词顺理当，涣若冰释，而无所疑滞矣。

物无非“彼”，物无非“是”；自“彼”则不见，自“知”则知之；故曰：“彼”出于“是”，“是”亦因“彼”，“彼”“是”方生之说也。

“物”者，“人”之对，而“知”之所知者也。以物而言，物莫不各自有存枉。故曰：“物无非彼。”然彼存在之物，若不为“人知”所“知”，则其存在与否，实不可得而说，“物”之所以可许以为“有物”者，乃以其为“人知”之所“知”故，故又曰：“物无非是。”物如不为“人知”所“知”，其存在与否，不可得说，故曰：“自彼则不见。”而物之所以可说为有物，乃以其为“人知”之所“知”，故又曰：“自‘知’则‘知’之。”然则“物”之“存在”，乃“存在”于“知”。然若无物，“知”复何有？故曰：“‘彼’出于‘是’。”曰：“‘是’亦因‘彼’。”是故物之与知，彼之与是相与而并生者也。有物，则“知”有所知，有“知”，则物成其物。“物”也，“知”也，生则并生，死则并死（生死即生灭作止之谓），二者相与而不能相离者也。“方”也者，“并”之谓耳。

虽然方生方死，方死方生；方可方不可，方不可方可，因“是”因“非”，因“非”因“是”，是以圣人不由，而照之于天。亦因是也。

况夫知量不同，时也有异，则人之观于物也，所见亦殊。是故有物如此，甲以为“是”者，乙或以为“非”；乙以为“可”者，甲或以为“不可”；今日之所“是”，明日或“非”之；在此以为“可”，在彼或以为“不可”；有见于此，则无见于彼；以其所见者为“是”，则以其所未见者为“非”。如其知见同时，则彼是非不二：“方生方死，方死方生；方可方不可，方不可方可”，此之谓也。惟是俗情胶滞，未知其通，各执一隅，以成知见，故生是非之辨。而圣人不然，不由是非分别之心，而循自然圆照之性达人，我知情通彼是为一，故能“因‘是’因‘非’，因‘非’因‘是’”（注七）。然圣人之所以能尔者，亦无非因“是”而已，“是”者非他，非是非之谓，亦即知之谓也。特此所谓“知”者，非俗情之知，乃真人之真知耳。“真知”与“知”，“知量”难殊，其体不异，若能绝弃执见，排遣心知，则所谓“真知”者，斯得之矣（注八）。

> “是”亦“彼”也，“彼”亦“是”也。彼亦一是非，此亦一是非，果且有“彼”、“是”乎哉？果且无“彼”、“是”乎哉？彼是莫得其偶，谓之道枢。枢始得其环中，以应无穷。是亦一无穷，非亦一无穷也。故曰：莫若以明。

虽然，俗之为知，亦非无见，当其有所见也，则其以为“是”者，亦未尝不即，其所见之“彼”，更因即以其所见之“彼”而成其所以为知之“是”，故曰“‘是’亦‘彼’也，‘彼’亦‘是’也”。惟俗之所谓有所见、有所知者，莫非各执一隅，鲜观衢路，或见于此而不见于彼，或见于彼而不见于此，各以其所见者为是，而其所不见者为非，由是而有彼亦一是非，此亦一是非之辨。然而“彼”固无殊，何以知见各异，而是非蜂起？“果且有‘彼’、‘是’乎哉？果且无‘彼’、‘是’乎哉？”果无“彼”、“是”，何以各人知之所成之“是”，莫不悉如其各人知之“所知”之“彼”？果有“彼”、“是”，则又何以各有所知之“彼”？所成之“是”？是岂所谓“彼”、“是”莫得其偶者耶？“彼”未有殊，“是”不应异其理固尔；然此之为境也，盖非心知之所能辨，名言之所可宣。恶乎然？然于然恶乎不然？不然于不然，物固有所然，物固有所可，无物不然，无物不可（本《论语》）。“彼”也“是”也，盖通而为一者也，此乃所谓“彼”、“是”莫得其偶，谓之道枢者也。“偶”者何？对待之谓耳。知者，道者，秉枢以居环中，超乎象外，因其所是而是之，因其所非而非之。“是亦一无穷，非亦一无穷”而“因应亦与之为无穷”，此之谓“不用而寓诸庸”（亦本《论语》），此之谓“莫若以明”。

准此而言，“是”之为知，“彼”为所知之境。持此为义，以解《庄子》之文，得不词顺理当，无所疑滞？而“彼是”、“彼此”、“是非”三词，其义各别，不亦皦然可知乎？

且不独于此文为然也，凡庄子书中之以“彼是”言者，虽其词可单举，而不必“彼”、“是”对文，但使此，使此，是又为代词，前无他词（中有缺文）安用移？盖有问焉，犹蜩与学鸠，大小虽异，而其未达大鹏之知则耳（注十一）。

然则所谓“是”者，得非“知”之谓乎？“知”有“所知”，所知则“彼”也。《大宗师》云：“夫‘知’有所待而后当，其所待者，特未定也。”所待非他，亦即彼之谓耳。盖人以知量不同，故“知”所知之“彼”亦异，然所知之彼虽异，而彼之为彼则一；“彼”之为“彼”既一，则各人所知之“是”，其于“彼”也，亦莫不各得其之“彼”之一焉。故本论有云：

> 今且有言于此，不知其与“是”类乎？与“是”不类乎？类与不类相与为类，则与“彼”无以异矣。

夫“言者有言”，而“言”之所“言”，即其“知”之所知“是”；“知”之所知之“是”，则又莫不因于彼焉。然而“言”之于“知”，“是”之于“彼”，果足以互尽其蕴而相类乎？此未可知者，此所以有“类”与“不类”之辨也。其之与知虽彼此不相类，而其于彼亦必有其类者存焉。在此以为类者，在彼或以为不类；在彼以为类者，在此则以为不类；然合此所谓“类”与“不类”者而并观之，则与“彼”亦无以异矣。此诸所云，皆足以证成以“是”为“知”之义也。

试复以“彼”言之，如本论云：

昭文之鼓琴也，师旷之枝策也，惠子之据梧也，三子之知几乎，皆其盛者也（注十二），故载之末年。唯其好之，以异于“彼”。其好之也，欲以明之。“彼”非所明而明之，故以坚白之昧终，而其子又以文之纶终，终身无成。

此“彼”云者，虽所表之事不一，然莫不皆指其事理之对境而言。昭文鼓琴而精，师旷妙解音律，惠施以善辩名，皆所谓知之盛者。然琴之音，其调非一，操弦鼓之，虽有繁手，遗音实多；音律之妙，亦非名言之所能尽；至于名理之辩，尤非超之以象外，莫能得其环中，若徒以机心巧辩以从事，则其所得之“是”或不免于非。而三子之知，不能及此，各于其所事者，好之不遗余力，而究其力之所极，则反因而与彼之所事者，相与而违异焉。唯其好之也，以异于“彼”，盖《庄子》平亭之语，非述事之辞。“以”者，因之谓；“异”者，违之谓；“彼”者，其所事之“对境”之谓也。诸家解此，皆以为述事之语，而以“彼”谓众人，胥失之矣。夫三子者，唯各于其所事，好之精笃，故欲勤其知巧，竭其才力，以求有明于“彼”，而不知“彼”非所宜明也。非所明而明之，故或终身昧于“坚白”之辩，溺而不反，或传之子孙，意其纶绪，莫知所归，其于“彼”也，终莫能有所成焉。本论又云：

既使我与若辩矣，若胜我，我不若胜，若果是也，我果非也邪？我胜若，若不吾胜，我果是也，而果非也邪？其或是也，其或非也邪？其俱是也，其俱非也邪？我与若不能相知也，则人固受其黮闇。吾谁使正之？使同乎若者正之？既与若同矣，恶能正之！使同乎我者正之？既同乎我矣，恶能正之！使异乎我与若者正之？既异乎我与若矣，恶能正之！使同乎我与若者正之？既同乎我与若矣，恶能正之！然则我与若与人俱不能相知也，而待彼也邪？

此所谓“彼”非我非若，而又非其他之人，则此彼者果谁谓邪？得非所谓知辩之对境耶。《寓言》有云：“众罔两问景，景曰火，曰吾屯也，阴与夜，吾代也。”彼吾所以有待耶？而况乎有待者乎？彼来则我与俱来，彼往则我与俱往，彼强阳则我与之强阳，此所谓彼固指形言，然以景言之，形固景之对境也，待彼之彼亦由是耳。汝我之辩，既无以为正，则惟有待此辩论之，对境之彼，自正可矣，此所谓因物付物而冥然任之者是也。

他如《骈拇》篇自闻、闻彼，自见、见彼，自得、得彼，至《达生》篇：“弃世则无累，无累则正平，正平则彼更生。”彼亦皆谓“对境”言。（宣颖《南华经解》）虽谓达生之彼为指道代，然道代于人亦外境也，特与心知对境之物，其量有广狭之殊尔。

至于义尤显豁，足与本文相发明者，检《庄子》书中可得三文，夫《天道篇》云：

> 故视而可见者，形与色也；听而可闻者，名与声也。悲夫！世人以形色名声为足以得彼之情！则知者不言，言者不知，而世岂识之哉！

则彼即闻见心知之对境，于义尤无疑焉。

又《庚桑楚》云：

> 备物以将形，藏不虞以生心，敬中以达彼，若是而万恶至者，皆天也而非人也。

又《徐无鬼》云：

> 彼之谓不道之道，此之谓不言之辩，故德总乎道之所一，而言

休乎知之所不知，至矣。道之所一者，德不能同也；知之所不能知者，辩不能举也。

《成玄英疏》云：

中，内智也，彼外境也。敌重神智，不能轻染，智既凝寂，境自虚通。

又疏云：

彼，谓所诠之理。不道之道，言非道非不道也。此谓能诠之教。不言而言，非言非不言也。子元乃云：此谓仲尼，斯注粗浅；失之远矣。（注十三）夫不道不言，斯乃探微索隐，穷理尽性，其二子之所能耶！若以甘寝弄丸而稍息讼以默者，此则默语悬隔，丘何得有喙三尺乎？故不可也。

是岂成亦或以彼为所诠之“外境”，其于《达生》以彼谓不道之道，以下别为一章，且斥子元以此为仲尼彼为二子为粗浅巨失，亦可谓巨眼者矣。

《徐无鬼》又云：

尽有天，循有照，冥有枢，始有彼则其解之也似不解之者，其知之也似不知也。

天谓自然有者言之间也，尽其自然之天，而循是以为照，则照无不明矣。故曰：“尽有天，循有照。”本论云：“‘彼’、‘是’莫得其偶，谓之道枢。枢始得其环中，以应无穷。”向非冥然任物，则不得道枢以居环中，而应无穷，此无他，有“始”有“物”之见存耳。有始有物，斯其于知，觉有其境。故曰：“冥有枢，始有彼。”能者不能，知者不知，不知之知，不能之解，因物付物而物齐矣，此齐物之旨也。

然则彼以对境为义证之《庄》书，不亦信而有征乎？（以下缺。——编者注）

（原载《私立武昌华中大学二十周年纪念特刊》）

从古代徽识论“易”之名义

一

《易乾凿度》曰：

> 易者，其德也；变易，其气也；不易，其位也。

郑玄因本之以赞《易》，曰：

> 易一名而含三义：易简，一也；变易，二也；不易，三也。

后世言《易》者多宗之。然不知此非其义之朔也。《说文解字》易部部首云：

> 易，蜥易，蝘蜓，守宫也，象形。秘书说：日月为易，象阴阳也。一曰：从勿。

按许君说“易”为蜥易，象形，是也。秘书之说，盖缘《周易》会易之义而会之。《周易参同契》云：“日月为易，刚柔相当。”误与秘书说同。然《参同契》以之说《周易》阴阳之义，犹未大失。而虞翻注之，竟谓“易字从日下月”，则其误甚矣。商周古文，“易”字并象蜥易之形，如“”（甲骨文见王襄《殷契类纂》）、“”（毛公鼎）、“”（仲师父鼎）、“”（师卣敦）、“”（买敦）、“”（伯其父簠）、“”（伯家父敦并见容庚《金文编》），其显然者。其作“”（郬遣敦）、“”（克鼎）、“”（颂鼎）、“”（无箕敦）、“”（周公敦）、“”（旂鼎）、“”（大敦）、“”（鄂侯鼎）、“”（鞄侯鼎）、“”、“”（繺卣）、“”（亚觥）、“”（犒尊）、“”（小子斝敦）、“”（宅敦）、“”（畬敦，见《金文编》）、“”（甲骨文）、“”（同上，并见罗振玉《殷虚书契前编》）、“”（同上，《后编》）、“”（同上）、“”（同上）、“”（同上，并见王襄《殷契类纂》）等体者，亦即其形而变者也。然从未有从“日下月”者。而罗泌《路史》乃据许君从勿之说而强释之，谓：“从勿者，月彩之散。”至《六书正讹》竟改其字作“”。王筠《说文释例》谓：“皆为秘书之说所愚而煽其焰者”，是也。不知《易》之为称，实缘蜥易得名，非“易”字之义，由《周易》衾易来也。惟如陆佃《埤雅》所云：“蜴善变，《周易》之名，盖取乎此。”而后之言《易》者，又或遵而从之，则亦未免于失矣（按罗氏亦有此说，然与其言“勿为月彩之散”，义复两歧，可知勉强牵合者，其说多左右失据）。上古之世，民智颛愚，实未能运以玄思，以深究乎衾易变化之义，而假物取象，为此玄名，必其时氏族，有以蜥易为其族之徽识者（《周官·司常》云：“掌九旗之物名，各有属以待国事。”郑注云：“属谓徽识也，《大传》谓之徽号。”按古言徽识，犹今泰西之言图腾耳）。《易》本此族纪其卜筮吉凶悔吝之书，故即以《易》名之，犹云鸟命官，夔龙之称，以为人名，牛马翟蔡之属，以为氏姓国邑之号也。许君所引“一曰从勿”之义，虽非如罗氏所谓“月彩之散”，然当必本诸古之遗说，有谓“易”与“勿”有相涉者，吾人即此说而求之，则其义有可得而考见者矣。

二

《说文》勿部部首云：

，州里所建旗。象其柄，有三游。（段注云：“象其柄”，谓右笔也。“有三游”，谓也。）杂帛，幅半异。所以趣民，故遽称勿勿。，勿或从㫃。

许君说“勿”为旗，亦得其义，惟谓其形象旗，柄有三游，则非。“”，如旌旗上所属之物，所谓蜥易是也。于字本即为“易”，其作“勿”者，“易”之省变体耳。（饶炯《说文部首订》引《六书统》“勿”字作“”，其省变之状，极为明显。又徐灏《说文段注笺》云：“‘易’字钟鼎文作‘’”，“”、“”之文亦极相似。）“易”本虫属，古代氏族，以之为氏族徽识者，初则建诸干首，其后制为旌旗，则以之悬于杠旁，或缋其形于旌旗縿上，故其字初但作“勿（）”，后则注“㫃”明之，而字作“旆（）”。《说文》“㫃”部部首云：

，旌旗之游，㫃蹇之皃。从，曲而下，垂㫃，相出入也。（按“从”以下三句，诸家训读多异，此从王筠《句读》。）读若偃。古人名㫃，字子游。……，古文“㫃”字，象形，及象旌

旗之游。

检甲骨文“㫃”字，有“”、“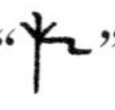”、“”（并见商承祚《殷虚文字类编》），“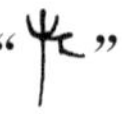”、“”（并见王襄《殷契类纂》）诸形，金文有“”（爵文见容庚《金文编》）、“”（宰辟父敦）、“”（同上）、“”（癸若鼎，并见汪立名《钟鼎字源》）、“”（古“钵”，见丁佛言《说文古籀补补》）诸形，并与许书小篆作“”者略同（叀中钟“”字从“”作，见强运开《说文古籀三补》，亦与许书古文同）。“”字左旁之“”，象旗之柄杠（柄杠下曲而歧，作两小画者，或为手持之便，或以其左旁小斜笔作悬载徽识之物之用，徐灏《段注笺》云“小斜笔或左或右，本无定在，不可为典要”是也）。右旁之“”，则象旗之游㫃（《公羊·宣十二年》何注云“继旐如燕尾曰旆”，按此即象燕尾之形），是“勿”为旌旗之义，必注“㫃（）”而后明。若“”之右旁“”，已象旗柄，左旁之“”，已象旗之三游，则旌旗之状已显，何必复注“㫃”以明之？得不为叠床架屋也哉！况“勿”之与“㫚”，并属象形，非“㫚”从“勿”得声，而为形声字乎？《鹖冠子·王鈇篇》曰：“伍人有勿（按一本作‘物’。盖‘㫚’之误，凡旗㫚字并当作‘㫚’或‘勿’，与万物、毛物、物色字作‘物’及禁止之词训‘弗’之‘勿’并异字，余别有说），故不奉上令，有余不足居处之状，而不辄以告里有司，谓之乱家，其罪伍长以同。”故知“勿”为州里所建之旗。许君之说，自是不误。惟谓其字为象旗之杠柄，与夫游㫃之状，而不知其为“易”之省变，为象蜥易之形，属于干旌之上，则固许君之误也。

三

知“勿”为“昜”之省变，为象蜥昜之形，属于干旄之上者，可由“昜”字推之。《说文》勿部于部首“勿”字之外，复有一“昜”字，说云：

> 昜，开也。从日，一，勿。（按戴侗《六书故》引作“从日，从一，从勿”，义较明显。）一曰：飞扬。一曰：长也。一曰：强者众皃。

按许君所引四说，并非其义。大抵许君说字，所引异说多者，多因不得其义，而欲委曲通之。此之说“昜”，即其例也。徐锴《系传》云：“日，所以开明；勿，旌旗得风开展；一，所以开也。”亦不过欲就许君正说而勉强通之，然其为说，已迂曲甚矣。郑樵《六书略》则改为“从旦从勿”，云：

> 从旦从勿，谓太阳自朝而升，勿勿然而涣散。

夫“昜”为太阳朝升，渔仲之说，于义固得，然谓“从旦从勿”，“勿”为太阳勿勿然涣散之貌，则与罗长源说“昜”下之“勿”为月彩之散者，同一失之穿凿。其后段、桂诸家，于徐、郑之说，各有所从。惟王筠《释例》则又欲改隶“日”部，云：

> “昜”字在勿部，似当入日部。其说字形曰“从日一勿”，即不甚可解。勿者，旗也。将谓一旗展于日中耶？《六书正讹》谓“侌昜，以天地之气言；阴阳，以山水之南北言”，颇有理。窃谓从一

者，地也。勿非字，只象昜气郁勃凑地而出之形（按此亦从渔仲勿为日光涣散之说引申而出，而其穿凿亦同）。日属阳，又必日出之后，昜气乃可见，所谓狂夫见之，以为野马，渴人见之，以为流水者也。侌晦，即不见矣。

菉友之说，亦未得之。“昜”读为“陽”，其字从“日”，其为义属太阳，事本明显，然许君不以入诸日部，而必入诸勿部者，当必本诸古说，谓其义由旗勿而见；特其所以之故，至汉已失，而许君不得其解耳。如其不然，勿之一部，仅有二文，“昜”字无论从“旦”从“日”，可以隶诸日部或旦部，“勿”则可据或体之“㫿”，以入㫃部，而以“勿”为古文，或为或体，系于“㫿”字之下，以为重文。如此岂不直捷了当，何必复建立一勿部乎？许君乃意不出此，不得其解，而又必复建一部以摄之，此盖许君谨慎之意，与其说“昜”而存一日之说，用意正同。吾人生数千年后，能发古人之覆，借以推见古说之遗，正有赖于此耳。

盖古者邦国都鄙乡遂州里之中，必建干旌旗勿以为表识，干旗之上，则以其所视为徽识者属之（说见后）。太阳朝升，始见于旗，故造字即以此见意。《诗·小雅·庭燎》之三章曰：“夜如何其？夜乡晨。庭燎有辉！君子至止，言观其旂。”郑笺云：“晨，明也。上二章闻鸾声耳。今夜乡明，我见其旂，是朝之时也。”太阳朝升之义，由于旌旗而见（按今俗语尚有日上三竿之说，“竿”之本字当作“干”，说见后。干，即干旌也）。此其证矣。即以文字说之，《说文》日部“早”下云：

早，晨也。从日在甲上。

按“早”古文作“”（王孙钟“”字，沇儿钟“”

字，并见吴大澂《说文古籀补》，并从“㫃”。“”、“”皆旗“㫃”字，从“早”作，今隶“早”即本古文“”）从“日在上”。“”非数名，盖即干旌之“干”也（干旌字演变之形见后）。又倝部部首云：

> ，日始出，光倝倝也。从旦，㫃声。

按“㫃”非声。字盖从“日”从“一”从“㫃”。“一”者，着于干头（，曲柄干也）用以载物，上为干饰，下为干柄，旁为垂㫃，日在其中，日见于旗之义也。此皆日出之义，由旌旗而见之证也。又“黽”部“鼂”下云：

> ，匽鼂也。读若朝。扬雄说：匽鼂，虫名。杜林以为朝旦，非是。从黽从旦。，篆文，从皀。（按原作“皀”，误，今从段严所校。）

按“鼂”为匽鼂，扬雄以为虫名，是也。杜林以为朝旦，亦是也。（按先秦两汉文，多以“鼂”为朝夕字，如《楚辞·九章》“甲之鼂吾以行”，《汉书·严助传》“鼂不及夕”并其证，且若无朝旦义，许君“从旦”之说，即不能成立矣。《句读》删原文“非是”二字，是惟与段氏并谓虫名而从旦，曰不可解，则亦未知深究。）虫名，其本义也；朝旦，其借义也。借其事象以为其义也。其字从“日”、从“一”、从“黽”。盖原本黽属，然以为其为徽识之物，系于干旗之上，日出而见之，故有朝旦之义。“一”，即所以系黽者。篆文从“”，其为系黽之状尤显。

"易"字从"日"、从"一"、从"勿"，与此正同。"勿"者，"昜"之省变，所谓蜥易，亦干旌上之徽识是也。"一"亦所以系之。古钵文"易"字，有作""及""者（并见《古籀补补》），""象干形，"日"载其上，"勿"系其下，状尤明显。而钟鼎文"易"字，又有作""（王孙钟）作""（曾侯钟并见《古籀补》）者，于"易"之外，复以"㫃"注之，其为义属旌旗，益为可知。若其作""（三家敦）""（敌敦并见同上）""（甲骨文见《殷契类纂》）诸形，但从干头载日，竟不著之以"勿"，则又与"早"、"倝"同意。然则"易"为太阳朝升，义由旌旗而见，夫复何疑？

至谓"勿"为"昜"之省变，可由"易"字推知者，盖凡钟鼎甲骨之文，字由数体构成者，其各体之中，若有形体相同，则往往止著其一体，而省略其他相同诸体。"易"字上体从"日"，篆形作"⊙"作"○"，与"昜"之为首正同。"易"为日出见于干旌之意，"昜"为系于干旌之上徽识之物，故合而为字，即省"昜"之上首，而借"日"之形合而象之，仅著其下体之"勿"。其后日久，遂即以"勿"为"昜"，而其义荒矣。金文之中，多有"對揚"二字连文者，就其"揚"字结体观之，此互借而省之迹，至为明显。如：

周齐侯镈钟："對揚"之"揚"作"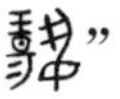"（按此为最繁文，右边从""，从"女"。，小篆作""，金甲文""、""，象人跪扬举之形，与"女［］"皆为扬举者，所谓男觋女巫是也。左边从"王"，从"日"，从"一"，从"勿"，"王"、"日"、"勿"皆为其所扬举者，"勿"为"昜"省，"一"为干头所著横木，所以载"日"系"昜"，"昜"即所谓氏族之徽识是也）。

周师秦宫鼎："對揚"之"揚"作""（右旁省"女"，左旁省

“一”，“日”在“王”上，“勿［易］”在“王”下，故省“一”而借“王”之上下画以见意）。

周敔敦：“對揚”之“揚”作“”（左右易位，省“女”）。

周康叔彝：“對揚”之“揚”作“”（省“女”、“王”，此与小篆隶书“揚”从“手”，从“易”者最为相近）。

周淮父卣（器）：“對揚”之“揚”作“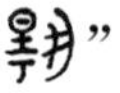”（省“女”，省“王”上画，以其上达于“日”也。省“勿［易］”，“一”则作干之全形）。

又周淮父卣（盖）：“對揚”之“揚”作“”（省“一”，省“勿［易］”）。

周宰辟父敦（器盖同）：“對揚”之“揚”作“”（省“女”，省“王”，省“勿［易］”，而借干之曲柄以象“易”身之形）。

周季娟鼎：“對揚”之“揚”作“”（省“日”，借“易”之首象之。省“王”，省“丮”之“”，借“易”之身象之，而存“”数笔以见意。“”则“女”也）。

周高克尊：“對揚”之“揚”作“”（省“女”，省“丮”，省“日”。“易”不省，而借“易”首以象“日”，“易”身以象“丮”）。

以上据王俅《啸堂集古录》。

宝敦：“對揚”之“揚”作“”（省“女”，省“丮”，省“勿［易］”而以“”形兼象之）。

伯龢父敦：“對揚”之“揚”作“”（省“女”，省“王”，省“日”，“易”作全形不省）。

以上据《续考古图》。

朝事尊：“對揚”之“揚”作“”（省“丮”，省“女”，省“日”，“易”不省，而借“易”之首身兼象“日”、“丮”）。

据赵九成《考古图释》。

周继彝："對揚"之"揚"作""（省"女"，省"王"，省"日"，"昜"与"干"并不省，此最足见干上载"易"以为徽识之意）。

据阮元《积古斋钟鼎彝器款识》。

观此诸形，则"易"本从"日"，从"一"，从"昜"，其作"勿"者，为"昜"之省，固已显然可知。且南宫方鼎"對揚"又作""（王、阮所录并有之），揚鼎之"揚"作""（见《说文古籀补》），而高扬左戈（""见阮录）之""又为"暘"字。阮芸台云："陽、暘古通。《诗·湛露》毛《传》训'陽'为'日'。《礼记·祭义》：'殷人祭其陽。'郑注：'陽读为曰雨，曰暘之暘。'《书·洪范》：'时暘若。'《汉书·五行志》作'时陽若'。此'陽'字从'日'横之，合体于'昜'，成'陽'字。"按阮氏释""为"陽"，固是。惟细审日旁之""，实为"易"字，与日合体而为"昜"字（按甲骨文多"易日[曰]"字，即《祭义》所谓"殷人祭其陽"，郑读"陽"为"暘"者是也。惟"易"本"巫易"，盖司祭者，后乃以为祭名，犹甲骨文"咸曰[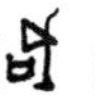 曰]"之"咸"，亦本"巫咸"是也）。高陽左戈"暘"从"横日"，从"易"，扬鼎"揚"从"日"，从"干"，从"犬"，南宫方鼎"揚"从"三日"，从"隹"，"三日"犹"一日"也；从"犬"，从"隹"，犹从"易"也。"犬"、"隹"与"易"皆所谓徽识之属，是也。然则"昜"下之"勿"，其为"易"之省变，不益信而有征乎？推之旗勿之"勿"，亦为"易"省，"易"、"勿"为旗，由以象形著于旗上言之，非以"勿"字之形，象旗柄，有三游言之，亦可知也。（按《周官·筵人》有"巫易"，孙诒让《正义》谓：刘敞、陈祥道、薛季宣皆以"巫易"为人名，即《楚辞·招魂》之"巫陽"。又《诗·韩奕》"钩膺镂鍚"，《周礼·春官·巾车》"玉路锡樊"、"重翟鍚面朱総"，其字"鍚"、"锡"又各本互

作，则从“昜”之“鍚”与从“易”之“锡”，或本一字。又晋阳币“陽”字有“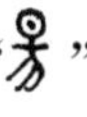”、“”、“”诸形［并见《古籀补补》］，“”与象形“易”字无异，“”之横画作斜势，尤其悬系蜥易之状，入易，“易”古声为余母，以音、形、事状数者证之，或“易”、“昜”为一字，后以“易”为蜥易字，“昜”为蜥易悬系于旗之上，光照以有阳气开朗之意，因以为“昜開”字，音读小，遂以为二字耳。）

且“勿”之与“易”，古音通转（“脂”、“支”相转），从“勿”得声之字，与从“易”得声之字，其义往往相近：“迻”训为“远”，（《广韵》）“逿”古文“逖”，亦训为“远”（说文下同）；“昒，日尚冥也”，“睗，日覆暂见也”，“昒，目冥远视也”，“睗，目疾视也”，其义并相近也。若《尚书·尧典》“平在朔易”，《大传》《史记》则竟并作“便在伏物”矣。又周有鼎，阮芸台释“”为“”，师含敦则作“”（见《古籀补》），克鼎则作“”（见《古籀三补》）。曶鼎之“曶”，其字尤多，“勿”形有作“”者，其身首形象之分，为象蜥易之形，犹仿佛可见。与“易”之作（并见《金文编》）形亦近似，特其左右异向，其首之形，一作两笔双钩，一但作一粗笔椭圆形耳。是则“勿”之与“易”于古或竟为一字，皆所以象蜥易之形者也。

四

若夫旌旗之上，属以名物，以为徽识，其事尤有可征。《周官·司常》云：

> 司常掌九旗之物名，各有属以待国事。日月为常，交龙为旂，通帛为旜，杂帛为物（按当作“㫚”），龟蛇为旐，熊虎为旗，鸟隼

为旟，全羽为旞，析羽为旌，（中略）皆画其象焉。官府各象其事，州里各象其名，家各象其号。

郑注云：

物名者，所画异物，则异名也。属谓徽识也。《大传》谓之徽号。今城门仆射所被者及亭长着绛衣，皆其旧象。

《诗·六月》"织文鸟章，白旆央央"，毛《传》云："鸟章，错革鸟为章也。"

郑《笺》云：

织，徽织也。鸟章，鸟之文章，将帅以下，衣皆着焉。

按《司常》言常旂皆画物象，而郑则以属谓徽识，举衣被说之者，盖衣旗同画。《尚书·皋陶谟》（今伪《书·益稷谟》）云："予欲观古人之象，日月星辰、山龙华虫，作会宗彝粉米黼黻絺绣，以五采彰施于五色，作服。"是衣画也。（按《史记》称"黄帝教熊罴貔貅貙虎，以与炎帝战于阪泉之野"，疑所谓熊罴等云者，亦衣之画象。）旗又有小旌旗，张衡《东京赋》："戎士介而扬挥。"薛综注云："挥谓肩上绛帜如燕尾者也。"李善云："'徽'与'挥'，古字通。"《说文》巾部："徽，帜也。以绛徽帛著于背。"是小旌旗也。然其所以为徽识者一也。故孔颖达《诗疏》云：

徽织者，以其在军为徽号之织，《史记》《汉书》谓之旗帜。

又《左传·桓公二年》："三辰旂旗，昭其明也。"杜预注亦云："三辰：日、月、星也。画于旌旗，象天之明。”

而孔《正义》引《穆天子传》称“天子葬盛姬，建日月七星”，云：“盖画北斗七星也。”是则旌旗所画，有天象之日月七星，与山川禽物之属矣。

然《礼记·曲礼》又云：

前有水，则载青旌；前有尘埃，则载鸣鸢；前有车骑，则载飞鸿；前有士师，则载虎皮；前有挚兽，则载貔貅。行前朱雀，而后玄武，左青龙而右白虎，招摇在上，急缮其怒。

郑注云：

载，谓举于旌首以警众也。《礼》：“君行师从，卿行旅从。”前驱举此，则士众知所有。所举各以其类。（中略）又画招摇于旌旗之上，以起居坚劲军之威怒，象天意也。

是于“画象”之外，又有所谓“载物”者，故孔《疏》云：

但不知为载其皮，为画其形耳？通有二家：一云与虎皮并画作皮于旌旗也；一云并载其皮。郑云，明是诸物并在旌旗首也。

按孔以载虎皮之说，通有二家，实则凡释旌旗徽识之物，并通有此二说，如《尔雅·释天》云：“错革鸟曰旟。”郭璞注云：“此谓合剥鸟皮毛置之竿头。即《礼记》云载鸿及鸣鸢。”

《公羊·宣公十二年》徐疏引李巡注云：“以革为之，置于旐端。”又《隋书·礼仪志》引旧注云：“刻为革鸟，置于竿首也。”（按《太平御览》三百四十引同）

此剥鸟皮毛，以革为鸟，刻为革鸟，置于竿首之说也（按此三说亦微异）。而《尔雅·正义》引孙炎则云：“错，置也。革，急也。画急疾之鸟于縿也。”又引《郑志》答张逸云：“画急疾之鸟隼。”此则画鸟于縿之说也。《说文》“㫃”部“旟”下云：“错革画鸟于上所以进士众。”《系传》云：“革鸟，鸟之皮革；错，杂也。”是又通二家以为说矣。

盖未有旌旐游縿之先，初独有干（按此当为“竿”之本字，后以为“干盾”、“干戈”字，《说文》说“干”为“犯”，则其引申假借义也），其字初文，但作“丨”（按甲文“㫃”字多从“丨”著游作，又以下诸言干旌形之“干”字，多取甲骨钟鼎文诸旌旗字杠旁为之，分见诸家金甲文著录，不一一注明）；加以横木，即作“[illegible]”，即横木而饰之，则作“[illegible]”、“[illegible]”、“[illegible]”、“[illegible]”、“[illegible]”；其作“[illegible]”、“[illegible]”者，并以为载物之用也。（按如《仪礼·乡射礼》皮树中，闾中，虎中，兕中，鹿中之等，其“中”之“[illegible]”，即为箭服；所谓皮树之等云者，即其上所加之兽饰也。“[illegible]”亦着游㫃而为旌旗［“[illegible]”字从“[illegible]”作，见《古籀补》］，其后旌旗之上，缋以兽物，盖即其处，亦即悬载兽物处也。观此可以知其演变矣。）又或歧“干”之首，作“[illegible]”、“[illegible]”、“[illegible]”、“[illegible]”、“[illegible]”、“[illegible]”（按此即小篆“干”字）加之饰作“[illegible]”、“[illegible]”、“[illegible]”、“[illegible]”、“[illegible]”、“[illegible]”、“[illegible]”、“[illegible]”、“[illegible]”、“[illegible]”、“[illegible]”、“[illegible]”，此皆旌旗之“干”也。或即“干”而施以网，则作“[illegible]”、“[illegible]”、“[illegible]”、“[illegible]”、“[illegible]”、“[illegible]”、“[illegible]”、“[illegible]”、“[illegible]”、“[illegible]”、“[illegible]”、“[illegible]”、“[illegible]”，此又后之“罕”“畢”“箕”“芈”字矣（按“箕”之古文作“[illegible]”。甲文之“[illegible]”，诸家并释为“畢”字，然察其形，实

与“芈”形相近，当为“芈”字，“畢”训“田网”，“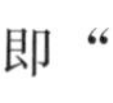”即“网”形，籀篆“畢”作“”、“”，其“”盖即于网上所载之物也。别详余《释芈畢》，其略见后。“”、“”并为推载之具，特有柄无柄异耳，此“箕”、“芈”之别也。古无“旗”字，故即以“”象征之。箕以载物，此即所谓徽识是也）。“干”与“罕”皆所以为田兽之具，持“干”则又兼战伐之用耳（按金甲文“兽”、“战”字并从“”从“”作）。至有虞氏注以旄羽，夏后氏乃有旌旗。郑注《周官·天官》序官“夏采”云：“夏采，夏翟羽毛。《禹贡》徐州贡翟夏之羽，有虞氏以为绥。”又注《礼记·明堂位》“有虞氏之旂，夏后之绥，殷之大白，周之大赤”，云：“‘绥’当为‘緌’，读为冠蕤之蕤。有虞氏当言緌，夏后氏当言旂，此盖错误也。緌，谓注旄牛尾于杠首，所谓大麾。”（按亦注羽，见《司常注》）而刘熙《释名·释兵》则云：“緌，有虞氏之旌也，注旄于干首。绥，夏后氏之旌也。”（按王先谦《疏证补》云：吴校本“绥”上有“或曰”二字。）以“緌”、“绥”异物，且以夏后氏时，或尚为绥，与郑氏异。然据《礼记·檀弓》记孔子之丧云：“绸练设旐，夏也。”则夏时有“旐”，郑为有本矣。（按甲骨文有“”字，王襄《殷契类纂》云：“象旗开张之形，清伯敦‘旂勒’之‘旂’作‘’与此近。”是殷时有缯帛之旂，则碻然无疑。）惟夏虽有旐，更无所饰（按孔疏《檀弓》引《明堂位》郑注，且申之云：“夏云旂，旂是大古名，非交龙之旂。”又云：“夏虽八尺之旐，更无余饰。”明缋饰之事，始于殷周），历殷至周，乃有縿游，于其上缋以徽识之物，郑注《周官·司服》云：“王者相变，至周而以日月星辰，画于旌旗。”孔疏《礼·檀弓》云，“周则文物大备，旂有九等，垂之以縿，系之以旃，又有交龙之旂，龟蛇之旐，与夏不同”，是其证也。故当其未有旌旗之先，但以徽识之物，

载于干首，及其既有旌旗，初尚沿袭旧制，以徽识之物，载于旗杠之旁，故“”、“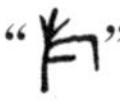”之字，杠旁多有小画，当即为缀属徽识物处；其后益进，始以徽识之物，缋于旌旗縿旒之上。此所以有“载物”、“画象”之说之异也。

试更以商周文书契刻征之，如：

商亚爵父丁彝（据阮元《积古斋款识》）

原释：亚形中，爵形，矢形。（父丁）

按原释亚形中之爵形是也。惟“爵”所栖者，为“干”形，非“矢”形也。此为干头载物最简单显著之象也。又如：

周单父乙鼎（据王俅《啸堂集古录》）

原释：旗单景。（父乙）

按原释“”为“旗”，其义尚近，晚近诸家，别为异说，实皆非也。“”本古文“箕”字，所以载物，金文“妻”作“”、“僕”作“”（并见《古籀补》），皆象载“箕”之形。“妻”从“女”从“又持箕”，犹“妇”从“女”从“帚”，所谓执箕帚者也。“僕”从“辛人廾箕”，辛人即罪人也。“”以载物，阁之“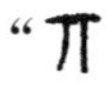”上，则为“”（《说文》“箕”部，“”、“”、“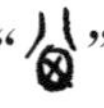”并古文“箕”，“”为籀文“箕”）。后以旗縿画物，载于干上，义与此同。“期”之古文作“”（见《古籀补》），从“日见于其上”，亦犹日见于㫃，倝为日出光倝倝也。《诗》《书》无“旗”字，而旗为旌旗总名，当即取义于此。故释“”为“旗”是也。惟此器取象，但为载物之“箕”耳。又原释

“”为“單”，就其字形演变为“”言之，亦自不误。此与阮元据金文“祈”字多从㫃从此作，谓即《左传》所谓“三辰旂旗”之“三辰”者同。然于此，亦但为“干（）”上加饰之象耳。“干”所以为田兽战伐弋物扞敌之用，“”则为致禽克敌载物之用，故合而著之，以为徽识。今泰西所谓先民之图腾，尝合各物之属，与夫致物之具以为之者，亦此类也。又如：

周单彝（同上，又阮元《款识》之旗单卣与此同）

原释：旗鸡单。

按原释亦近是。然其义则于“甘”、“干”之外，又加以手持禽物之象耳。而其所以为徽识之事则尤明。是皆干头载物，以为徽识之象也。

至施干以网，以为罕毕，用以载物，其形亦有如下：

“”、“”、“”、“”、“”、“”、“”（据商承祚《殷虚文字类编》）。凡此诸字，罗振玉并释为“離”字。然就其形言之，似为罕毕载物之象，与干头载物，其义实同。“”象人形，“”为龙蛇之象，“”为鸡凤之属，皆所以为徽识者也。此盖合体为之，与后之会意字同。其用皆所以示完整之思意与事为，与象个体事物形状之象形字异，故知其为合体图象徽识之意也。若必求一字以实之，则其取象当与“罾”字为近。《说文》“隹”部“罾”下云：“覆鸟令不飞走也。从网隹。读若到。”若其字当即今之“罩”字。网鸟不令飞走，故字从“网下隹”；载物以为徽识，故字从“罕上隹”。推其义，当与“畢”字同。《说文》“华”部“畢”下云：“田网也。从华，象畢形微也（按此语意义不明），或曰由声。”按许说非也。段、桂诸家，亦并不得其解。此当云：“从华从由。”（余别有《释华畢》详之）“由”，鬼头也（《说文》

本部部首）。鬼鬽本山川精怪，芈上载甶，盖禹鼎象奸之意。故当与以上诸甲文同为徽识之属。若“畢”为田网之义，而其所从之“芈”已象干上施网之形，又有“罕”字，即训为“网”得不与“畢”相复耶？（按畢亦曰罕车，见《史记·天官书》，谓以罕载甶，建之车上耳。）鼎彝中与此相近者，有：

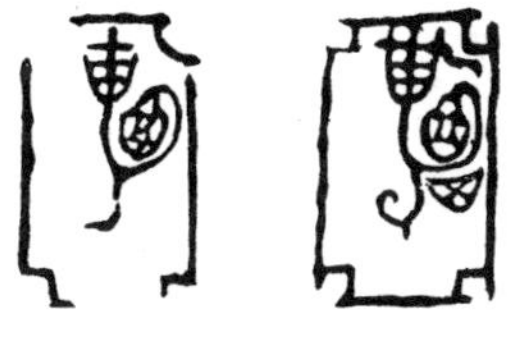
器　　盉

亚卣（据阮氏《款识》）

阮氏原释为：“亚形中，卣形，其，格上三矢形。”按此亦疑为“罕”、“芈”之属，悬系物象之形，与“畢”同意，非象“格上三矢”。所谓“卣”者，即罕芈杠旁所系徽识之物，或即为“畢”上所载鬼头之“甶”之形。盖文罕芈之侧，其“”一笔，即象游㫃之状（㫃“”旁小斜笔，亦当为悬物之用，此正同）。其“”形，阮释为“其”（甘），尚不为误，惟器文则未有之耳。此罕芈载物之象也。

若属物于旌旗杠旁以为徽识，征诸字形，则有：

“”、“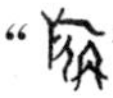”、“”、“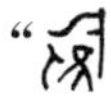”、“”、“”（以上甲文并见商氏《类编》），“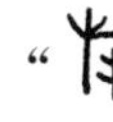”、“”、“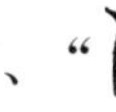”（以上金文并见《古籀补》附录）诸字。即诸字言之，“”字诸家皆以为“旅”字，疑非。“旅”从二人，金甲文多有之。此从一人悬于杠旁，似与“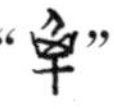”同意。若读为“旅”，则当读为《诗》“殽核维旅”之“旅”，非训五百人军旅之“旅”也。毛《传》训“旅”为“陳”。彝器多有旅鼎，阮芸台亦以“旅”、“陳”为说。伯晨鼎“”字，吴清卿云：“古文以为盧。”䩕侯鼎“”与此同。即《礼》盧弓之“盧”，或以为“玈”字。《释名》云：“土黑曰盧，盧然解散也。”此“”作人见杀悬陈干上之状，义与之近。，商

承祚疑即“旃”字。按“”为倒“甘”之形，金文“畢”字所从之“芊”，其上有作“”形者（见《金文编》），杠旁悬“”与“”意同。旌干之下，著以“”、“”者，亦与上周單彝作“”、“雀”、“干”形者同。“”与“”，其义为一，特所悬系者多耳。“”，罗雪堂以为“鞹”字是也。“”为手爪形，与周單彝“雀”旁之“”同意。“”、“”，罗氏并以为“旋”字，自不误。《说文》：“旋，周旋旌旗之指麾也。”惟“”、“”为象旗上“日”形，非“疋”字上半腓肠之形，腓肠不能作“”形也。“”从“㫃”从“申”，“”为雷电之象。“”或以其字从“水”以为“游㫃”字，似非。“”、“”、“”并旌旗上自然之象耳。“”容庚以为从“㫃”从“丯”，亦非。“”为“牛”象，“牛”为徽识，其事甚明。“丯”训草蔡，象草生之散乱，固亦可用为徽识，特其形不象耳。又有“”字（吴尊盖，亦见《古籀补》）罗氏以为旗名，即殷之大白，是也。惟其结体，与以上诸字不同。以上诸字，尚近合体之图象，此则已为纯正之会意字矣。若求如上以“罕”、“芊”属物，纯以图象见意者，则有如：

周栖凤铎（据《啸堂集古录》）

是其明白可见者也。王子弁释此为“凤栖木”形，实则“”非木之象，象旗杠及游㫃耳。与以上所录亚卣之“”形同也。

独《说文》㫃部所收之二十三字，止“旄”之一字，从“㫃”从“毛”，略可见旌旗载物之意，其他诸字，即如“旄”、“旗”、“旟”等，当其画物底象者，亦不能即字见之。此无他，盖人文进化，旗勿渐多，文字孳乱，已由图象会意之字，演而为谐声名事之字耳。然他部之字，则翻有可见者，如“旄”、“翰”（按《汗简》“翰”入“旄”，“㫃”、“㫃”之籀，并见《说文》），则“旄”、“翰”一字，所注旄析羽，其事同也。又“旄”与“旄”亦当为一字。“旟”、“旟”诸字，从“㫃”，从“毛”、“羽”、“隹”、“鳥”等，其尤显也。从“㫃”犹从“㫃”耳（按许以此诸字为从“㫃”得声，非，可知其义已失）。他如“斡”之从“㫃”、从“斗”，则《曲礼》所谓“招摇”，《穆天子传》所谓“建日月七星”也（按“斡”字籀文作“斡”，则象日月星辰与夫北斗七星之意尤显。《说文》训“斡”为“蠡柄”，盖从斗转之义引申耳）。如“赫”之从“赤”，当亦为旗名，如金文之有“丨”字，所谓“殷之大白，周之大赤”也。又如“㫃”字从“㫃”从“丨”，许说为旌旗杠皃，其失甚巨（许说以下诸字多误，别详余《读许私议》）。安有“丨”在“㫃”下者？且若“丨”为杠，则“”为何物乎？“㫃”与“乾”当为一字。“㫃”之“丨”，“乾”之“乚”，皆象龙蛇之形，“乾”亦非从“甲乙”之“乙”。金文祈祷之“祈”，有作“”（周仲丁壶见《啸堂集古录》）作“”（周伯硕父敦见同上）者，“乾”之籀文作“”，段云“当作‘’”，其形彼此正同。其“丨”（“㫃”字）、“乚”（“乾”字，“蕲”字）、“丨丨”（“蕲”字）诸形，皆象龙状，特直曲只双异耳。《尔雅》云：“素陞龙于縿”，《周官》云：“交龙曰旂。”郝懿行《尔雅义疏》云：“《觐礼》‘侯氏裨冕’，《疏》引《白虎通》云：‘《礼记》曰：天子乘龙，载大旂，象日月交龙。《传》曰：天子升龙，诸侯降龙。’按《司常》云：‘交龙为旂。’郑注：‘诸侯画交龙，一象其升，一象其下复也。’据此则升龙者画一龙，降龙者画二龙。”是其事也。龙德幹健，故“乾”有“幹”义，《周易》言乾为龙，义为贞幹；《说卦》：“離为乾卦。”《释文》“郑云：‘乾当为幹。’董作幹”，则“乾”、“㫃”之字，皆取义于

龙。龙德幹健，“㫃”其“幹”、“榦”之初文假借欤？许谓从㫃得声，并失其读矣。凡此诸字，虽多违许说，然其为旌旗属物之意，实可即字而推者也。

五

抑尤有进者，“易”为蜥易，属于旌旗，用为徽识，亦碻有可以推证而知者：旗之正幅曰縿［《说文》糸部说“縿”为旌旗之游，非，此从郑《周官·中车》注，贾公彦疏谓郑所本为《尔雅》文，又疏《仪礼·觐礼》亦引《尔雅·旌旂》云：“正幅为縿”（按今《尔雅》失此句）是郑为有据，游属于縿，与縿实为二物，段注《说文》于“之游”字下补“所属”二字，是］。縿，从系，从参，参亦声，即其字而言之，“参”当为初文，“縿”为后起字，当为既有缯帛旗幅之后字也。参，《说文》以入晶部，训为“商星”，小篆作“”，或省作“”（按《汗简》以此为古文）。又说“旗”字云：“熊旗五游，以象罚星。”（按《考工记》“辀人”文同，惟五游作六游，罚星作伐也。）《史记·天官书》云：“参为白虎，三星，直考者为衡石，下有三星，兑，曰罚，为斩父事。”是参罚连体，而参为正，熊虎旗游有六（按据上参三星伐三星，则《考工记》作六游是，《说文》作五游者误也），盖象参伐合体，故言熊旗之象，并举参伐言之。然旗乃旌旗总名，而《诗》《书》无“旗”字，若熊虎之旗，则与交龙之旂，龟蛇之旐，鸟隼之旟等同类，自不得为旌旗总名。若谓举一以概其全，亦当举其尊者，若交龙之旂之类，不当以熊虎之旗为之也。以理推之，旗为总称，必当本诸于参［按旗之名，由甘载物而来（参上文周单父乙鼎说甘）旗之事，由参示象而定，其义互参］。参，三星，《诗·唐风》传云：“三星，参也。”“参”之字，上象“三星（）”，下系以“勿（）”，用为徽识；其后制为旌旗，而有

旗幅，即以缋于幅上，故旗之正幅，得参之名，后亦或于其处，缋以熊虎，并参伐而象之，亦得旗名。其名虽同，其实则异也。此犹夏后之旐，与龟蛇之旐殊耳。参为旌旗徽识之事，于金文“参”字尤足见之。父乙盉作“”，宗周钟作“”，克鼎作“”，毛公鼎作“”（并见《古籀补》），古陶器作“”（见《古籀补》），上象三星，下为“易”、“勿”之形。古陶器之“”为“勿”，固明白可知。宗周钟克鼎之“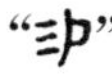”、“”，其为“易”字，亦可由金甲文“易”字知之（金甲文易字如此作者甚多，略见上引）。父乙盉之“”，为“易”之下体，非人跪之形，则由甲文“”字下体并从此作“”形知之，见《殷虚文字类编》。（按《说文》“”下云：“”，古文，从“”即从“”而变也。许云“从儿”者，亦犹其“虎”下云：“虎足象人足”也，虎之古文，许书亦有作“”形者。“畏”，许云：“鬼头而虎爪”，古文省作“”，而金文“畏”多有从“”作者，可知古文“”与“”，形可互通也。）其“”之上着一横画，“三星”在上，“易”系其下，其为徽识，尤明白可见，犹“易”字中横一画，上“日”而下“勿”，“鼂”字上“日”而下“黽”也。郑注《觐礼》云：“绘首画日月，其下及旒，画升龙交龙。”是后之缯帛旗绘之上，所谓日月星辰名物之属，位置正与此同。若毛公鼎之“”形，以“”兼象旗之曲柄，及蜥易身尾之形，以“”象蜥易之足，及旗游㫃之形，则又所谓金甲之文，互借合象之例也。又阮氏《款识》有“差勿”之戈，勿字作“”形，是则又为干头载勿之象矣。此以蜥易著于干旌之下，用为徽识，可以推证而知者，一也。

又祈祷之“祈”，鼎彝之文多作“旂”，从“㫃”，从“斤”（按斤非声，别详余《释单》），从“單”，与旌旂之旂，但从“㫃”从“斤”作者异撰。“單”之字，金甲文复多有之，与旜所从之“單”，其形相夥，而以作“”形者为最多。就其诸形之蜕变言之，其象征之义非一，故自来诸家所说，彼此分歧，而又皆各得一义（按此亦由古文有互借合象之例，以一相近之形，象征多事之故，说亦详余《释单》）。若但就“”形言之，则于所谓干饰而外，当为兼象蜥易正面之状。所以知者，《说文》黽部鼉下云：“水虫，似蜥易，长大。”其字篆文作“”，金文作“”（邵钟，见《古籀补》），甲文作“”（见《殷虚文字类编》）。金甲之文，纯为象形，小篆上体之“”，作从二口者，非也。又虫部“蛢”下云：“似蜥易，长一丈，水潜，吞人即浮，出日南。”此即今鳄鱼字。蛢从“屰”作者，“从干下凵”（本许说）；鳄从“咢”者，“咢”篆作“”，亦“从干下凵”，而隶楷之“咢”，则为干而曲其下柄。若以许书“單”篆例之，则其因上从二“”而入“”部，实非，当作“”或“”之形，与“鼉”之上体略同。见鼉之与鳄，所谓似蜥易者，当即指“”形言也。虫部又有“虿”字（今俗作“蠆”），训为毒虫，商有虿鼎，其字作“”（见《古籀补》，吴氏以为“萬”字，非），《诗·都人士》“卷发如虿”，毛、郑并以虿为虫，谓发曲上若虿，然下章云：“匪伊卷之，发则有旟。”即承此而言，是此所谓虿者，即旗旟上之物也。“”之形，亦与“”近，虿当为今俗所谓蝎子。蜥易俗谓壁虎，其物之形正相似。鳄鱼与蜥易亦同，特形体之大小悬殊耳。鼉之为物，余虽未见，然据刘渊注左思《吴都赋》云：“《异物志》云，鳄鱼长二丈余，有四足，似鼉。”取与《说文》互证，则鳄之与鼉与蜥易，三者固同形也。然则“”者，盖象蜥易正面，两足上举之形，“”之与“”则象其侧面四足下垂之状矣。又邝露《赤雅》云：“鱷鱼（按即鳄鱼）一名忽雷。”桂馥《说文义证》云：“韩滉制二琵琶进文宗，名曰大忽雷，小忽雷；言其器音响似蛢鱼也。”是“鳄”、“忽”音

又相通。章太炎《文始》云：“易古音本如剔鬄，次对转寒，孳乳为鼍，易之与鼍，犹裼之与但。蝉亦易之孳乳字，与鱼旁转，浅喉作深喉也。”“單”之与易，亦并为舌音双声，單易亦犹但裼也（亦本章说，又参与易亦舌音双声字，又鳄皮云可为鼓，而故书尝称“霶鼍之鼓”或“霶鱓之鼓”，亦可证“鳄”、“鼍”、“單”三音相近），是單之与易，固同物矣。旜从單作，單为縿上蜥易之象，故用为徽识，向之祈祷，此蜥易为干旌上缀属之物，可以推证而知者，二也。

又《说文》曰部有“”字，云：“出气词也。从曰，象气出形。《春秋传》曰郑太子曶。，籀文曶，一曰：佩也。象形。”按所谓“佩也，象形”者，盖谓“佩笏”，故书无“笏”字，或以“曶”、“忽”为之。《书·皋陶谟》“在治忽”，郑氏“忽”作“曶”，云：“曶者，臣见君所秉，书思对命者也。”是也（见《史记·夏本纪》裴骃《集解》引）。一名为“珽”，《左传·桓公二年》“衮冕黻珽”，杜预注云：“珽，玉笏也。”《穆天子传》，“帔带搢笏”，郭璞注云：“笏长二尺，杼上椎头，一名珽，亦谓之大圭。”是也。然其字实当作“勿”，为“易”之省，音即读“易”。“廷”、“易”亦古舌音双声，故“蜥易”一名“蝘蜓”（《说文》），所佩之“勿”，一名为“蚁”也，籀篆文“曶”字上即象“蜥易”屈曲之形，《玉篇》作“”，犹存其意。故许书谓“一曰象形”也。以“易”、“勿”为佩，亦是徽识之意，与旗帜同。《左传·闵公二年》：“佩，衷之旗也。”是其证矣。此又以蜥易属于旌旗，用为徽识，可推证而知者，三也。

至若徽识以表氏族，则可以射事知之。氏族之间，所以为徽识者各异，田兽射猎，乃所以闲习战伐（《周礼》：“战伐必因蒐狩以闲之，以斗异族”），射必有侯，而所以为侯者三：曰干侯，曰参侯，曰大侯。干参云者，当必为尚未正式有侯之先之物，但以所视为敌之徽识者，属于干旌旗縿之上射之；至大侯，则独射之侯者具焉。故三侯之制，其大小文质殊（参考《仪礼·大射·乡礼礼》及郑注言三侯之）。此盖以其所因缘者异，而有以知其渐近之迹也。为侯者，方制之以为辜，谓之鹄，于侯中(本郑《周礼·天官·司裘》注),而正面画兽物之头象于正鹄之处(本郑《仪礼·乡射礼》注),此所射之兽头，虽未必即为习射者所视为异族之徽识，然大射之礼，乐正命大师曰:“奏貍首，间若一。”(《大射礼》文）郑注云:“貍首，逸《诗·曾孙》也。貍之言不来也。其诗有诸侯首不来朝者之言，因以名篇。”(《史记·封禅书》亦言:“设射貍首，貍首者，诸侯之不来者。”）而贾公彦疏《乡射礼》郑注:“正面画兽物之头。”云:“知皆画首者，以其言貍首者射不来者，明此兽侯等，亦正面画其头也。”是则画头而射之事，即古时射异族徽识物之首之遗意。且《考工记·梓人》载祭侯之辞，曰:“惟若宁侯！毋或若女不宁侯，不属于王所！故抗而射女！强饮强食，贻女曾孙，诸侯百福!”(按此当即狸首，所谓逸《诗·曾孙》者，是也。）又郑注《天官·司裘》云:“所射正谓之侯者，天子中之，则能服诸侯，诸侯以下中之，则得为诸侯。”皆足以见此意矣。(按师遽敦盖文有氏，见吴大澂《窸斋集古录》，其字从“㫃”，从“牛”，此于旗㫃之下，悬以名物之属，用为徽识，以表氏族之明证。)

又古有锡旂之事，《诗·大雅·韩奕》云:“王锡韩侯，淑旂绥章。”《左传·定公四年》称：成王分鲁公以大路大旂，分康叔以大路少帛，綪茷旃旌；《周官》，司常之职，掌赞大司马以领旗物；钟鼎之文，亦多言锡旂之事。盖王者之于诸侯，不来则抗而射之，有功则以旂锡之。锡旂云者，亦犹赐姓命氏之意耳。惟旂以名物缀属者，为一族之徽识，而受锡之族，未必与锡予之族，同其徽识，故锡旂之“旂”，多但从“㫃”从“斤”作，与祈祷之“祈”，鼎彝皆作“旜”，从“㫃”，从“斤”之外，复从“單”，以为徽识者字，此可以思其故矣。“斤”者，盖“”形之讹变，“”象铃形，所谓“有铃曰旂”(《尔雅》）者，是非“交龙曰旂”之“旂”也。(按钟鼎文亦有旂氏，《诗》则有祈父。）交龙之旂，正当作“”耳。

至以“蜥易”为氏族徽识，于古果为何族，虽世代荒渺，书缺简脱，其实难知，然就锡旂之事以推，当必有之。金文锡予之“锡”字，并以“易”字为之，而其字且有“”（亚觥）、“”（小子敦，并见《古籀补》）形者，右为蜥易省象，左则象旌旗之斿，是王者锡予侯臣之事，原由锡旂而来，则古之氏族有以蜥易为其徽识者，可以知矣。（按《山海经》及《竹书纪年》并载有殷王亥托于有易国之事，未知是即易氏否欤?）许君说“勿”为“象旗柄有三游”，或即以此而误传欤?

然则“勿”为“易”之省变，为象蜥易之形，著于干旌旗縿之上，用为氏族徽识，故有“旗勿”之称，非据其字象旗柄有三斿言之，盖碻乎无可疑矣。

六

《易》也者，当即此以蜥易为其氏族徽识者，纪其卜筮吉凶悔吝之书，故以“易”题之。而其事则源出远古，其族或为我国文化最古最高之族，是以历世相传，举凡后世卜筮之书，亦或总称为“易”，《连山》《归藏》《周易》，因之而有“三易”之称。（按此“三易”，或以为三代易名，或以为伏羲、神农、黄帝易名，以意度之，或《易》本伏羲卜筮之书之称，至周而袭用之，称为《周易》，因之《连山》《归藏》亦蒙“易”名。《左传·昭公十七年》郯子称：“太皞氏以龙纪，故为龙师而龙名。”相传龙与蜥易，其形固相似也。又《左传》此文所载郯子言黄帝、炎帝、伏羲诸事，亦足见氏族徽识之意，可参看。）《周易》称周，冠以代名，明其与前代他《易》有别，《易》非《周易》专称也。郑康成释“周”为“周普”，孔仲达斥为无据，是矣。《周易》首乾卦，其繇之辞称“潜龙”、“见龙”、“龙跃”、“飞龙”、“亢龙”，是固以“龙”为“乾”象。《汉书·东方朔传》称朔射守宫之覆曰：“臣以为龙，又无角；谓之为蛇，又有足；跂跂脉脉，善缘壁；是非守宫，即蜥易。”是蜥易固有似于龙，《周易》之得《易》称，固其宜矣。然《周易》坤卦之象为牝马，《尔雅·释兽》谓“马高八尺曰龙”，坤以配乾，坤为牝马，于事固宜。惟据此言之，则《周易》乾象之龙，非似蜥易之龙，而为马高八尺之龙。蜥易与马，其形远不同也。然则，《易》非专以《周易》得名，二者实各有别，又可知矣。且《周易》筮书也，而非卜书。《左传·庄公二十二年》：“周史有以《周易》见陈侯者，陈侯使筮之。”昭公五年，“穆子之生也，庄叔以《周易》筮之”；哀公九年，“宋皇瑗围郑师，晋赵鞅卜救郑，不吉，阳虎以《周易》筮之”；并其证。尤以哀公九年卜筮分言，为尤显也。（按闵公二年、襄公二十五年，亦皆以卜筮分书，其筮虽未明言用《周易》，然以《左传》所载筮事，凡言某卦之某卦者，皆为《周易》，则此两年筮事，亦为《周易》可知。）若《周易》蒙卦繇辞称：“初筮告，再三渎，渎则不告。”比卦繇辞称：“比，吉。原筮，无永贞，无咎。”是又其内证矣。《易》是否兼筮，虽未可知，然其为卜书，则《礼记·祭义》有云：“昔者圣人逮阴阳天地之情，立以为《易》，《易》抱龟南面。”“易者”抱龟，则其原为龟卜可知。又周之曶鼎，其文有曰：“王若曰，曶？命女更乃祖考司卜事！”（据阮元释文）曶者人名，字从“勿曰”（按“勿”即“易”之省变，《说文》训“曶为气出词也，从曰，象气出形”，当即由此取义），职则继世而司卜事，是《易》固卜书也。此又《易》与《周易》之异也。《连山》《归藏》二易，是否兼卜，虽亦难知，然《左传·襄公九年》，穆姜薨于东宫，始往而筮之，遇艮之八，杜预、孔颖达并以为用《连山》《归藏》。据其下文言：“史曰：是谓艮之随，是于《周易》曰：随：元亨，利贞，无咎。”谓非《周易》固宜。则《连山》《归藏》，亦筮书也。此亦与“易”为卜书者，异也。可知《连山》《归藏》《周易》以前，必有纪卜之书，称之为“《易》”者矣。而孔疏又云：“《周易》之爻，虽有九六，此筮乃言遇艮之八，二《易》皆以七八为占，故此筮遇八，谓艮之第二爻不变者也。（中略）《周易》以变为占，占九六之爻，其《连山》《归藏》以不变为占，占七八之爻”，是则以变易为占，独有《周易》，《连山》《归藏》，犹不尔也。则以“变易”为《易》得名之由，岂其义之朔欤？故知《易》之为称，必本于用蜥易为徽识之族，以纪其占卜之书，灼然无可疑矣。族以蜥易为其徽识，故其卜筮之书，即以“易”名之。由是而掌卜筮之官，亦以“易”名，如郑注《祭义》“易抱龟南面”云，“易，官名，《周礼》曰太卜”，是也。又由是而善卜筮之人，其名亦或取义于“易”，如周曶鼎之曶，是也。此固亦如“云”、“鸟”命官，“夔”、“龙”之号以为人名，“牛”、“羊”、“单”、“翟”之属，以为氏姓国邑之称者也。余杭章氏以为《易》为书称，由于官守得名（见《文始》及《小学答问》），亦未免于始末倒置矣。

三十二年二月八日脱稿　八月十日修正

说白人坟

四川西南与黔、滇接壤之数县中，有所谓白人坟者，华西大学葛礼汉（D.C.Graham）教授尝于一九三四年夏亲往诸地考察，撰《四川南境之白人坟》（*The White Men's Graves of Southern Szechwan*）一文，载于《华西边疆研究学会杂志》第七期中。［按第六期尚有氏所撰之《四川古代白人坟》（*Ancient White Men's Graves in Szcclwan*）一文及其未往考察以前，本诸传说而作，故视此篇较为简略。］据其所纪，兴文县附近，及珙县所属之周家沟、上罗、罗星渡、洛表等处悬崖之上，并多有之，而以洛表为其中心。洛表悬崖之上，木棺之数极多，且有向南伸展，至于云南之豆沙关崖壁上者。其置棺之法有二：一于悬崖垂壁之上（据原文所附各图说大约离地面一百英尺左右），凿方孔二，各以木柱内之，棺则置于其上，方孔之大，约四五英寸；一则就天然之石洞，窀棺其内，洞亦有为人工凿成者。前法多于洛表附近悬崖上见之，后法多于周家沟及扬子峡中见之。崖上置棺附近之处，间有绘红白色之车马人物者。其制棺之法，与今日中国普通以四木板合成者不同，乃以坚实之木干挖凿而成，其表面与两端皆极平滑而精致。氏尝于破洞之中，见有棺木之底已经腐烂，其中骸骨尚隐约可辨者；悬崖上棺木之下，亦或见有下垂之股骨与髆骨焉。当地土人相传：间有珠玉、金属饰物，从朽败之棺中堕落于地者，惟皆不敢拾取，以为取则不祥矣。此皆葛氏之所纪，为近人所纪白人坟文字中之最翔实者也。

至于旧时地方志书所载，有杜君名均撰《川南僰人考》一文（见四川教育厅《文史教学》创刊号），尝就川南所有白人坟之诸县县志中，博征而备采之。据其所录：其在高县，有灌木崖（原注云“一名棺木崖”）、白云洞、观音洞等处；在珙县，有棺木岩、三字岩、石厂岩、双洞、走马田、僰棺崖等处；在兴文，则建武一带，凡悬崖峭壁之上，凿崖为穴，置棺其中者，重叠相望。而尤以珙县之南，上下罗计诸山之中，称为僰棺崖者，随在有之，悬棺之数亦极夥。其中有名棺木崖者，下临符江，尤为险绝。此与葛氏所纪，大率相同。其葬法有凿崖椓钉，置棺其上，及凿崖为穴，置棺其中二者，亦与葛氏所言无异。至于云南大关县豆沙关峭壁上之有僰人坟，杜君亦于附注中引杨履乾《民国昭通县志稿》卷九《诗文征》所载熊廷权《瘗旅文》（原文注云“即豆沙关僰人骸”）言之。其棺为斫木刳空所制，亦与葛氏所言者同也。

惟如此瘗棺之法，究为何人，系属何族，自来说者各异。葛氏于其文中，则尝设为四说：一则相传以为即居于僰道之僰人；一以为高加索人；一以为或即汉人，用此葬法以免四邻夷族之侵害；一或以为僚人。其后氏撰《僰人之历史解释》［*Historic Notes on the Pó Jên*（*Beh Ren*）］一文（载《华西边疆研究学会杂志》第八期），又谓云南摆夷（Pail）于字亦作僰夷，为掸族（Shai Race）之一支，在川南或称为僰人（Po Jen），因断言僰人即摆夷，其坟即摆夷之坟（其实川南自为僰人，云南以僰人为摆夷，自沿明李元阳《云南通志》之误）。而杜氏则以凡此诸县，其地皆近僰道，诸县县志所载，亦皆各称其县为古僰侯国属地，今珙县境内地名，尚多冠以“僰”字，如所谓僰人寨、僰川沟皆是，故又同意相传之说，谓其坟为僰人之坟无疑。

夫以地近僰道，僰道于古为僰侯国（颜师古《汉书·地理志》注引应劭说）言之，相传以为僰人之坟，自若无可疑者，故余撰《释僰媵语》时，亦曾据之以论僰人遗迹，而未尝致疑。惟以余历次所考，僰人实为羌汉合种，与今之所谓白倮倮若民家者为近，今前后所撰《释僰》

《释僰补》《释僰滕语》及《民家非白国后裔考》诸文言之綦详。至今治语言学、民族学者，亦渐多同此说，而知前人以僰人为掸族之摆夷者实误。然余今更以其种族之习俗考之，则知白倮倮与民家墓葬之法，固未有若是者，即诸书所载，自古羌族亦未闻有以如此之法葬其亲者。汉族更无论矣。至葛氏以其属诸摆夷，摆夷墓葬，据余所知，亦非如此。况氏摆夷之说，亦仅沿通常以“僰”为“摆”之误，非就其习俗言之。此皆不足据以为信者也。惟葛氏又有僚人之说，以习俗言之，实惟僚人墓葬有此法耳（若葛氏高加索人之说，则纪无所据，殆以世俗所称之白人氏则误以为白色种人故云）。

按僚人亦称土僚（字亦作土佬），或称葛僚（字亦作仡佬）。元李京《云南志略》（据顾炎武《天下郡国利病书》卷六十九引）记土僚蛮云：

> 土僚蛮，在叙州南，乌蒙北皆是……人死则以棺木盛之，置于千仞岭崖之上，以先堕者为吉。

明田汝成《炎徼纪闻》卷四记仡佬亦云：

> 仡佬一曰仡僚，其种有五……花布者……殓死有棺而不葬，置之崖穴间……名曰家亲殿。

清田雯《黔书》卷一亦云：

> 仡佬，其种有五……各有族属，不通婚姻，殓以棺而不葬，置崖穴间，高者绝地千尺，或临大河，不施蔽盖，树林生于侧，名曰家亲殿。

是土僚之葬，有此法矣。元《马可·波罗行纪》冯承钧译，沙海昂

（A. J. H. Charignon）注本第一二八章，有专纪秃落蛮州者，云：

秃落蛮（Tholoman）是东向之一州……人死焚之，用小匣盛其余骸，携之至高山山腹大洞中，悬之，俾人兽不能侵害。

沙海昂注云：

案 Tholoman 间有若干本作 Coloman（渔案作 Tholoman 者当为土佬蛮之音译，作 Coloman 当为仡佬蛮之音译），然不能为倮倮蛮之对音。倮倮即儸儸，居地在扬子江上流之左岸，即本书第一一六章之建都。前引《兀良合台传》有秃刺蛮，得为此处之秃落蛮。《元史》写此名亦作土老或秃老，皆指土僚也。《元史》卷十本纪至元十五年（一二七八年）四月，云南行省招降秃落蛮，高州［今桐梓（渔案当为今高县）］、筠连州（今筠连）等城寨十九所，则土僚据地，距叙州（渔案即僰道）不远。

又云：

马可·波罗自临安赴叙州所循之道，自南达北，只能为南盘江同牛栏江流域。前者南流，后者北流，此种天然道路，今昔未变。是以今日云南省会通叙州之直道，经过昭通，元时亦必然也。《元史》卷十六本纪：至元二十八年（一二九一年）二月，云南行省言，叙州、乌蒙水路险恶，舟多破溺，宜自叶稍水站出陆，经中庆，又经盐井，土老必撒诸蛮，至叙府庆符，可治为驿，凡三五站。从之。叶稍应在牛栏山下，东川昭通道路通过处，殆为近代地图之江底，牛栏江航尽处也。中庆路沿今昆明，由昆明北行，必经嵩明，当时既无驿道，则马可·波罗似曾东行，取道曲靖，复循牛栏，而至叙府。乌蒙今昭通，水路既然险恶，改经土老，则可见土老据地，在牛栏江右岸，及叙府以上之扬子江流域也。

又云：

吾人既订前章之阿僰据地，在南盘江及红河上流之间，又据后章上半言及土僚之文，则本章所言，疑僰僚之混种。《元史》卷六十一《地理志》之僰、剌二种，应是僰、僚二种之讹……则本章之秃落蛮疑是僰僚蛮（Poloman）之讹也。

按沙氏所言，颇多精义，其言秃落蛮即土僚蛮亦是，惟疑为僰、僚混种之僰僚蛮则非。至其分僰、僚为二种，及谓倮倮居地在扬子江上游之左岸，僚则居牛栏江右岸及叙府以上扬子江流域，则尤具卓识，可谓颠扑不破者也。

盖乌蒙至于叙府，其地之有土僚，元李京《云南志略》亦尝言之（引见前）。僚之居地，原在扬子江以南，牛栏江右岸，倮倮则居扬子江上流左岸。僰族近于倮倮，其在四川，则沿青衣江而居于嘉定犍为以至僰道（别详余《释僰补》）。以彼此居地相近，故僰之与僚，尝相互流入，而为种不纯，沙氏言有僰、僚混种，自亦无可厚非，惟未宜以此葬法，属诸其所混合之种也。世之视为僰人坟者，盖亦以其居地相近而致误耳。

考兴文县于唐为晏州，珙县为珙州，高县为高州。明陈芳绩《历代地理沿革表》卷十五《郡表十三》纪其开设沿革云：

晏州，古夜郎地，号大坝，唐武后时恢拓始置晏州，亦曰罗阳郡。仪凤二年招生僚置，领县七，属泸州都督府。五代宋因之。元曰戎州。明初降为戎县，万历中改为兴文县。

珙州，古夜郎地，宋设长宁军，十州族姓各命之官。其后分姓他居，遂有上下罗计之分。元仍为珙州。明改珙县。

高州，古夜郎之属境，邻乌蛮，与长宁州相接，均为西南羌族（渔案此句可商），前代以化外置之，唐为羁縻州。

是兴文、珙县，於古并为夜郎之地；高县虽邻乌蛮，然亦夜郎属也。夜郎本古夷僚之国，于汉为牂柯郡；僚则古之百濮之一也（详见后）。故晋常璩《华阳国志》卷四《南中志》记汉武帝使唐蒙开牂柯，斩竹王（按竹王即夜郎国王，见《后汉书》卷八十六《夜郎传》），置郡，称"夷濮（按《后汉书》作'夷僚'）阻城，咸怨诉竹王非血气所生，求立后嗣"也。《华阳国志》卷三《蜀志》又言：

会无县，路通宁州，渡泸，得堂螂县（按"堂"原作"住"，"螂"原作"狼"，今据顾广圻校正）。故濮人邑也，今有濮冢。冢不闭户，其穴多有碧珠，人不可取，取之不祥。

会无，今会理；堂螂，今东川（参考王先谦《汉书补注·地理志》）。东川与昭通毗邻，昭通以北，则至大关县之豆沙关。东川为古濮人之邑，而其冢不闭户，穴多碧珠，人不可取，取之不祥，则与葛氏所记珙县之冢，相传有珠玉饰物堕地，取则不祥者，竟相同矣。是土僚、濮人，其葬法皆如此也。

原濮人于春秋之世已称百濮，其支派之蕃可想而知。《左传·文公十六年》云：

楚大饥……庸人率群蛮以叛楚，麇人率百濮聚于选，将伐楚……楚人谋徙于阪高……蒍贾曰："不可……夫麇与百濮谓我饥不能师，故伐我也。若我出师，必惧而归。百濮离居，将各走其邑，谁暇谋人？"乃出师。旬有五日，百濮乃罢……使庐戢黎侵庸……遂灭庸。

杜预注云：

庸，今上庸县（按即今湖北竹山县），属楚之小国。选，楚地。百濮，夷也。濮夷无屯聚，见难则散归。戢黎，庐大夫。

又注文公十四传"庐戢黎及叔麇诱杀子仪、子燮"云：

庐，今襄阳中庐县。戢黎，庐大夫，叔麇其佐。

又其《释例》云：

麇，今当阳。建宁郡南有濮夷，无君长总统，各以邑落自聚，故称百濮也。

按晋中庐县，今南漳境，当阳即今当阳，与庸为上庸今竹山者，并今湖北省属县，其地咸相去不远，故时或服属于楚，时或相率以为楚患。惟晋之建宁郡属宁州，为今云南曲靖以西之境，与楚及麇、庐相去俱远，麇人不得率之以为楚害。晋之建宁郡谈藁县，虽有濮僚，见于常璩《南中志》，然据《志》永昌郡条下云"李恢迁濮民数千落于云南建宁界，以实二郡"，则晋时建宁之有濮僚，乃蜀汉李恢为庲降都督时自永昌郡迁往者，不得据以说春秋时为麇人所率以为楚患之濮也。惟晋又有建宁县属荆州长沙郡，在今湘潭北境（按宋罗泌《路史》以建宁为石首），其地于古，亦为百濮所居（说见后），杜预或以此释之。而“县”字后或误为“郡”字欤？惟孔颖达《正义》引《释例》“郡”已作“县”，是其误在唐初则已然。

《左传·文公十一年》又云：“楚子伐麇。成大心败麇师于防渚。潘崇复伐麇，至于钖穴。”杜预于防渚、钖穴，并但注云麇地，未尝斥言何在。洪亮吉《春秋左传诂》则云：“案防即汉中郡之房陵，‘防’、‘房’本一字。防渚，盖房陵县之渚也。”锡，按洪氏传文“锡穴”作“钖穴”，云：“诸刊本并误作‘锡’，今以两《汉志》及岳本改作‘钖’……即汉中郡之钖。《郡国志》：‘钖有锡，春秋时曰钖穴’，是也……阚骃《十三州志》：‘防陵即春秋时防渚也。’”而《太平御览》卷百六十八《州郡》引《十道志》云：“郧乡本汉锡县，古麇国也。”

郧乡今湖北郧县，房陵今湖北房县，去杜预以麇为当阳者并少远，或者因此致疑，谓当从宋罗泌之说，以在当阳者为麇，在锡穴者为麇，“麇”、“麇”形近易讹。哀公十四年，“逢泽有介麇焉”释文云“又麇作麇”，是其证（吕思勉《中国民族史》附《微卢彭濮考》）。不知此实非也。春秋时之百濮，其境甚广。《国语·郑语》云：

> 夫荆子熊严生子四人：伯霜、仲雪、叔熊、季紃。叔熊逃难于濮而蛮，季紃是立。

又云：

> 楚蚡冒始启濮。

楚以熊绎始受封，居丹阳，熊严为其十世孙，叔熊为严之子，则其十一世孙也。蚡冒为季紃之孙若敖之子熊率（《史记·楚世家》作熊眴，此本韦昭注），而楚武王之父也，于绎为十三世孙。自熊绎以至蚡冒，并居丹阳。丹阳，《史记集解》引徐广曰："在南郡枝江县。"《正义》引颍容《三传例》云："楚居丹阳，今枝江县故城是。"《括地志》云："归州巴东县东南四里，归故城，楚子熊绎之始国也。熊绎墓在归州秭归县。"《舆地志》云："秭归县东有丹阳城，周回八里，熊绎始封也。"枝江、秭归于今亦为县，属湖北，去当阳为近，去房县、竹山、郧县并少远。故宋翔凤《过庭录·楚鬻熊居丹阳武王徙郢考》以为丹阳实在今商县之南，南阳之西，丹、析二水入汉处，则其地在今河南、湖北二省之界，去郧县为甚近也。是百濮之地，其北当至此矣。而《左传·昭公元年》则又云：

吴濮有衅，楚之执事岂其愿盟？

杜预注云："吴在东，濮在南，今建宁郡（按此'郡'字当亦'县'字之误）。"时楚已迁郢，为今江陵，晋之建宁县为今湘潭北境，正在其南。若为宁州建宁郡，今云南境，则相去太远矣。罗泌《路史·国名纪》以濮所在之建宁为石首，似亦以'郡'为'县'之误。南有濮夷。

又《左传·昭公十九年》云：

楚子为舟师以伐濮，费无极言于楚子曰："晋之伯也，迩于诸夏，而楚辟陋，故弗能与争。若大城城父而寘太子焉，以通北方，王收南方，是得天下也。"

杜预注云："濮，南夷也。"

是时楚已久都于郢，伐濮而为舟师南渡，则洞庭以西，湘潭辰沅之间，当皆为百濮之地，而竟与唐代之所谓五溪蛮者同也。是杜预以麇为当阳，亦未为失。洪亮吉《春秋左传诂》于文公十六年传"百濮"下引《通鉴注》引颍容《释例》亦云："麇，当阳也。"不必如罗长源分别麇、麋为说，而强作解人矣。大抵春秋之世，濮之种人极蕃，所据之地极广，所谓庸、麋、庐、罗（《左传·桓公十三年》楚屈瑕伐罗，罗与卢戎两军之）者，皆属濮人，其余但有部落，未置君长者尚众，故有百濮之称，时而分别服属于楚，时或合而为楚之患。麋于其中，当称大国，其境北自郧县，而南至于当阳，故文公十六年麋伐楚时，而百濮诸种落竟为其所率也。然则以今地言之，北起陕豫鄂三省之交，南至于洞庭以西，湘潭辰沅之间，西起于巴，经三峡，东至于荆州以西，皆古濮人分布之地，故《左传·昭公九年》王使詹桓伯辞于晋曰："及武王克商，巴、濮、楚、邓，吾南土也。"《尚书·牧誓》称武王伐商，率庸、蜀、羌、髳、微、卢、彭、濮以往。伪孔传谓庸、濮为在江汉之南。左思《蜀都赋》云："左绵巴中，百濮所充。"刘渊林注谓："今巴中七姓有濮。"常璩《华阳国志》亦谓"巴有濮夷"。古时濮地之广，濮人之众，实足惊矣。

所谓僚人者，实亦百濮之属，巴郡以东，荆州以西，洞庭湘沅五溪之间，于古既为百濮分居之地，而张华《博物志》卷二则谓："荆州极西南界至蜀诸民曰僚子（按蜀卒无僚，李势据蜀时，僚始自巴出，见常《志·李特志》及《北史·土僚传》）。张华、左思、常璩并皆晋人，或称僚子，或称百濮，或称濮夷，或称濮僚，是僚即百濮之一也。又韩愈《答张彻》诗（本集卷二）述其贬阳山过洞庭所经，有云："叠雪走商岭，飞波航洞庭。下险疑堕井，守官类拘囹。荒餐茹僚蛊，幽梦感湘灵。"杜甫居夔州，则有《示僚奴阿段》诗（《杜诗镜铨》本卷十二）、《秋行官张望督促东渚耗稻向毕清晨遣女奴阿稽竖子阿段往问》诗（同上卷十六）。杨伦于《示僚奴阿段》诗，注于《困学纪闻》云：

> 《北史》：僚者，南蛮别种，无名字，以长幼次第呼之。丈夫称"阿謩"、"阿段"，妇人称"阿夷"、"阿等"之类，皆语之次弟称谓也。

杜诗竖子“阿段”与《北史》丈夫称“阿段”同，杜诗女奴“阿稽”，与《北史》妇女称“阿夷”亦相近。“稽”与“夷”，一音之转也。是五溪三峡之间有僚，此并其证矣。故五溪三峡亦有于悬崖峭壁间以为墓葬者。唐张鷟《朝野佥载》云：

> 五溪蛮，父母死，于村外阁其尸，三年而葬，打鼓路歌，亲戚晏饮舞戏，一月余日，尽产为棺，临江高山，凿龛以葬之。山下悬索下柩，弥高者以为孝，即终身不复祠祭。初遭丧，三年不食盐。

元周致中《异域志》亦云：

> 五溪蛮即洞蛮，遇父母死，行鼓蹈歌晏一月，尽产为椁，临江高山凿龛以葬，三年不食盐。

清郑珍《巢经巢诗集》卷三有题云：

> 辰溪县北三十里许，水东岸皆峭壁，猿鸟所不到。其上有楼阁阑楯箱匣之属，曰仙人岩。其石斑如狗迹者，曰狗走岩。其西岸苍崖界白，蜿蜒斜上如龙状者，曰白龙岩。俱奇诡可玩。舟行经此，戏为此诗。

疑此亦当为辰溪之蛮崖葬遗迹，而误传以为仙人岩者（按高县此等岩洞亦有称观音洞者，见前），其所谓楼阁阑楯箱匣之属，盖即崖壁上椓钉之木，与夫所置之棺耳。其苍崖界白，斑驳成龙狗之迹者，殆亦于置棺之旁，有所图绘欤（葛氏记其所见崖上置棺附近之处，间有绘红白色之人物车马者）？故郑诗虽就仙人之迹咏之，云：“不知广千岁，仙眷有分析。广厦嵌穴间，几至无剩隙。”然云疑为盘瓠苗裔之事，而云

"此时盘瓠氏，子孙正昌炽"也。盖僚与苗、徭，昔人以为皆盘瓠后裔。《图书集成》卷一四一〇《边裔典》云："南越王有犬名盘瓠……王妻以女，生子数人……曰苗，曰徭，曰僚。"《通典》卷一百八十三《州郡部·荆州》下云："禹贡曰：'荆及衡阳唯荆州。'……盖古蛮夷之国，盘瓠之种，昔人所谓荆蛮也……其五溪中地，归汉以历代开拓。"（原注云"今播州、涪州、夜郎、义泉、龙溪、溱溪等郡地"）又"潭州"下云："潭州，古三苗之地，自春秋以来为黔中郡，楚国之南境。"是荆衡湘潭之间，昔人皆以为盘瓠之种，而僚亦其一也。《通典》卷一百八十五《边防部·序文》"缅惟古之中华，多类今之夷狄，有居处巢穴焉，有葬无封树焉"下，又有注云："潭衡人祭，取死者骨，小函子盛置山岩石间。"则潭衡之人，尚有此俗，推其所自，当必本诸五溪之蛮，如所谓僚者是也。

至若三峡岩葬之事，诸书所载虽不多见，然《太平广记》卷五五九《冢墓类》引《神怪志》有云：

> 王果经三峡，见石壁有物，悬之如棺，使取之，乃一棺也。发之，骸骨存焉。有铭曰："三百年后，水漂我至长江，垂欲坠欲落，不落，逢王果。"果悽然曰："数百年前，已知有我！乃改葬祭之而去。"

语虽不经，然三峡属巴而有僚夷，则其为僚之崖葬，可无疑矣。

今川南所谓白人坟者，既咸在兴文、珙、高诸县，而诸县之开设，又皆于唐初始招生僚建置，则其原为生僚世居之地可知（按汉人于夷人之纯粹而未经他族同化者，多以"生"称之，如生番、生苗、生夷、生僚之类）。马可·波罗行经其处，至称之为秃落蛮州，州而以其族名冠之，则其人至元为犹盛也。其此种葬法伸展至于云南之镇雄、盐津、大关（豆沙关属大关）诸县者〔见《华西边疆研究学会杂志》第八期葛氏所撰之《僰人之历史解释》一文［D. C. Graham *Historic Notes on the Pó Jên (Beh Ren)*］最后之附注中｝，盖以此诸县与兴文、高、珙诸县境壤相接，皆在牛栏江右岸。即如《华阳国志》所称渡泸得堂螂邑之“濮人冢”亦在泸水南岸（按泸水即今金沙江），与近倮族之僰，原居岷江以西、泸水北岸者，相对而居。则此墓葬之法之为僚濮，征诸其种人习俗，与夫居地沿革，皆可无疑。摆夷虽或亦为濮族，然就其居地习俗言之，并与此异。世俗所以或误为摆夷之墓者，盖亦与其误以为僰人墓者同，徒以“濮”与“摆”、“僰”音皆相近。僰人亦作白人，摆夷亦作白夷耳（故又或称为白人坟）。然若徒执音近言之，则古濮族之中，有所谓罗与卢者，尝与麇与百濮为楚之害（参考《左传》桓公十二年、十三年，文公十四年及上所引《左传》诸文），罗卢之与倮倮，音皆相近，且倮倮之名，并有作罗罗、鹿卢者，如谓今云南倮倮之族即百，春秋时居江汉之南百濮罗卢后裔，得不大可笑乎？倮倮之族，系近西羌，僰虽原为汉人，然以贬居西方（按僰得名之由见《礼记·王制篇》，说详余《释僰》中）与羌相处，久已羌化（按《文选》卷四四陈琳《檄吴郡将校曲部文》有云“湟中羌僰”，是僰人原与羌同居湟中）。濮则系属南夷，司马相如《喻巴蜀檄》云：“南夷之君，西僰之长。”僰即僰人，夷谓僚濮，以西、南分别言之，其事最显。则果为僚人之坟，必无可疑。若就世俗相传之音协之，则据常璩《华阳国志》称为濮人坟可也。

（原载《边政公论》1945年第四卷第七、八期合刊）

民家非白国后裔考

一、引　言

胡蔚增订本《南诏野史》卷下“南诏各种蛮夷”条（《南诏野史》通称明杨慎撰。《四库全书总目提要》以书中叙事下逮万历十三年，为慎所不及见，而旧本题昆明倪辂集，成都杨慎标目，滇中阮元声删润，因以为阮元声作，谓其称倪辂、杨慎者，皆元声之所伪托也。今四库著录之本不可得见，余所见者，为胡蔚增订本及王崧《云南备征志》考订本，两本编次详略，皆不尽同，不知其视四库所称旧本为如何？凡今有所称引，但分别著明胡本、王本云）云：“白民，有阿白、白儿子、民家子等名，白国之后，即滇中之土著。”由是言民家者皆以民家为古白国之后，自明代以至于今，三四百年莫之或正也。余初撰《释僰》一文，于论民家与僰人时，尚和同其说，以民家为汉哀牢夷后裔，滇中载籍所称之古白国，及唐宋时之南诏、大理诸国，即为其祖先所建。其后撰《释僰补》及《释僰賸语》（暇时拟与《释僰》合为一篇，于本刊第二辑布之）详考民家、白国与夫南诏、大理诸国之渊源，然后知其各不相谋。所谓白国者，其历史颇荒诞不可究诘，民家固非其后裔；即南诏亦不与白国有何渊源，民家亦非其后。求其足以后民家者，或当于南诏以后，赵、杨、段诸氏所建之大天兴、大义宁、大理诸国求之。及今思之，尚觉不谬，因著其说于篇，藉资商榷。

二、民家称谓之由来

“民家”一词原非种人之称，其渐演为种人之称者，盖始于有明之世。《明史》卷八十九《兵志》云：

明以武功定天下，革元旧制，自京师达于郡县，皆立卫所，外统之都司，内统于都督府。

又卷九十云：

天下既定度要害地，系一郡者设所，连郡者设卫，大率五千六百人为卫，千一百二十人为千户所，百十有二人为百户所。所设总旗二，小旗十，大小联比以成军。其取兵有从征，有归附，有谪发。从征者，诸将所部兵，既定其地，因以留戍；归附，则胜国及僭伪诸降卒；谪发，以罪迁隶为兵者，其军皆世籍，此其大略也。

云南以洪武十五年设都指挥使司，都指挥使领卫二十，守御千户所十有九，土守御千户所一，大理卫、洱海卫属焉（参考《明史·兵志》，李元阳《云南通志·兵食志》，周宗麟《大理县志稿·武备部》）。卫所之外，亦有郡邑，如有大理卫复有大理府（参考《明史·地理志》，李《志·建设志》）。卫所所以治军，郡邑所以治民。民者，土著编户之氓，异于卫所之戍役军卒者也。大抵川滇黔桂诸省，其非汉族之区，于平定之后，多屯军留戍，土著之民，与之各不相习，故皆军民分治。明王士性《黔志》（不分卷）云：

其开设之初，只有卫所，后虽渐渐改流，置立郡邑，皆建于卫所之中。卫所为主，郡邑为客，缙绅拜表祝圣，皆在卫所。卫所治军，郡邑治民。军，即尺籍来役戍者也，故卫所所治皆中国人。民，即苗也，土无他民，止苗夷，然非一种，俗亦各异。（按此所谓苗夷，乃广义夷族之称，观其下文列举苗夷种类可见。）

《大理县志稿》卷六《社交部》亦云：

明初，削平段氏总管，迁中土大姓以实云南，而吴越间汉族来者纷纭踵至，于是呼土著者曰民家，外来者曰军家。

此民家称谓之所由来也。

盖民之初义，本对百姓而言。《尚书·尧典》称尧政化之绩曰“以亲九族”，曰“平章百姓”，曰“黎民于变时雍”，以九族、百姓、黎民分别而言，其事最为明显。以今义言之，百姓虽不必与王者同族，次于九族一等，然亦统治阶级而为贵族。故郑玄注云：“百姓群臣之父子兄弟。”伪孔安国《传》亦云：“百姓，百官。”《国语·周语》：“富辰曰：百姓兆民。”韦昭注亦云：“百姓，百官也，官有世功，受氏姓也。”而《楚语》称观射父言百姓受姓之原，其义尤为明显，其言曰：“民之彻官百，王公之子弟之质，能言能听，彻其官者，而物赐之姓，以监其官，是为百姓。”此百姓之义也。至于民则为被统治阶级，屈居于统治者之下，或为俘虏，或为奴隶，而视为盲昧无知、冥顽不灵者也。《庄子·在宥篇》曰：“卑而不可不因者，民也。”《贾子·大政篇》曰：“夫民之为言，萌也；萌之为言，盲也。”《说文·民部》：“民，众萌也。”郑玄《周礼·朝士》“凡得获货贿人民六畜”注：“人民谓刑人、奴隶、逃亡者。”又《质人》“掌成市之货贿人民牛马兵器珍异”注：“人民，奴婢也。”又《书·吕刑》“苗民弗用灵”，《论语·泰伯》“民可使由之”注：

“民，冥也。”又《多士序》“迁殷顽民”注：“民，无知之称。”杨倞注《荀子·礼论》“人有是，士君子也；外是民也。”亦云“民氓无所知者”。民又通氓，《广雅·释言》：“民，氓也。”《诗·氓篇》毛《传》：“氓，民也。”《孟子·滕文公》“愿受一廛而为氓”赵岐注：“氓，野人之称。”高诱注《战国策·秦策》“不忧民氓”亦云：“野民曰氓。”甿，又古“氓”字，《史记·三王世家》司马贞《索隐》引《三苍》云：“边人曰甿。”此民之本义也。阎若璩《四书释地》又释云：“百姓义二：有指百官言者，《书》百姓与黎民对，《礼·大传》百姓与庶民对是也；有指小民言者，不必夏代，亦始自唐虞之时，‘百姓不亲，五品不逊’是也。”其言百姓与黎民对者，得其旨矣。是故汉人于边疆开辟之后，以“民家”一名，称其边疆土著，盖从其义之朔耳。初非特有一族，而名为“民家”者也。

惟今通俗所称之云南民家，则指洱海附近至于丽江一带之一种民族而言，盖由通称而变为专称。其民族自称，实曰白子，民家亦汉人称之之名耳（见英人 Davies 所著《云南》附录第八）。世之以民家为古白国后裔者，即指此民家而言。然吾人若进而一探所谓白国之史迹，则渺乎不得其实，而民家之非白国之后自可恍然悟矣。

三、所谓白国

所谓白国者，王崧本《南诏野史》“大白国”条云：

阿育王第八子蒙苴颂居大理白崖，因地名号白国，至楚威王命庄跻伐滇，跻遂自为滇王。庄威（原注云案：威字，疑衍文）王之后好佛法，纲纪不振，国人遂推张仁果为王，至汉武帝命张骞使滇，立仁果为王，仍称白国。后昆弥氏继之，改白为拜。

而胡本《南诏野史》则称“白子国”云：

汉武帝通西南夷，遣使至滇，求身毒国。滇王常羌问使者曰：“汉孰与我大？”使者还报，武帝怒其言不逊。时白崖国蒙苴颂之后，天竺国白饭王之裔仁果者为众所推，立于白崖，武帝乃册封仁果为王，号白子国。后迁澂江。迨龙佑那继之，号建宁国。

其引又一说则云：

白子国之先，有阿育王，能乘云上天，娶天女生三子，长季二子封于金马、碧鸡，独封仲子于苍洱之间；崇奉佛教，不茹荤，日食白饭，人因称为白饭王。迨后有仁果者，汉封为滇王，号白子国。又十五世，至龙佑那，后汉诸葛武侯南征，次白崖，以龙佑那为酋长，赐姓张氏，仍统其民，号建宁国。

王本于大白国后，为拜国、建宁国，云：

拜国，昆弥氏国号，历年莫考，张氏继之，改为建宁国。

建宁国，张氏国号。汉末，祖张仁果，居蒙舍川，昆明大族，众立为王，建都澂江，号云南王。蜀汉建兴三年，滇酋雍闿，假鬼术杀益州守正昂，归吴。吴王孙权以闿为永昌守。武侯南征，至白崖，杀闿，封龙佑那为长，亦赐姓张，号建宁国。（中略）张氏传三十三世，至张乐进求，一见蒙奇王有异相，遂妻以女，让位与奇王。王姓蒙，名细奴罗，遂灭张氏，号大封民国。

而胡本白子国之前为滇国，滇国之前为昆弥国（一名拜国），与王本白国分居滇国前后，及昆弥氏之拜国在白国后者不同。胡本昆弥国之前复有白崖国，白子国之后则为建宁国。与王本建宁国在拜国后者亦异。至于彼此详略互殊，尤其余事。如张仁果者，王本未尝言其所自出，而胡本则谓为蒙苴颂之后，白饭王之裔。蒙苴颂者，王本以为阿育王第八子，居白崖，号白国，张仁果继之，仍其国号。而胡本则以为白子国号，始于仁果，蒙苴颂时实号白崖。龙佑那者，王本亦未尝言其祖先世次，而胡本则谓为仁果十五世孙。王本之于仁果，已系之张姓，称张仁果，佑那姓张，盖受蜀汉之赐，非必仁果子孙，而胡本之于仁果，则未尝著其姓氏，其得赐姓张氏，实始于龙佑那时。两本之原，皆传出升庵杨慎校正、倪辂所集，而乖异如此。此非版本之异，徒足以见传说之纷歧耳。

民间传说，固未尝不可为考证民族起源之资，然未可以史视之，而据以为信也。且不独两本互勘如此也，即就王氏一本观之，其自身亦多矛盾罅隙之处。如既言“阿育王第八子蒙苴颂居大理白崖，因地名号白国”矣，而又言“庄（威）王之后，好佛法，纲纪不振，国人推张仁果为王，至汉武帝命张骞使滇，立仁果为王，仍称白国”。未知蒙苴颂白国之后，张仁果白国之前，当庄氏王滇之世，所谓白国者为何如？其或中绝，至仁果而复王邪？抑原未中绝，特当庄氏之时，仅王大理白崖一隅，后乃为众所推，始继庄氏而王全滇邪？此其一也。又如既言“张仁果为王，仍称白国，后昆弥氏继之，改白为拜”矣，而又言“昆弥氏历年莫考，张氏继之，改为建宁国”。所谓张氏者，忽而在昆弥氏之前，号为白国，忽而继昆弥氏之后，号建宁国，迷离惝恍，不可端倪，此其二也。又如既言“汉武帝命张骞使滇，立仁果为王，仍称白国”矣，而又言：“建宁国，张氏国号，汉末，祖张仁果居蒙舍川，昆明大族，众立为王，建都澂江，号云南王。”以一张仁果，忽而为白国王，忽而为建宁国祖，忽而为云南王，忽而受张骞册命，忽而为众所推，此其三也。建宁为蜀汉郡名，改前汉益州所置（参考常璩《华阳国志·南中志》，洪亮吉《补三国疆域志》，李元阳《云南通志·地理志》，下同），包括今昆明、澂江各属；云南郡则蜀汉复分建宁、永昌（《南中志》作越嶲）所置，仅今姚安大理数县，至若以云南统称全省，则自明置云南布政司始（参考李《志·地理志》）。仁果于汉末之时建都澂江，何能称云南王？此其四也。且仁果既于武帝时受封，何能至汉末尚在？汉自武帝至汉末三国分立（公元前140年至公元后220年）凡三百六十年，即自元狩元年，张骞使西域通滇，至汉末（前122年至后220年）亦三百四十年，仁果何寿考乃尔？此其五也。此皆其矛盾罅隙处之彰明较著者也。凡此等处，后虽经胡本为之弥缝，较为合理（按胡本“白子国”条虽亦言白饭王为天竺国王，而又言白饭王为阿育王仲子，封于苍洱之间，似亦自相矛盾，然明白著为别说，故与王本不同），然不能执胡本以议王本。王本所据，盖为旧钞（见原书王氏跋语），视胡本为早，而胡本则颇多增订（见原书胡序），增订之时，见有不协，乃加意弥缝，期合于理，此传说而合理化者，翻不若王本之能保存传说本来面目也。至与正史不合，则又两本皆然。如言武帝恶滇王常羌不逊，册封仁果为王，《史》《汉》之《西南夷传》无之。诸葛亮命龙佑那为酋长，赐姓张氏，《三国志·蜀志》无之，即常璩《华阳国志》亦无之。陈、常晋人，去蜀汉尚远，史公为武帝时人，且尝奉使至滇，略邛、笮、昆明而还，使其时其地果有白国，果有册封仁果之事，史公不应不书，近人袁嘉谷《滇绎》斥之（见卷一“龙佑那”、“张乐进求”各条），是矣。

夫《野史》固不足信也，然杨慎又尝自撰《滇载记》矣。

《载记》之述滇事曰：“滇域未通中国之先，有低牟苴者，居永昌哀牢之山麓（原注今金齿地），有妇曰沙壹，浣絮水中，触沉木，若有感，是生九男，曰九隆族。种类滋长，支裔蔓衍，窃据土地，散居溪谷，分为九十九部（中叙六诏不录）。至汉有仁果时［按仁果，当据此作仁果时，元李京《云南志略》亦作仁果时，以三字为名。范成大《桂海虞衡志》云：‘乾道癸巳冬，忽有大理人李观音得、董六斤黑、张般若师等，率以三字为名。’（今通行本《桂海虞衡志》无此条，兹据《通考》所录），是其俗相传如此。龙佑那、乐进求亦皆以三字为名〕，九隆八族之四世孙也。强大，居昆弥川（原注今白崖定西岭），传十七世，至龙佑那，当蜀汉建兴三年，诸葛武侯南征雍闿，师次白崖，获闿，斩之，封龙佑那为酋长，赐姓张氏，诸部于是始有姓氏。龙佑那之十六世孙曰张乐进求，逊位于蒙氏，考其时，盖唐世也。张氏或称昆弥国，或称建宁国，其年系莫可推详。蒙氏始兴，曰细奴罗，九隆五族牟苴笃之三十六世孙也（中略），代张氏立国，号曰封民，蒙氏伪称南诏，实唐贞观三年也。”（卷首）

据《载记》卷尾《总论》（《古今说海》《纪录汇编》《学海汇编》及《艺海珠尘》诸本卷尾皆有《总论》，惟《历代小史》及《函海》本无之，王崧《云南备征志》本亦无之），慎自云，其书盖本僰文《白古通玄峰年运志》（省称《白古通》）删正而成。今《白古通》原书不可见，滇中民间所传有《白国因由》一书，康熙四十五年（公元 1706 年）大理圣元寺住持寂裕跋刻书原委，云即译《僰古通》之僰音为汉语，是《白国因由》者，殆即慎所谓《白古通》之类也。慎又有跋张道宗《记古滇说集》文云：“总戎云南沐公，命梓人刻《记古滇说集》，慎得披阅焉，曰：兹野史之流，即乘之稗也。”观《载记》所纪，其有取于《记古滇说》者亦多。然按诸《白国因由》与《记古滇说》，其述张仁果与蒙细奴罗皆非同出一源，而《载记》合为一系；《白国因由》谓张仁果为阿育王仲子骠信苴之十七世孙，《记古滇说》则未明其世系，而《载记》乃以仁果为低牟苴之子九隆八族之四世孙，其十七世孙则为龙佑那，是又与《白国因由》《记古滇说》不合。考《南诏野史》“南诏历代源流”条，又有引《白古记》之说云：

“三皇之后，西天摩竭国阿育王第三子骠苴低（按当即《白国因由》之骠信苴，惟彼云阿育王次子）娶欠蒙虧为妻，生低蒙苴（按即《载记》之低牟苴），苴生九子，名九龙（按即《载记》之九隆）氏：

“长子蒙苴附罗（王本作‘阿辅罗’，此从胡本），十六国之祖（王本作‘即十六国之主’）；

“次子蒙苴廉（王本作兼），吐蕃之祖；

“三子蒙苴诺，汉人之祖；

“四子蒙苴酬（王本作酹），东蛮之祖；

“五子蒙苴笃，生十三子，七圣五贤，蒙氏之祖；

“六子蒙苴托，狮子国之祖（王本作‘居狮子国’）；

“七子蒙苴林，交趾之祖；

“八子蒙苴颂，白子国仁果之祖（王本作‘白崖张乐进求之祖’）；

“九子蒙苴闪（王本作‘阚’，云一作‘闪’），白夷之祖。”

此当即杨慎《滇载记》所谓仁果为九隆八族之四世孙，蒙细奴罗为九隆五族之三十六世孙之说之所本也。大抵《记古滇说集》《白古通》《南诏野史》三书，皆本滇中稗史之流，所传详略互异，至慎作《滇载记》时，于此皆有所取（按《四库提要》以《记古滇说集》为杨慎假托者，似非）。然观三书与《载记》所纪，又多彼此矛盾出入之处，兹试取其有关白国之事，排比于后，借资对勘（其特有关系之主名，以［　］记之）：

《白国因由》：

［阿育王］——（仲子）骠信苴，号神明天子，即五百神王——（十七代孙）［仁果］蜀汉诸葛丞相入滇赐姓张氏——（三十六代孙）［张乐进求］朝觐，上封云镇守将军（按“云”字下当有脱字，或即“南”字）。唐贞观二年，天师观星，奏曰：“西南有王者起。”上命访之，有［细奴罗］者出，遂为白国王。（卷首序文）

［细奴罗］金齿龙泉寺下易罗丛村女茉莉娸，为蒙迦独娶以为妻，蒙迦独捕鱼溺死，茉莉娸往寻，见江中独木逆流而上，后遂感梦而生九子，［细奴罗］为其第九子。（第八节第九节）

《记古滇说集》：

［阿育国王］三子：长福邦，次宏德，季至德，为寻神骥至滇，各留主滇地不回。王遣舅氏神明往迎，将归，为哀牢夷君所阻，遂不复返。（概括第一页大意）

［习农乐（按即细奴罗）］哀牢国永昌郡人蒙迦独，娶摩梨羌（按当即茉莉婑）名沙壹，居哀牢山。蒙迦独捕鱼死哀牢山下水中，沙壹往哭，忽见一木浮来，坐其上，平稳不动，遂常浣絮其上，若有感，因生九子，是为九隆，后又产一子，即［习农乐］。（同上）

［仁果］阿育王子与舅神明各留主滇地未回，后值庄跻王滇，遗众遂与跻兵同诸夷杂处。跻为滇王，崇信佛教，不忍杀生，迁居白崖、鹤拓、浪穹。后众推仁果者，为张姓新君之王，跻世遂绝。仁果肇基白崖，遂号国曰白，是为白氏国。后汉武帝命张骞册封之，而张仁果仍称白国。（第二页）——（十七世孙）［张凤德那］（按当即龙佑那）三国蜀汉丞相诸葛亮南征，生擒孟获，回兵白崖，立铁柱以绝南征，改益州曰建宁，以凤德那领之。（第四页）——（三十三世孙）［张乐进求］改建宁曰云南。唐册乐进求为首领大将军云南王。因祭铁柱，见习农乐有金铸凤凰飞上左肩，乐进求等惊异之，遂逊位，乃唐高宗永徽四年，即蒙十三王之鼻祖也。（第五页）

王崧本《南诏野史》：

［阿育王］——（第八子）［蒙苴颂］居大理白崖号白国。（“大白国”条）

［张仁果］庄威王之后，好佛法，纲纪不振，国人推张仁果为王。汉武帝命张骞册立之，仍称白国。（同上）——（世次不明）

［龙佑那］蜀汉建兴三年武侯南征，封为酋长，亦赐姓张，号建宁国。（“建宁国”条）——（三十三世孙）［张乐进求］见蒙奇王细奴罗有异相，妻以女，让位与之。（同上）

［蒙细奴罗］唐太宗贞观初灭南诏，号大蒙国。高宗永徽三年建都蒙舍，四年受唐封，改元大封。（“大蒙国”及“大封民国”条）

胡蔚本《南诏野史》：

［阿育王低蒙苴］——（第八子）［蒙苴颂］居白崖，号白崖国。（“白崖国”条）——（世次不明）［张仁果］白崖国蒙苴颂之后，天竺国白饭王之裔，众推为王，立于白崖，汉武帝复册封之，号白子国。（“滇国”及“白子国”条）——（十五世孙）［龙佑那］诸葛武侯南征，以为酋长，赐姓张氏，号建宁国。——（三十二世孙）［张乐进求］唐太宗己酉贞观二十三年封为首领大将军，后见蒙舍川蒙细奴罗有奇相，遂妻以女，逊国与之。（“建宁国”条）

［阿育王低蒙苴］——（第五子）蒙苴笃——（三十六世孙）［蒙细奴罗］又名独罗消，父舍龙，又名龙迦独。奴罗于唐太宗己酉贞观二十三年，代张氏立国，自称奇嘉王，建号大蒙国，又称南诏。（“南诏”“大蒙国”“建宁国”各条）

《滇载记》：

［低牟苴（按即阿育王低蒙苴）］居永昌哀牢山，有妇曰沙壹，浣絮水中，触沉木有感，是生九男，曰九隆族。——（九隆八族蒙苴颂之四世孙）［仁果时］当汉时强大，居昆弥川——（仁果时十七世孙）［龙佑那］蜀汉建兴三年诸葛武侯南征，封为酋长，赐姓

张氏——（佑那十六世孙）［张乐进求］逊位于蒙氏，考其时，盖唐代也。张氏或称昆弥国，或称白国，或称建宁国，其年系莫可详推。（卷首）

［低牟苴］——九隆族——（九隆之第五族）牟苴笃——（五族之三十六世孙）［蒙细奴罗］代张氏立国，号曰封民，蒙氏伪称南诏，实唐贞观三年也。（同上）

合诸书所纪观之，所谓白国者，究不知果为谁氏所建，《记古滇说》以为始于张仁果，其叙仁果，乃与阿育王及细奴罗氏族各别。王本《野史》以三氏别族，虽与《古滇说》同，然以白国始祖为阿育王，而仁果于汉（一说汉武帝时，一说汉末）亦称白国，细奴罗则与仁果后嗣有婚姻之谊。胡本《野史》与《白国因由》，虽亦皆以阿育王为白国始祖，仁果为其后嗣，然胡本《野史》未尝明言其世次，而《白国因由》则以仁果为阿育王仲子骠信苴之十七世孙；胡本《野史》以细奴罗为仁果三十二世孙、张乐进求之婿，而《白国因由》则又未尝言其彼此有姻娅之谊，但称细奴罗亦为白国之王。至于《载记》所纪，则不惟仁果与阿育王世次分明，即细奴罗亦为阿育王后，与仁果系出一源；在《记古滇说》三氏种姓各别者，至此乃合而为一，得不可怪！（大抵《记古滇说》所载传说最早，《野史》《白国因由》次之，《滇载记》则本此诸书，加以润饰，去其矛盾，而为之整齐，故所记如此，上文所以首列《白国因由》者，以其相传译自僰语，与其余皆汉人作者异撰。）即置阿育王与细奴罗不论，但就张氏白国言之，自仁果时而龙佑那而乐进求，其间世次，诸书亦多歧异。龙佑那者，《白国因由》竟无其人，其所居世次，则以仁果当之，谓仁果为阿育王仲子骠信苴之十七世孙，时当蜀汉［其他诸书皆以此时为仁果十七世（或十五世孙）龙佑那］，与《载记》以仁果为阿育王子九隆八族之四世孙时当前汉者相去悬绝。其最异者，《记古滇说》竟以仁果为继庄跻而王，则其时，乃远在晚周，似此扑朔迷离，不可致诘，是所谓白国云者，得不如华胥之国，终北之邦？而谓民家为其后嗣，其谁能信？余独怪自明季以来三四百年如李元阳、诸葛元声、谢肇淛、倪蜕、师范、王崧诸人，凡言滇事之书，莫不称道白国不置，即以二顾（炎武、祖禹）一代通儒，其著《肇域志》《读史方舆纪要》亦并信而从之，莫之能正。噫！亦异矣！（按冯甦《滇考》于哀牢国内附条虽尝致其疑词，然亦持之不笃，故其所言多前后失据。）

四、白国传说之构成

间尝考之，夫所谓白国云者，盖滇西白蛮之所虚构，托始于唐，流衍于五代赵宋，至于元明而遂成为史实者也。

何以言之？白蛮之于滇西，自唐以后，其势渐盛，观两《唐书·南蛮传》所载，其时白蛮中之昆明（一作昆弥）、松外、西洱河等蛮，势力几足与南诏相抗，惟皆仅有首领，而未尝建国称号（参考樊绰《蛮书·名类第四》）。其自据一地者无论矣，即在六诏之中，亦尚多有白蛮之豪酋在。如越析一诏，固自有其诏主（名波冲），而白蛮张寻求复于其间以豪酋见称（参考樊绰《蛮书·六诏第三》）。其他臣仕南诏者，要皆白蛮之族。继南诏之后，当五代、赵宋之时，相率而篡国建号者，郑氏大长和国外［唐昭宗天复二年（公元 902 年）至后唐明宗天成三年（公元 928 年）］，若大天兴国赵氏［天成三四年间（公元 928—929 年）］、大义宁国杨氏［天成四年至后晋高祖天福元年（公元 936 年）］、大理国段氏［天福二年（公元 937 年）至宋理宗宝祐元年（公元 1253 年）］，实皆白蛮（说详后）。其文化视乌蛮为优，而武力为逊。其势既盛，因欲继南诏而兴，而其时又当五代僭窃之时，故预于民间广为传说，谓在南诏之前，先有所谓白人者，尝于此建立白国，南诏且为其所禅让，如《记古滇说》诸书所传张蒙之事，此其一也。

唐代佛教盛行，云南与中原往来之繁，实以唐代南诏为最。南诏处滇之西，故其时云南亦盛传佛法，而迤西为尤甚。王本《野史》云：

唐太宗贞观初，蒙氏灭南诏（按此当为别一南诏，说见下文注中），是年唐僧西天取经（按唐玄奘取经西域，以贞观元年往），丁巳（按是年为贞观十九年）唐僧取经佛像回。过点苍，雨湿经，晒于坡间，今名晒经坡（按在今大理点苍山无为寺侧），僧回，注《般若经》。（“大蒙国”条）

《记古滇说》云：

威成王诚乐（按即《唐书·南蛮传》南诏第三世主盛罗皮，王本《野史》作晟罗皮云，石刻名诚乐魁），遣国相张建成朝唐，建成乃喜洲人也。（中略）时元宗在位，厚礼待之，赐以浮屠像而归。王崇佛教，自兹而启。（第九节）

又云：

诚乐王威服诸邦，崇信佛教，（中略）追封阿育王三子一舅皆谥以帝号，而神主各山，以庙祀之。（同上）

今言白国之祖，系出天竺摩揭国阿育王之后（按摩揭国即玄奘游学最久之国），此其二也。

白蛮之族，皆有姓氏，而其姓氏，又皆效法汉人。今言白国之祖，尝受汉赐而姓张氏。张姓之说，何自而来，虽不可知。[按王本《野史》称蒙氏得国有云：“蒙氏灭南诏，细奴罗与张乐进求相让。细奴罗曰：‘如我为君，砍石，剑入。’砍之，入三寸。”（大蒙国条）遂得国。与诸书言细奴罗受白国张乐进求之禅者异。（王《野史》亦有此说）余因疑蒙氏南诏之前，别有南诏（元李京《云南志略》云：“张仁果时当汉末居蒙舍川，曰南诏。”虽谓汉末即有南诏之名，未必合于事实，然可据知传说之中，于蒙氏南诏之前，别有所谓南诏者在），张乐进求或即此南诏中之白蛮豪酋，如张寻求之于越析诏然。（见上）当蒙氏灭此南诏时，张氏与之要盟，张氏盟败，蒙氏遂据而称王。所谓国相张建成或即张乐进求族裔，而又为唐朝开滇佛教之人，托言张氏之说，或者由此而来。故王本《野史》直称九隆八族蒙苴颂为白崖张乐进求之祖（见上），此亦白国托始于唐之一证。其言仁果时龙佑那受赐姓张，为白国之祖云云，为出诸依托亦显然可见。］然观《记古滇说》云：

> 白国操存五常之固有，不昧一真之虚灵；坚守三纲，修明六艺；本戒法于天竺，枝姓文于汉唐；言从善简于诸语，服随世俗于时宜；年号法古，正朔从夏，采摭诸家之善，自集成于一枝，而为白氏国也。（第二节）

是所谓白国云者，俨然用夏变夷，而又与唐代深染佛法者同风，此其三也。［按《新唐书·南蛮传下》戎州管内诸蛮，北有浪稽等蛮，东有婆秋等蛮，南有离东等蛮，西有磨些等蛮。云“自浪稽以下，古滇王哀牢杂种，其地与吐蕃接”。此与唐之昆明、松外等白蛮，境地实相密迩。其所称为古滇王哀牢种虽未必合于事实（如磨些即与哀牢无关），要必本诸传说，有谓此等蛮中有为汉夷合种者，则可推知。《记古滇说》本节上文谓“白国为阿育王三子及舅神明，遗众与滇王庄跻同，诸夷杂处”云云，亦可作此等观也。］

南诏之时，除以聘问征伐与唐代往来频繁外，其次则为吐蕃，南诏尝兄事之（参考《蛮书》及两《唐书·南蛮传》）。十六国则多氐羌种人，与吐蕃、南诏并远有种属关系，又曾分主中国，为一时之雄。［按《记古滇说》及冯甦《滇考》并有大中十年，南诏劝丰佑，于东京建五华楼，以会西南夷十六国君长之说，则所谓九隆长子苴阿辅罗为十六国之祖者（见上文《野史》引《白古记》），或即此西南夷十六国。〕东蛮之族，勿邓、丰琶、两林等部，与白蛮之昆明、松外等蛮，境壤相接，其时亦甚强劲，且皆曾受唐之封爵。贞元中，勿邓鬼主苴嵩封长川郡公，苴梦冲封怀化郡王，丰琶大鬼主骠傍封和义郡王，两林大鬼主苴那时封顺政郡王（按天宝中，三部大鬼主，已皆曾受唐封爵，但不知受封者为何人，所封为何爵。参考《新唐书·南蛮传》）。交趾白夷（按此白夷为今所称之摆夷，与所谓白国之白子或僰子另为一族，观此可知，其混白子、白夷为一族者，可据此辨正）并与南诏相接，自必亦多交往。在南诏未兴之前，建宁爨谷为交趾太守（参考《华阳国志·南中志》）。南诏崛兴之后，以兵胁西爨白蛮，徙户二十余万于永昌，收获白蛮弄栋城，又迁之于永昌城（参考《蛮书》及《唐书·南蛮传》），永昌即古哀牢而今白夷之地。狮子国即今锡兰岛，俗亦称为佛国。凡此诸族，皆其时滇民所习知而向往者，虽其族本各自为别，然言白国世系者，乃牵合而掍一之，谓此诸族，其先本兄弟九人，皆摩揭国阿育王之后，此其四也。

白国之“白”，音或转“拜”，而白蛮之昆明蛮又或作昆弥蛮（亦作昆弥蛮），故传白国者，或谓仁果白国之后，昆弥氏继之，改“白”为“拜”，号为拜国（王本《野史》），或谓昆弥国一名拜国（胡本《野史》）。又“拜”之与“摆”，音复相近。今之摆夷，其字又或作白夷，汉之哀牢夷本此白夷先世，与南诏白蛮，氏族皆别（说见后），徒以《后汉书·哀牢夷传》有哀牢夷妇沙壹触浮木而生十子之说（《华阳国志·南中志》同，惟“沙壹”作“沙壶”），南诏旧都蒙舍，地近哀牢，白蛮之弄栋、青蛉、白水、大小勃弄、西洱河诸蛮，地亦与之相近，西爨白蛮又为南诏所胁，徙居其地，而白蛮巨族，又有施、何、李、王等十姓，于是掍（混）而为一，谓南诏先世蒙迦独（按即《旧唐书》蒙舍龙、《新唐书》舍龙，此从《记古滇说》及《白国因由》，王本《野史》

无其名，胡本《野史》则谓舍龙，又名龙迦独），即哀牢夷妇沙壹之夫（按《后汉书》《华阳国志》并未尝言沙壹有夫，且一在唐世，一远在后汉以前，二人时代，相去悬绝），而施、何等为其十子（按《记古滇说》《白国因由》无十子之说，惟《野史》有之。然若并细奴罗计之，则实十有一子，且与阿育王九子之说相冲突），此其五也。

南诏蒙氏自幽王劝龙晟以至于亡，代有妖异（参考《野史》各王本条），且多为其臣下所弑，而弑劝龙晟者，则为弄栋节度王嵯巅。弄栋为白蛮之族，嵯颠为其节度（按唐时滇西此等地方之节度，多为白蛮之首领酋长，检两《唐书·南蛮传》可知。又弑隆舜之杨登，疑亦为白蛮）。其为白国可知，此其六也。

《野史》有云："自劝龙晟至世隆以来，侵蜀伐安南，用兵五十余年，帑藏不给，横敛于民，上下俱困。"（胡本隆舜条）至丰佑时，有宗榜者，救缅回国，以所得缅酬金佛，销镕取金。时有奉香火人在傍祝曰："愿世代奉敬，今不可得！愿世尊轮生，灭彼国祚！"《野史》且为之按语云："后果生郑买嗣篡蒙氏。"此其七也。

南诏而后，继之而建国者，除长和郑氏，本唐西泸令郑回之后，确知其为汉人外，其他天兴赵氏、义宁杨氏、大理段氏，则皆白蛮，而其得国皆有异征，尤以大理段氏，传说为多。《野史》之所纪述（参考各国本条）姑不具论，若《白国因由》（第十八节）竟引《白古记》谓段思平乃三灵白帝之子。白帝之名，最可玩味。大理喜洲镇三圣灵宫中，有明景泰元年（公元 1450 年）《三灵庙碑记》（按《南诏野史》杨升庵序题嘉靖二十九年即公元 1550 年，上距景泰元年为一百年，则此《记》远在《野史》之前），并引《白史》专纪其事，谓段思平母乃李实堕地所生，名曰白子阿妹，及长，蒙清平官段宝瑭（珑）[按《新唐书·南蛮传》南诏王蒙法（即《野史》隆舜）于乾符四年（公元 877 年）遣清平官段瑛宝诣邕州节度辛谠请修好。考其时距思平之生十六年，距其得国六十年。《野史》称思平以后晋天福二年（公元 937 年）灭杨干贞得国，年四十四。未知段宝璁（珑）者即段琡宝其人否？考贞元时，南诏有清平官尹仇宽者，《唐书》作仇宽，《蛮书》作宽求。又贞元十年，南诏俘遵赕诏颠文托，《唐书》作文托，《蛮书》作之托。“仇”、“求”音近，“宽”字上下互易，“文”与“之”，则又形近，此与宝璁（珑）、琡宝之异，其例正同〕娉为夫人。浴濯霞移江，见木一段逆流触阿妹足，乃知元祖重光（按即三灵白帝）化为龙，感而有孕。将此段木，培于庙廷之右，吐木莲二枝，生思平、思胄（按原碑如此作，不知何字？诸书皆作思良），号先帝、先王。此其八也。

观此八者，则所谓白国云云，其牵强附会，羌无故实，出诸唐宋白蛮之所虚构，显然可见。此就其地方传说所摘发者言之。

试更征诸史乘，白国之终，《记古滇说》诸书，皆谓终于张乐进求之禅蒙细奴罗，而其事正当唐世。细奴罗者，高宗时尝数遣使入朝，新旧《唐书·南蛮传》并纪其事。《新书》称细奴罗父名舍龙，谓“自舍龙以来有谱次可考”，《旧书》于舍龙（原作蒙舍龙）之后，细奴罗之前，并多迦独庞一代，谓“代居蒙舍州为渠帅”，是于细奴罗先世，非无所知，然未尝言其有受张乐进求禅让之事。且蒙氏之居蒙舍州为渠帅盖积世相承，并非至细奴罗而后发迹。若据樊绰《蛮书》言之，则舍龙实为南诏八代祖（《六诏第三》，按樊氏为懿宗时人，当南诏十一主蒙世隆时，此言八代，当是从南诏始祖算起）。樊绰唐人，视刘、宋二公尤早，且于咸通三年（公元 862 年）尝从安南经略使蔡袭至滇，往来滇西南诸地前后三年，与南诏及当时西林、朴子、寻传、裸形、望苴子、茫部、西洱河诸蛮，并多交涉（参考原书《名类第四》各蛮条）。故于蒙诏先世，知之尤为亲悉，而西洱河蛮者，尤与所谓白国相近，使白国果肇始于周汉，至唐时张乐进求禅诸蒙细奴罗，其国乃绝，则樊氏安得不书？况所谓白国之都白崖，《蛮书》（《六赕第五》）明言其在勃弄川，又云：“白崖赕亦曰勃弄赕。”（《新书·南蛮传》同）勃弄于唐高祖武德七年（公元 624 年）早已设县，属南云州（贞观八年改名匡州，《旧书·

地理志》作贞观二年，此从《新书·地理志》)，《新书》卷百九十八《韦仁寿传》称“仁寿将兵五百人循西洱河，开地数千里，奉诏置七州十五县”（按《旧书》卷八十五本传作八州十七县。考诸两书《地理志》，当以《新书》为是，又两书本传皆未言在何年，《通鉴》卷百九十一则以此事系之武德七年闰七月，与两书《地理志》各州县下所注开设之年正合)，勃弄即为其一，隋文帝开皇十七年（公元597年)，史万岁讨南宁夷爨玩时，已曾次其地（参考《北史》卷七十三、《隋书》卷五十三本传及《通鉴》卷百七八)，皆未尝闻其言有白国之名。《新书·南蛮传》且言：“大勃弄、小勃弄二川蛮，其西与黄瓜、叶榆、西洱河接，其众完富与蜀埒，无大酋长，喜相雠怨。”(《通鉴》卷百九十九同）是白崖之地，于唐勃弄蛮时，尚未尝有部落组织，更安有自周汉以来弈叶相承？至唐始绝之白国，其为假托虚构，不尤明白可见？

若更就所传张蒙禅让之年考之，惟《白国因由》与《滇载记》谓在贞观二、三年（公元628、629年）者，唐代其时未尝有事白崖诸地，于史无可征证（按《南蛮传》虽称东谢、南谢、西赵诸蛮于贞观三年朝唐，西赵之南，虽与西洱河接，究与白国无关)。然据王本《野史》（“大封民国”及“大蒙国”条）所言，贞观之初，蒙氏所灭者，实为别一南诏（按《新唐书》《蛮书》并有八诏之说，白崖时傍诏即为其一，然非所谓白国)，则与白国了不相涉（或如余上文所言，张乐进求即为此南诏中之白蛮，时亦为蒙氏所伏，故缘之以附会)。若《记古滇说》谓在永徽四年（公元653年)，则其时唐代正有破降白崖、勃弄蛮事。《新唐书·南蛮传下》云：

永徽初，大勃弄杨承颠私署将帅，寇麻州，都督任怀玉招之不听，高宗以左领军将军赵孝祖为郎州道行军总管，与怀玉讨之。(中略）孝祖军入，夷人皆走险，小勃弄酋长殁盛，屯白旗城，率万骑，战败，斩之。进至大勃弄，杨承颠婴城守，孝祖招之，不从。麾军进，执承颠，余屯大者数万，小数千，皆破降之，西南夷遂定。

《通鉴》卷百九十九以此事分系永徽二、三两年，谓赵孝祖初以破白水蛮功奏请西讨，其事在永徽二年十一月，其后勃弄之平，则在三年四月，与《记古滇说》以白蒙递嬗在永徽四年者，前后仅相去一年，其为本诸此事以相附会，灼然可见，而不知此乃李唐之事，初与蒙诏无关也。

至于胡本《野史》（王本《野史》于张、蒙禅让，但述其事，未尝纪年，然观其所言“蒙灭张氏号‘大封民国’，及‘大封民国’始唐高宗永徽三年建都蒙舍”云云，似亦本诸勃弄蛮事，且与《通鉴》所纪之年，尤相吻合），又以张、蒙禅让事在贞观二十三年（公元649年）者，其与永徽初元［公元650年（《新书·南蛮传》）］或三年［公元652年（《通鉴》）］勃弄之事，相去亦不过一年或四年，自亦不无影响。且据《南蛮传》贞观二十三年徒莫祗、俭望二蛮内属，太宗以其地为傍、望、览、邱、求五州。《蛮书》云：“云南东第四程至曲驿，有大览赕、小览赕，汉旧览州也。”（《云南城镇》第六。按汉字疑衍）以其书第一及第十附录，所纪云南界内途程考之，曲驿（第一作曲馆）至白崖，为时仅五日，则此五州二蛮，其去白崖，必皆不远，当亦为其附会之资。又贞观二十二年有梁建方平松外东西洱河诸蛮之事。［按此事《新唐书》与《通鉴》所纪略有出入，此从《通鉴》（卷百九十九）。然据《通典》（卷百八七）及《太平寰宇记》卷百七七、七九则贞观十九年及二十三年并有讨昆明、松外、洱河诸蛮事。意此诸蛮，时服时叛，讨之非只一次。］洱河蛮者，《通鉴》卷百九九称其地有数十姓，自云本华人，各据一州，无大君长，不相统一，语虽小讹，其生业风俗，大略与中国同［按《新书》以此为松外蛮事，考之《通典》及《太平寰宇记》（卷数并同上）非是］。而其所举氏姓，与《野史》十姓之说，尤多相合，则尤必本诸此事以相附会，而不知其亦皆与蒙诏无关。蒙灭河蛮，据太和、羊苴咩、大鳌诸城而居之，其事远在开元后耳（参考《新书·南蛮传上》《蛮书·名类第四》及《六赕第五》）。

凡此勃弄、白水、徒莫祇、俭望、洱河以至弄栋、青蛉、松外、昆明诸蛮皆属白蛮之族，而举凡白蛮之事莫不皆为言白国者，固缘附会之资，则白国之为白蛮所虚构假托，夫复何疑？惟事虽托始于唐，然至元人张道宗《记古滇说》，而白国之名始见，则其说之传播推衍，必当在五代赵宋赵、杨、段诸氏相继建国之时。及其传之既久，随时增饰，诸凡《史》《汉》《三国》、常《志》、范《书》所纪张骞、诸葛、身毒、哀牢之事，莫不牵合而附益之，遂使所谓白国云者，一若果自周、汉以来，实有其国，令人眩惑，莫之能辨，此则白国之史之所由成也。

五、哀牢夷与白国南诏大理民家之关系

惟于此有宜明者，常璩《华阳国志》卷四《南中志》“永昌郡”下，尝云：“永昌郡，古哀牢国，其先有一妇人名曰沙壶，触沉木感而有娠，产子男十人，小子名曰元隆，长大才武，共推以为王。元隆死，世世相继，南中昆明祖之，故诸葛亮为其国谱。”（原文多节略，又按《后汉书》卷百十六《西南夷哀牢传》与此同，惟“沙壶”作“沙壹”，“元隆”作“九隆”及无末“南中昆明”二句）彼诸葛亮所为国谱如何，虽不可知，然汉晋之昆明，实今滇西丽江、鹤庆、姚安、大理一带，而为民家之区，唐宋之南诏、大理诸国，实有其地，白蛮亦多错处其间，《蛮书》（《六诏第三》）称南诏异牟寻于贞元中［按即贞元十年事（公元794年）］献书剑南节度使韦皋自言：“本永昌沙壶之源。”而民家自昔称为白国之后，大理诸国，又为白蛮，则传说以白国、南诏、大理、民家，同为系出哀牢，与常《志》所言，不正若符节之相合？如其不然，则所谓“南中昆明祖之”云云，又将何说？余以为常氏南中昆明之说当以广义夷人之义释之，非必定指何族，与前文所引王士性《黔志·苗

民》之义正同，亦犹今人之以汉人称中国人也，盖以小名而名大名耳。其言昆明之祖哀牢者，则犹言中国人之祖黄帝，其实中国人之祖黄帝者，厥惟汉族，彼昆明之祖哀牢者，亦惟今之摆夷而已（说详后）。观其下文所举永昌郡穿胸、儋耳、闽越濮、鸠獠、僄越、裸濮、身毒诸种，多与今之摆夷为近，而无一与近羌族之昆明近者，则其义自可知矣。不然，则常氏之误，或简牍之乱耳。（按《后汉书》即无此“南中”“国谱”二句，余疑“国谱”之“国”字，或为“图”字之误，常氏本志上文“太康三年”条，有诸葛为图谱说，参之《后书》，盖言筰都夷事，昆明、筰都、嶲、邛，盖皆近羌族者也。）

盖昆明之名，早已见之《史》《汉》，所谓“西自桐师以东，北至楪榆，名为嶲昆明”者也。若哀牢夷则常《志》范《书》并言其“自生人以来，未尝交通中国，其通中国始于光武建武二十三年（公元 47 年）。其王扈栗（《后书》作贤栗）之攻附塞夷鹿茤（按李贤《后汉书注》云：‘其种今见在’），二十七年率种人内属。明帝永平十二年（公元 69 年）则以其地置县，上距武帝元狩元年（公元前 122 年）因张骞言，遣使王然于、柏始昌、吕越人指求身毒国道滇，闭昆明时，约二百年”（参考《史》《汉》之《西南夷传》）。则此时之昆明，与夫相传受张骞奉命册封之张仁果白国，安得哀牢夷而祖之？且建初元年（公元 76 年）哀牢王类牢反，肃宗募夷、汉讨之，而昆明夷卤承应募，率种人击破之博南，受封为破虏傍邑侯（《后汉书·哀牢传》），则昆明与哀牢之非同族，尤为显然。况李贤《后汉书》注引杨终《哀牢传》所纪哀牢先世，自禁高以至扈栗，世次分明［按惟柳貌、扈栗（《后汉书》作贤栗）二世与《后汉书》、常《志》前后互易］。终，明帝时人，即以著《哀牢夷传》为明帝所知（按见王充《论衡·佚文篇》），而未尝言有所谓白国。贤则唐高宗太子，正当唐代大事开设昆明各县之后，南诏细奴罗数尝遣使入朝之时，扈栗所攻之附塞夷鹿茤，唐时尚在，彼尚注之，而未尝一语及于南诏。然则不独传说之白国与哀牢无涉，即异牟寻上书，自言本永昌沙壶之源（异牟寻上书于贞元十年即公元 794 年，上距永徽初即公元 650 年，已百四十四年），亦不免为妄相扳附也（按樊绰《蛮书》卷末附巴、泾、黔、夏四邑事，尝引《后汉书》槃瓠、廪君、常《志》板楯诸说而未尝引《哀牢传》以说南诏，可知樊氏于此亦不之信）。

且更就种姓言之，白国之为虚构者不论，若哀牢夷者实与今之摆夷同族，民家则大理、义宁、天兴诸国之后，于唐号为白蛮，南诏蒙氏则又唐之乌蛮，与今之倮倮同族，彼此种姓各别，不相系属者也。试先言哀牢之为摆夷。《华阳国志》《后汉书》之言哀牢风俗有“刻画臂胫，象龙文”、“衣后著尾”、“穿鼻”、“儋耳”诸事，唐宋以来诸所纪滇西种人风俗之书，惟“衣后著尾”、“儋耳”二事无及之者，若“刻画臂胫”、“穿鼻”以及类此之俗，则多纪之，且尝与“茜齿”相联，如樊绰《蛮书·名类第四》云：

> 黑齿蛮、金齿蛮、银齿蛮、绣脚蛮、绣面蛮，并在永昌开南（按《太平御览》卷七八九《四夷》引《南夷志》“开南”作“关南”，此当误），杂类种也。黑齿蛮以漆漆其齿，金齿蛮以金镂片裹其齿（按据《太平御览》引《南夷志》此下当脱“银齿以银”四字），有事见人，则以此为饰，食则去之。（中略）绣脚蛮则于踝上排下（按“排”当为“腓”之误，《御览》引《南夷志》正作腓）周匝刻其肤为文彩。（中略）绣面蛮初生后，出月，以针刺面，上以青黛傅之。

《新唐书·南蛮传上》云：

> 永昌之南，有茫天连、茫吐薅、大睒、茫昌、茫鲊（按《蛮书》作鲊）、茫施（按《蛮书》下当脱“茫”字），大抵皆其种（按谓茫蛮）。楼居无城郭，或漆齿，或金齿（《蛮书》无“或金齿”三字）。

又《南蛮传下》云：

永昌蛮（按中间所纪黑齿以至绣面同，《蛮书》不录）有雕题种，身面涅黛，有穿鼻种，以金环径尺贯其鼻，下垂过颐。

又云：

三濮者，在云南徼外千五百里，有文面濮，俗镂面以青涅之。赤口濮，裸身而折齿，劖其唇使赤。（下略）

凡此皆在永昌徼外，而皆今之所谓摆夷之族，故李元阳《云南通志》卷十六《羁縻志》记摆夷（按原作僰夷，实摆夷之误，详拙作《释僰》）风俗，即列此绣面、绣脚诸种。而王文韶《续云南通志稿》卷百六十《种人》引《旧志》又云：

有髡者曰光头僰夷（按此亦当作摆夷，下同），额上黥刺月牙，所谓"雕题"也。在曲靖者曰白脚僰夷，茜齿文身。

茜齿文身，今滇西摆夷尚有行之者。近人江应梁君《僰夷（按亦当作摆夷）民族之家族之组织及婚姻制度》（见《西南边疆》第二期，又第四期李景汉君之《摆夷人民之生活程度与社会组织》亦载此事）云：

文身，为今日腾龙沿边近缅甸地之遮放、猛那、陇川诸土司区中僰夷男子盛行着的一种风俗。

又云：

若说文身是僰夷男子的成年式，那末今日僰夷妇女所残留着的成年遗俗，可以说是黑齿。

又引《楚雄府志》云："摆彝（中略）或漆其齿，或文其身。"又引《临安府志》云："新平县摆衣（中略）以草药溅齿如墨。"

似可证哀牢之为摆夷也。若唐之乌蛮、白蛮，今之倮倮、民家，则无此习矣。

至南诏之为乌蛮，不与哀牢同族，近人凌纯声君，复据南诏世系父子以名相属，证之云南丽江木氏倮倮，及贵州水西安氏倮倮，其上下世次，亦皆以父子之名相属，知南诏蒙氏，实与今之倮倮同族（见《中央研究院人类学集刊》一卷一期所载《唐代云南乌蛮白蛮考》）。其论至确，今之倮倮，盖即唐之乌蛮，其与哀牢异族，则固尽人而知者。且据樊绰《蛮书》唐代之六诏并为乌蛮，并以父子名字相属，以示世次，今参合《唐书》，著之如左（下）：

蒙嶲诏：佉阳照—照原—原罗

越析诏：（按两书所纪皆仅诏主波冲及其兄子于赠二人事，无以见其世次情形。）

浪穹诏：丰时—罗铎—铎罗望—望偏—偏罗矣—罗君（按当作矣罗君，《蛮书》云："望偏卒，罗矣罗君立"，又云："南诏击破剑川，俘矣罗君。"知此书上文脱偏罗矣一代。《唐书》罗君上脱一"矣"字，惟此诏一二世名不相属，不知何故。）

邆赕诏：丰咩—咩罗皮—皮罗邆—邆罗颠—颠文（《蛮书》作之）托

施浪诏：施望欠（弟）望千—千傍—傍罗颠

若哀牢夷世系，则父子之名，不相连属，兹录李贤《后汉书》注引杨终《哀牢传》所纪哀牢夷世次如下，以资比较：

哀牢夷：禁高—吸—建非—哀牢—桑耦—柳承—柳貌—扈栗

此可为凌氏之助，而知南诏之必非哀牢后也。

惟凌君亦谓哀牢夷与所谓古之白国，唐之白蛮，今之民家为同一种族，以余观之，似尚不免为旧时传说所囿。夫民家之与白蛮固属同为一族，然白蛮之与哀牢夷人，则其族实别（按凌君之说自以民家与白蛮同属一族，为其中心，徒以相传有民家为白国后裔，及白国为哀牢种人之说，遂不觉为其所囿，因思借哀牢夷为白蛮之证，以证成白蛮与民家之为同族，其实民家之为白蛮，观凌君所举其他诸证，已自明确。余下文论民家与白蛮时，即多采其说，固不必借助于哀牢夷之为白蛮也）。至若所谓古之白国，则又原属子虚，而出诸白蛮之所虚构，余上文论之甚明，毋庸置辨。今所辨者，惟在哀牢之非白蛮。此事能明，则哀牢之与白国民家了不相涉，亦自可知。

按凌君所以谓哀牢夷与白蛮同为一族者，盖以《后汉书·西南夷哀牢传》有云："永昌太守郑纯与哀牢夷约'邑豪岁输布贯头衣二领'。"而英人 Cochrone 则谓："今下缅甸之卡伦，尚穿此种衣服，唐代之弄栋白蛮，或与今之卡伦为同一民族。"法人 Jerrien de Laconherie 亦谓："古代西爨遗民，今在贵州有仡佬、缅甸有卡伦，二者言语文法，大都相似。"（按所引并据原文）因以哀牢夷为白蛮，而与所谓古之白国，今之民家，为同一民族。夫仡佬、卡伦之与白蛮，是否为同一民族，姑不具论，然即使同为一族，亦不能以今日卡伦之服装，与古代哀牢夷之服装偶有相似之处，而谓哀牢夷为白蛮。盖据诸书所纪，夷人之穿贯头衣者，实不独古代之哀牢夷与今日之卡伦。如：

扶南国（中略）男子截锦为横幅，女为贯头。（《南齐书》卷五十八《东南夷传》）

永昌西有朴子蛮（中略）以青娑罗段为通身袴。（《蛮书·名类第四》《新书·南蛮传》同。）

黑齿、金齿、银齿（中略）青布为通袴。（《新书·南蛮传》

《蛮书》同，惟文有缺误。）

黑僰濮山居，妇人以幅布为裙，贯头而系之。（同上，《蛮书》同，《太平御览》卷七九二引晋·郭恭义《广志》云“妇人以一幅布为裙，或以贯头”，与此稍异。）

南平獠（中略）妇人横布两幅，穿中而贯其首，名为通裙。（《新书·南蛮传》）

穿胸人，其衣则缝布二幅，合两头，开中央，以头贯穿，胸身不突穿。（《太平御览》卷七九〇引《异物志》）

花苗，在新贵县、广顺州，男女折败布缉条以织衣，无衿窍而纳诸首。（田雯《黔书》卷一）

蒲人，即古百濮，《周书》所谓“微、卢、彭、濮”也，后讹为蒲，（中略）男子青布裹头，衣套头衣。（胡蔚本《南诏野史》卷下）

黑倮倮即东爨乌蛮（中略），贵者衣套头衣，方领如井字，无襟带，自头罩下。（同上）

妙倮倮，多土官之裔（中略），妇人通裙，无袴，穿套头衣。（同上）

黑僰濮，蒲人，虽或有谓与民家相近，可视为与白蛮同族，然亦有谓即摆夷者，吾人于此且可置诸不论。若扶南、朴子、黑齿、金齿、银齿、南平獠、穿胸人、花苗之非白蛮则固尽人皆知，何以亦衣贯头之衣？（按所谓通裙或通身袴，亦皆贯头而下，自亦属贯头衣。）况东爨乌蛮之黑倮倮其衣贯头衣者，且为贵族妙倮倮多土官之裔，而妇人衣贯头衣，其为贵族妇人可知。此与《后汉书》言郑纯所与哀牢夷约岁输布贯头衣者为邑豪，得不尤为相近？吾人能据此而谓哀牢夷为东爨乌蛮乎？且《汉书》卷二下《地理志》云：“自合浦徐闻南入海，得大州，东西南北方千里，武帝元封元年略以为儋耳珠崖郡，民皆服布如单被，穿中央为贯头。”则南海夷民，亦有此俗，又将何说？故知以卡伦衣贯头衣、哀牢夷亦衣贯头衣，而卡伦又或与白蛮同为一族，因谓哀牢夷亦与白蛮同族，其说实不足以立也。况衣贯头衣之俗，多与文身茜齿之俗相连，而文身茜齿之俗，唐之南诏、白蛮，今之倮倮、民家，悉皆无有，惟今摆夷有之，则哀牢夷之与今之摆夷同族，而与南诏、民家异类，得不为显然可知之事乎？

虽然，彼世之以哀牢、南诏、民家牵合为一者，窃尝思之，亦自有故。盖此诸族，皆有所谓感龙降生之说。哀牢夷沙壹九隆之事，见于常《志》、范《书》者，固无论。若南诏蒙氏，如《记古滇说》《南诏野史》《滇载记》所云，虽或不免为文人好奇，借以与哀牢夷事巧相缘附。然如《白国因由》所记，即未尝有沙壹、九隆之名，意必民间本有细奴罗为龙所生之说，未必即为哀牢夷事。故《旧唐书·南诏传》谓细奴罗之父名为蒙舍龙。蒙舍龙者，盖谓蒙舍之龙耳。蒙舍为其肇兴之地，故以系之。其或作舍龙者，疑系未当蒙舍之为地名，而以蒙为南诏之姓，因以致误耳。且《南诏野史》有云：“世隆之母，佑妃也，（中略）本渔家女，喜浴，为妃后，仍常泛舟西洱河，屏人潜浴于水，感金龙与交，生世隆。”此南诏蒙氏之龙生说也。民家先世，于唐号为白蛮，白蛮之族其最后所建之国而享祚最久者，厥为大理段氏。《野史》称其开国主段思平之生云：“其母因过江水泛，触浮木，若有感，而娠，生思平并其弟思良（按喜洲三圣灵宫《三灵庙碑记》尤详，引见前）。”此大理段氏之龙生说也。此当因其间地势高峻，又多巨川，时有水患，故常兴龙蛇妖异灵怪之说（按《野史》“劝利晟”条引《白古记》有段赤城灭洱河妖蛇之事，又“义宁国”条述其主杨干贞之异征，虽无龙生之说，然亦与鱼龙有关），非必同出一族，渊源于种姓之历史而然。或其说先本出诸哀牢之族，其后南诏蒙氏、大理段氏，因欲创业，而思神其先世，而以地近哀牢习闻其说，遂相率效之？后世不察，惟知有哀牢沙壹之事，遂不觉掍（混）而为一，因谓南诏、大理诸国，皆古之哀牢种人，所谓古之白国，即为此种人所建；又以大理诸国，其种于唐，号为白蛮，民家为其后嗣，遂更进而以白国为民家之先世（按以哀牢九隆与白国相牵合，《记古滇说》尚无其事，当始于明代），此自是世俗相传之误，而非其事之本实然也。

六、民家之先世

民家者，如上所云（第二节），其名始于明初，其义为编氓，其实为军家之对称，原非种族之名，乃边鄙夷区为汉人所服，屯戍之军家汉人，因以此名名其土著者也（按《云南边地问题研究》载王国瑞君《云南西北边地状况纪略》一文谓丽江称民家为“民间人”，其义最为显豁）。滇西大理一带，元明以前实段氏大理国畿辅之地，自其见灭于元，世祖削其帝号，封段实为总管以治其民（按段实，《元史》作信苴日，卷一六六有传）。至明太祖平滇，段宝于洪武十五年（公元1382年）上表请降，太祖命为总管，治其民如故（参考《明史》卷三一三《云南土司传》）。惟更设大理卫、洱海卫，而以军家汉人隶之（参考《明史》卷四六《地理志》），是故揆诸军民对称之义，则大理一带，明代之所谓民家自指段氏之遗民言也。

自大理段氏而上，而义宁杨氏、天兴赵氏、长和郑氏、南诏蒙氏，皆尝建国于此。南诏蒙氏，实为乌蛮倮倮，长和郑氏则为汉人，天兴赵氏虽不确知为何种，然《野史》（胡蔚本）谓赵善政为宁北（按即今邓川）佉逸塝人，以土著而有汉姓，当必与杨、段同族，而非汉人倮倮。杨、段，盖所谓僰人者也。《野史》称杨干贞为萂村人，胡蔚注云：“今大理府宾川州所属地。”是亦原本土著，而其得国，则称自东川节度使起义。明何宇度《益部资谈》卷一云：“东川有夷一种名曰僰人。”东川在滇东北，去汉代之所谓僰道县者不远，固自昔为僰人之区，干贞为其节度，其为僰人可知（按唐代南诏此等地方之节度皆为白蛮，据两《唐书·南蛮传》可知，其说已见于前，又僰人为白蛮说详后）。大理之段思平，《野史》称其初为通海节度使。通海于唐为通海郡都督府，于宋为通海郡，于元属临安路（参考李元阳《通志·地理志》一）。《元史》卷六一《地理志》于临安路、河西县、蒙自县、舍资千户、建水、石屏、宁州诸地，并曰阿僰蛮居之，而其未改临安路前，并称为阿僰万户（参考李元阳《通志·地理志》三）。明《景泰图经志》亦谓临安、大理等府，其地皆有僰人。而《元史》卷百六六《信苴日传》且直称信苴日（按即段实）为僰人，则段氏之为僰人，尤无疑义。是民家者，赵、杨、段氏之后，而僰人之族也。

然僰人之“僰”字，或作“白”，故僰人、阿僰、僰子、僰人子，亦或作白人、阿白、白子、白儿子，本民家所自称，其族于唐，则又即所谓白蛮。唐时滇西白蛮最著者有松外、昆明、弄栋、洱河诸部。松外、昆明，为今永胜、丽江、鹤庆、剑川一带；弄栋今姚安、大姚；洱河即洱海，大理、邓川、洱源、宾川、祥云、凤仪等，在其附近（参考《唐书·地理志》、清《嘉庆一统志》及李兆洛《历代地理韵编今释》）。凡此诸地，皆在滇西，今皆为民家最盛之区（参考《中央研究院史语集刊》七本二册，陶云逵君《几个云南土族的地理分布及人口估计》附表一），亦即赵、杨、段诸氏之天兴、义宁、大理诸国之所有地也。

不特此也，白蛮之族，以余所见，其先原本汉人，徒以久居蛮地，渐与之化，又与蛮中齐民，相为婚媾，其后子姓蕃衍，自成一族（详拙作《释僰补》）。汉人不察，遂亦以蛮视之，而不知其姓氏风俗以至语言，固尚多保存汉人之旧也。《蛮书·六诏第三》云：“越析，一诏也，（中略）有豪族张寻求，白蛮也。”又《六瞼第五》云：“渠歛赵本河东州也，（中略）大姓有王、杨、李、赵四姓，皆白蛮也。”昆明，白蛮也，而咸亨三年（公元670年）十四姓率户二万内附；松外，白蛮也，而有数十姓，赵、杨、李、董为贵族（按据《通典》《太平寰宇记》及《通鉴》当为西洱河蛮事，此本《新唐书》）；洱河蛮，白蛮也，而大首领有杨盛、杨同外、杨敛、杨栋。青岭、弄栋，虽于唐高祖时改设为县，而其人则原白蛮也，此又皆见于《新唐书·南蛮传》者。此白蛮尚有汉姓之证也，《蛮书·风俗第八》又云：“西爨白蛮，死后三日内埋殡，依汉法为墓，稍富室，广栽松杉，蒙舍（按此谓南诏，南诏为乌蛮，于此亦可证）及诸乌蛮不墓，凡死后三日焚尸，其余灰烬，掩以土壤，唯收两耳。”此白蛮尚存汉俗之证也。《蛮书·风俗第八》又云：“言语音，白蛮最正，（中略）但名物或与汉不同，及四声讹重。”元李京《云南志略》（按原书未见，王菘《云南备征志》本无此条，此据顾炎武《天下郡国利病书》卷六九“下川南道”引）亦云：“白人语着衣曰衣衣，吃饮曰咽羹，樵采曰析薪，帛曰幂，酒曰尊，鞍鞊曰悼泥，墙曰砖垣。”其语义亦多与汉语相近，此语言近汉之证也。《通典》卷百七八《边防典·三》云：“松外诸蛮，（中略）其西洱河，地有数十百部落，（中略）有数十姓，以杨、李、赵、董为名家，各擅山川不相役属。自云：‘其先本华人。’有城郭村邑，言语虽小讹舛，其生业风俗，大略与中夏同。”（《太平寰宇记》略同）则其原本汉人尤为彰明较著者也。

今之民家之有姓氏，习俗与汉人无大异殊，固无论矣。即以语言论之，凌纯声君引英人 Davies 之说，谓民家语中百分之四十二为汉语，又以《蛮书》所纪之白蛮语与今民家语对比，而知“其十六字中，三字为汉化，（中略）七字民家语与白蛮语相同”（按见前引凌君原文）。虽凌君所举之字不多，且以民家、白蛮为古白国哀牢夷，不免为前人之说所囿，然以民家与白蛮同为一族，参之大理诸国种姓之事，则固可据而信也。然则民家所以自称曰阿白、白子、白儿子者，其故可得而思矣。

抑尤有进者，原“白”之与“僰”，其字互用者，以余思之，实有其故，非徒如近人所云以其字音相近，盖由实际之事实而来。若徒以字音相近，则“僰”、“白”与“摆”音皆相近，如僰人可谓为白人，亦何尝不可谓为摆夷。李元阳《云南通志》以下诸书，所以误僰人为摆夷者，正坐其徒执字音之相近耳。实则李氏以前诸书，凡言僰人、僰子者，皆白人、白子，而非摆夷，如上引《元史·地理志》、明《景泰图经志》所载僰人之区，实皆白人之区，其言夷种，则以僰人、白夷对举。元周致中《异域志》之僰人佰夷，明《一统志》之僰人、百夷，田汝成《边行纪闻》之僰人、白夷，其例皆与此同（即《白国因由》亦白人、白夷各别，清人惟陆次云《峒溪纤志》于僰人、摆夷分别甚晰）。是僰人当为白人，而伯夷、百夷、白夷乃今摆夷，未可以其声音相近，而掍（混）之也。夫所谓僰人之为白人，盖由实际事实而来者，考《礼记·王制》云："王命三公九卿大夫元士皆入学，不变（中略）屏之远方，西方曰僰，东方曰寄，终身不齿。"郑玄注云："'僰'之言'偪'，使之偪寄于夷戎。"孔颖达疏云："'僰'之言'偪'者，按《汉书》云：'西南有僰夷。'知非彼夷，而读为'偪'者，以与'寄'文相对，寄非东方夷名，是寄旅之意，则'僰'亦非西方夷名，故以为偪于夷戎也。"以秦汉开设僰道之事证之（参考《〈史〉〈汉〉·西南夷传》《华阳国志·蜀志》），则知僰人所偪处者，实自昔盘踞于康川云贵边境之区。《吕览》（《恃君览》）所谓"氐羌呼唐离水之西，僰人野人编笮之川"，而唐之所谓乌蛮，今之所谓倮倮族者是也（详拙作《释僰》《释僰补》）。倮倮之族据任乃强君《西康图经》（引见林惠祥君《中国民族史》第十五章第五节）及美人 S. Cook《四川西南之独立倮倮》（见《华西边疆杂志》第八期）所纪，有贵族、黑夷或黑骨头及白夷，或白骨头之分。贵族为土司或土目，黑夷或黑骨头为地主，或本族之平民。白夷或白骨头又分为两种：多数之白骨头，既效忠于所属之土司，而仍服从于汉人统治之下，此之谓熟倮倮，彼等并不依赖黑骨头，而亲善汉人，衣汉衣，遵汉习，崇拜信仰，悉从汉人，且取《百家姓》上之姓以为姓；其他一种则为黑骨头之奴隶。倮倮常掳掠邻族，如汉族、番族、苗族等，役为奴隶，称娃子。娃子受役既久，忘其本性，一切惟倮倮是从，俨然倮化。奴隶又分三级。第一级几不能脱离奴隶生活，及其已至第三级时，事实上已为自由之人，可自置产业，畜奴隶，惟终不能达到与黑骨头平等耳（按曲木藏尧君《西南夷族考察记》亦有此说），此川、康之倮倮族也。然不独川、康之倮族为然也，贵州之倮族亦如之，田雯《黔书》卷一云："白倮倮，永宁州慕役司及水西皆有之，一曰白蛮，与黑倮倮同，而为下姓。"又不独贵州之倮族为然也，云南亦如之，《民国昭通县志稿》卷六《氏族志》于傜人以下列举三种：

一曰土牧后裔，云："其种最贵，即唐之乌蛮也，（中略）元明以降，袭土司，前清改土，已失其官，后裔散居各属，（中略）称曰官家。"

二曰黑夷，云："相传为土司家众子之后嗣，年代久远，支派各别，其等级稍杀，贫富相悬，遂不敢与贵族埒。"

三曰白夷，云："其族较黑夷为多，皆系旧日夷目子孙，常为黑夷佃户，家贫者尤众，其子女悉应役于官家，故一切起居，莫敢与抗。"

凡此诸地，皆川、康、云、贵接壤之区，与汉之僰道相近，僰人者，实逼处此，得不与之俱习，为所同化，或为其掳掠，役为奴隶，如番苗等然，而称为白骨头乎？此谓之"僰"，彼谓之"白"，音虽相近，特其事之适然者耳。其为同属，初不可执此而论定之也。李京《云南志略》曰："白人者，汉武帝开僰道，通西南夷；道，今戎州旧县是也，今转为白人。"则得其实矣。

而明曹学佺《蜀中名胜记》卷十五引《夷裔考》则又云：

> 僰人者，其先本华人，有罪贬远方，以僰围之，故其字从棘从人。按汉制，郡县有蛮曰道，故曰僰道，其俗每岁六月二十四日为星回节，竞举火把盈野；居傍城邑，与汉人无异。

曹氏以此事系之清叙州府宜宾县古僰道下，自即就僰人之在川滇接壤处者而言，然今大理民家亦有此俗，亦称其节为星回节（参考《大理县志稿》卷四），地之相去如此之遥，而风俗竟同，则僰人、民家之为同族，于此又得一证。若更据民家为赵、杨、段氏后裔之说，以及诸氏之为僰人、白蛮，而与白蛮、白人、僰人、民家诸事，参互证之，则民家之种姓为何，及其与哀牢、南诏之关系何若，不至明白可知？然则如谓古有所谓白国，为今民家先世，其说尚可信乎？

惟据民国《昭通县志稿·氏族志》所纪，白夷之外实别有民家一目，而其与上述之僰人相类者，又复有所谓假汉人，云：

> 民家，本系夷族，因常与汉人应接，其旧习渐化，故其类即以民家呼之，然同侪相聚，仍操夷语，外人莫能解也。

又云：

> 假汉人，本属汉族，在元明时已先入此地，或充佃户，或因掳掠而来，即为其奴仆，久且配以夷女，其所生子女，遂名为假汉人，而习俗语言，皆与之同，惟名目则殊焉。

观此所纪，似与上述以民家为僰人、白夷之说显相违戾［按《元史》亦有白蛮、阿僰（《地理志》），僰人子（《文宗本纪》）等名之异］，然按其实论之，则又有其不然者。盖就民族同化演进之事而言，当僰人初之逼处夷中，或为所掳掠见役为奴之时［按据上引任乃强、S. Cook两君之所纪述，虽为近世倮倮族事，然僰僮之名，实早见诸汉人文中，而僰之所逼处者，又实羌族，汉人文中并常以羌僰连文（并详拙作《释僰》），则其见掳羌族，实为自古已然。倮倮之族亦近于羌，据《新唐书·南蛮传》原本乌蛮中之一部落，今以小名而为大名耳］，其先所与夷族往来交接者，必其族中之贫贱齐民，若所谓黑夷者是，而其渐染汉习，相与俱化，互为婚媾，亦必自此贫贱之齐民黑夷始（按《昭通志稿》总其地之夷族曰猺、曰苗、曰夷，是其夷即倮倮，黑夷即黑倮倮，其本族之平民也。《志稿》云“民家本系夷族”，所谓夷者，即指此言也）。当其始事之初，其孰本夷族，渐化于汉，孰本汉族入赘于夷，时代相去不远，则其事尚可考见，故能分别甚晰。及其年代既久，婚媾日密，同化日深，子姓亦日以蕃衍，于是自成一族，而向之孰本夷族，孰本汉人，可分别考见者，至此遂不可复睹矣。白夷之族，渊源僰人，自秦汉晋唐以至于今，数千余年，支派蕃衍，广布西南，久已成为显族。若《昭通志稿》所纪之民家假汉人，本其地近代之事，种姓渊源，尚可考见，自不得以久已成为显族之白夷称之，而别之曰民家、曰假汉人（按据《志稿》之释民家，谓“其类即以民家呼之”云云，则似以民家一名，原此夷族即倮倮，汉化者之公称，非仅其地本族之专号，良以民家之为族称，凡川滇黔桂诸省近倮倮区者似皆有之，他区则无有也。又按《元史》之僰人子与此所谓假汉人者，名实亦极相近），此与追溯通常所称民家之族，谓其先世之为白夷、僰人，不惟事不相违，且翻可借以推见其族之演化成形，必先经此一级，此则事理之显然可见者也。清李宗昉《黔记》卷二云：

> 白儿子，在威宁及滇省有之，各有宗族，男子多汉人风，女人独有苗俗（按此所谓苗，亦用广义夷族之意，非谓苗族，实即今之倮倮），汉人多赘苗女，生子后，仍归汉人，故名白儿子。

就李氏所言观之，其事尤为明白，所谓“各有宗族”者，谓其所赘夷家，原各有族［按民家多各有其原族之称，如 Davies《云南·附录八》云湄公河上游一带称民家为那马人（Lama-Jen），腾越则称为明羌（Min-Chiang），清余庆远《维西见闻纪》亦谓丽江称民家为那马，明羌当即《唐书·南蛮传》之弥羌，自是羌族之一支，那马虽不知是否羌族，然湄公河上游丽江一带，实与羌族地近。马长寿君《中国西南民族分类》（见中山大学《民族学集刊》第一辑）谓广西之凤山、那马、东阑等地之民家亦曰那马。广西此等地方与滇东倮倮区接，自必有倮倮流入，其地之有民家，当即以此之故。倮倮为羌族、那马或亦羌族之一支也〕。所谓“故名白儿子”者，谓其所生之子，实为汉人之胤，一明其事，一原其人，若取《昭通志稿》所述参之，则又于此可见其合于彼可见其别矣。

然今兹所论，皆就白蛮中见掳之汉人（僰人）言之，若番若苗等族云者，则非所欲言。盖白蛮之族，其风俗语言，自以同化于汉族见称，彼番、苗等固不足以语此，况与所谓民家，亦本各不相涉也。若夫滇西大理一带之民家，其中自以唐宋以来，义宁、大理诸国之后，为其主族，然自有明以后，常迁中土大姓实居其地，又常有游宦商贾流寓其间（参考《大理县志稿》卷三）。故亦多纯正之汉族，自称为自江南来者。复以民字之音，有近于明，而民家之名，与移民之事又自明始，于是此纯正之汉族，亦常被以民家之名，或竟以为其字当作“明家”，谓由其原为明朝百姓或明人后裔之故，而民家之本义，因此以淆，即其种姓之原，亦因以相混，要其皆非所谓古之白国之后，则又固举凡所称为民家者之所同然也。

七、结论

于是吾人可为之结语曰：所谓白国，本非实有，乃唐宋白蛮之所虚构；哀牢夷者为今摆夷之先世，与唐之乌蛮、白蛮举不相涉，亦即与所谓白国无关；自唐至元，在大理建国之族，南诏为乌蛮蒙氏，长和为汉人郑氏，天兴、义宁、大理为白蛮赵氏、杨氏、段氏；民家之名，原非种族之称，其名始于明世，为当地屯戍之军家汉人对其土著夷民之称，当时大理一带之土著，实白蛮赵、杨、段诸氏之遗民，故民家为白蛮之后；白国之说，虽出诸白蛮之所假托，然其事究属子虚，故不能因民家为白蛮之后，而谓古有所谓白国，民家为其后裔；若今大理一带之民家，自明代以后，多中土迁来之汉族，则其事又当别论，非所语于此之所谓民家矣。

三十年八月十二日

右文为去岁邮致美国哈佛燕京学社报告而作，故行文不免烦碎，今兹付缮，虽略有增损，然以篇幅稍长，前后又多关涉之处，不欲过事更张，费时日也。惟于此有二事宜说者：原文第四节论白国及张蒙禅让事，据王崧本《南诏野史》有蒙氏灭南诏说，因谓蒙氏之前，别有南诏，且引《蛮书》及《新唐书》八诏中有白崖时傍一诏证之，其说稍嫌含混，此一事也；又第六节论白蛮及民家时，谓白蛮即今白倮倮，为民家先世，今民家与白倮倮显为二族，亦有掍二者为一之嫌，此二事也。此事就所引任乃强与Cook所纪白夷事及所推论观之，其演为二族，本可推见，毋烦更说，特嫌原文未能以一二语著明之耳。若蒙灭南诏事，其说较烦，他日有暇，当另文说之。三十一年四月十四日补识。

蒙氏灭南诏说

余前撰《民家非白国后裔考》，于论白国张乐进求及其禅位蒙细奴罗事，据王崧本《南诏野史》有蒙氏灭南诏之说，因谓蒙氏南诏之前别有南诏，且引《蛮书》及《新唐书》“八诏”中有白崖城时傍一诏证之，似以时傍为即蒙氏前之南诏，以地望言之自是不误，若以时代言，则时傍之与蒙细奴罗，其前后实远不相及也。

按《蛮书·六诏第三》云：“六诏并乌蛮，又称八诏，盖白崖城时傍及剑川矣罗识二诏之后。”《新书》卷二二二中《南蛮传中》云：“先是有时傍矣川罗识（按‘川’字当涉‘剑川’字衍）二族，通号八诏。”骤观此说，似时傍矣罗识二诏，当在六诏之前（按冯甦《滇考》云：“又有时傍诏及矣川罗识诏，不在六诏之数，皆哀牢九十九部之后，自相吞并而为八，又并而为六也。”似亦以二诏在六诏前），然核实考之，则殊非是。时傍时代，最早与蒙氏盛罗皮同时，最晚或下及异牟寻之世。李元阳《云南通志》卷十四《艺文志》有唐玄宗敕浪穹首领铎罗望书，称铎罗望为姚州管内大酋长郍傍时嫡孙（按亦见诸葛元声《滇史略》，“郍”作“那”）。据《蛮书》铎罗望之祖，实名丰时（《六诏》第三），是郍傍时即为丰时。以乌蛮父子名字相属之俗考之，则时傍当为郍傍时之子。《通鉴》卷二〇四载永昌元年（公元 689 年）有浪穹州蛮酋傍时昔等二十五部来降，即以傍时昔为浪穹州刺史。郍傍时又当与傍时昔为一人，而其时则当武后之世。《蛮书》称丰时与丰咩为兄弟，其先俱在浪穹（今洱源县），后丰咩夺望欠、邆州（今邓川县）而居之，为御史李知古所诛（《六诏》第三，《六瞼》第六）。知古击降姚州蛮，诛其豪杰，为蛮首傍名引吐蕃所攻杀，事在睿宗景云元年（公元710年），见诸《通鉴》卷二一〇。丰咩当即死于此时，然《滇考》以攻杀知古者为罗盛炎，则傍名或为罗盛炎别名。罗盛炎尝于武后时入朝，至开元初（公元713年）卒（见《蛮书》《新唐书》）。其子盛罗皮立，即有事五诏，时傍与施浪诏望欠、邆瞼诏咩罗皮、浪穹诏铎罗望等见讨蒙氏，最初即在此时（按《蛮书》“开元元年中蒙归义攻石桥城，阁罗凤攻石和”即为其事。倪蜕《滇云历年传》云“开元元年盛罗皮始用兵于五诏”是也。张道宗《记古滇说》、李京《云南志略》、诸葛元声《滇史》，并以初从事于五诏者为盛罗皮）。是郝傍时（丰时）、丰咩与蒙氏、罗盛炎同时，而时傍与咩罗皮、铎罗望等可上及蒙氏、盛罗皮之世，然去王本《野史》所谓贞观初蒙细奴罗灭南诏则已二世八九十年矣。

至时傍之居白崖则尚在开元中叶。《蛮书》云：“初咩罗皮既败，时傍入居邆州，招诱上浪得数千户，后为阁罗凤所猜，遂迁居白崖城。”（《六诏》第三）又云：“咩罗皮与蒙归义同伐洱河蛮，遂分据大鳌城（今喜洲）。后归义袭夺之，咩罗皮复入邆瞼。”（按即邆州）似时傍原与咩罗皮同居大鳌，及入邆州，为阁罗凤所猜，始迁居白崖，其事当在开元十六年（公元728年）、十八年（公元730年）之间［《滇云历年传》云：“开元十七年，皮罗阁（按《野史》以十六年即位）使清平官张罗皮从嶲州都督张审素击诸蛮，当与此事有关（审素破西南蛮事，见《新书》卷五，《通鉴》卷二一三）。皮罗阁赂王昱求合六诏为一，本二十六年事。”（见《蛮书》及《新书》《通鉴》）而《记古滇说》《云南志略》《滇载记》以为十六年，《野史》《滇系》、咸丰《邓川志》、民国《蒙化志》以为十八年，当缘此事而误（惟康熙《蒙化志》不误）。盖蒙氏有事五诏，非只一次，始于开元盛罗皮时，至贞元中异牟寻始完全肃清］。则白崖之时傍，非蒙细奴罗所灭之南诏，为尤明矣。

《蛮书》又云："铎罗望与南诏（按此谓蒙氏南诏）战败，以部落退保剑川，盛称剑浪（中略）矣罗君（按原文有误，依王崧据《新书》订正）立，贞元十年（公元794年）南诏击破剑川，俘矣罗君徙永昌。"（《六诏》第三）又云："剑川矣罗识（按原脱'矣'字，据上文补，下同）与神川都督言语交通，时傍与其谋，俱求立为诏，谋洩，时傍被杀害，矣罗识北走神川。（同上）"是矣罗识当与矣罗君为兄弟（按如浪穹诏丰时、丰咩，施浪诏望欠、望千），意当罗君见虏之后，罗识求立为诏，时傍以与谋而死，则下及见异牟寻矣。其去蒙细奴罗已六世百数十年，即去开元初盛罗皮时亦八十余年，时傍亦无乃寿考人欤，则其非细奴罗所灭之南诏，断可识也。《蛮书》时傍、罗识二诏云云，盖据其后事言耳。

然《蛮书·六诏》又云："开元元年中，蒙归义攻石桥城，阁罗凤攻石和，亦八诏之数。"（按下文"蒙舍诏"条谓据石桥者为施谷皮，"施浪诏"条谓据石和者为施各皮，"谷"、"各"形相近，未知谷皮、各皮是二人抑即一人?）是时傍、矣罗识外，又有二诏。《六赕第六》云："渠敛赵本河东州也，西岩有石和城，东北至毛郎川，又东北至宾居汤。"（按即今宾川）《山川江源》第二云：囊葱山在西洱河东隅，面对宾居越析山，下有路，从渠敛赵出遾川。《云南界内途程》第八云："云南城（今祥云）至波大驿四十里，又至渠敛赵四十里。"又云："云南驿至波大驿一日，又至白崖驿一日。"（按《新书·地理志》戎州开边云：云南至白崖八十里）是石和者，在今洱海之东，宾川西南，去祥云不远，居凤仪、弥渡之间，与白崖相距甚近。以南诏由在五诏之南得名言之，则石和如果为一诏，自亦未尝不可以当南诏之目。若石桥则今大理下关附近，（《山川江源》云："点苍山，南自石桥，北抵登川，长百五十余里。"）亦在五诏之南，与石和并施浪诏施望欠之族［按《云南志略》谓施望欠据石和城，《蛮书·六赕》谓遾州本望欠部落所居，丰咩袭而夺之。胡蔚本《野史》谓望欠居蒙茨和山（光绪《洱源县志》引

《大理府志》亦云“蒙茨和山在浪穹县北四十里，昔施浪诏居此”）者，当自邆州迁往，若其最初之地，当为石和。王本《野史》以为居曲靖者，非]，蒙氏欲从事五诏，以地势言，自当先夺石和、石桥，以扼洱河左右，而后北讨，《滇史》谓皮罗阁始出兵时，先令子阁罗凤别引精骑，攻虏施各皮（按即石和城），是其事也。然此乃开元初事，虽较时傍之迁居白崖见灭于蒙氏为早，但亦不足以当细奴罗所灭之南诏也。

然则王本《野史》所称见灭蒙氏之南诏，殆即所谓白国之张乐进求耳。以史考之，唐自高祖武德以还，至于高宗永徽蒙细奴罗入朝，中间三四十年，滇西一带，多已开置州县，设官命吏，如韦仁寿、梁建方、赵孝祖者，于后之所谓六诏之地，皆尝亲历其境，然未闻史称其言，其间有建国称号自称为诏者（参考前文《民家非白国后裔考》），惟相传蒙氏得国，以灭张氏或系张氏之禅，而其事有谓即在贞观初者［按此谓《白国因由》及《滇载记》，唐初惟此数年，未尝有事洱河，其他以为在贞观二十二、三年或永徽二、三年者，即本梁建方、赵孝祖之事而附会之（参阅前文）。如胡蔚增订《野史》及顾炎武、冯甦、邵远平、师范、倪蜕、咸丰《邓川州志》诸清代书，即以张蒙禅让，与梁、赵之事，连类而书，可为余前文之证。故不能因唐代于贞观初未尝有事洱河，而有张蒙禅让之说，遂谓果有所谓白国也］。

然则此所谓南诏，自非张氏莫属。李京《云南志略》谓张仁果时，当汉末，居蒙舍川，为在诸部之南，故曰南诏，传三十三主，至乐进求为蒙氏所灭云云，即明称张氏为南诏，其于蒙灭张氏，虽未尝著年，然以蒙氏建国在贞观三年，亦与王本《野史》贞观初灭南诏（按《野史》于灭张氏亦未尝著年）大致相合，特《野史》文叙述不明，以灭张氏与灭南诏，分为二事言之（按于此可见传说之不一致），遂启人之疑窦耳。

虽然蒙灭张氏，事或有之，若据此而谓张氏果有南诏之号，其号且始汉末，则殊非实。称王为诏，虽本夷语（见两《唐书》），然用以自称，实始蒙氏。《蛮书》（《新唐书》同）所纪六诏诏主，蒙氏而外，五诏中惟越析一诏，止波冲、于赠叔侄二人，约当皮罗阁之世，不知是否称诏即始其时。其余若蒙嶲诏始嶲首辅、浪穹诏始丰时、邆赕诏始丰咩、施浪诏始望欠，则据《蛮书》明白可知，最早皆与罗盛炎同时，其去蒙细奴罗已一世矣。是在蒙氏未兴以前，未尝有称诏者。贞元中异牟寻复朝唐，入贡方物而必以复号南诏为请者（见《新书》）无他，盖欲复其故物耳。且五诏与蒙皆属同族，为乌蛮种（参阅前文各诏历代名氏表）。《野史》云："先是蒙氏恐三十七蛮部不服，选亲族为五诏。"（王、胡本并同，顾炎武《肇域志》，咸丰《邓川州志》皆有此说）五诏之立，是否出诸蒙氏，事不可知，然谓与蒙同族，则属不误。诸葛元声《滇史》有三十七部之名，冯甦《滇考》并特著专目纪之云："三十七部惟谋统（按原文上文云今鹤庆样共川）、白鹿（同上云今楚雄府）地属迤西，余皆武、曲、澂、临、沅、广各府地。"然此诸地，亦多在滇省中南部，唐时虽有东西黑白二爨之分，而以西爨白蛮势力尤盛，即东爨亦时为所役使（按爨分东西黑白二种，见《蛮书》及《新唐书》，余旧作《释僰补》曾详说其事）。大理段氏本白蛮，而以三十七部之力得国（见《野史》《滇载记》《滇考》，又《野史·古迹篇》云：曲靖北十五里，有段氏与三十七部会盟誓碑，《蛮书》谓西爨起石城，即今曲靖境，爨归王为南宁州都督，居石城，是也），其故可以思矣。蒙氏之选亲族为五诏，因代张氏之后，恐三十七部不服，则张乐进求之为白蛮不自称王为诏，彰彰明矣（按张氏为白蛮，别详前文，赵、杨、段诸氏为白蛮，亦皆不称诏）。况诏为夷王尊称，张氏虽或其时白蛮之一首领，而其名不见诸史［按两《唐书》及《通鉴》凡其时蛮夷中著名首领，及受唐命为刺史都督者，皆著其名，惟不见张氏（《蛮书》亦无张氏之名），《滇考》以为武德七年册封乐进求为首领大将军，胡本《野史》以为贞观二十三年（王本无其事，康熙《蒙化志》以为太宗时，《白国因由》以为贞观三年，《记古滇说》未著年），盖本韦仁寿、梁建方事而缘附之，未必属实］。纵白蛮亦未尝不可称诏，彼张氏实不足以当之也。此皆误于张氏白国之说，而又震于蒙诏之名，遂不觉转相附会耳。若谓汉末已有诏之称号，则尤误谬。惟两《唐书》已谓蜀诸葛亮臣服六诏，是其误已久，不宜独以张氏为南诏之说，归咎于《志略》《野史》也。

三十一年四月二十五日

附：

西南边疆问题研究报告·弁言

民国二十七年秋，我校中国文学系始受美国哈佛燕京学社之补助，研究我国长江中部文化。时寇势甚张，数月之间，江、淮、两浙相继沦陷，武汉震动，人心绎骚，事未造端，而学校即仓黄迁桂。余惟西南诸省，堪复兴之借，乃商之诸子，变更初议，从事于西南边疆之研究，期对抗战救亡有涓埃之裨也。佥以为然。乃背秋涉冬，寇从空轰烧桂林，殆无虚日，几辍弦诵，研究更无从着手。于是复举校西迁，展转入滇，止于苍山洱海间。劳生甫定，系中诸子即各就志趣所向，恣意研讨，或究方言，或征文献，或察其山川地理、风俗人情，三年以来孜孜不懈。凡先后撰文十余篇，邮致美国报告者四次，补助亦递有增加，乃益觉前功之非徒劳也。爰议裒集，陆续付印，其事匪易，久乃克底于成，兹编其嚆矢也。夫居今日谈边务，见事已迟；然亡羊而补牢，尚未为晚，愿与国人有志于兹者共勉之。

（韦卓民）

通　讯

摘自武昌迁滇华中大学《华中通讯》第一卷第一期（民国二十九年十一月）

中国文学系研究工作

中国文学系于一九三七年向美国哈佛燕京学会申请补助为长江中部文化之研究，一九三八年春得该会通告准予补助美金四千元，无奈初期抗战失利，武汉危急，原定研究计划无法进行，既而本校迁桂，乃改而研究西南民族文化问题。在桂数月，虽日处于敌机轰炸之下，仍极力搜集材料，幸得一九三九年春再迁现址途中，完成报告，复承该会继续补助美金二千五百元。是年四月本校到喜，入秋以后，该系遂积极从事于云南各土族文化问题之研究，计成论文十篇，益得该会奖励，又准连续补三年，每年美金四千元。兹将已寄之研究论题及今后研究方向分别胪列于后：

一九四〇年研究报告

(1) 云南土族之种类及其分布	包鹭宾
(2) 释僰	包鹭宾
(3) 释僰补	包鹭宾
(4) 云南土族建国史略	游国恩
(5) 云南土族文化述略	游国恩
(6) 西南古夷语考	游国恩
(7) 释蛮上下	游国恩
(8) 昆明倮倮语研究	傅懋勣
(9) Lip's Langrage	傅懋勣

今后研究工作之方向

(1) 西南民族问题研究参考书目提要	包鹭宾、游国恩
(2) 西南民族文献分类汇编	包鹭宾、游国恩
(3) 云南各种倮倮语调查	傅懋勣
(4) 专题研究	包鹭宾、游国恩、傅懋勣

韩退之先生年谱长编（残篇）

先生名愈，字退之，唐孟州河阳人。

按先生乡里，当时即有二说：李翱作先生行状，言“昌黎某人”，此一说也；皇甫湜作先生墓铭，首称“昌黎韩先生”，而于叙述世系，不言里居，及作先生神道碑，则言“上世尝居南阳，又隶延州之武阳”，此又一说也。《旧唐书》本传，同李状，称“昌黎人”；《新唐书》则于南阳之上冠以“邓州”二字，称“邓州南阳人”，则与皇甫碑又稍异也。

言昌黎者，本据先生所尝自称。集中《送陆歙州诗序》《上巳日燕太学听弹琴诗序》《送李愿归盘谷序》《孟东野失子诗序》《题李生壁》《故贝州司法参军李君墓志铭》，皆自称昌黎某；先生友人亦多有称昌黎韩氏者。柳宗元《先友记》言：“昌黎韩会（先生伯兄）善清言，有文章。”裴度《寄李翱书》亦言：“昌黎韩愈，仆知之旧矣。”皆是也。故洪兴祖为《韩子年谱》，据《元和姓纂》及《新唐书·宰相世系表》，以为先生系出昌黎韩氏，其上世有居南阳堵阳者，遂同新书之说；特以堵阳在唐蜀均州，与新书言邓州者，为稍异耳。其言曰：“余考《元和姓纂》云：‘南阳、堵阳，颓当玄孙骞，避王莽乱，因居之。又晋员外郎韩安之生潜、恬，随司马休之入后魏。恬子都为元菟太守，因居昌黎。’《唐书·宰相世系表》亦云：‘河南尹骞，居赭阳。九世孙河东太守术，生河东太守纯，纯四世孙安之，晋员外郎，二子，潜、恬。恬，元菟太守，二子，都、偃。偃生后魏中郎颖，颖生播，徙昌黎棘城。’然则，韩氏初徙南阳之堵阳，后徙昌黎之棘城。《汉书·地理志》有两南阳：一曰河内修武，即晋启南阳是；一曰南阳堵阳，即韩骞所徙南阳郡，在唐属邓州。故新史以为邓州南阳人，别于河内之南阳。然堵阳在唐乃属均州，李太白以为南阳人是矣。新史近之，李翱与旧史，皆据韩氏自称也。”

然先生世系，实不出骞、播。朱晦庵《韩文考异》云：“《元和姓纂》《唐书·世系表》有两韩氏。其一：汉弓高侯颓当立孙骞，避乱居南阳之堵阳。九世孙河东太守术，生河东太守纯，纯四世孙安之，晋员外郎，二子，潜、恬，随司马休之入后魏，为玄菟太守，二子，都、偃。偃生后魏中郎颖。颖生播，徙昌黎棘城。其一：则颓当裔孙寻，为后汉陇西太守，世居颍川，生司空稜，后徙安定武安。至后魏，有常山太守武安成侯耆，徙居九门，生尚书令征南大将军安定桓王茂。茂生均。均生仁泰。仁泰生叡素。叡素生仲卿。仲卿生会、愈。而中间尝徙陈留。以此而推，则公固颍川之族，寻稜之后，而不得承骞之系矣。而洪兴祖所撰年谱，但以骞之后世尝徙昌黎，遂附新史之说，独以赭阳为均川，小有不同耳。及其再考二书，而见公世系之实，则遂不敢复著仲卿、会、愈之名。而直以为不可考，今因不得而据也。”李太白撰先生父《武昌宰韩君去思颂碑》，及先生自为《虢州司户韩府君墓志铭》《韩滂墓志铭》，皆言系出安定桓王茂，茂与子备均，《魏书》《北史》皆有传（《魏书》卷五一列传第三九，《北史》卷二七列传第二五），而诸史无为骞、纯、安之、颖、播诸人传者。其有传与茂均前后同任后魏，称南阳堵阳人，则有韩延之字显宗，云“魏司徒暨之后”（《魏书》三八列传第二六，《北史》二七列传第一五）称昌黎人，则有韩秀字白武，但云“祖宰，慕容俊谒者仆射，父景，皇始初归魏，拜宣威将军骑都尉”（《魏书》四二列传三十，《北史》二七列传一五），不言其先世；称昌黎棘城人，则有韩麒麟，“自云汉大司马增之后”（《魏书》六十列传四八，《北史》四十列传二八），增，骞之父，暨则纯之子，骞之十二世孙也。《唐书·世系表》，与茂均氏族各别，则先生之非昌黎韩氏，可推知矣。

然则，其所以称昌黎者，殆《考异》所谓："岂是时昌黎之族颇盛，故随称之，亦若言刘悉出彭城，言李悉出陇西者耶?"故李撰行状，但云"昌黎某人"，不能实言其乡里；而皇甫墓志首称"昌黎韩先生"，至下文叙其葬地，乃曰"葬河南河阳"。河阳，盖先生先世丘墓所在，详见下，实叙与虚指异耳。

至于南阳，则《考异》引："方崧卿《增考》（年谱）引董逌说云：今孟怀二州，皆春秋南阳之地。自汉至隋，二州皆属河内郡。唐显庆中，始以孟州隶河南府。建中中乃以河南之四县，入河阳三城使，其后又改为孟州。今河内有河阳县，韩氏世居之。故公每自言'归河阳省坟墓'，而《女挐之铭》，亦曰'归骨于河南之河阳南氏墓'。张籍祭公诗亦云'旧坟盟津北'，则知公为河内之南阳人。使公派果出昌黎也，则其去赭阳已历数世，其后又屡迁徙，不应舍其近世所居之土，而远指邓州为乡里也。方又引孔仲武之说，亦同董氏。而王铚以为公生于河中之永乐，今永乐犹有韩文乡。盖其世系虽有不可知者，然南阳之为河内修武，则无可疑。新史洪谱之误，断可识矣。"今按先生赴潮州贬所，过邓州、南阳，尝有诗纪之。《路傍堠》云："迎我出秦关，送我入楚泽。"《过南阳》云："秦商邈既远，湖海浩将经。"《次邓州界》云："潮阳南去倍长沙，恋阙那堪又忆家！商颜暮雪行人少，邓鄙春泥见驿赊。"题曰"过"、曰"次"，固言道途所经，而诗词于邓，亦绝无乡里之感，则《神道碑》所称之南阳非邓州南阳，皦然可见。

惟河内修武在唐属怀州，河阳则属孟州；而孟、怀二州皆春秋南阳之地。先生盖孟州河阳人，非河内修武人也。集中如《女挐圹铭》《祭十二郎文》明言河阳为先世坟墓所在者，无论矣。他如：《县斋有怀》"求官去东洛，犯雪过西华"，"勵嵩开云扃，压颍抗高榭"，《赠侯喜》"便当提携妻与子，南入箕颍无还时"，《忆昨行》"嵩山东头伊洛岸，胜事不假须穿裁”，《崔十六少府摄伊阳》“况住洛之涯，魴鳟可罩汕”，《寄崔廿六立之》“旧籍在东都，茅屋枳棘篱”，“去来伊洛上，相待安罛箄”，所谓洛、嵩、颍、箕、伊者，皆去河阳为近，去修武为远。河阳为今孟县，嵩山、箕、颍、伊、洛并在其南，与孟津县隔河相望，张籍祭先生诗所谓“旧茔盟津北”（盟津即孟津者）者是也。《会合联句》云：“我家本瀍谷，有地介皋巩。”谷合渑涧以入于洛，瀍则出孟津西北。成皋，唐汜水县，亦属孟州。汜水、巩、河阳皆邻境也。先生为孟州河阳人，灼然无可疑矣。明陈继儒《偃曝余谈》谓：“修武县东北三十里曰南阳，韩文公故里也，居人呼其地曰韩庄，又曰韩村。愈自上世居此，今韩庄有愈墓存焉。”是所谓南阳者，由唐孟、怀二州诸地，缩而为修武一乡，恐非《神道碑》称南阳不称河阳之旨矣。至谓愈墓云云，恐亦后世好事者所为，不然，则韩氏墓之在此者多矣，岂特一愈墓已哉？若必欲于春秋晋之南阳，指后世一地以实之，则义当为今之沁阳即唐之河内，其时亦属怀州。《汉书·地理志》“修武”，应劭曰晋始启南阳，今南阳城，秦改置者（臣瓒据《韩非书》且言秦未并天下已有修武，非秦改置，颜师古是之，则自来南阳非即修武），则汉之修武与唐之修武广狭异耳。今言先生乡里，当以本集诗文为断，其他诸说，概所弗从。

他如王铚言：“河中永乐有韩文乡。”集中既未之见，即韩门诸子亦未见言及。惟皇甫湜撰《神道碑》又言：“又隶延州之武阳。”延州秦地，先生诗文中虽亦有指秦为家者，如上所举《次邓州界》《过南阳》及《左迁至蓝桥示侄孙湘》云：“云横秦岭家何在？雪拥蓝关马不前。”《赠张籍》云：“如今更谁恨，便可耕灞浐。”则皆指官京师时言（长安城南有先生别墅，集中有《符读书城南诗》，孟郊诗有《游城南韩氏庄》之作），非谓延州也。或云隶者附属之谓，当指客居附籍而言。先生《祭郑夫人文》云：“未龀一年，兄宦王官。提携负任，去洛居秦……年方及纪，荐及凶屯。兄罹谗口，承命南迁。”前后六七年，殆已著籍。

然先生兄会官起居舍人，当亦在京师，不应远家数百里外之延州，或者所云，殆不然欤？此则不可知也。江南宣城，韩氏虽亦有别业（《示爽诗》云，“宣城去京国，里数逾三千”，“汝来江南近，里闾故依然”），然自先生宦游以后，随家于外，居宣城者，惟会子老成耳。老成且葬于是焉。（见《祭十二郎》文）（以下缺。——编者注）

（原载《华声》1936 年创刊号）

韩退之生月考

一、前言

退之先生生年自李汉编先生文集序云："生于大历戊申。"按即唐代宗大历三年，公元七六八年。后之为先生谱历者咸著之，而于其降生日月，则未尝有言之者。惟洪兴祖《韩子年谱》有云：

> 《三星行》按见先生本集五百家注本卷四。云："我生之辰，月宿南斗。"东坡云："吾命在斗牛间，而退之身宫在焉。且曰'无善名以闻，无恶声以攘'，平生多得谤誉，殆是同病耳。"

此可为吾人借以考求推究之资。然所引东坡语，则殊有异，五百家注本题下引樊汝霖说云：

> 苏内翰云："吾平生遭口语无数，盖生时与退之相似，吾命在斗牛间，而身宫亦在焉。按东雅堂本题注引苏内翰云云，当亦为樊说，而'亦'字下更有'复'字，义尤明显，然不知何据。又方成瑶《韩昌黎诗集编年笺注》引樊云云焉，又作'箕'，亦不知何据。然作'箕'者实误字也。故其诗曰'我生之辰，月宿南斗'，且曰'无善名以闻，无恶声以

攘’，今谤吾者或云死，或云仙，退之之言，良非虚矣。”

一以为东坡自谓其命宫在斗牛之间，而退之身宫在焉。一以为东坡身命二宫并在斗牛之间，而未尝言退之身命所在。樊云“亦或亦复”句是据身宫而从命宫言之，非就退之言，而以自身比之。此并宋人所引东坡语，而歧异至此，则为之考证者又不免于惶惑，而莫知所措矣。今二氏所引，东坡集中并不见之，惟《东坡志林》有云：

韩退之诗“我生之辰，月宿南斗”，乃知退之以磨蝎为身宫。仆以磨蝎为命宫，平生多谤誉，殆同病也。

文虽与二氏所引并不相同，然皆引退之之诗以自解其遭谤之故，则其所言自是一事。以此相证，则与洪谱之说为合。东坡又有《赠虔州谢术士》诗本集后集卷四。云：

属国新从海外归，君平且莫下帘帷。前生恐是卢行者，后学过呼韩退之。死后人传戒定慧，生时宿值斗牛箕。凭君为算行年看，便数生时到死时。

亦尝言及其事，而以退之自说，是东坡生时所值必与退之有相类似，盖可知也。今据先生《三星行》本诗为之推究，更参以东坡之说考之如左。

二、《三星行》文句之考正与“辰”字之意义

《三星行》云：

我生之辰，月宿南斗。牛奋其角，箕张其口。牛不见服箱，斗不挹酒浆。箕独有神灵，无时停簸扬。无善名以闻，无恶声以攘。名声相乘除，得少失有余。三星各在天，什伍东西陈。嗟汝牛与斗，汝独不能神！

五百家注本题下注云：“三星，斗、牛、箕也。”朱子《韩文考异》卷二云：

“之辰”方从阁本“之”下有“三”字，云：“谓斗、牛、箕也。”今按辰时也，《诗》：“我辰安在？”方说非是。

按朱子之说是也。“三辰”原本专词，谓日、月、星也。《左传·桓公二年》“三辰旂旗”，服虔注：“三辰谓日、月、星。”杜预注同。又昭公十七年“三辰有灾”，杜预注：《文选》张衡《东京赋》“建辰旒之太常”。薛综注：《书·益稷》“日月星辰”，《伪孔传》《汉书·律历志》“上而三辰之会交矣”。颜师古注《后汉书·〈郑兴传〉〈仲长统传〉》，李贤注，并以日、月、星为三辰，未闻有以斗、牛、箕为三辰者。盖“之”之为字，今隶兴“三”字形相近，一本或有“之”字，弟二笔偶阙，误成“三”字者，校者乃以“之”字注于“三”字之旁，而或者不察，以诗中所言，有斗、牛、箕三星，因误以“之”字为脱文，改移于所误正文“三”字之上，遂成为“之三辰”矣。阁本从之，已为大误，而方崧卿复为之说，而以斗、牛、箕三星实之，殊堪发噱！不知诗首四句，三句皆为四言，何以此独五言？此已乖于韵律。况以斗、牛、箕三星释三辰，则其句“我生之辰”当释为“我生之斗、牛、箕”，此复成何文理？是以退之原诗必作“我生之辰”而无“三”字，如朱子所说，可断言也。此诗文之首宜辨正者也。

然“辰”字为训，其义实多，《左传·昭公七年》晋侯问士文伯：

"辰而莫同。"孔颖达《正义》释之云："东南隅有辰也；大火谓之辰也；又有日月之会，辰也；又北方有辰星也。"沈括《梦溪笔谈》卷七亦云：

事以辰名者为多，皆本于辰巳之辰。今略举数事：十二支谓之十二辰，一时谓之一辰，一日谓之一辰，日、月、星谓之三辰，北极谓之北辰，大火谓之大辰，五星中有辰星，皆谓之辰。今考子丑至戌亥，谓之十二辰者。《左传》云："日月之会是谓辰。"一岁日月十二会，于东方苍龙角亢之舍，起于辰，故以所首者名之。子丑戌亥既谓之辰，则十二支、十二时皆子丑戌亥，则谓之辰无疑也。一日谓之一辰，以十二支言也。以十干言，谓之今日；以十二支言，谓之今辰。故支干谓之日辰。日、月、星谓之三辰者，日、月、星至于辰而毕见，以其所首者名之，故谓之辰。四时所见有早晚，至辰而四时毕见。故以日加辰为晨，谓日始出之时也。

此"辰"字之多义也，而朱子所以独训"辰"为"时"且引《小雅·小弁》之诗以明之者，盖谓此"辰"字之训为"时"，非若普通"时辰"、"时候"之义。如上举沈括所言"一时谓之一辰"或《尔雅·释训》"不辰，不时也"之时，乃《诗·小弁》"我辰安在"，《毛传》训"辰"为"时"之时也。此其意盖本诸笺、疏之说，郑玄《小弁》诗笺云：

此言我生所值之辰，安所在乎？谓六物之吉凶。

孔颖达疏更申释之云：

言我生所值之辰，安所在乎？则本初生之辰有所值，故知谓六物也。昭公七年《左传》，晋侯谓伯瑕曰："何谓六物？"对曰：

“岁、时、日、月、星、辰是谓也。”服虔以为：岁星之神也，左行于地，十二岁而一周。时，四时也。日，十日也。月，十二月也。星，二十八宿也。辰，十二辰也。是谓六物也。

《周礼·春官》：“保章氏掌天星，以志日月星辰之变动，以观天下之迁，辨其吉凶。”郑玄注云：“星谓五星；辰，日月所会。”五星有赢缩圜角，日有薄食晕珥，月有盈亏朓侧匿之变，七者右行列舍，天下祸福变移所在皆见焉。是故日月星辰之动，生民之祸福系之，大而系之天下，小而系之一身。古人观于天行，以为吉凶祸福之占，盖如此。王应麟《困学纪闻》卷九。云：“‘定之方中’，公刘之诗，择地之法也；‘我辰安在’，论命之说也。”原注云：“以上引真西山《送吴正叟序》文语。”退之此诗云：“无善名以闻，无恶声以攘。名声相乘除，得少失有余。”本自伤其横被口语而作。故假诸星命，用自解嘲，东雅堂本题下注云“公自悯其生多訾毁如此，详诗意可见。苏内翰云云，按引见上文。意亦取此”，自得其实。《小弁》之诗，为论命之始，故朱子即引以为说也。

然详推退之诗意，谓其所言初生所值之辰，为即本诸郑玄《小弁》诗笺“谓六物吉凶”，则其义犹泛。退之所谓之辰，特六物中辰之一物耳。亦即上引郑玄注《周礼·春官》所云“辰，日月所会”之一义也。考以辰为日月所会，其说实早，始于春秋之世。昭公七年《左传》云：

十一月，季武子卒，晋侯谓伯瑕曰：“吾所问日食从矣，可常乎？”对曰：“不可，六物不同。”中略。公曰：“何谓六物？”对曰：“岁、时、日、月、星、辰是谓也。”公曰：“多语寡人！辰而莫同，何谓辰？”对曰：“日月之会是谓辰。”

杜预注云：

一岁日月十二会，所会谓之辰。

孔颖达疏云：

辰谓日月所会，一岁十二会，从子至亥也。中略。日月会谓之辰者，辰，时也，言日月聚会有时也。

此“辰”字之义，退之之诗之所本也。若其详细之义，则孔疏《书》《礼》按《传注》语略，不足见意，不录。又疏语略者同此。言之尤为明白。《书·尧典》：“历象日月星辰。”疏云：

辰，日月所会者，昭公七年《左传》士文伯对晋侯之辞也。日行迟，月行疾，每月之朔，月行及日，而与之会，其必在宿，分二十八宿，是日月所会之处。辰，时也。集会有时，故谓之辰。

又《礼记·月令》：“孟春之月，日在营室。”疏云：

日月之行，一岁十二会者。日行迟，一月行二十九度半余；月行疾，一月行天一匝，三百六十五度四分度之一，过匝更行二十九度半余，遂及于日，而与日会，所会之处谓之辰。郑玄注《周礼》太师职云：十一月辰在星纪，中略。十月辰在析木，此是一岁十二会也。

然日月所会虽谓之辰，而其异名实多。贾公彦《周礼·春官》大宗伯职疏云：

辰虽据日月会时而言，辰即二十八星也。中略。但二十八星而有七，不当日月之会，直谓之星；若日月所会，则谓之宿，谓之辰，谓之次，亦谓之房。故《尚书·胤征》云："辰弗集于房。"孔注云"房谓日月所会"是也。按贾疏"冯相氏"同。又孔疏《胤征》云："房谓室之房也，故为所舍之次。"

按"辰弗集于房"亦见《左传·昭公十七年》，杜预注云："房，舍也。"宿亦舍也。《广雅释诂》四。孔疏《尚书·尧典》："二十八宿，是日月所会之处。"则二十八宿即以日月会时所舍而得名也。次亦谓舍，《礼记·月令》："日穷于次。"郑玄注："次，舍也"，是也。是宿、次、房者，并即其会时止舍而名，此其义之所同者也。惟于辰则异是，辰本地枝之名，蔡邕《月令章句》云：

大挠采五行之情，占斗机所建，始作甲乙以名日，谓之干；作子丑以名月，谓之枝。有事于天则用日，按谓用甲乙等。有事于地则用辰，按谓用子丑等。阴阳之别，故有枝干名也。按干枝今通作干支。

故贾公彦《周礼·春官》大师职疏云：

按斗柄所建十二辰而左旋，日体十二月与月合宿而右转。但斗之所建，建在地上十二辰，故言子丑之等；辰者日月所会，会在天上十二次，故言娵訾、降娄之等。

此郑玄《礼记·月令》注所以云："孟春者，日月会于诹訾，而斗建寅之辰也。"按十二月每月皆有此类之文。然则谓"一岁日月十二会为十二辰，即此子丑寅卯之属"者，按此本《胤征》孔疏经。盖合天地言之矣。

三、"月宿南斗"之解释

辰之意义既明，吾人于是可进而言退之之生月矣。《三星行》云

"我生之辰，月宿南斗"者，《礼记·月令》云：

仲冬之月，日在斗，昏东壁中，旦轸中。《吕氏春秋·仲冬纪》同。

郑玄注：

仲冬者，日月会于星纪，而斗建子之辰也。

孔颖达疏云：

按《律历志》云："仲冬之初，日在斗十二度"，故曰"日在斗也"。

《三统历》：大雪日在斗十二度，昏壁五度中，中略。旦角三度中；冬至日在牛初度，昏奎十度中，中略。旦亢七度中。

按孔颖达所引《律历志》，自是《汉书·律历志》，然《律历志》文实云：

六物者，岁、时数，日、月、星、辰也。辰者，日月之会，而建所指也。星纪初，斗十二度，大雪。中牵牛初，冬至；颜师古注：于夏为十一月，商为十二月，周为正月。终于婺女七度，中略。析木初，尾十度，立冬；中箕七度，小雪；颜注：于夏为十月，商为十一月，周为十二月。终于斗十一度。

此与《三统历》相合，孔疏所引殆非原文，当柢括其大意而已。其所谓星纪析木云者，《尔雅·释天》云：

析木谓之津，郭璞注：即汉津也。箕斗之间，汉津也。郭《注》：箕，龙尾，斗，南斗，天汉之津梁。星纪，斗，牵牛也。郭注：牵牛，斗者，日月五星之所终始，故谓之星纪。

邢昺疏云：

“析木谓之津，箕、斗之间，汉津也”者，析木之津，箕、斗之次名也。中略。“星纪，斗，牵牛也”者。星纪，斗牛之次也。郭云：牵牛，斗者，日月五星之所终始，故谓之星纪。《左传》“岁在星纪”是也。《律历志》亦云：“玉衡杓建，天之纲也；日月初躔，星之纪也。”颜师古注如淳曰：“杓音猋，斗端星也。”孟康曰：“斗在天中，周制四方，犹宫声处中为四声纲也。”师古曰：“杓音必遥反。”孟康曰：“躔舍也。二十八宿列在四方，日月行焉。起于星纪而又周之，犹四声为宫纪也。”晋灼曰：“下言‘斗纲之端，连贯营室织女之纪，指牵牛之初，以纪日月，故曰星纪。五星起其初，日月起其中’，是谓天之纲纪也。”师古曰：“躔，践也。音直连反。”

是星纪者，仲冬之月，日月之会，所次之处，故有十二次之称。谓之斗牵牛者，盖以二十八宿分为十二次，斗与牵牛，则当星纪之次耳。十二次之名及其所当星宿，本始见于《尔雅·释天》，惟名不全，且有与后世异者，故后世多本《汉书·律历志》之说。唐陆德明《尚书释文》所列十二次之名，及清陈懋龄《经书算学天文考》见《学海堂经解》。所为《十二辰图》以示二十八宿，分配十二次之义，说尤明显。陆德明《释文》云：

日月所会，谓日月交会十二次也。寅曰析木，卯曰大火，辰曰寿星，巳曰鹑尾，午曰鹑火，未曰鹑首，申曰实沈，酉曰大梁，戌曰降娄，亥曰娵訾，子曰玄枵，丑曰星纪。

陈懋龄《十二辰图》为：

其说云：“寿星：角，亢；大火：氐，房，心；析木：尾，箕；星纪：斗，牛；元枵：女，虚，危；娵訾：室，壁；降娄：奎，娄，胄；大梁：昂，毕；实沈：觜，参；鹑首：井，鬼；鹑火：柳，星，张；鹑尾：翼，轸。此十有次以二十八宿形得名，不可移易也。”

惟于此有滋人疑者，郑玄《月令》注云：“仲冬之月，日月会于星纪，而斗建子之辰。”陆德明则曰：“日月之会，丑曰星纪”，以《尔雅》星纪为斗牵牛而言，是谓斗牵牛，丑也。此其故何耶？盖所谓斗者，实有北斗、南斗之分。南斗者二十八宿之一，北斗者，其杓所指，乃所以定四时者也。日月右行，北斗则随天体而左转。日行迟，月行疾，每岁月逐及于日凡十二次，南斗者，盖于仲冬之月，月遂及日，相会于此，而名曰星纪之次者也。故孔颖达《月令》“孟春之月”疏云：“星次西流，日行东转，东西相逆。”又云：“北斗循天而转行，月建一辰。”郑玄注《周礼·春官》天师职于所言：“黄钟，子之气也，十一月建焉，而辰在星纪。”以至“夹钟，卯之气也，二月建焉，而辰在降娄”。其下即接言：“辰与建交错贸处如表里然，是其合也。”此日月会宿，与北斗所指，所以势成相逆者然也。且日月所次，谓其在天；斗杓所建，谓在地。天地上下，对视若反。是以《淮南子·天文训》云：而斗按原文作“而弁”，属上读，兹依王念孙校读。日行一度，十五日为一节，以生二十四时之变，斗指子，则冬至，音比黄钟，《时则训》亦云："仲冬之月，招摇按即斗杓。指子，昏壁中，旦轸中。"而《天文训》则又云："日按原作'星'，此依高诱注校正。十一月建牵牛。"按《汉书·律历志》云：星纪，初，斗十二度，大雪；中牵牛初冬至。又云："元封七年中冬十一月甲子朔旦冬至，日月在建星。"颜师古注："李奇曰，古以建星为宿，今以牵牛为宿。"晋灼曰："贾逵论太初历，冬至日牵牛，中星也。古历皆在建星。建星，即斗星也。"《月令》《吕览》皆云：日在斗，凡此奇异，不语天集不得而知，不知是否岁差。星纪为斗牛，丑为星纪，是牵牛为丑，十一月建之，与招摇指子，说正相反，盖亦上下相别之故耳。王应麟《六经天文篇》上引黄氏云：据《学津讨原》本。

> 十二辰，乃斗纲所指之地也。斗纲所指之辰，即一月元气所在，正月指寅，中略。十二月指丑，谓之月建。天之元气，无形可见，观斗纲所建之辰，即可知矣。中略。十二次乃日月所会之处，凡日月一岁十二会，故有十二次，建子之月名元枵，建丑之月名星纪，中略。建亥之月名陬訾，十二分野，即辰次所临之地也。

上言正月指寅，以至十二月指丑，名曰月建。下言建子之月，次名元枵；建丑之月，次名星纪；以至建亥之月，次名陬訾。其言实混。若依其说，则当是：十月建亥，次名陬訾；十一月建子，次名元枵；十二月建丑次名星纪。此与古说全反。古说皆以十一月次于星纪，而斗建子；十二月次于元枵，而斗建丑；正月次于陬訾，而斗建寅。揆其所以致误，即由不知天地上下之别耳。盖辰本枝名，指其在地。翻而视天，故皆相反。后世堪舆之家，制为时盘，即本此义。陆德明谓"寅曰析木，中略。丑曰星纪"云云，其意即用此也。与郑玄斗建在子、在丑之义，实不相违也。盛百二《尚书·释天》见《学海堂经解》。云：

历家序曰躔交宫，必依列宿右旋，陆氏以析木为首，依时盘左旋者，从乎月建之序也。固无不可。然月建之十二辰，非天星之十二次，不可不知。

此盖得其旨矣。惟言月建云云，尚不免稍有语病。陆氏虽依时盘右旋，然实非从乎月建之谓也。今略依陈懋龄《经书算学天文考》，试为《月建图》《日月相会十二次图》《日月相会十二次辰合图》三图于下以明之！

月建图

日月相会十二次图

日月相会十二次辰合图

然则，退之生月实夏历仲冬十一月，日月会宿南斗，而当星纪之次，于辰为丑者也。南斗为其时日月相会之宿，故《月令》云："日在斗。"退之诗云："月宿南斗。"举日即所以言月，举月即所以言日也。星纪之次实为斗与牵牛，而箕则与尾在析木之次，斗与牛之次同，与箕次异，故与牛为亲，与箕为疏。《三星行》于此，著语轻重显然可见，云"我生之辰，月宿南斗。牛奋其角，箕张其口"者，定其初生之时，所值之辰为在南斗，牵牛与箕分居左右之谓也。参看上第一图陈懋龄《十二辰图》。云"牛不见服箱，斗不挹酒浆。箕独有神灵，无时停簸扬"者，斗牛为亲，同在一次，故并伤其无能，伤之盖所以惜之也。箕独为疏，别在一次，故誉其神灵，擅长簸扬，誉之即所以讽之耳。"箕张其口"，故以"簸扬"誉之，此所谓自伤訾毁也。下言"无善名以闻，无恶声以攘。名声相乘除，得少失有余"，意自显然。结句云："三星各在天，什伍东西陈。嗟汝牛与斗，汝独不能神！"三星之中，独伤斗牛，尤为明白矣！故诗意虽本诸《小雅·大东》，而寄其自伤之意者如此。此退之之生，为夏历仲冬十一月，盖属无可疑也。《国语·周语》纪伶州鸠言：武王伐纣时，"辰在斗柄"。韦昭注云："辰，日月之会；斗柄，斗前也。谓戊子后三日，得周正月辛卯朔，于殷为十二月，夏为十一月，是日月会辰斗前一度也。"亦可为退之之诗言"我生之辰，月宿南斗"为夏历仲冬十一月之一旁证矣。

四、东坡说之参证

试更参以东坡之说。洪兴祖云：东坡言其命宫在斗牛间，而退之身宫在焉。命宫、身宫云者，皆星命家之说，俞樾《游艺录》尝有推命宫之法，云：

凡欲求命宫，先从子上起正月，逆行十二辰，乃将所生之时加临于所生之月，顺行十二位，遇卯，即为命宫。假令甲子年三月酉时生，则卯在辰上，即以辰为命宫。

今依俞氏之说，试为手掌图如下，而以东坡降生时月推之。

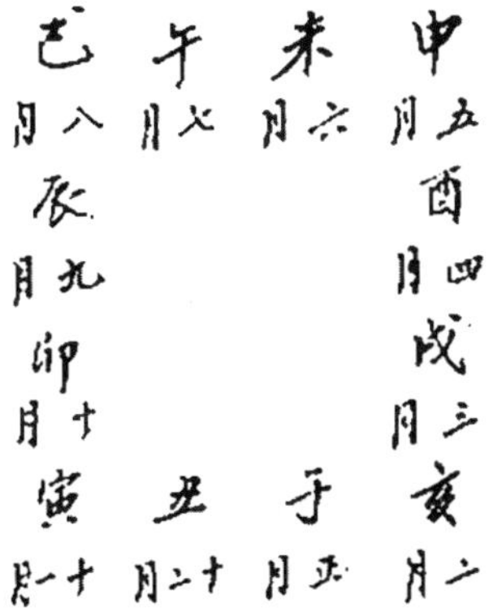

王宗稷《东坡年谱》云：

仁宗皇帝景祐三年丙子，先生生于是十二月十九日乙卯时，按先生《送沈逵》诗云："嗟我与君皆丙子。"又有《赠长芦长老》诗云："与公同丙子，三万六千日。"又按《玉局文》云："十二月十九日，东坡生日，置酒赤壁矶上。"又按《志林》云："退之以磨蝎为身宫，而仆以磨蝎为命宫。"若以磨蝎为命宫推之，则为卯时生。议者以先生十二月为辛丑，十九日为癸亥日，丙子癸亥，水向东流，故才汗漫而澄清。子卯相刑，晚年多难。

按王氏以东坡生时为卯时，即本前术而逆推之，磨蝎本天文学专词，为十二宫之一，其于古法，即相当于十二次之丑宫星纪，故磨蝎宫即丑宫。见后。以生时加所生之月，遇卯即为命宫之法推之，今东坡以十二月生，其辰为丑，而以磨蝎为命宫，丑为磨蝎，是丑即遇卯之宫，故知其生时为卯也。试更以卯时生而用前俞氏之法推之，则其命宫为丑，为磨蝎，亦固不谬。东坡生月为十二月，于辰为丑，以从子上起正月，逆行十二辰计之，则十二月正遇丑；再以所生之时加临其上，令东坡所生之时为卯时，加临丑上，是即遇卯而为丑宫，为命东宫所在。丑宫为磨蝎宫，于古即为星纪之次，于星宿即为斗与牵牛，故云“以磨蝎为命宫”，或云“命在斗牛间也”。此即王氏推东坡生时为卯，而据其命宫为磨蝎，为丑，为牛斗之间之所推算而得也。

更以身宫言之：身宫亦名身星，星命之家，以日月五星等十一曜中之月曜为身星，易词言之，即生人降生之时，月躔某度，即为其身之度主，故曰身星划身宫。见《星命溯源》。按此非陋书，《四库全书总目提要·术数类》尝著录之。退之以夏历仲冬十一月生，于次为星纪，于星为斗牵牛，于辰为丑，是即其降生之时，月躔星纪，而当斗牛之间，而以丑为身宫也。此东坡之所以谓“吾命在斗牛间，而退之身宫在焉”，或曰“吾以磨蝎为命宫，退之以磨蝎为身宫”也。

然则退之之生，以东坡之说反复推之，其为夏历仲冬十一月，尤无疑也。

抑尤有进者，一岁之中，以月言之，虽曰十有二月，若以节言，实有二十有四节，每月之中，约有二节气焉。《月令》云：仲冬之月，日在斗者，特举其月而浑言之，孔疏云：“凡十二月日之所在，或举月初，或举月末，皆举其大略，不细与历数齐同。”是也。若就节气言之，则《唐月令》尤为明晰，《唐月令注》据《十种古逸书》茆泮林辑本。云：

> 十一月之节，日在箕。

注云：

> 大雪为十一月之节。原注《御览》二十六。

又云：

昏营室中，晓轸中，斗建子位之初，律中黄钟。

注云：

十一月气至，则黄钟之律应。黄钟者，律之始也，管长九寸。原注同上。

又云：

十一月中气，日在南斗。

注云：

冬至，为十一月中气。原注同上。

又云：

昏东壁中，晓角中，斗建子位之中。

又云：

十二月之节，日在南斗。

注云：

小寒为十二月之节。原注同上。

《汉书·律历志》云："斗纲之端，连贯营室织女之纪，指牵牛之初，故曰星纪。五星起其初，日月起其中，凡十二次。日初至为节，至其中斗建下为十二辰，视其建而知其次。”则“日在南斗”、“月宿南斗”云者实指十一月中气而言，而为冬至之节，退之之生必在此冬至之后小寒以前之十五日中。按十五日为一节见上引《淮南子》。惜乎不知其时冬至小寒确在何日，不然则退之生日亦可略约推之，不独知其生月为十一月也。樊汝霖引东坡之说，谓在其身宫亦在斗牛之间，据《唐月令》谓十二月之节，日亦在于南斗，而东坡以十二月十九日生，是当十二月上旬节气之初，则樊说亦不无据矣！

五、赘语

兹复听樊说，而以李调元《月令气候图说》见《函海》本。及吴省兰辑阳玛诺《天问略·十二宫图》《艺海珠尘》本。参证之：

樊汝霖引东坡之说，谓东坡身宫亦在斗牛之间。斗牛之次为星纪，为丑宫，为磨蝎之宫，若以李氏、阳玛诺之图合之，自是当冬至小寒之节，而为十一月之中与十二月之初，二氏之图如次：

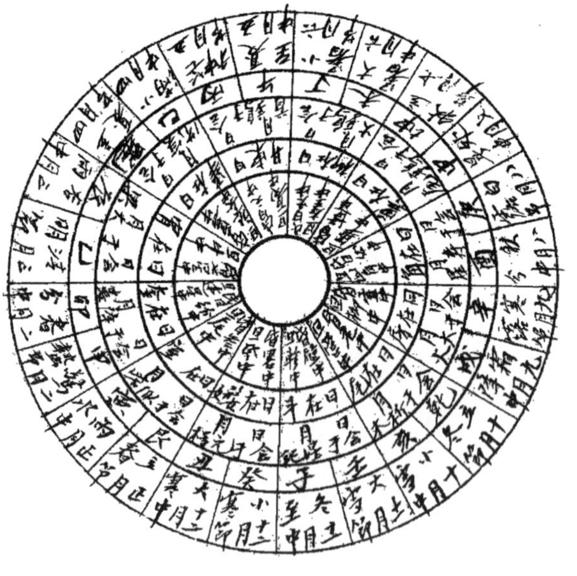

李氏月令图略

阳玛诺图

若以二氏之图合之，再加之以十二辰，则又当如下图：

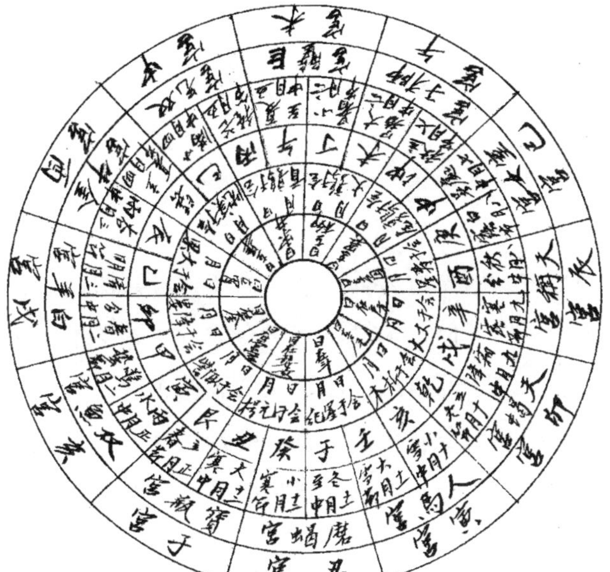

假使樊氏所引东坡之说为可信，则东坡身宫固可在斗牛之间，而退之生日当在立冬（应为冬至。——编者注）小寒十五日之间，复可借此得一旁证，惜乎不知其何据耳。然退之之生月为仲冬十一月，则固无可疑也。

附：韩退之系年考证目录

本书系汇集过去诸家所为韩愈年谱而作，订其谬误，补其遗阙，并仿王懋竑《朱子年谱》例，采摘诗文中有关行实、学术、文章之作，按年分系，务使退之之学问道法，足以完全表现无遗。其问题稍繁，如籍贯生月等等，不便载于系年正文中者，则分立专篇，为之考录，而殿以历代论韩诗文集要，共得十篇以为附集，总计全书，约十余万言。

文学艺术概说及其在教育中的地位

——十月十四日中国文学系主任包鹭宾先生讲

我今天所讲的题目是“文学艺术概说及其在教育中的地位”。在正题之前，我得声明一句，这不是一个专门的学术讲演，只是一种普通的介绍，将文学和艺术作一个简单的说明，说明它一般的内容和研究的方法，对于初入大学的同学，希望能够有一点小小的帮助，好比我们看到一所未曾观光过的大厦，没法进去参观，而遇着一个向导，请他详细地为我们指导，何处是卧室，何处是客堂，有怎样的装饰，怎样的布置，使我们虽然未能进去也能够“窥见室家之好”而不至有“宫墙外望”之叹。

题目虽然把文学和艺术分作两事，其实严格说来，文学只是艺术之一种，艺术的门类虽多，各有各种不同的形态。用色彩表现的是图画，用音节表现的是音乐，用文字表现的是文学。然而各种不同的艺术，却同具有一个公共的性质，就是一切艺术作品，都只是艺术家利用一种题材，表现他对于宇宙人生或者说自然界和人世间的一种反映，本来是他内在的。他因为观察宇宙人生——或者说自然界和人世间——的结果，引起了一种高深的理想，而产生新的宇宙观或人生观，或者激起他深切的感情，而对于自然界或人世间赞美或诅咒；然后用艺术的手腕表现出来，予以引起观众、听众或读者的共鸣——这是一切艺术公用的性质。

他若用姿态表示便成舞蹈，用金属木石制作便成雕刻，乃至用色彩为图画，用音节为音乐，用文字为文学。——他们的不同只是题材的不同罢了。

梁朝刘勰也曾分艺术为三种。他的《文心雕龙》的《情采篇》曾这样说："立文之道，其理有三：一曰形文，五色是也；二曰声文，五音是也；三曰情文，五性是也。五色备而为黼黻，五音比而为韶夏，五性发而为辞章，神理之数也。"他所谓形文，固然可说就是图画，声文就是音乐，情文就是文学，不过他的形文声文，却又包括宇宙自然方面在内。日月叠璧，山川焕绮，也是形文之一；山鸣谷应，虎啸龙吟，也是声文之一。而文学却又兼二而有之，辞采的华美就是形，声调铿锵就是声——这是文学的特色而为其他艺术所不及的。

我们现在专说文学罢。研究文学可分广义和狭义两方面，本来严格地说，要合乎上面的条件，才配称为文学，不过从通俗方面，尤其从教育方面说，它还有普遍的意义在，前者为专门文学，后者为通俗文学。

先讲通俗文学，通俗文学是一种以文学为求学工具的意思，它的目标有二：一为接受；二为表现。

一、文学的接受

所谓文学的接受，就是如何去从他人的作品中来获得自己所需要的知识，也就是说如何去了解一篇文章或一本书的内容。这种文学接受的方法就是阅读，惟有阅读才可以获得自己所需要的知识。我们要阅读必得培养阅读能力。培养阅读能力可分两方面：一为字义的获得；二为文意的了解。

1. 字义的获得

我们读一篇文章，首先要明白它的字义。严格说来，我们对于一个字完全的获得，也能辨识它的形体，正读它的声音，明了它的意义。不过普通地说，字形写错了一二笔不要紧，古来人就有所谓假借字（假借字可以说就是写别字），不过这个疯，古人发得，我们发不得；字音讹读了一点，也不要紧。我来讲个笑话：我们那里以前有一个有名的教学先生，教了许多学生，其中有一个，他认为教得很好。后来学使来了，举行考试，他就叫那个学生去应试，考了出来，他问那个学生出了什么题目，那学生说："朝，与下大夫言，侃侃如也；与上大夫言，言言（本来是訚訚二字，音银，他读错了）如也。"先生听了气极了，掴了他两个耳光，叫他站开去，后来想了一想，这个学生平素不错，怎么会如此呢？于是又叫了他出来，问他怎样讲。他说："侃侃，刚直也；訚訚，和悦而诤也。"先生高兴了，叫他把文章誊出来，看了说："成！有希望！"结果居然入了学。这可见字义的重要，因为一个字或一句文的错解往往可以颠倒全句和整篇的意思。譬如《尚书·泰誓》中载有武王的说话有"予有乱臣十人"这一句，照字面上讲来，"乱"字是造反作乱之意，但实在讲来，是武王有治乱之臣十人的意思。又《左传》昭公二十九年载：蔡墨对魏献子说，董父实能扰畜龙以服事帝舜，扰要作驯服的意思解，若作普通的意义，也便弄翻了。所以说不懂得字义的解释，同是一句话，可以变成两种绝对相反的意思。因之在我们训练阅读能力时，对于这种修养是应该注意的。

我们对于字义的获得，当然要懂得文字训诂的条例。譬如上面所说的，就是相反为训例。不过这不能求之于普通一般的人，普通的人，只要能利用工具书如字典、辞典之类便够了，但是我国自古以来关于字典一类的书，编纂的办法，大都不一致，所以在应用这类工具书之前，我们又应知道它们的编纂法和特殊的性质。譬如（1）《尔雅》是以类分的，分天、地、山水等十九类，故在查《尔雅》时，先要知道某字是属于哪一类。（2）许慎的《说文解字》是以部分的，分为五百四十部首。以后的《康熙字典》和《辞源》等的编法，都是如此。可说是最普通的编纂法。（3）《广韵》是以韵分的，以字的收音为主，又分平、上、去、入四声，分为二百〇六韵，清朝阮元编《经籍纂诂》也是以韵为主。那么在此类书中去寻求字义的解释，又非懂得音韵不可，所以我们对于这类书籍的应用，第一的要素是要明了工具书的性质，这是在字义的寻求方面应有的注意。现在的四角号码检字法，也应该知道。

2. 文意的了解

这也要（1）能利用工具书。这类书的编纂，也大概有分类、分部、分韵三种不同。如《初学记》《渊鉴类函》以类分，《辞源》《辞海》是分部，《佩文韵府》是分韵。《辞源》《佩文韵府》虽同是以二字以上词汇为主，但《辞源》是以第一字为标准，《佩文韵府》即以最末一字为标准；《渊鉴类函》又据事物的性质分类为概括的纪述。其他的工具书如《历代纪元编》《读史方舆纪要》之人名、地名辞典等也要知道和能利用。可是还不够，还要（2）利用解剖的方法。因为有时一字一句知道了，字义典故知道了，还不知道全文的意义所在。这就不得不应用文法学、文章学的解剖，然后知道谁是主句，谁是辅句，谁是主要的意思，谁是附属的意思。大概唐宋以下的书好读些。读秦汉以上的书，便是须懂得文法，这可参考俞樾的《古书疑义举例》（现在大东书局把后来刘师培、马叙伦、杨树达各位续补合并印行了，极方便）。不过还不够，还要用讽诵的方法，因为有些高深的文章，用剖解的方法，还不容易了解它的意思，我们非借助于讽诵不可。《魏略》曾载有这样的一桩事：说有人从董遇求学，董遇不肯教人，却叫人先读百遍，说是“读书百遍而义自见”，就是这个意思。譬如我们读《庄子》，很不容易了解。本来他自己说：“天下不可以庄语”，他是以“无端崖之辞”、“荒唐之言”来写此书的，这叫人家如何捉摸。可是如果把它翻来覆去读上几遍，结果虽然不能用明显的话讲出它的意思，但心中却能领会到一个大概，这就是讽诵的好处。至于说文章的神理气味，非朗诵吟咏不能领会到的，现在一般的人把讽诵一事忽漏了，这是不应该的。

二、文学的表现

文学的表现即是写作的练习。写作为个人意思的表达，要能够写作，当然须多看多读。俗语所谓："熟读唐诗三百首，不会作诗也会吟。"扬子云说："读罢千赋而后能赋。"杜甫说："读书破万卷，下笔如有神。"都是证明多读对于写作方面的帮助。这本不烦解说，不过此外还有两点也是应当注意的。

1. 思想的训练

文章是以思想为骨干的。一篇好的文章一定是包孕着一个正确而丰富的思想。要思想丰富，当然在读书多，积累富，这在于日积月累，不可一蹴而就的。至于思想正确，却在训练的功夫。训练思想的方法就是多读思想训练一类的书籍，如论理学之类。本来文章的体裁很多，大概说来，不外议论文和记叙文两种。议论文是发表思想的，它的作法要遵循普通论理学上所谓思想律和推理法。记叙文是纪述事物的，作记叙文便要注意论理学上所谓因果律。能够这样，那所写的文章便能有条有理，层次井然，段落分明了。

2. 技术的训练

技术训练，自然是写作时一个重要问题。许多有学问的人，他自己有渊博的学识和丰富的思想，可是他不能用文字表达出来，只能自己享受，这是技术没有好的训练的缘故。训练的方法，自是多写，但是盲目的写作是不成的。写作以前，还要利用剖解和讽诵法去多读古今名作。这和前面讲阅读时用意有些不同——虽然方法相同，阅读时用剖解法和讽诵法，目的是了解人家的意思，是属于接受方面，是属于知的事。这里目的是培养发表自己意思的能力，是属于表现方面，是能的事。剖解古今的名作，看他的命意、吐辞和布局，以便我们自己作文时有所取法，熟读他们的语调辞气，以便自己下笔作文时能够汩汩而来，无格格不吐之病。杜甫说："读书破万卷，下笔如有神。"就是这个意思。现在一般把诵读背诵一手忽略了，这是不应该的——尤其是学文言更属重要，若不熟读，时隔语异，文言的辞调，怎样能够到我笔下来（其实我以为白话文也要读，因为名作家作品自身有他特具的风格与神味，不读也不能得到)。

现在讲专门文学方面，这里可以分为三点，即一为文学研究；二为文学创作；三为文学鉴赏。

一、文学研究

文学的研究，门类很多，大概说来有：

1. 文字学的研究

文字学古称小学，本来是学童初入学时基本的学习，现在却成了专门的学问了。分字形、字义、字音三方面，研究它们的起源和变迁，规定种种原则之说明。专门研究的人，这是一种必要的工作，普通唐诗、晋字、汉文章，可见文章以汉代为最好。汉代文学以司马相如、司马迁、扬雄为著。相如、扬雄都有文字学的著作，司马迁虽然没有专门文字学著作，他却曾从孔安国问古文。章太炎先生“以学已而赋不作”，其实不仅作赋需要懂得文字学，写作一切纯文学的文，都要懂得文字学。诗词需讲音律，骈文需讲辞采，不消说；就是数行文字要描写深刻，抒情恰当，也要用字精刻，因为同一意义有许多字，同时一字又有许多义，有些字是表现事物公共的意义，有些字是表示一事一物的特别的独有的意义，体物写志必不能深切精到。

2. 文章组织的研究

讲字句组织的有文法学，讲篇章组织的有文章学，讲修辞美恶的有修辞学。

3. 文学体制的研究

研究文学体裁的分类和各体的格式与流变。

4. 文学历史的研究

研究文学的起源变迁和派别等，或通论或分时代或分派别。

5. 文学原理的研究

研究文学的本质是什么，有什么要素？自然、人生、时间、空间有什么关系……有时文学批评也包括在内。

二、文学创作

要成为一个文艺作家，前面讲普通文学写读方面许多基本工作自然需要做到，以至纯熟，此外还有（1）丰富的想象力；（2）敏锐的观察力。我们读《离骚》觉得好，就是他有丰富的想象力，《史记》就是因为他观察敏锐，能将各人物个性和细微地方观察出来，表现出来。这固然大部分需要天才，可是也要学力。刘勰《文心雕龙·神思篇》说："积学以储宝，酌理以富才，研阅以穷照，驯致以绎词。"这就是关于学力培养的事。

三、文学鉴赏

有时说文学鉴赏，包括文字批评与考订在内。因为鉴是鉴定，鉴定要辨别真伪；赏是赏议，赏议要评论好坏。这都是专门的事。批评有时包括在文字原理方面，考订是考证学的范围。这里所说只是文艺欣赏的事。换句话讲，就是有一篇好的文章，我们如何能欣赏它的好处。专门的欣赏，固然也要专门名家，略就一般的说，我觉得孟子说得顶好，孟子教人读诗，要以意逆志，"不以文害辞，不以辞害意"。譬如李白名句："白发三千丈，缘愁似个长。"若照词句里面解，岂不是不通？试问哪里有三千丈白发，头发因愁而白则可，怎会缘愁而长？又如杜甫诗："白头搔更短，浑欲不胜簪。"头发只有越搔越少，哪里搔了会短呢？这都非以意逆志不可。所谓"以意逆志"，拿现在的话说，就是体会，以自己的情感，去迎合作者的情意。换句话说：你读一篇作品，你就须变成作者，设身处地地去体会。因为文字的妙处，不仅在文字的表面，而在文字以外的意境。这不是冷静的理智的分析所能做到，非以情意的体会不可，譬如谁都说谢灵运的"池塘生春草，园柳变鸣禽"是名句，若只照字面解释，不过说：塘里到了春天，生了草。园内柳枝上的雀子鸣声变得婉转可听罢了，有什么了不得。但是我们若知道这是灵运久经卧病，经冬涉春，未常窥见园中景色，一旦病起，偶尔闻见，才恍然有如久病，节换岁移，自然生发一种病愈喜悦的心情；我们更以此种意思去体会它，自然觉得情趣盎然，有无限的妙处。我想这种文学的欣赏，不仅是专门学文学的人的特权，一般的同学们都应该设法去接受这种权利呢！

（原载《华大桂声》1938 年第一卷第二期）

附　　录

五卅运动后包鹭宾与友人启事[①]

此次英日在上海惨杀我国同胞，神人共愤。同人等认为对付此等暴行方法，惟有实行与英日经济绝交一途最为切实，且易收效。兹特发起一国民对英日实行经济绝交大同盟，实行抵制英日货物及钞票，并停止其一切生活上之供给。兹定于今日（五号）下午一时在第二院南楼第六教室开会讨论一切进行事宜，凡我同志有愿加入者，请即至第二院号房签名，并希届时莅会为荷。

【编者注】

①本文原题为《余瑞瑜包鹭宾启事》，载于《北京大学日刊》第1712期，1925年，第2页。

包鹭宾与华中大学中国文学系研究

华中大学中国文学系文史研究工作近况[①]

华中大学中国文学系接受美国哈物燕京社[②]文史研究补助费，业已数年。该系同人曾于去年分别撰述研究论文，邮寄美国，闻论文中有包鹭资[③]之《释棘》[④]，游国恩之《云南土族文化述略》《古夷语考释》，傅懋勣之《昆明附近一种倮倮语的研究》等。该社于接到论文后，已将补助费增至美金四千元。所有论著亦将于最近在国内刊布云。

【编者注】

①本文原载《图书季刊》新第 2 卷第 3 期，1940 年，第 498 页。

②此处应为“哈佛燕京社”。

③此处应为“包鹭宾”。

④此处应为《释僰》。

一九四〇年度华中大学中国文学系报告书[①]

去岁八月十五日寄奉一九三九年度报告书及研究论文四篇，后旋于今岁一月接奉贵会 Elisseeff 教授去岁十二月十七日复敝校长韦博士一函敬悉，所寄报告书及研究论文业经贵会开会审核并承决议，自一九四〇年八月一日起至一九四三年七月三十一日止，每年度辅助美金五千元正，无任欣幸。至于 Elisseeff 教授函中所示研究各点，已由包、游二教授于本年五月间分别函复，计早呈达，无庸赘述。兹将本年度（即一九四〇年八月一日至一九四一年七月卅一日）课务设施及研究工作情形分别具报如后。

（甲）关于课务及设施方面

（一）教职员

本系系主任包鹭宾教授自下年度（即一九四一年度）起，辞去系主任职务，该系主任一职改请游国恩教授充任，本年度（即一九四〇年度）初经聘定之吴组湘[②]先生因故未能到校，比经解聘，改请李何林先生。李先生系东南大学中国文学系毕业，曾充河北省立女子师范学院暨河南焦作工学院讲师，本校现亦予以讲师名义。又胡守仁先生本年度亦因故未能到校，兹允于下年度起，以讲师名义来校正式任教。惟中国历史教授迄今尚未聘到，现正在积极设法物色中。马奉琛先生下年度升为副教授，傅懋勣先生升为正讲师，万先法先生升为副讲师。

（二）课程

（子）一九四〇年度已开课程表

课程名称	每周授课时数	年级	教授者
国文及作文	三小时	先修班　下学期	李何林
中国通史	三	同上	马奉琛
国文及作文	三	一年级　全年（甲乙两组）	林之棠 李何林
中国通史	三	同上	马奉琛
中国文学史	三	二年级	林之棠
历代文选	三	同上	包鹭宾
作文	一	同上	游国恩
文字学概要	三	同上	傅懋勣
文学概论	三	同上	李何林
中国近世史	三	同上	马奉琛
历代诗选	三	三年级	游国恩
词选	二	同上	林之棠
语言学	三	同上　上学期	傅懋勣
中国古声韵学	三	同上　下学期	傅懋勣
作文	一	同上　全年	游国恩
专书选读（一）（群经诸子）	三	同上	包鹭宾
现代中国文学讨论及习作	三	同上　上学期	李何林
中国小说史	三	同上　下学期	李何林

（丑）一九四一年度拟开课程表

课程名称	每周授课时数	年级	教授者
国文（一）（读本及作文）	三	先修班	万先法
国文（二）（阅读指导）	二	同上	李何林
国文及作文	三	一年级（甲乙丙三组）	林之棠　李何林　胡守仁
中国通史	同上	一年级　全年（甲乙两组）	马奉琛
中国文学史	三	二年级	林之棠
文字学概要	三	同上	傅懋勣
文学概论	三	同上	李何林
中国近世史	三	同上	马奉琛
历代文选及作文	四	二年级	胡守仁
历代诗选	三	三年级	胡守仁
应用文	二	同上	林之棠
语言学	三	三年级　上学期	傅懋勣
中国文法研究	三	三年级　下学期（由原中国古声韵学改）	傅懋勣
词选	三	同上　上学期（原为全年课，每周二时）	林之棠
曲选	三	同上　下学期（四年级未习者可补习）	林之棠
作文	一	三年级　全年	游国恩
专书选读（一）（群经诸子）	三	同上	包鹭宾
现代中国文学讨论及习作	三	同上　上学期	李何林
中国小说史	三	同上　下学期	李何林
中国文艺论	三	四年级　全年	包鹭宾
专书选读（二）（四史《晋书》）	三	同上	游国恩
楚辞学	二	同上	游国恩

（三）经费

（子）一九四〇年度收支表

由本校会计处缮制英文原文表册附呈。

（丑）一九四一年度预算表

同上。

（乙）关于研究工作方面

本年度所有研究工作除“研究西南民族参考书提要”一项，因值非常时期，书籍购买及运输不能按照预定计划顺次买到及运到，无法实现外，其余各种研究悉依上次报书中所定计划切实施行。历次所撰各论文本拟早日付印，奈因关于语言调查之著作须用国际音标，而内地印刷局所概无此种音标，不能承印，寄往港、沪往返，需时校对，亦多不便，用是延迟，未能付印。兹拟设法自行选制国际音标符号交付就近印刷局所承印，如国际音标符号一时不能铸成，则拟于本年暑假中先行付印，印就再行奉寄。兹将本年度研究论文七篇分别题目、作者及内容列举于后。

1.《西南夷语拾遗》　游国恩教授作

本文系搜集中国过去典籍中零星记载之西南夷语分类纂辑而成（其为专书所载者不采录），内容计分（1）天文，（2）地理，（3）人事，（4）草木，（5）鸟兽，（6）鱼虫，（7）器物，（8）数目，（9）其他等项。

2.《民家非白国后裔考》　包鹭宾教授作

本文内容计分（1）引言，（2）民家称谓之由来，（3）所谓白国，（4）白国与南诏大理等国，（5）民家与白国南诏大理等国，（6）结论等节。

3.《释僰媵语》　包鹭宾教授作

本文系作者张续其以前所撰之《释僰》及《释僰补》两篇而作，内容计分（1）小引，（2）川滇地方志书所载之僰人遗迹，（3）“僰人”之另一解说，（4）滕语等节。

4.《韩退之籍贯考》　包鹭宾教授作

本文系作者所撰《韩退之系年考证》中之一篇内容，计分（1）旧说之陈述，（2）自称“昌黎”说之解释，（3）《新唐书》“邓川南阳”说之谬误，（4）南阳当为唐之孟州河阳等节。

5.《栗普语　第三编　词汇（栗普语-英语词汇）》（英文）　傅懋勣先生作

（*The Lip's Language*，*Part Ⅲ Vocabulary-Lip's-English*，by Mr. M. E. Fu）

本文系作者继续其前撰之《栗普语　第一编　语音》，及第二编语法而作，本编原分“栗普语-英语”及“英语-栗普语”两部分，此次所寄者为栗普语-英语词汇。作者按照其自定之栗普字母顺序，与英语对照排列，其编纂方法详见篇首解释中（附注：本文作者因需利用暑假前往实地调查，不及等候原文誊完亲自校勘，如有错误，作者将来拟作一刊误表以资校正）

6.《喜洲宗教研究》（英文）　刘信芳先生作

本文系作者研究喜洲宗教全篇论文中之一部分，除（Ⅵ）喜洲的道教及（Ⅶ）喜洲的宗教结社两节待续外，此次所寄共为五节：（Ⅰ）引论，（Ⅱ）喜洲宗教的社会背景，（Ⅲ）喜洲附近寺庙的素描，（Ⅳ）“本主”的崇拜，（Ⅴ）喜洲的佛教。

7.《〈史记·西南夷列传〉考疏》　万先法先生作

本文系为考证解释《史记·西南夷列传》而作，以《史记》原文为主，而详引古今诸家之说，折衷己意，疏通证明而考释之。对于其中国族、地域名称、史实尤为注意，其所引诸家之说，如觉其有谬误之处，并详加考核，以归至当。

以上论文七篇，已付誊录，约半月后即可付邮。惟各篇作者皆属利用教课余暇从事研究，常有时间不甚完足之感（以后若能将论文报告改在冬间寄发，则可利用暑假专力研究，较为妥善）其中疏略之处，当不能免，尚希不吝指教，至以为幸。

此致

美国哈佛燕京学社

华中大学中国文学系谨上　主任包鹭宾

中华民国三十年　公元一九四一年　七月三十一日

【编者注】

①本篇原件系哈佛燕京学社所藏　Harvard University-Harvard College Library Harvard-Yenching Library/Harvard-Yenching Institute Archives. Hua Chung College. 1935—1951. Christian Colleges in China. Harvard-Yenching Institute, Cambridge, Mass.

②即吴组缃。

包鹭宾先生与友人函札

韦卓民关于聘请包鹭宾担任国文功课老师的函[①]

鹭宾先生道席：

顷由武汉大学时昭瀛、游国恩两先生绍介，闻悉台端道德文章为现代所仅见，无任景慕，极欲屈驾来敝校担任国文功课：国文作文、改文（大约两堂，学生共五十人，每周一次），国学概论，文学史及中国哲学史，每周约计十四时，月薪壹百捌拾元，如携宝眷至武昌居住，则加送房租二十元。尊意如何，希即赐复为盼，特函奉商，希恕唐突。敬颂著祺。

韦卓民谨上

四月九日[②]

【编者注】

①原稿藏于华中师范大学档案馆，华中大学档案，LS14-7-24。

②信函原稿未著年份。1931 年包鹭宾应华中大学校长韦卓民聘请，任中国文学系系主任，此信应写于 1931 年，下文同。

包鹭宾关于受聘老师的函[①]

卓民校长先生左右：

辱惠书奖饰过当，深以为愧。鹭学殖荒落，碌碌无所短长，猥蒙采以虚声，以贵校国文讲席见召，拜命之余，不胜惶恐。本欲早日裁畣，因与敝校长几经磋商，今始得其同意，一俟暑假结束，即可束装就道。但恐驽钝下乘，不足以副雅望耳。事前如有见教，请就近与敝友游泽承先生商酌可也。专此奉复，顺颂著祺。

包鹭宾顿首

五月二日

【编者注】

①原稿藏于华中师范大学档案馆，华中大学档案，LS14-7-25。

包鹭宾关于受聘事宜的函①

卓民校长先生台鉴：

顷得敝友游泽承先生来函，云前书已代转达左右矣。贵校课务，鹭既允承乏，何所游移。且前奉教书时已将南州课务与当局商洽辞去矣，一俟贵校聘书寄到，即束装就道，晤教之期当在暑假前也。专此，敬颂台绥。

弟包鹭宾顿首

五，十三

再启游君来书，谓先生前后曾惠两函，鹭仅接其一，想为邮局所误，特此附及。

【编者注】

①原稿藏于华中师范大学档案馆，华中大学档案，LS14-7-26。

包鹭宾关于聘请万先法为助理员的函①

校长先生左右：

本系为应哈佛燕京学会研□工作需要起见，拟聘请前本校社会历史系毕□生万君先法为助理员，月给薪金国币□□元正（自廿七年十一月一日起至廿八年七月廿一日止）。万君在校曾以国文为辅修科，成□甚佳，助理研究为能胜任愉快也。用特函□，伏乞□裁。专此，敬颂□绥。

中国文学系主任包鹭宾谨上

十月廿一日[2]

【编者注】

①原稿藏于华中师范大学档案馆，华中大学档案，LS12-164-3。

②信函原稿残缺，部分内容未能识别，据信文“自廿七年十一月一日起至廿八年七月廿一日止”推测，写信时间应为1938年。

包渔庄关于给华中大学推荐人才的函[1]

卓民校长钧鉴：

十六日接游君十二日复函，知前呈览之函本系接弟第二次快函所复，则其对于名义一层已经谅解，只以校长、学生双方挽留迫切，且于学校学系前途有碍，此期似难前来，五年共事，值此困难似非情义所能摆脱。故弟虽为学校失望，然转以信义而尊游君也（秋浦先生[2]亦有此感）。遂于翌日持函与秋浦先生商酌，谓游君今既若此，而我校似又不能久悬，何不改计聘请余仲谦先生，托人进行看看能否寒假到校。秋浦先生此时未置可否，转而述及当日校方开会给与名义情形，经弟解释，谓游君前来信，对于此层业已谅解，乃转询弟余、游二君年龄、学历，弟一一详达。秋浦先生乃谓据其意思似当以游君为宜，余君学问固亦优长，然年龄稍多，难望加进，且恐其只抱一老教书匠态度，不若年青人有事业寄趣，可望更加长进。而寒假聘人本不容易，游君已意欲来而为校方挽留，安知进行余君不亦得此结果。故不若此时与游君商量，暂允其留青半年，暑假以后必请到校。（如能如此，游君自可办到，其来青本亦说到此层，惟弟因与游君交好，为避嫌计，游君来信第二页未与秋浦先生寓目，只以第一页与之一览也）韦校长此时本在京，尚须物色一历史中文教员，托蒋廷黻君介绍，蒋与余（黄先生自谓）雅理同学，必可办到。中文系在此半年中亦未始不可暂为如此过去，不必再进行聘请余君之事。弟闻言固属同意，但不识我公以为如何？或即如吾人初时计划，此时聘请之历史中文教员暂用教厅津贴之款，暑假以后再以教厅之款聘请游君，而以校款聘请历史中文教员如何？弟不敢专，故游君之信尚未裁复，专候我公尊酌，示遵游君原函半纸附呈，其他以无关校事，故不赘。会于昨日毕事，想大驾已抵沪，用特飞函，鹄候示复。专悉，敬颂客安。

弟包鹭宾顿首

一，十九[③]

【编者注】

①原稿藏于华中师范大学档案馆，华中大学档案，LS14-7-23。

②秋浦先生：黄溥。

③信函原稿未著年份，据《游国恩先生学术年表》记载，其于1936年8月任华中大学教授，推测此信应写于1936年。参见游宝谅：《游国恩先生学术年表》，游国恩：《先秦文学　中国文学史讲义》，商务印书馆2017年版，第518页。

包鹭宾关于请代买石印及代向商务馆买各书籍等的函[①]

彭年[②]尊兄左右：

别后忽忽弥月，想早已吉抵尊府，举家欢聚矣。兹拟乘兄在港之便，谨为敝系以下列诸事奉托，能勿以烦渎见罪是幸。

一、代问商务馆敝系所定《丛书集成》四、五两期已否寄出（书款及邮费早已照其总馆来信，由校昆明办事处原先请君交该馆昆明分馆收讫汇上）。

二、代问石印用具全副价目及使用时需否特殊训练，如使用无特殊困难，能代买一具（全副）。

三、代向商务馆买下列各书：

1.《四部丛刊初编》续印精装一部（此书与《百衲本二十四史》最要）；

2.《四部丛刊续编》一部；

3.《四部丛刊三编》一部；

4.《百衲本二十四史》一部（此书与《四部丛刊初编》缩印精装最要）；

5.《嘉庆一统志》一部（此书原在《四部丛刊续编》中，如续编有卖，此书可不必单买）；

6.《中央研究院历史语言研究所集刊》全份。

四、代向中华买《图书集成》一部。

诸书买就，如能于尊眷返喜洲时，设法一同带来尤妙（费用当然由中文系负担），否则即由商务、中华分别用最迅速便捷办法，即日寄发，寄费若干可以不计，只求愈快愈好，书款即请兄在港存校款中支取，记中文系账，此皆已商约校长同意也。晤教匪遥，不多及。专此敬渎，顺请侍安，兼颂鸳祉不一。（信笺业已用罄，生纸不庄，尚乞恕原）

弟包鹭宾顿首

七月十一日③

【编者注】

①原稿藏于华中师范大学档案馆，华中大学档案，LS14-24-7。

②彭年：卞彭年，亦称卞彭。

③信函原稿未著年份，据华中大学校史记载，1938 年华中大学西迁途中，卞彭年与薛世和曾于 6 月前往香港，此信应为 1938 年所写。参见（美）柯约翰著，马敏、叶桦译，李亚丹校：《华中大学》，华中师范大学出版社 2003 年版，第 95 页。

包鹭宾致胡人龙信[①]

人龙贤弟台览：

假中想乡居安适，曾读何书？无所疑滞否？兄近拟撰一文，须查“儒”、“道”两字甲骨文作何形状，累迁无书，烦弟代检《古籀汇编》查抄寄下，“道”字在第二卷，“儒”字在八卷。抄时所有甲骨文各形并须全录，每字形之原注出何书何卷何页，亦须照样抄录，其有金文（即钟鼎文）异形，能不惮烦，并为抄录，则尤感也。抄就径寄北栅外杨祠兄收较为直捷，寄校则无人送递矣。不一一手颂学祉。

小兄鹭宾手启

九月二日[②]

【编者注】

①原稿载于包绥之编撰：《包鹭宾传记》，第 55 页。华中师范大学档案馆藏，华中大学档案，LS12-132-011。

②信函原稿未著年份，文中“北栅外杨祠”为包鹭宾先生在喜洲住址，又据胡人龙自述，其“1942 年左右在喜洲华中大学国文系上学”（参见本书附录《包先生弟子后生之回忆》一节），再结合信末“九月二日”，可大致推知此信写于 1942—1943 年期间。

包鹭宾先生生平事略

包　佶

包鹭宾先生，字渔庄，1899年9月10日出生于江西省南城县一个封建知识分子家庭，先世曾举晚清进士，家学渊源。先生自幼聪颖好学，髫龄即接受传统文化的熏陶。稍长，遂离家赴省会南昌就读于省立中学。1920年9月考入北京大学哲学系攻读六年，深植国学根底，为日后从事教学研究工作奠定了坚实的基础。

1926年6月，先生大学毕业后回到南昌，谢绝省主席熊式辉高位厚禄的聘请，矢志从教育人，先后在江西省立第一中学、省立第一女子中学、省立农业专门学校任国文教师，同时受私立心远大学延聘为教授，并被推任江西全省暨南昌市中等以上学校教职员联合会干事。

1931年夏，先生应湖北武昌私立（教会）华中大学校长韦卓民博士聘请，接替前清举人周正权先生任中国文学系系主任，此后十余载，历任讲师、副教授、教授，并兼任校常设委员会的入学、课程、中期考试委员会委员，国文学会顾问及《华中学报》编辑。先生的人品、学识见重于时，所到之处受到学校领导与侪辈的敬重和信任。

1937年七七事变，日本帝国主义大举入侵，抗日战争爆发。同年12月南京沦陷，武汉告急，华中大学被迫于1938年7月南迁广西桂林。甫当复校草创之初，又遭日寇飞机轰炸，学校无法正常上课，迅即决定再度内迁。1939年1月绕道越南河内，转经昆明，4月抵达云南省大理县苍山之麓、洱海之滨的喜洲镇。先生为减轻学校负担，早在迁校前即自行安顿家小，只身随校转移，延及1941年春，学校教学秩序已渐恢复，而江西南城惨遭敌机轰炸，家乡亲族生计艰难，始辗转托人安排，接夫人和子女各一人到喜洲，先后借住于学校旁近的杨、王两姓祠堂。

1944年暑假，西南联大、云南大学的部分知名教授和青年教师，应编修《大理县志》人士邀请，到大理作实地调查研究，先生亦受邀参与研讨和考察，不时往返于大理古城、喜洲间。因长期战乱，国恨家仇填塞胸臆，加之生活清苦，教学与研究工作繁重，忧愤积劳，先生燃尽了生命之火，遽于是年8月8日病逝于喜洲寄寓，享年仅四十五岁。噩耗传出，整个华中大学顿时陷于一片悲戚之中。时在喜洲考察的西南联大、云南大学教授罗常培、郑天挺、游国恩、田汝康、徐嘉瑞等生前友好，无不为之哀伤痛惜。出殡之日，学校在大礼堂举行隆重的追悼会后，全校师生员工列队自包宅至五台中学门前为先生送行。除游国恩教授因协办丧事，操劳伤感，中途体力不支转入医院外，韦校长、黄秋甫、肖之的、卞彭年、傅懋勣、王玉哲、郑天挺、罗常培等教授在包宅公祭后亲送到停柩庙。随后，灵柩移厝于喜洲镇侧，面向洱海的青山之麓。

由于平素安贫守俭，先生家无担石之储，而遗属子女六人，枵腹待哺。同窗契友、北京大学游国恩教授亲为撰写《为包渔庄教授遗族募集生活基金启事》，对先生的生平、成就缕陈备述，赞誉有加。启事发布后，举凡与先生识与不识，都对先生更增仰慕哀伤之情，校内外同人纷纷解囊相助，学校对遗属的生活及子女教育等也做了妥善安排。抗日战争胜利后，华中大学于1946年4月迁回武昌。离开喜洲前，后人火化先生遗体，并将骨灰护送回江西南城，归葬于包氏祖茔。

先生为祖国的教育事业鞠躬尽瘁，短促的教学研究生涯主要在华中大学度过，为学校中文系的建设与发展倾注了整个心力。美国柯约翰著《华中大学》一书（1962年出版，1992年黄政辉译）追述："1931年夏……中文系的周先生走后，韦博士聘请包鹭宾先生接替他的工作，包先生为中文系的发展作出了很多贡献。中文系不仅发展为华中大学主要的系，而且在武汉地区高校中有着很大影响。1944年8月，中文系主任包先生猝逝于喜洲，从而结束了他对中文系长时间的正确领导。"华中师范大学原校长马敏博士曾在其编著的《华中师范大学档案馆馆藏资料》“各院系概况”中记述：“在喜洲期间，中文系发展为华中大学实力最雄厚的系。”华中师范大学教授周洪宇博士在1993年韦卓民学术思想国际研讨会上发表的《韦卓民的教育思想与实践述论》一文中，在论及办好大学的关键在于聘请一批优秀教师时称：“包鹭宾教授是著名的国学大师，发表过许多有影响的论著。韦卓民聘请他出任中文系主任，执掌系务，他为中文系的发展作出了很多贡献。”原华中大学学生范麟章先生的《抗日战争时期迁滇的华中大学与韦卓民纪事》一文记述道：“文选学专家包鹭宾教授在喜洲时，研究僰国、僰族等问题，曾写过《白人非白族之后》等学术论文，由（美国）哈佛燕京学社出版。”

华中大学中文系的发展与成就，引起了外国文化学术团体的注意。柯著《华中大学》记载：“1936年春，埃里舍夫博士（时任美国哈佛燕京学社中国研究会执行秘书长）来中国考察……在考察了华中大学之后，对其作了高度评价，韦博士、包先生等对中文系将来的设想给他以深刻的印象。一年后，华中大学收到了哈佛燕京学社的资助。”《华中师范大学档案馆馆藏资料》“各院系概况”也载道：“1937年起，中文系得到美国哈佛燕京学社的资助。1939—1940学年，哈佛燕京学社恢复对华大中文系拨款，研究方向转移到西南少数民族的文化方面。包鹭宾、游国恩、傅懋勣等教授对滇西南诏、白国、佛教、种族及各夷族语言研究与提供给美国哈佛燕京学社关于西南文化的论文为美国汉学家所珍视。”韦校长在1942年5月华中大学中国文学系研究室编辑的《西南边疆问题研究报告》第一期弁言中记述：“三年以来，孜孜不懈，凡先后撰文十余篇，邮致美国报告四次，补助亦递有增加。”

先生对教学很认真，很严谨，授业解惑，择精语详，主要担任高年级的诸子研究、《尚书》研究等专书课程，也为低年级讲授《文心雕龙》、中国古代文艺论等文学理论课，所开课目都是先生多年学术研究的结晶，撰写了经学、老子、庄子等多部国学讲义。课前，先生通常还要反复查阅资料，修改讲稿，备课到深夜，有时甚至通宵达旦，夜以继日。其讲稿均以毛笔书写于“雨航问学室”的专用稿纸上。系内延揽游国恩、林之棠、傅懋勣、李何林、阴法鲁、孙昌熙等多位知名专家、学者，师生关系十分融洽，朝夕相处，有如家人，春风化雨，循循诱掖，共同实践先生在一帧与学界同仁共勉的条幅所摘录《礼记》“君子之教，喻也。道而弗牵，强而弗抑，开而弗达。道而弗牵则和，强而弗抑则易，开而弗达则思。和、易以思，可谓善喻矣”这一段关于教育思想和教育方法的遗训。先生所树桃李分处全国各地，多任教于大专院校，至今仍对这个时期所获教益念念不忘。

先生的研究课题或从广博，或务精深。据《经学通义初稿》（上篇）总论引言，得知先生有感于经学的积久不振，甚至有非之以“举其名不足以喻其实，称其学不足以明其事”，欲废之不得与诸学科并列，慨然以振兴经学为任，特就经学所讨论研究的对象与内容，其成立、传授、流别、演变与诸家之精神、旨趣、异同、得失及其所提出的问题、解说，一一详为论述，力证经学固举名喻实，称学明事之作，仿东汉郑康成《六艺论》以总论纲全经，以分论明各学的体例，著为《经学通义》。并申言，欲言中国之学，其必经学，弘扬光大之犹恐不及，岂得倡废弃之说，这也就是先生把经学作为毕生潜心研究的首选课题的主要原因。

除经学外，举凡先生认为可疑或不确不明的史实、典籍、事物，无不在考量倾注之列，钩沉抉微、广征博考，而立论严谨，曾不以曲学阿世。为了彻底弄清底蕴，常常对一个问题深追穷究，遇有新的发现，则不吝割舍早竭心力之所得，弃旧从新。初学界考滇西民家族源，仍从三四百年来之旧说，以民家为汉哀牢夷之后裔，后先生经详考民家、白国与南诏、大理诸国之渊源，确认其各不相谋，遂以《民家非白国后裔考》作了订正。为了说明“易”的名义为古族群徽识，厘正非日月气彩等旧说，先生则列举列款金文、《说文解字》，反复论证，著为专篇。先生还对《庄子·齐物论》“彼是”蕴义进行了多方阐释剖析，对韩退之的家世一考再考。先生之研究结果已著为文字发表的，均具有深远的影响。

先生之于史实，不拘于文学记载，为考校核实典籍记录以至野史旧说，还遍访古迹遗址。先生曾在学校主任秘书王仁载先生陪同下，跋山涉水亲赴全国著名佛教圣地——云南省宾川县鸡足山考察。北京大学历史系郑天挺教授在先生喜洲寄寓处所见明慈圣太后像石刻墨本，即系先生于鸡足山传衣寺（今俗称袈裟殿）寻访拓回。先生又尝就近于大理周城寻见吴三桂大周纪念碑，而当修志人士闻之往寻时，遍觅不得，询之当地耆旧，亦无所获，而先生已溘然长逝。郑天挺教授于《大理访古日记》中哀叹："坟墓累千，莫可细考，呜呼！渔庄往矣，又安得笃学好古如渔庄者，更从而求之耶！"只此二事，亦可想见先生披斩搜求的艰辛和求真务实的治学精神。

先生勤于笔耕，所为文字，无论校内外多有刊载，有时学校一期论文专刊，他一人的著述即达半数以上。1940—1942 年，学校邮寄美国关于西南少数民族的 10 余篇研究论文中，即见到先生的论文有 6 篇之多，且从不以求量害质，作泛泛之词。目前已发现的先生著述全文或目录，还散见于国内外某些图书馆馆藏资料中，也曾偶见国内及日本学者于著作中引用先生的论述。惜因先生过早离开人世，许多研究课题和论著未能全部完成。即使是已经写下的讲义、文稿，也于先生辞世后未得及时收集和整理，竟致多数散失。先生倾心攻研的经学，其遗属唯一收藏的《经学通义初稿》手稿，亦仅有上篇。

先生镇日手不释卷，嗜书如命，家藏书原本富赡，而翻检查证仍常嫌不足，因以居常自俸菲薄，温饱之余全用于购买古籍善本。移处迁居，先生首先想到的是书籍，关注收检、启运的也是书籍，不幸带到原籍和桂林的几十箱藏书、字幅等全毁于日寇侵略战火，这是先生生前所最为痛心的。先生流寓喜洲后，于力之所及仍继续搜求孤本秘笈，旁及碑碣拓片。惜早年收藏毁于战火，后期聚集又几经搬迁，也荡然无存。

先生酷爱书法，虽授课著述繁忙，仍不忘挤时间挥毫临摹，至今其子女还常忆及儿时尚在顽嬉之年，即充供研墨伸纸之役。先生多年磨练，卓然有成，浑厚挺拔，独具风格。其书法作品颇为方家所鉴赏。偶有外传，求索者日增，不论匾联碑幅，皆欣然应其所求。2001年冬，云南大理白族自治州图书馆前馆长吴棠先生于当地一古玩店意外发现先生于民国三十二年（1943年）教师节代一所学校全体学生书写献给他们老师的一帧摘录《礼记·学记》语的草书条幅，这也实属一件不可多得的墨宝。先生还自刻字幅所用钤印，篆文印钮，各具神韵，偶赠亲友，无不喜爱珍藏，家存数枚，其子女不时摩挲，仍得以追忆音容而缅怀先生鞠育劬劳。

先生天性敦厚，胸怀坦荡，忘怀得失，淡泊名利，严以律己，宽以待人，外和内介，有为有守，在学术上被誉为著名的国学大师、经学研究专家、文选学专家。其操守行检，亦为同侪所称许。游国恩教授1942年秋离开西迁喜洲的华中大学前所写《东征别渔庄用东坡粲字韵》及1943年作于西南联大《寄包大渔庄》二诗可为代表。先生平日交游往还均为校内外同人，诗酒唱酬也都是一时名辈。1938年11月1日《华大桂声》第一卷第二期即载有乐民《和泽承兄原韵并呈渔庄、老舍、达夫、侃如四兄》的诗篇。

先生逝世后，夫人邱琼强忍悲痛，毅然独承呵护鞠育的重担，含苦茹荼，历尽艰辛，抚持教育五个子女俱各有成，寿近期颐，始安然辞世。生前将相伴大半生、凝聚先生毕生心力的《经学通义初稿》手稿交给子女，并一再叮嘱裒辑刊出，以了先生未竟的终生诲人的宿愿。今其子女通力协助华中师范大学收集整理先生遗著汇集出版，以惠后学，并告慰于长眠地下的两位老人。

包鹭宾先生著述目录

此为截至2002年9月，先生子女已搜集到的遗著目录（其中部分未见原文）：

《经学通义初稿》（上篇）手书，已赠华中师范大学收藏。

《文心雕龙讲疏》（残篇）手书并制成光盘，均已邮赠华中师范大学收藏。

《韩退之先生年谱长编》，载于民国二十五年（1936 年）武昌华中大学中国文学会《华声》创刊号，现收藏于北京国家图书馆。

《文学艺术概说及其在教育中的地位》（演讲笔记），载于民国二十七年（1938 年）十一月一日《华大桂声》第一卷第二期，现收藏于北京国家图书馆。

《云南土族之种类及其分布》，目录见民国二十九年（1940 年）十一月武昌迁滇华中大学《华中通讯·中文系研究工作》（研究论文报告美国哈佛燕京学会）第一卷第一期，现收藏于北京国家图书馆。

《释僰》《释僰补》，目录同上。

《民家非白国后裔考》，载于民国三十一年（1942 年）五月华中大学中国文学系研究室编辑《西南边疆问题研究报告》第一期，现收藏于云南省图书馆。

《蒙氏灭南诏说》，同上。

《〈庄子·齐物论〉"彼是"解》（残篇），载于 1943 年《私立武昌华中大学二十周年纪念特刊》，现收藏于华中师范大学档案馆，目录见《华中师范大学档案馆馆藏资料》。

《从古代徽识论"易"之名义》油印单行本，民国三十三年（1944 年）六月印行，列为《武昌华中大学国学研究论文专刊》第一辑之二，现收藏于华中师范大学档案馆，目录见《华中师范大学档案馆馆藏资料》。

《韩退之籍贯考》，目录见《华中师范大学档案馆馆藏资料》。

《韩退之生月考》，同上。

《韩退之子女考》，同上。

《古易图钩沉》，同上。

《僰族濮族考》，目录见《从古代徽识论“易”之名义》油印单行本扉页。

《老子述义》，目录见《为包渔庄教授遗族募集生活基金启事》。

《韩昌黎年谱》，同上。

《读韩三考》，同上。

《释僰幓语》，同上。

《说白人坟》，载于民国三十四年（1945年）八月《边政公论》第四卷第七、八期合刊，现收藏于云南大学图书馆。

《白人非白族之后》，目录见1995年3月华中师范大学出版社出版的《跨越中西文化的巨人——韦卓民学术思想国际研讨会论文集》《华中师范大学档案馆馆藏资料》。

《白文的产生》，目录见1996年北京民族出版社出版的《石钟健民族研究文集·论白族的“白文”》，现收藏于北京国家图书馆。

包鹭宾先生遗事

为包渔庄教授遗族募集生活基金启事

盖闻倾盖论交，久要不忘旧好；脱骖为赗，高谊惟在仁人。而况万里流亡，骤惊姓名于鬼录；崇朝物化，遽弃妻子于人间。能不闻噩耗而吞声，想平生而雪涕？营斋营奠，争先岂肯让人；慰死慰生，急难安容袖手哉？武昌华中大学故教授包渔庄先生讳鹭宾者，西江旧第显道先生之嫡传，上党世家龙图学士之苗裔。外和内介，不激不随；志圆行方，有为有守。自髫龄而秀出，验大器之晚成。至性在人伦，孝亲更友于兄弟；太上有立德，博学尤贵乎笃行。飞誉达于上庠，妙才惊其长老。早年志学，聪颖绝伦；壮岁为师，诱掖无倦。青毡是腐儒旧物，金线续贫女新诗。盖其树桃李者三万株，而食齑盐者二十载。斯亦难矣，岂不懿欤？何图封豕长蛇，忽荐食乎上国；敝车羸马，遂展转于滇南。流离以来，潦倒益甚。赁梁鸿之庑，歌五噫以伤心；登王粲之楼，抚四壁而兴叹。广文宫冷，竟每食之无余；南国秋高，遂一寒而至此。加以龙蛇起陆，哀民生之多艰；虎兕升堂，望故乡而无路。用是端居郁邑，顾影无俦，独畔牢愁，倾杯自遣。颂刘伶之酒德，记王绩之醉乡，斯乃有托而逃，几于无日不饮。披肝胆于知己，感虫鸟以惊心，此其所以操伐性之斤而食促命之果也欤？然而先生堇荼不苦，苜蓿自甘。矫矫廉士之操，贫原非病；依依古人之伴，字可疗饥。虽顾瞻四方，仲长统埋忧无地；而摩挲一卷，曾子舆颂声满天。既开轩读未见之书，亦闭户扫他人之室。谢公有屐，远寻西域之浮屠；冯驩无家，时考南诏之故事。鼓楫泛洱河之水，倚杖看苍山之云。守分安贫，固穷知命，广达庄之论，吟止酒之诗，是以家无担石之储，亦自有箪瓢之乐也。岂意齐侯有疾，贻误竟夭天年；扁鹊无灵，坐致不食新谷。积善无报，从古所悲；守道殉身，于斯为惨。昔人所谓人生到此天道宁论者，乃于先生之没见之矣。今也床尘鼠迹，庭杳驴鸣。六口待哺，烽燧绝鸟飞之道；一棺权寄，丘山动狐死之悲。欲遣巫阳以招魂南方，不可以止；倘教子美而入梦迁客，其何能堪？呜呼！一死一生，交情乃见；曰赙曰赗，古道犹存。既已知死者哀，能无于我乎殡？素车白马，范巨卿交本通神；宝剑伊人，吴公子心曾许鬼。助曼卿以五百斛，是所厚望于群公；吊陈寔者三万人，总为怆怀于逝者。庶慰幽魂于地下，腋集裘成；用传哀调于区中，泪和墨写。是为启。

包渔庄教授遗族生活基金募集委员会谨启

附包教授遗著目录

（一）《经学通义》　（二）《老子述义》　（三）《韩昌黎年谱》（四）《文心雕龙讲疏》　（五）《读韩三考》（《韩退之籍贯考》《韩退之生月考》《韩退之子女考》）　（六）《从古代徽识论"易"之名义》（七）《古易国（图）钩沉》　（八）《〈庄子·齐物论〉"彼是"解》（九）《释僰》　（十）《释僰补》　（十一）《释僰膢语》　（十二）《说白人坟》　（十三）《民家非白国后裔考》　（十四）《蒙氏灭南诏说》

包鹭宾先生逝世后《中央日报》（昆明）的报道[①]

联大教授罗常培等二十余人，应大理士绅马崇六等之请，组织大理县志资料采访委员会，于上月十五日、二十日分两批出发大理，进行采访大理县志工作，现初步材料之搜集已告一段落，预备于十月底将报告草成，交付该县所成立之大理文献委员会继续整理。各教授现已首途来昆，第一批罗常培、郑天挺、张印堂、徐梦麟、冯景兰、李宪之、郑万钧等一行十三人，二十日经下关，业于昨日到达昆明；第二批孙云铸、米士等教授十五人，将于本月底返昆。委员会中有华中大学文史研究部主任包鹭宾，不幸患急性热病，于本月七日逝世。

【编者注】

①原载《中央日报》（昆明）1944年8月24日第2版。

老舍致李何林[1]信①

一九四四年九月六日

何林兄：

大示及稿酬俱已接到，甚感！此间（重庆北碚）秋老虎厉害非常，日夕不能安睡者已近旬日；前日微雨施凉，即肆意昏睡，夜凉侵袭，头痛腰酸者已三日矣！昨夜出汗，烧退；今晨头仍昏昏，而友好赐函未便久置不复；文人命中，想系五行缺墨，虽拘疾苦，仍以写字为快！

关于援救贫病文人筹募基金的事，已在重庆和成都作起来。文艺界的朋友们和社会上对此事都很注意。由七月十五日起到今日，我们已收到了十来万元，将五万元汇到桂林去。圣陶先生由蓉（成都）来渝（重庆），他说：成都或许得到五十万元。昨天，以群兄由渝来此（北碚），告诉我：重庆或许也能得到二三十万元。在我们发动这个运动的时候，我们的期望就不十分大。我们只希望得到一些钱，教一位因没有一两万元的手术费而不敢入医院治病的朋友能够去及早的调治；能够教另一位非休息两个月不可而又因为没有三四万元不能休息这么两个月的朋友去得到休息。这样一两万元或三四万元，便也许不但救活一个朋友，而且或者救活一家子人。

[以上是九月二日写的，今天是六日了。原来我不是感冒，而是打摆子（疟疾）！我最怕它，它却偏偏又来了！秋天闹摆子，入冬必患头晕。我本贫血，摆子使血更贫也！]

除非我们真能得到很大的一笔款，我们暂不预备举办什么有益作家的福利事业，因为不论作点什么事业都需要有经验的、有办事才能的人，而这样的人在文艺界是不易找到的。因此，我们并不大吹大擂地干，也不去和阔人们打躬作揖。我们只凭一些文字的宣传去打动社会上真正爱好文艺的人——他们未必有钱，但是他们所能给我们的那一元五角的才真有价值！

昆明本来有文协分会，不知今日还有人负责没有。假若你愿意，可否邀约闻一多、沈从文、罗膺中、游泽丞、章泯、凌鹤、光未然、魏孟克、王了一诸先生谈一谈，有没有把分会重新调整一番的必要。假若你太忙，无暇及此，那么就在便中遇到章泯和凌鹤两先生的时候，告诉他们一声，看他们有工夫出来跑跑没有。假若我不打摆子，我必会给他们写信的。

尊处为贫病文友募捐，好不好就近提出一万或两万元送给包鹭宾师母，包教授是文协会员，而且我想他的身后必定萧条。

还有许多话，因头昏，不往下写了，祈恕草草！此函倘蒙发表，稿酬祈拨入贫病捐款为感！

莘田（罗常培）已到渝，日内来碚。祝

吉！

弟舍上

九，六[2]

【原注】

[1] 李何林（1904—1988），著名学者、教授。当时在昆明工作，业余编《云南晚报》副刊。

[2] 此信写于 1944 年，载 1984 年《新文学史料》第 1 期。

【编者注】

①录自舒济编：《老舍书信集》，百花文艺出版社 1992 年版，第 151—153 页。

友人赠包先生诗四首

和泽承兄原韵并呈渔庄、老舍、达夫、侃如四兄①

乐　民

九月龙城鼓角哀，潢池小丑自东来。南都战马追残照，空巷无人扫劫灰。山色千层春堕泪，江天一瞬气如雷。浮云不送三更雨，欲借丰隆闪闪催。

【编者注】

①原载《华大桂声》第1卷第2期，1938年11月1日，第18页。

至喜洲呈泽承、渔庄、之棠诸兄①[1]

徐嘉瑞

昆明劫灰黑，人命等沙虫。间关适会泽，夜宿万山丛。魑魅向我啼，豺狼嗅孤踪。鸟道亦以尽，学府依黉宫。巾箱载图籍，幸逃秦火红。运会际百六，我生实多艰。忧患始邓赕[2]，魂梦绕上关。匆匆四十载，倦羽飞未还。西来问家室，更历万重山。三日到喜洲，临风喜开颜。点苍明霁雪，绿阳荫归艎。黛色连鸡足，碧浪远汪汪。湖光山影里，青鸟群飞扬，野烧珊瑚色，溪泻水银长。沙村诸儿女[3]，双颊艳朝阳。天真喜言笑，鴃舌似笙簧。皓齿发清歌，白鸥竞翱翔。人来桃源外，浮世几相忘。华中怀旧雨，分携又两年。辞赋传鹦鹉，兵戈滞南天。窗开五台雪，门过海东船。弦歌声未辍，桃李罗堂前。高踪留六诏，湖山幸与传。和靖与道升[4]，心同碧波澄。临川传绝学[5]，侪辈实堪矜。慰我征尘苦，烹茗更剪灯。绿蚁浮杯满，酒力愧不胜。太息丁时变，安居苦未能。妻孥远相托，艰难赖友朋。一从“七七”还，战士血殷碧。长沙十日火，怵目动心魄。白骨成丘山，死生争寸尺。于今近四年，倭寇已颠蹶。大汉振天声，师直壮挞伐。人心咸蹈厉，卫国荷戈戟。胜利定可期，恢复在旦夕。未能执戈殳，儒冠竟何益。君奋凌云笔[6]，褒鄂动毛发。不让黄公度，新诗照典册。

1940 年 11 月 12 日

【原注】

[1] 泽承，即游国恩；渔庄，即包鹭宾；之棠，即林和靖。三人均为当时武昌华中大学教授，与作者相交甚厚。1939 年，因避战火，华中大学曾迁往大理喜洲。泽承、渔庄、之棠亦随校前往。当时作者由东川辗转至大理，与三人聚会。

[2] 作者生于云南邓川（古称邓赕）。

[3] 指林之棠子女。

[4] 管道升，林之棠夫人。

[5] 泽承治楚辞，渔庄治《诗》。

[6] 泽承曾著抗战史诗，自“七七”至“八一三”，已成百韵。

【编者注】

①载于赵寅松主编，徐嘉瑞著：《情系大理·徐嘉瑞卷》，民族出版社 2003 年版，第 17—21 页。

东征别渔庄（用东坡“粲”字韵）①

游国恩

避世共丘壑，各占苍山半。俯仰悲乾坤，束手余浩叹。孤抱君与同，岁月供把玩。如何烽燧高，寒饿驱人散。草草我竟去，微怜君失伴。西山一片云，变幻逐昏旦。倘可掬相赠，应比青玉案。儒冠能几钱，斯文值丧乱。吾道在矢溺，忍垢不可盥。诗书苦呻吟，稍悔为儒缓。记战血大野，上应白虹贯。独惭许国躯，尺勇而寻懦。国论颇喧咙，结舌学吞炭。揽辔我欲东，就食四门馆。座正嚼毡寒，谷难吹律暖。古有不逢时，高歌白石粲。

【编者注】

①据考证此诗作于 1942 年秋。

寄怀包大渔庄①

游国恩

少年卓荦不凡才，忧患侵寻志易灰。守贱安贫身老大，令余思子一徘徊。可怜落落觚棱在，只换悠悠白眼来。此士塞胸惟磊块，故应和泪咽深杯。

【编者注】

①此诗系 1943 年游先生在西南联大时写作。胡人龙抄录。

大理访古日记（摘录）①

郑天挺

八月五日　阴历六月十七日　星期六　晴　风　在喜洲

六时半船抵喜洲海口。进村，止于苍逸图书馆。喜洲，民家话曰贺臉，即《蛮书》之大厘城，或曰即史城，然《云南通志》又谓史城在邓川德源城，此则待考也。喜洲又称贺臉[1]，盖民家话谓喜为贺也。八时半早餐毕，补睡至十二时，精神仍未恢复。二时半偕莘田、梦麟、泽承、汝康、绍普、乾就诸公诣严宝成[2]、杨白仑[3]、董澄农、杨直辅，皆不值。晤赵冠三[4]，侃直士也，年已七十一，为镕西大哥之表叔，谈及宽熙二哥[5]。又晤林之棠、黄秋浦（溥）、卞彭年、萧之的、包渔庄、傅子嘉，均华中大学教授。于渔庄处见鸡足山传衣寺（今俗称袈裟殿）石刻明慈圣太后像墨本，作观世音莲花座，容甚丰，上有“慈圣宣/文明肃/皇太后/之宝”。御制像赞曰：“惟我/〇圣母，慈仁格/〇天，感斯嘉兆，阙产瑞莲，加/〇大士像，勒石流传，延国福民，霄壤同坚。”下题：“大明万历丁亥年造，隆武丁亥年十二月初八日弟子林云志重刊。勒石于鸡足山传衣寺流传侍奉[6]。”此隆武纪年在滇中甚少见，向传滇中未尝奉正朔，且隆武亦不应有丁亥十二月也。六时还苍逸图书馆。九时就寝。

八月七日　阴历六月十九日　星期一　晴　阴　雨　在喜洲

五时半起。补昨日日记。……观毕，回县中。小睡。五时华中大学设宴于王家祠堂，即包渔庄、黄秋浦所居，招待同来诸人。闻渔庄病疟，温度至四十一度六，已不省人事。上午犹自己上街买菜，一时半大便后即感昏迷。医生为打强心针二，吗啡针一，并为灌肠，温度所减有限。日前渔庄到大理，三日与余等同诣杨可丞，晚间同往看戏。四日谓疟疾作，不能与吾辈乘船而先回。五日余等到喜洲，尚来苍逸图书馆相视，下午余等诣之，谈尚甚健。余惟于其殷勤招待时之一刹那见其微蹙其眉，有痛苦状耳，不意隔日之别竟沉重至此。八时天阴雨，归图书馆。卓民、莘田均大醉。十一时就寝。

八月八日　阴历六月二十日　星期二　雨　在喜洲

六时起。写昨日日记。萧之的来，谓传渔庄已归道山，惟不敢确定。乃令泽珣往探，未还。少顷林之棠来，知其果然。年仅四十五，遗子女五人，可伤之至！……与莘田、梦麟、定一往吊渔庄，虽与之新交，泫然欲泣。五台中学校长杨白仑设宴校中欢迎余辈，梦麟嫌其礼貌疏简，饭毕急出，有愠色，余等亦随之。记日记。十一时就寝。日前渔庄言周城有吴三桂大周纪年碑，今日遍觅不得，询之杨缉熙老人，亦不知。余意或系吴氏之将当未败归葬者，坟墓累千，莫可细考。呜呼！渔庄往矣，又安得笃学好古如渔庄者，更从而求之耶！

八月十日　阴历六月二十二日　星期四　阴　雨　在喜洲

九时至包宅，公祭渔庄先生，致赙一千元，送殡至停柩庙。天大雨，衣履尽湿，同来诸公自包宅送至图书馆门前，华中教职员、学生送至五台中学门前，余与韦、黄、萧、卞及子嘉、维商送至庙，莘田自图书馆送至庙，泽承腹痛，发烧，至图书馆门前，体不支，随入喜洲医院。数日以来，泽承在包宅帮忙[7]，极累且极伤心，遂病矣。余归图书馆，以热水沃足，并加衣两件。午睡约一小时，及起，鼻微塞。五时先往视泽承疾。董美成约莘田、梦麟及余晚饭，座有赵冠三，谓中央皇帝为狮子国王。七时还图书馆，鼻塞已通。十时记日记后就寝。

[付包氏奠仪一〇〇〇元。]

【原注】

[1] 贺赊，原作“喜赊”，据上下文改。

[2] 成，原作“臣”，据《喜洲镇志》人物篇改。

[3] 白仑，原作“伯伦”，据本月七日日记改。

[4] 冠，原作“贯”，据本月七日日记改。

[5] 熙，原作“西”，后一日同，据一九四一年一月二十六日及张耀曾《亡弟宽熙事略》改。

[6] 原于“流”字旁着一“?”。

[7] 忙，原脱。

【编者注】

① 录自郑天挺：《郑天挺西南联大日记》（下册），中华书局 2018 年版，第 884—899 页。1944 年夏，大理士绅马崇六等为编辑大理方志，约请国立西南联合大学、云南大学教授及青年教师前往大理实地调查。其时任西南联大总务长、北大文科研究所副所长、历史系教授，此部分日记为其在大理考察时所写。

旅滇杂记（摘编）

查阜西[1]

苍洱之游

久计欲作大理之游，以便经镇南视二儿，然后摒挡入蜀。老舍来滇讲学，亦欲一观苍山洱海之胜，谓有故人游泽承[2]、包渔庄在喜洲华大教学，可作居停，遂结伴同行。十月十二日，入市求车，值霪雨，不得行。苦候至廿二日，乃附吴晓铃弟之商车成行。是日只行六十三公里，夜宿于艾家营之野店，拥藁而寝，颇有羁旅之感。次日续程，宿于镇南，得便视二儿于联校，并访彭仁风于城内，已达一目的矣。廿四日半行时有障碍，迨晚九时始抵下关，已无法访友，又不得宿所，仍拥藁卧小店中。诸司机纵谈，穷极顽劣，以日间侥幸拾得汽油一桶，欢喜无似而狂，余则烦厌欲呕也。明日询之招待所，谓不敢预允可得座位。老舍亦计欲先赴喜洲，遂定留三十日床位，即雇肩舆启行。

自下关至喜洲，凡七十五里，洱海在东，点苍在西。肩舆循山麓平原北行，须穿越过大理，例在大理中伙。一度行程，可尽揽苍洱之胜矣。

抵喜洲，已近暮，宿老舍故人包渔庄家，无何游君泽承亦至，皆热肠惊呼。余则借他人酒杯，自消傀儡而已。华大校长韦君[3]之来访，求老舍为之讲学三夕，余一夕，允为讲中国音乐，亦附骥之意云耳。

廿九日为华中讲中国古代音乐之理论与实用，评者谓题范过大，非一小时所能尽意云。今日午后游泽承又邀同步行至苍山麓临水眺游，一处处浅草如茵，合坐纵谈，辄感慨丛集，浪游非计，遭逢乱世，心境谓何?

三十日乘滑竿返下关，途遇阵雨，就避于大石庵。大理午膳费二十余元，生活之昂可震怖。

【原注】

［1］作者查阜西（1895—1976），原名查镇湖，字夷平，江西修水人。解放前任中国民航局经理，精诗词、昆曲及民间音乐，平生著述甚丰。抗日战争时期，查先生居昆明六年，与当时流亡云南的文化名人时相往还。本文记述了查先生同老舍在喜洲华中大学与包先生相会的一些情况。

［2］游泽承：游国恩。

［3］韦君：华中大学校长韦卓民。

苍洱之间（摘录）

罗常培

从滇池到洱海的旅程，我已另有短文记述。因为边地族语材料的吸引，一晃儿我在大理又住了一个多月。在这一个月里，我记录了傈僳、俅子、怒子、拉马、民家五种族语，对于民家我还注意到大理、喜洲、邓川、宾川、洱源、鹤庆、泸水、云龙各地的方言差别。在工作进行上，我应该感谢国立大理师范学校钟志鹏校长，华中大学中国文学系游泽承、包渔庄两先生和五台中学的教导主任王树森，给我很多的便利。

工作的情形相当的紧张，大概除去夏历辛巳除夕、壬午元旦和往返喜洲的途中，很少空闲。为恢复疲劳只抽出两三天来登山临水，访古寻幽。虽然到处都是走马观花的一瞥，却也有不少值得记述的，现在就把它点点滴滴地写出来。

…………

四　华中大学

抗战以后，华中大学起初从武昌搬到桂林，后来又由桂林搬到喜洲，到现在差不多快三年了。校址在喜洲镇的东南，是由大慈寺、张公祠和文庙三处合成的。大慈寺是南诏时建的，明成化乙酉和弘治八年两度重修，寺中现有明洪武戊寅沙门无极《宝莲殿记》和弘治八年杨谟《重修大慈寺记》两个碑。据元张道宗《记古滇说》云："时六诏之渠帅曰蒙舍诏、越巂诏、越柏诏、浪穷诏、施浪诏、邓賧诏，国相张建成始服五诏。又三十年王（蒙诏威成王乐诚）遣张建成朝唐。建成乃喜洲人也，入觐过成都大慈寺，适寺初铸神钟已成，寺僧戒曰'击钟一声施金一两'。时建成连叩八十声。僧惊问曰：'汝何人，连叩如此？'曰：'吾云南使张建成也。'僧乃易其名曰'化成'。成曰：'佛法南矣。'遂学佛书，归授滇人。成至京朝唐，时玄宗在位，厚礼待之，赐以浮屠像而归。王崇事佛教，自兹而启。”这一段传说和大慈寺创建的历史颇有关系。张公祠是已故司法总长张榕西先生（耀曾）的家祠。他的始迁祖也叫张建成，和上面所说的南诏国相同名。据《张氏宗谱》上说：“始祖张建成‘直隶凤阳人’，元时官滇通海路古桥州。负奇好义，仗义倜傥。榆段高其名，迎至礼遇，遂卜居喜洲。”自明以来，以甲第显者凡三人：张洪文，明嘉靖乙未进士，号桂城先生，曾创建桂香书院；张云鹏，明弘治壬戌进士；张士铿，清光绪庚辰进士。到榕西为第二十六代。文庙也是元时创建，下祀唐御史杜光庭神主。这三个地方连接起来恰好够华中大学三院的教室和办公处之用。

华中从韦卓民校长接办以来已经有 18 年的历史，平时不求闻达，却独自关起门来苦干。比如理学院卞彭年（卞彭）、万绳武、萧之的各教授在物理、化学、生物方面都有自己的贡献；熊子璥教授利用迁校的旧汽车发动电流，除去供给实验外，还可以烧燃全校几十盏电灯。最初每晚开灯 4 小时只需国币 10 元，现在虽然物价高涨，所费也不过 30 元上下。就这一桩来讲，就可以看出华中同人利用现有设备一点一滴去做的精神！教育学院在黄秋浦（溥）院长领导之下颇注意于英语和音乐师资的训练，三、四年级学生都借五台中学去实习。文学院里除去中国文学系的几位老朋友外，我还会到历史社会系的许烺光，经济系的唐炳亮、张祖尧各教授。中国文学系的研究室由游泽承、包渔庄两教授领导，从 1938 年以来，每年都有研究报告寄给美国哈佛燕京社，因为大家的努力，每年协款递有增加。他们所写的论文，据我看到的，如游泽承的《说蛮》《西南夷语考》《火把节考》《说洱海》，包渔庄的《释僰》《民家非白国后裔考》，傅懋勣的《昆明倮倮语研究》《利波语研究》等等。本年新聘葛毅卿任副教授，葛君在教育部时，曾到滇、黔、川、康一带调查，所得边疆语言材料甚多。许烺光教授是著名人类学者马邻诺斯基的高足，他最近作 *The Differential Functions of Relationship*

Terms 颇有独到的见解。他现在的计划是研究上关到下关一带的祖先崇拜问题。

…………

七　中央皇帝庙和三灵庙

…………

三灵庙在喜洲西五里许凤阳村外，背沧浪峰，临霞移溪，竹树森蔚，溪水萦回，登高凭眺，亦可俯览洱海之胜。庙里有殿三楹，中间供着大圣元祖重光鼎祚皇帝、大圣圣德兴邦皇帝、大圣镇子福景灵帝、大圣妙感玄机洱河灵帝四位塑像，还有沧浪峰霞移涧得道有感龙神牌位。关于三灵的来源，庙的北庑有明景泰元年《三灵庙记》碑，记述得很详细，兹录原碑全文如下（碑文略）。

这段传说虽然荒诞不经，但是同蒙氏起源的传说也相仿佛。《记古滇说》《南诏野史》《滇小纪》等都没有提到它，《大理县志稿》也没有收入，所以我把它抄下来供研究蒙段历史的人们参考。在庙中抄录的时候颇为辛苦，泽承站在碑前用临川腔的国语一句句地念，渔庄和我伏在一个灶台上各抄一半，回到喜洲又托万先法君誊清，这么一段东西也包含着四个人的劳作呢。碑里所引白史，应该就是《白古通》。《白古通》或疑杨升庵所伪托，不过李元阳的《云南通志》引它的地方很多，清乾隆时人陈鼎所作《蛇谱》也记着在剑川何氏家见到《西南列国志》，似乎当时是真有这部书的。在喜洲时会到一位宾川丁石僧（丁怀瑾）君，他说光绪初年还有人看见过《白古通》的残叶，究竟是假是真，实在无从悬揣。向觉明先生对于这部书一向抱着当年刘继庄“悬金而求，募贼以窃”的态度，我到大理以前他谆谆托我找寻它的下落，结果我所能答复他的还是“杳无消息”。

【编者注】

①录自罗常培：《罗常培文集》，云南大学出版社2018年版，第234—244页。

包先生弟子后生之回忆

深切怀念渔庄恩师

徐　琳

值此母校百年大庆之际，感谢学校为包老师出版了《包鹭宾学术论著选》，使他的亲属和学生多年的愿望得以实现。在欣喜的同时，也倍加怀念59年前已离开了我们的敬爱的包老师。我于1942年考入由武昌迁到云南大理的华中大学，有幸在包渔庄教授兼系主任的中国语文系学习了两年。母校和老师的教诲，至今仍使学生深深受益。

在日寇发动侵华战争期间，热爱祖国教育事业的老师不愿给校方增加麻烦，先把家属送回江西老家，随身带着几箱急用书籍，单身一人随华大跋涉万水千山，从内地辗转到西南边疆的云南大理喜洲镇。途中转运时竟然把心爱的书丢失了。师母带着仁弟和俶妹于1941年才来到老师身边。大理曾是唐、宋时期建立的地方政权——南诏国和大理国的都城，是当时的政治、经济、文化的中心。那里不仅自然风景秀美，还有许许多多的人文景观。诸如大理的三塔寺（崇圣寺三塔），雨铜观音，石宝山的石窟，佛教圣地鸡足山，以及《南诏图传》《大理国梵像卷》和兴教寺的壁画等绘画珍品。境内又有众多的少数民族，他们的历史、民俗和语言文字等等，都需要深入调研。老师带领语文系的同事，一面教学，一面进行田野调查，收集各类资料，写出了多篇有价值的学术论文。目前老师的多数论文如《云南土族之种类》《释爨》《说白人玟》《白文的产生》等所刊载的杂志虽未找到，我手头还珍藏着一本由华大语文系研究室编写的《西南问题研究报告》，书中除了北大罗常培先生的《贡山俅语初探》以外，都是华大语文系的先生们撰写的。其中有游国恩先生的《说洱海》《火把节考》，万先法先生的《〈史记·西南夷列传〉考疏》；老师的《民家非白国后裔考》和《蒙氏灭南诏说》两篇，三万余字，是老师亲手誊写的，字体俊逸中含遒劲。老师几乎阅读了所有的正史和地方史志，对白族的历史、民族名称进行了深入的研考。文章中提出历史上并不存在白国、白语系属问题等重要论点，至今仍是学术界感兴趣的课题，激励后学者继续努力探讨。

在《民家非白国后裔考》一文中，老师对“民家”一词的考证特别详细，有独到的见解。他指出：“汉人于边疆开辟之后，以‘民家’一名称其边疆土著，著从其义之朔耳，初非特有一族，而名为‘民家’者也。”老师进一步从本民族的自称、他称、僰和白的关系作了说明：“其民族自称，实曰白子，民家亦汉人称之之名耳。”僰人之“僰”字，或作“白”，故僰人、阿僰、僰子、僰儿子，亦或作白人、阿白、白儿子，本民族所自称，其族于唐则又即所谓白蛮。与此同时，老师还考证了“僰”（白），指出，“与‘摆’音皆相近”；并进一步指出：“李元阳《云南通志》以下诸书，所以误僰人为摆夷者，正坐其徒执字音之相近耳，实则李氏以前诸书，凡言僰人、僰子者，皆白人、白子，而非摆夷。”老师的以上结论，非常精确。20世纪50年代开始的口语普查，证明白族的任何一个方言土语中，都没有表示出“民家”一词为白族的含义。因为白族崇尚白，所以自称“白”，白后面的“子”、“尼”表示人的单数，“和”则表示人的复数，两个构词成分结合起来，就成了“白人”、“白族”这一完整的概念。因此，1956年大理白族自治州建立时，根据白族人民的意愿，确定族名为白族。另外，对傣语的调查也证明，白族和摆夷（傣族）分别属于两个不同的语族。自称和他称也不同，在语音上分得很清楚。白族称傣族为摆夷。根据地区不同，西双版纳的傣族自称傣仂，德宏傣族自称傣纳。过去傣族称白族为“和”，20世纪50年代改称为“白”。可见，白族和傣族的自称是完全不同的两个读音。老师早在20世纪40年代就看到这个区别，提出白和摆夷仅是读音相近，却是两个不同的民族。

直到20世纪五六十年代，仍有一些外国学者将白和傣（摆夷）这两个不同的民族混淆起来，甚至把南诏、大理国说成是泰国建立的。经过国内学者多方面的论证，驳斥了这一违背历史真实性的假设，使这宗历史悬案得以澄清，在此不得不使我们感到老师论证的正确。

美国柯约翰教授在《华中大学》一书中评价包老师时写道："中文系的周（正权）先生走后，韦（卓民）博士聘请了包鹭宾先生接替他的工作，包先生为中文系的发展做了很大的贡献。中文系不仅发展为华中大学主要的系，而且在武汉地区高校中有着很大的影响。1944年8月，中文系主任猝死于喜洲，从而结束了他对中文系长时期的正确领导。"

老师的病，也并不是不治之症，仅仅是云南地区的一种疟疾，如果医治及时，完全可以治愈，老师是在陪同西南联大和云南大学的一批参加修改大理县志的专家教授们在大理县城作调查时发病的。大理有一所由基督教会开的医院，医术不错，可以就近就医，然而老师怕影响到大家的工作，宁肯忍着病痛从大理返回尚有十七八公里路的喜洲，华大本来有一位医术精湛的鲁茨大夫，治好过不少疑难病症，不巧暑假期间，他回美国休假了，只有一位护士值班。种种原因，没能确诊而失去及时治疗的时间，造成了难以弥补的损失和遗憾！

老师学识渊博，旧学功底尤为突出，更擅长书法和篆刻，是位多才多艺的学者。老师生活非常俭朴，身着一件长衫，一双布鞋，为了写作时提神，仅喝一盅清酒，下酒菜也只是师母做的一碟五香花生而已。但是他对客人却尽其所能，热情招待，如老舍、徐嘉瑞、石钟健等先生都曾受到包府的款待。他在同事、朋友及学生中声望很高。

回想当年日本帝国主义发动侵华战争，战火由内地燃烧到了边疆，昆明也惨遭敌机的轰炸。云南出兵抗日，由于爱国热情的驱使，我高中尚未毕业就弃学到前线参加滇军做抗日宣传工作，三年后回老家，正准备去复学，却在大理遇上了昆明女中的老同学王士珍和阎鹤云，约我去报考华中大学的经济系。她俩都已高中毕业，而我是以同等学力报的名，抱着试试看的心理，也并没有仔细选择志愿，就跟她们一同报了经济系，我们都被录取了。在新生注册的那天，负责人（记得好像是杜景棠先生）很惊奇地问我："为什么要报经济系？你的语文成绩考得很不错，我们希望你转到中文系。"这样我转了系，系主任包老师接见新生时，鼓励我好好学习，对我这个白族学生寄予一定的期望。从此我与包老师一家结下了不解之缘。

我和语文系傅懋勣先生的结合，是在校长韦卓民、系主任包老师以及阴法鲁先生和王玉哲先生的关爱下撮合而成的。老师为了让家母亲自了解未来的女婿，把她接到包府（当时的王家祠堂），亲切接待并详细地介绍傅的人品和学识，经过几天的接触，家母也很满意。在那一学期，每逢节假日，师母都要准备一些可口的郊游午餐，让我们尽情地领略苍山洱海的自然景色。懋勣与包老师的私人关系也非常好，经常带我去他家请教，谈论白族历史、文化诸多方面的问题。老师主要给高年级开课，但我却有较多的机会得到老师的指导。

包老师参加了我们的订婚仪式后，很高兴地告诉我们，他要选一方好石，刻上"文章知己，患难夫妻"八字作为结婚纪念品送给我们。万万没料到，我离开喜洲一个多月，老师竟在我们结婚前夕逝世了，我未能赶上最后的遗体告别！当丧事办完之后，包老师在西南联大执教的挚友游国恩教授把仁弟带到昆明就读，师母和师妹仍留在喜洲。当我1947年去武昌华大时，才见到分别三年的仁弟，他把老师的遗物一枚石章和骨杆上刻有"包渔庄制"的两支大毛笔交给我，我1948年回昆明后即请刻印专家昆明师大中文系的马忠教授刻上名字，虽然没有得到老师亲自篆刻的纪念章，但这枚宝贵的印章，一直珍存和使用到今天。师母和仁弟随校于1946年迁回武昌后，兄妹俩分别就读于文华和西里达中学，华大文学院院长骆传芳和懋勣对他们兄妹的学习和生活给予必要的关照。1948年师母一家三口由包俅大妹从武昌接走，我和懋勣同年也离开武昌。我回云南转学到云南大学中文系，懋勣赴英国剑桥大学。1950 年我完成了大学学业，他取得博士学位，年底回到华大继续主持中文系的教学工作。1951 年我们夫妻分别从昆明和武昌调到北京。先后在中科院语言所和社科院民族所从事民族语言文字工作，他一直工作到生命垂危住进医院。他现已离我先走了 15 年。我退休后继续做起未了的工作。

经过 60 多年，我们和老师一家情缘弥深，无论在边疆或内地都有机会相聚。20 世纪 70 年代中，懋勣到新疆出差，在乌鲁木齐跟仁弟夫妇相遇，真是喜出望外，弟妹雪浦把她家收藏的两张名画相赠，仁弟还请了探亲假陪坐火车回北京，两人在车上叙谈了多年的思念。20 世纪八九十年代我们出差到成都、昆明都要抽空看望师母和几位师妹。师母心地善良，一生助人为乐，活到 97 岁高龄。包俫大妹一家在京工作，相聚更多，我们胜过亲手足，不幸她也先走了！敬爱的包老师远走了，然而他的道德文章，永远是我们学习的榜样！

敬贺

华中大学、华师大百年校庆！

为祖国培育出更优秀的人才！

《包鹭宾学术论著选》出版！

原华大 1942—1944 年中文系学生　徐琳敬贺

2003 年 7 月 30 日于美国西雅图

王玉哲的信

包俫同志：

四月四日驾临寒舍，相谈甚欢，惟来去匆匆，未能款待，不恭之至。

包先生《〈庄子·齐物论〉“彼是”解》一文，因复印件有缺页，又未印全（文章最后部分至少缺一两页），无法清理。现仅就所见之复印稿，大致排了一下次序，写在每页的右上角。因为当中有缺页，排得未必正确。其中前 6 页大概无问题。第 6 页后，估计第 7、第 8 两页缺。再下面是第 9、第 10、第 11、第 12，可能也无大问题。惟第 12 页下肯定还有缺页，因为文章的形式，是文末见注，而文中至少有十四个注，可惜全未复印出来。就是印出的部分，也有些地方印得不够清楚（如两页之间部分文字未印出）。

现将复印原件寄上，请查收为荷！

新春天气，乍暖乍寒，幸善自珍摄。

并祝

合家安好！

王玉哲

1998.1.7

胡人龙的信

包俫同志：

你好！

最近接到从前在大理喜洲华中大学上学时老同学朱炳淳的来信，说令妹包佺、包佶去访问他，因江西南城县要修县志，需要了解包渔庄先生在华中大学时的一些学术活动，他知道的不多，他介绍了我。她们托他写信给我，要我向你谈谈所知道的情况。

我是 1942 年左右在喜洲华中大学国文系上学的。包先生在做人、做学问方面的教诲，使我很受教益，铭记难忘。当时包先生担任国文系系主任（后来是游国恩先生任系主任）。包先生担任高年级的专书课程讲授，讲诸子研究（讲老子、庄子）、尚书研究等课，学术性都比较强。这两门课我都听过，可惜笔记没有保存下来，不然整理整理出版，是有学术价值的。包先生在治学方面很认真、很严谨，讲稿是先生多年从事学术研究的结果，用毛笔书写的。

包先生擅长书法，且有自己的风格特点，在书法艺术方面是有成就的。当时请包先生写字的人很多。我还保存得有一封包先生给我写的信。

在喜洲时节，包先生还从事过有关我国西南地方历史的一些研究，撰写有《民家非白国后裔考》一文，此文当时与游国恩、傅懋勣等先生的文章合印为一册，由系办公室出售。

在喜洲时节，华中大学国文系有个国文学会，当时除了经常请系里的包先生及游国恩、李何林、傅懋勣等先生讲一些语言文学方面的专题报告之外，还请校外的学者专家到学校讲学，像老舍、徐梦麟等先生都曾到过喜洲讲学，这对促进学校的学术活动有很大的影响。

包先生和游国恩先生交情很深，对学术方面的问题，彼此也常常加以探讨。游先生到西南联大后还写诗寄赠包先生。

我因后来转学到西南联大中文系去上学，受业于包先生的时间比较短，对包先生在喜洲的学术活动情况知道的不多。你可写信向肖雷南、周韵春再了解了解，他们现在内蒙古大学工作。周韵春是江西人，包师母对他们是很熟识的。也可写信向胡守仁先生了解了解，他是包先生的学生，也是江西人，在喜洲华中大学国文系教过书，包师母也很熟识。他现在江西师范大学中文系工作。

特将所知道的情况写信奉告，供作参考。

前三四年，我曾去府上看望过包师母。她老人家耳目聪明，精神很好，对从前在喜洲时的一些同学还记得很清楚。后来又去了一次，她老人家到昆明去了，没有见着。近年来包师母的精神想来仍是很好吧。就此向她老人家请安问好。顺祝

安好

胡人龙

1989.4.28

朱炳淳的信

包俅、包佶、包俶、包佺诸同志：

首先我应衷心感谢您诸位对我的多次关注，并再次感谢赠给我令尊——我的老师渔庄先生——遗著《经学通义初稿》复印本。当诸位询问《经学通义初稿》出版事时，使我回忆起50多年前渔庄老师经学研究中的一件小事。

40年代初，我就读于因抗日战争由武昌内迁大理喜洲的私立武昌华中大学中国文学系。华中大学虽然是一个私立教会大学，但当时华大中文系的教师阵容甚强，楚辞专家游国恩教授任系主任，主要教师有经学专家包鹭宾教授、林之棠教授、傅懋勣教授、李何林教授、阴法鲁教授、孙昌熙教授等。学校范围小，学生人数少。师生关系十分融洽，朝夕相处，有如家人。记得一次师生座谈，时间大概是在游先生未调西南联大之前（1942—1943年，渔庄老师请我们班的三个学生吃饭——张学尧、许清波和我）。谈话中，包先生提到当时在云南大学任教的刘文典先生是文选学（《昭明文选》）研究的专家，接着包先生谈了他到昆明探访文典先生的情况。包先生说他去的那天，文典先生正在烟榻上和一位学术界的朋友谈国内经学研究情况。他一见包先生进屋，就高兴地介绍说，这不就是我们的经学研究专家吗！包先生无意谈及自己，而我当时正听包先生讲中国古代文艺论课，却有心把这件小事记住了。刘先生在解放前就是声誉显著的国学大师，有他这样的嘉许，包先生的学术地位，就可想而知了。

在当时我们只知渔庄先生研究经学，并不知先生已将研究成果汇集成书，而《经学通义初稿》书就，先生也未向学生透露。这次承诸位以先生原著相示，真使我惊喜万分。

我之所以谈上面那件小事，足以说明先生论著的学术地位。先生过世较早，解放前根本谈不上出版，而先生仙游后，师母因生活颠沛流离，而诸位也因生活工作，奔走四方，因此先生遗著尘封多年，无暇顾及出版事宜。今逢先生百岁诞辰，诸位有志争取有关单位早日出版先生遗著，以纪念先生倾心研究我国古代典籍的崇高精神。为此，上可告慰先生在天之灵，下则使先生研究成果公之于世，光照万代，作为受业学子，也深感鼓舞！现在把这点旧事向诸位呈述，聊表我对先生和师母的怀念和敬佩之情！谨祝诸位身体健康，阖家幸福吉祥！

朱炳淳于云南师大

1998.2.17

张志岳对包先生的回忆

我是江西省余干县人，一九一一年生，毕业于清华大学中文系。现任哈尔滨师范大学中文系教授，黑龙江省文学学会副理事长，黑龙江省政治协商会议常务委员。

我生长在乡村，没有上过小学，读了七年私塾。在私塾的七年中，读的都是四书五经之类的古书。但我自己却阅读了许多半文言半白话的旧小说，如《三国演义》《东周列国志》《说岳全传》之类，接着又阅读了大量的史部书，如《纲鉴易知录》《史记》《汉书》《后汉书》《三国志》《宋书》《新唐书》《宋元纪事本末》《明纪事本末》乃至一些野史、笔记等。阅读开始当然有许多不懂的地方，但在没有新书可读的情况下，我把它们当作故事书阅读，也感到有些兴趣。阅读多了，对古代文言词汇和语法结构逐渐习惯了，也就逐渐懂得比较多了，这对培养我阅读文言书籍的能力，打下了比较坚实的初步基础。与此同时，我比较快地学会了写文言文，一般能写出五六百字的通顺的短文。旧体诗歌也读了不少，也练习过写旧体诗。

七年私塾的学习过程，虽然走了许多弯路，但也没有完全白费，它和我后来爱好文学以及学习古典文学专业都有着密切的关系。

在中学时，曾一度想学习外国文学，以达到中西兼通的意图。但由于种种原因，没有能学好外语，只好回到学习古典文学专业的道路上来。我在高中念的是文科，这时包渔庄（鹭宾）、游泽承（国恩）、余仲詹（謇）诸师都教过我，都给我以不小的影响，特别是包渔庄师教我三年。他们后来都转到大学中文系教古典文学。

在大学读书时，因为专业已经确定，比较能自觉地朝钻研学术的路上走。这时如王瑗仲（蘧常）、闻一多、朱佩弦（自清）、罗膺中（庸）、浦江清、吴雨生（宓）诸师，他们在教学态度上，治学方法上，旧体诗词的创作上，乃至学术文字的风格上，都给我以深切的教益和不同程度的影响。后来我到浙江大学教书，和缪彦威（钺）先生共事七年，他是我的前辈，很关心我，对我的帮助也很大。我之所以能对古典文学专业的各个方面略窥门径，并力所能及地作出一些成绩来，饮水思源，和上述师友们的言传身教是分不开的。

【编者注】

①原载北京图书馆《文献》丛刊编辑部、吉林省图书馆学会会刊编辑部编：《中国当代社会科学家》第2辑，书目文献出版社1983年版，第188—189页。

荀子教育学说的分析（摘录）①

张德馨

本文承教育学院心理学系胡彦什博士暨文学院国文学系包渔庄主任极力指导，又承社会历史学系马奉琛先生多方赞助，始克成功，衷心铭感。谨此略表谢忱！

中国的教育学说以儒家为正宗而以孔子为代表，孔子的教育思想有几点值得我们认识且有保留价值。

（1）针对当时的政治紊乱及社会秩序的失常，他提出了“正名”、

“礼治”，又从事于人文主义的教育。其目的首贵修己，次之，则“己立立人”，“己达达人”，使人知道做人的道理，从人伦与日常事务中培养能为国家社会所用之人。

（2）孔子的教育思想与我国民族精神完全相合。

（3）孔子所用的教授法如身教（政者，正也。子帅以正，孰敢不正[1]）、礼教（子曰：能以礼让为国乎，何有？不能以礼让为国，如礼何[2]），及其谆谆善诱（子曰：默而识之，学而不厌，诲人不倦，何有于我哉[3]）的教学精神，的确值得我们效法。

孔子之后，其次堪称代表的有孟、荀二子，孟子学说的重心是性善论，他是儒家的唯一承继者，他据守孔子之说阐明辨证之。如《史记》所说：“孟子序诗书，述仲尼之意。”因此孟子的教育思想在我国古代教育史中，也占有重要的地位。他主张自动教育，因为他相信人性都有善端，所以教育应顺其自然，指示人本性的活动，使渐渐感化走入正轨，切不可实行强制或压迫的手段（孟子曰：恻隐之心，仁之端也；羞恶之心，义之端也；辞让之心，礼之端也；是非之心，智之端也。人之有是四端也，犹其有四体也。有四端而自谓不能者，自贼者也[4]）。他认为教育的目的是在保善去恶，所以他极重养性。同时他认为治学就是在寻求事物之理，每一问题发生，必须层层辩论，以求得到最后的真理，所以他主张用辩论式的教学法（我亦欲正人心，息邪说，距詖行，放谣辞，以承三圣者。予岂好辩哉，予不得已也[5]）。由这些，我们可以知道孟子是与孔子一脉相承的，所以世人都很重视他，拥护他，同时研究他的学说和主张的人相继而起，认他为儒家学派中在教育思想上注重先天倾向的一个。

荀子也是儒家后起之雄，他在教育史上可算是周末最后的一个人。对于教育，他除了儒家根本学说仁义礼乐之外，自己创获的也很多。并且他的议论激烈，学说博杂，思想较孟子进步。他不但对于老庄的消极学说极力反对，就是对于孔门诸徒及孟子一般人的言论，也常加以攻击。关于教育方面的理论，尤其有很多特殊的地方。荀子学说的重心，恰是与孟子相反的性恶论。在《性恶篇》中，第一句便说“人之性恶，其善者伪也”。这一点也是他的教育哲学的根本观点。荀子是经验论者，以人性为恶，而认为教育的功用在积伪，严加干涉，使入正道。他要使涂之人成为尧、禹，当然这非教育不能成功。他认为教育的目的在造成一个“成人”，就是从士做到圣人的地步。他所采用的学习方法，比孟子提出的更为详细。比如专一、亲师，更研究了“学习的过程”，用刺激与反应感官及神经系统等之作用解释学习的过程，与近代心理学家桑戴克等所研究的差不多完全相同，只是名词上有些差别，如荀子所用的“心”，就是他们所用的“脑神经”而已。荀子注重环境，因为他认为人性本恶，所以没有良知良能的说法，一切善恶都以环境的优劣为标准。他所谓的“性恶”，便是认为人类的天性，与已有的社会礼法及礼教等不相符，一定要借教育的力量去使他们相合。所以他认为环境是客观方面的，是消极的。因为这些主张和观点与众人不同，所以他大受人家攻击，认为他是故意强词夺理，与孟子的性善论相反对。由这些理论，我们可以知道荀子的教育思想是有后天倾向的。

研究荀子学说的人虽然很多，但是他对于教育各方面的主张很少有人详细去分析和研究。他对于教育上的贡献实在很大，可算是我国一代大教育家。本论文之目的，在于将荀子各篇内容用今日教育的眼光，详加分析讨论，以备研究教育学说者，与他家学说作参考比较。

【原注】

［1］见《论语·颜渊第十二》。

［2］见《论语·里仁第四》。

［3］见《论语·述而第七》。

［4］见《孟子·公孙丑章句上》。

［5］见《孟子·滕文公章句下》。

【编者注】

①全文载于张晓明主编，刘静副主编：《百年华大文脉　世纪学术薪火》第1辑，武汉理工大学出版社2013年版，第211—284页。

喜闻包鹭宾先生遗著出版

——兼忆包先生和游国恩先生的友谊

游宝谅

今年五月忽接包鹭宾先生之女包佶打来电话，说要来访。她说她们姐妹准备为包先生出版文集，并得到华中师范大学（前身即为华中大学）领导的大力支持。此次她专程来到北京，是希望能从我这里找到包先生的文稿或有关线索。我当即告诉她我这里有一本包先生亲笔书写的《文心雕龙讲疏》，还有一篇《为包渔庄教授遗族募集生活基金启事》，是当年父亲游国恩亲自执笔的，请她来取。多年来这两篇文稿，我都和父亲的遗稿放在一起，妥善保存，虽然不知道包先生的家人现在何方，他的遗文是否有问世的一天，但对这两件遗文的一种珍惜之情，促使我长久地将它们保存下来。

1936年夏，父亲由山东大学转到武昌华中大学任教（由于日本加紧侵略华北，策划华北五省“自治”，父亲毅然辞去山大的教职）。我们到武昌后就和包先生家住在一起。起初住在一个条件较差的大杂院，不久就搬到云架桥华中大学宿舍。那时我只有六岁，但也已有了记忆。记得当时我就听大人说，父亲和包先生是中学同学、大学同学、同乡、同事和最要好的朋友。记得我们还住在大杂院时，包先生的母亲就去世了，包先生非常悲痛，并且说，他感到特别难过的是没有让母亲过上好日子。父亲当时就对我们说：“包老师的天性多么厚道呀！”包先生善书法，常见的有行书、草书，都极漂亮。父亲常说：“包老师的字写得多好呀！”七七事变后不久，有一天包先生的大女儿买了一盒蚊烟香，是日本牌子的，包先生立即让她退了回去，这件事我也是记得很清楚的。后来华中大学迁到云南大理喜洲，起初包先生的家眷没有来，但包先生仍然和我们家同住在一个大院里，那里住着不少华大的先生们。父亲和包先生经常在一起谈论工作、时局和聊天。有时包先生在我们家正赶上吃饭时间，母亲留他吃饭，他总说不，说他有饭吃。当时包先生和一些单身教师一样，在院里食堂吃包伙，他不肯在我们家吃饭是因为不愿给母亲添麻烦。但每逢我们家请客，包先生总是被请的宾客之一。包先生对我们孩子也是很和善的。

包先生是一位清高正直的学者。他守贱安贫，不慕荣利，而以研究学术和培育人才来实现他的人生价值。他毕生从教，在他四十五年短促的生命中，从教凡十八年，其中有十四年是在华中大学任教，并长期担任中文系主任。现任云南师范大学教授的朱炳淳先生在写给包氏姐妹的信中曾经提到："包先生胸怀坦荡，不计名利，主动把系主任的职位让给游国恩先生。"不仅游先生到华大任教是通过包先生的推荐，而且由游先生兼任系主任也完全可能是包先生提出来的。这不仅说明包先生的人品，他的贤者风范，而且从另一角度来看，这也反映了游、包两人诚挚深厚的友谊。他们两人情同手足，实在是不分彼此的。所以当父亲的友人罗常培先生1942年春来喜洲作方言调查并参观华中大学时，父亲就向他介绍说：中文系研究室由他和包鹭宾教授共同领导。可以想象，他们二人在有关教学、科研和系务各个方面都是互相商讨、通力合作的。在他们二人的共同领导下，华中大学中文系发展成为该校一个重要的系。他们的学术论文以及后来在喜洲写的关于西南边疆民族的论文，还有傅懋勣先生的论文受到美国汉学家的高度重视，深得哈佛燕京学社的好评，并使华中大学多次得到该社的资助。

1942年秋，父亲应罗常培先生邀请赴昆明任西南联合大学及北京大学教授。当时包先生在感情上是不愿意他离开喜洲的。因为那时正值国难家忧、避寇边陲，父亲走了，包先生不仅会感到孤单，而且也将失去一个可以倾吐心曲的知心朋友。父亲到昆明后，1943 年曾寄赠给包先生一首《东征别渔庄》的诗。诗的上半首写道：“避世共丘壑，各占苍山半。俯仰悲乾坤，束手余浩叹。孤抱君与同，岁月供把玩。如何烽燧高，寒饿驱人散。草草我竟去，微怜君失伴。西山一片云，变幻逐昏旦。倘可掬相赠，应比青玉案……”充分表达了父亲对包先生的诚挚友谊和深情怀念。1944 年暑假，父亲和西南联大的罗常培、郑天挺等教授应约参加大理县的修志工作，再次来到大理和喜洲。包先生也参加了这一工作，为他们提供了许多帮助（郑天挺先生的《大理访古日记》有记载）。但不意竟在此期间染上疟疾，又不意几天后突发高烧，竟在一两天内猝然去世。包先生的死震动了整个华中大学，校方为之举行了隆重的守灵、公祭和送殡仪式。前来修县志的西南联大教授们也参加了公祭和送殡的行列。父亲参与处理包先生的后事，由于过分悲痛和劳累，竟引发了急性阑尾炎，情势危急。幸亏这时大家提高了警惕，立即将他送到大理县城医院，方才转危为安。

包先生学问渊博，功底雄厚，尤其对经学、老庄哲学、古代文艺理论有精深的研究，有著作多种，是国内少有的经学专家；后期对西南少数民族的源流、历史、文化也有所研究，所撰论文均为研究西南民族的珍贵文献。早在父亲撰写的为包先生遗属募捐的启事上就附录了包先生的著作目录，但在当时兵荒马乱的情况下要出版文集是不可能的。时间流逝，沧海桑田，包先生的遗稿也大都散失。如今半个多世纪过去了，然而包先生的后人——他们是有心人——抱着为父亲出版遗著的愿望，经过数年的艰辛寻访，终于搜集到了包先生的部分遗稿。更令人高兴的是，华中师范大学的校领导重视学术，慧眼识珠，充分认识到这些遗文的价值，一手促成这部文集的出版。虽然遗憾的是，有的遗稿已经寻找不到，但现存的论著也足以为中国的古代文化和民族文化研究增辉。包先生的遗著终于问世，这不仅可以告慰包先生在天之灵，而且游先生的英灵也会感到欣慰。

华中大学和基督教①

杜　昆

华中大学原是一所教会学校，是现在的华中师范大学的前身。它的校址在武昌昙华林，凡是读过郭沫若的《北伐前后》的读者，大概都知道这个地方。

抗战期间，这所大学历经艰难困苦迁到了喜洲。把一所在繁华都市的大学迁到内地，迁到边陲小镇——喜洲，这固然是抗战使然，但也表现了主事者的魄力，应该说这是很难得的。

华中大学搬到喜洲后，就以大慈寺、奇观堂和张氏宗祠作为校本部和教学基地。大慈寺的大殿四周都有泥塑菩萨，华大当局就用蓝色布幔把它遮盖起来，作为礼拜堂。

市上街淑川小学对面的玉皇阁和两级小学附近刚建成的那排铺面是男生宿舍，染衣巷尹励金家的两院新房和市户里张家是女生宿舍。北栅门外，尹氏宗祠和杨氏宗祠，还有龙翔村李谷春家两院房子是教职员和家属宿舍。当时，华大也有外籍教师，这些洋人就住在城南的一座古庙里。

华大是一所大学，但到喜洲后，人数并不多。学生、教职员加上家属，大约只是几百人。校长韦卓民，教务长姓黄，教授有阴法鲁、游国恩和包渔庄（鹭宾）。这些人我都记得，因为他们曾来拜访过我祖父，我祖父也宴请过他们，名为“洗尘”。有几位的子女，都成了我的同学，尤其是包教授的儿子包仁，不仅在喜洲，后来在昆明，我们经常在一起，是很要好的朋友。

韦校长和黄教务长都是学教育的留美博士。阴法鲁是教音韵学的，好像也是留学生。他的姓很少见，人也很魁梧，戴一副宽边眼镜，含一个大烟斗。游国恩和包渔庄，都是教古典文学的。包教授专攻楚辞，到喜洲后也留心白族历史，并写有文章。据包仁告诉我，游、包两位从小相识，既是同窗好友，又是同事。后来还来了一位徐嘉瑞先生，他是云南人，也是华大教授，他是包仁的干爹。他来喜洲是为写《大理古代文化史》做调查，同来的还有缪鸾和先生。（徐嘉瑞先生解放后任云南省教育厅厅长，又兼我就读的昆明师范学院主委。缪先生后来是我大学时的国文教师。）使人遗憾的是，包教授不幸病故于喜洲。

在华中大学的教职员和学生中，我认识的有两位：一位是湖北人吴再兴，一位是安徽人翟宗智。吴先生是五台中学的英文老师，教过我两年。翟先生个头不高，是位文弱书生。先是我祖父请韦校长介绍一位英文教师，在假期给我们教英语，韦校长就把翟先生介绍给我祖父。于是我们家花园里的书房就成教室，学生有五六人。除我以外，就是几个亲戚。翟先生从字母教起，为了引起我们的兴趣，他给每个学生取了个英文名字，给我取的是“约翰”，有的叫“汤姆”，有的叫“詹姆士”。他每次来，课间休息时我们就请他吃两个荷包蛋，我祖父也到花园来，一面浇花，一面和他闲谈。

后来，翟先生又应聘到五台中学教书，是我初二的语文老师。他曾出了一道作文题，要我们描写喜洲的自然景物。我写的是白云锁苍山。他极为赞赏，还亲自把我写的作文和他的评语送给我祖父看。

不幸的是，就在抗战胜利的前夕，翟先生病逝于喜洲。那时，我已转学到昆明，这个噩耗是包仁告诉我的。听了这消息，我曾哭了一场，并写了一篇悼念他的文章。华大复员时，听说他和包教授的灵柩都被送回了原籍。

除了这些人外，我还认识了一位杜牧师，他大概是华大的神职人员。他就住在彩云街，他的女儿名叫杜美丽。这是一位非常有趣的人。他和我二姑爹很要好，一起摆弄照相机和各种钟表。有时他也带着他女儿到我们家来，我们也请他们父女一起去耍过海。他不仅和我祖父交谈，和我祖母、我妈妈她们也能谈天说地。他还给我母亲出主意，替我母亲为我做住校用的枕头上写上“Good Night”，然后绣成很好看的图案。

华中大学到喜洲，在这边陲小镇一住，前后五六年。这期间对喜洲产生过一些影响。我认为至少有这样四个方面，值得永志不忘。

一是在一定程度上打破了喜洲的闭塞状态。比如说，由于长期封建礼教的统治，男女授受不亲，是不可违反的。所以，我上小学时还是男女分校。华大来了后，他们男女同学不仅在一起上课，一起生活，甚至有的男女同学还手挽手，大大方方地在街上往来。这种事，也曾引起过闲言碎语，但是不久也就见惯不惊了。小学也仿效华大，打破男女界限，实行男女同校。同时，“自由恋爱”这个名词也流行起来了。

二是把全民抗战的思想传播开来。华中大学到后，他们就利用大街小巷的房屋的墙壁，刷写抗日的标语、口号。诸如“好男才当兵，好铁才打钉”、“有志男儿从军去”、“有钱出钱，有力出力”、“驱逐日寇，还我河山”之类，到处可见。尤其是一进正义门，街的两侧“驱逐日寇，还我河山”那八个大字，每个字有一人多高，而且一律是印刷体，非常醒目。在这种形势下，我们五台中学一位姓王的美术老师，也画了一张很大的宣传画，挂在“给事中”木坊上。画面上是一位农民，头戴草帽，肩扛锄头，振臂高呼。

三是促进了经济的发展。华大来后，小小的喜洲突然增加许多人口。而且，他们都要消费，所以杂货店生意兴隆，蔬菜、水果、鱼肉市场扩大，一些服务行业也应运而生。喜洲出现了新式的理发店、裁缝店，也有了饭馆。邮政也由原先附设在张家药店里分离出来，在市下街警察局附近，有了专门的邮局。还有一些新的蔬菜品种，也由华大引进到喜洲，比如花菜、番茄。这些菜，喜洲人从未看见过，更未吃过。现在有了，会培植了，也学会吃了，并给它取了“洋花菜”、“洋辣子”（番茄）这样的名字。

四是文化方面。当时五台中学刚刚创办，华大来后，就解决了师资的不足。华大把基督教也传入喜洲。还有华大来后，也直接间接地向外宣传了喜洲。比如说，包渔庄教授就写过一篇《火把节考》[2]。我记得，这篇文章就刊登在发行很广、影响也很大的《旅行家》上。徐嘉瑞先生的《大理古代文化史》更是研究白族（当时叫民家族）文化的奠基之作。

作为一个喜洲人，我感谢华中大学。

【编者注】

①本文摘自杜昆：《喜洲忆旧》，云南人民出版社 1997 年版，第 178—182 页。

②《火把节考》为游国恩先生所作，此处有误。

文海中的一段亲情

——《包鹭宾传记》序[1]

徐　演

《包鹭宾传记》即将出版了，作者包佶老师定要我为之作一篇序，着实使我惶恐不已。包鹭宾先生是文史界的老前辈了，是我祖父的好友，我这个晚辈的晚辈，名不见经传的人，怎么敢妄自提笔呢！经不住包佶老师的一再叮嘱，又因我刚为祖父徐嘉瑞写了一本传记，只能答应下来，斗胆而为之了。

抗战期间，华中大学疏散到大理喜洲。经老友游国恩先生的介绍，祖父徐嘉瑞认识了文史系的许多教授，和他们成了极好的朋友，有罗常培、林之棠、包鹭宾、李何林等。包先生是一位诗文并重，卓有学识的勤苦学者，为人又很热情。祖父两次去到大理，他们饮酒聚谈，遍游苍山洱海，题诗吟和，真是相见恨晚。为了这份友情，1940 年，祖父不顾当年长途行路的艰难，硬是把全家老小由昆明郊区搬到了大理喜洲，好与诸位教授朝夕相处。这一时期，祖父有许多诗作见证了他们忧国忧民、相互鼓励、畅叙友情的岁月。其中一首写于当年 11 月 12 日题为

《至喜洲呈泽承、渔庄、之棠诸兄》[1]的五言长诗，一口气挥洒出 90 行，向朋友们表述了从东川、会泽一路辗转来到大理，见到几位老友时，百感交集的心情。他离开敌机轰炸中的昆明，心情非常沉重。但“三日到喜洲，临风喜开颜”。他盛赞华大在喜洲办学的成就，“窗开五台雪，门过东海船。弦歌声未辍，桃李罗堂前。高踪留六诏，湖山幸以传”。赞扬老友游国恩写出了抗战史诗，鼓励朋友们“为能执戈殳②，儒冠竟何益。君奋凌云笔，褒鄂动毛发。不让黄公度，新诗照典册”。这首诗虽长，却宣泄了他当时澎湃起伏的心情。此外，他和友人们在苍洱间游历，也写下了一些诗作，记录了当时的友情。但在喜洲住了一年，由于祖父是云南大学的教授，常常要由大理奔回云大讲课，实在不便，只好又把家搬回昆明。

1944 年暑假，经好友马崇六（字晋三）和大理喜洲商人董澄隆的邀请，由祖父徐嘉瑞出面，邀约了云南大学和西南联大的 20 多位教授同赴大理，参与编写大理县志并为大理撰写诗文，欲让这批文化人的影响力为当地彰显文风。其中就有罗常培、冯友兰、郑天挺、曾昭抡、潘光旦、费孝通、方国瑜、刘尧民教授。时在喜洲的华中大学教授们闻讯异常激动，积极准备欢迎这批文化友人，包鹭宾就是其中热情的一员。昆明学者们到达的这一天，包先生赶赴大理县城，忙着张罗迎接，非常辛苦；随后又参加了座谈会，会间便感不适。他认为是小毛病，不要紧，不愿在大理就医住院，又怕影响大家的工作，便一个人忍着病痛走了十七八里的路，回到喜洲家中，随即发起了高烧。据说这仅只是一种疟疾，医治及时，本应很快痊愈。华大本来有一位技术高明的美国医生，不巧回国度假去了，只留有一位护士，除了打强心针外，无法处理他的病症。包先生长期饱受战乱，教学与研究工作繁重，常常熬到深夜，生活又异常清苦，身体本就很虚弱，没想到过了三四天，竟撒手长逝了，年仅 45 岁。包先生的去世，给祖父他们带来了极大的悲痛，游国恩先生竟得晕倒，患病住进了医院。大家痛失了一位挚友，学界痛失了一位伟才，沉重的阴影一直压在大家的心头。

包鹭宾先生是上世纪一代中国知识分子的典型代表，他国学基础雄厚，博学多才，刚步入中年，就已是华中大学教学与科研的骨干，担任了中文系主任。他利用自己的广阔人脉关系，协助韦卓民校长延聘了游国恩、林之棠、傅懋勣、阴法鲁、李何林、孙昌熙等全国知名教授前来任教；同时大力组织和推动同仁开展学术研究，并与美国哈佛燕京学社建立起长期有效的合作，取得了该社的长期资助，出版了一批批学术研究成果。他自己又留下了《经学通义》《文心雕龙讲疏》《〈庄子·齐物论〉"彼是"解》《韩退之先生年谱长编》等一批著作，特别是在大理期间，又转向少数民族的研究，写下了《说白人坟》《民家非白国后裔考》《蒙氏灭南诏说》等一批论著。先生的治学实力及才情正在蓬勃展露之时，却不意病入沉疴，巨擘中断，怎不为国人痛惜。先生的学识博大精深，先生的治学科学严谨，先生的作风刻苦坚韧，先生的胸怀广博大爱。他敬重师长，善待同仁、朋友。他关爱学子，特别是那些贫困苦学的学生。他爱母孝母，大孝先行。他严教子女，更常常流露舐犊深情。正鉴于此，这样一位大才学者的早逝，才给家人、同事和后辈留下深深的眷恋和敬仰。

多年来，包先生的子女多方奔走，收集了先生许多遗著，在华中师范大学的主持下，出版了《包鹭宾学术论著选》。包先生的次女包信更是拖着带病的身体，到处寻找资料，费了许多功夫，写出了《包鹭宾传记》，把她对先父的怀念和深情，全部灌注到了这本书中，尽到了她对家庭、对社会的一大贡献。

包信老师和我家有着难以割舍的情缘。20世纪40年代，包先生去世后，先生的夫人邱琼女士思女心切，将在赣州习医的包信带到昆明。邱琼女士和我祖母姚九畹相处极好，为能让女儿继续学业，便领她来到我家找我祖父母商议。祖父母介绍她去读云南省立昆华高级医事职业学校。这座学校（聘请云南省主席龙云的夫人顾映秋为名誉校长）设在昆华医院旁边，已建校十余载，正好有她所学专业（助产士）。校长是我舅祖父、留美博士姚蓬心，而教务长则是我的父亲徐声灏。学校就在我家隔壁的一座宽敞的大庙（三官殿）里。这样一来，我们的关系更亲近了。记得临解放时，医事学校的学生们经常在学校门前（昔日的金碧公园、昆华医院院内的草坪、红藕轩大礼堂）举行篝火或室内联欢晚会，唱迎接解放的歌曲，跳解放区传来的舞蹈。我们都跟在这些大姐姐的身后学呀跳呀，度过了许多激情的时光。包佶老师也常和我们在一起。20 世纪 70 年代以后，我爱人陈静英在云南省卫生厅工作，又和包佶老师是多年的同事。而我的姑奶奶徐琳（傅懋勣的夫人）是包先生亲授的学生，连她的婚姻都是在包先生和夫人关爱撮合下成就的，更是和包先生一家，和包佶情同姐妹一样地相处多年。这些亲情，记下了几代人一起走过的难忘历程，十分可贵。今天，包佶老师完成了其父的传记，了却了她多年的心愿，我们真为她感到骄傲和欣慰呵！

【原注】

［1］游国恩，字泽承；包鹭宾，字渔庄；林和靖，字之棠。

【编者注】

①原载包绥之编撰：《包鹭宾传记》，华中师范大学档案馆藏，华中大学档案，LS12-132-011。

②在《情系大理·徐嘉瑞卷》中，此处为“未能执戈殳”。参见赵寅松主编，徐嘉瑞著：《情系大理·徐嘉瑞卷》，民族出版社 2003 年版，第 21 页。

亲人对包先生的缅怀

缅怀父亲

包　信

1944年8月8日，随武昌华中大学西迁到云南省大理县喜洲镇的父亲，溘然病逝于滇西的这个农村小镇。那时，战火纷飞，祖国的大好河山大部已被践踏在日寇铁蹄之下，抗日战争正处在最艰苦的岁月。我远在江西省南城县老家，关山迢递，交通阻隔，只能于千里之外，遥望南天，沉痛悼念过早辞世的父亲，却无缘亲送父亲远行。

我在父亲身边生活的时间很短，总共不到7年的童年时光。七七事变后，日本帝国主义疯狂的侵华战争，迫使我们骨肉分离。华中大学于1938年7月迁离武昌以后，父亲曾回过一次故里，相聚不久又匆匆离去，八九岁的我，从此就再没有见到过父亲。

抗日战争胜利后的1946年春，母亲邱琼、哥哥包仁、三妹包俶恭奉父亲的骨灰随华中大学回到武昌。这年冬，曾跟随父亲到武昌求学、已大学毕业工作的姑表哥谢天民与姐姐包俫结婚后，就挑起了我们家赡养母亲和抚育弟妹的重担。1947年秋，姐姐专程到武昌，让哥哥先期到云南昆明就读，她自己陪伴母亲护送父亲骨灰回南城安葬于祖茔。

新中国成立前后，我们五兄妹为了革命工作各奔一方。母亲主要跟随姐夫的工作调动，长住于北京姐姐处，也不时来往于我们几姊妹家。1981年8月，国家开始有了已婚子女探望父母假期的规定，我们四姐妹和母亲才得以在新疆乌鲁木齐哥哥处合家团聚，可这时敬爱的父亲早已离开了人世，没能同我们一起共享那温馨祥和的天伦之乐。

母亲和我在一起时，虽然断断续续、零星琐碎地叙说过一些陈年往事，但我仍然对父亲生前身后事知之甚少，父亲葬于原籍的坟墓也一直没有找到，以致母亲谢世后，只得将凝聚父亲毕生心血、陪伴母亲半个多世纪的遗作《经学通义初稿》手书的部分复印件与母亲合葬于昆明北郊龙凤公墓，竟以字代名将“渔庄”二字和推算的生卒年日镌刻在墓碑上。

父亲离我远去已 60 年，几十年前的往事，现在回想，仿佛就在眼前。

我是 1930 年出生的，其时父亲在江西南昌省立中学任教，家住旁近东湖边的花园角。1931 年夏，父亲应华中大学聘请去到武昌，我何时到武昌无从知晓。从记事起，我家住在昙华林华大教职工宿舍，那是一幢居住着好些人家的大院，父亲安排大我 7 岁的姐姐上学时，把哥哥和我分别送到学校和幼稚园，放学后又把我们一起接回家。回家后，整个院子就成了我们一群孩子的天下，玩老鹰叼小鸡、丢手帕、捉迷藏等游戏，常常玩得连饭都不想回去吃。1937 年春，我家搬到云架桥华大宿舍，这里的内外环境较昙华林更为安静舒适，只住着我家和游国恩伯伯两家人。这时，我已上小学一年级，放学回家后，赶忙复习功课，做完作业就跑到院子里的树荫下、草坪上学跳绳、踢毽子、丢沙包……也常常玩得不愿归家。至今，对这段在父母身边无忧无虑、无比快乐、无比幸福的儿时生活，仍记忆犹新。

父亲的性格内向、沉默寡言，胸中却蕴藏着深厚的亲情、友情。父亲对祖母非常孝顺，无论到哪里，都把祖母接到身边侍奉。母亲也经常教导我们，要像父亲一样孝敬祖母，照顾好老人，还安排我们姐妹给祖母端饭、送水、捶背、洗脚、驱寒、消暑。1936 年秋冬，行动不便的祖母生病卧床不起，父亲上完课就匆匆赶回家，日夜守护在祖母身旁，当祖母病重不能说话时，远在天津的姑姑闻讯赶来看望，父亲完全理解祖母那饱含泪水的双眼凝视着姑姑，想说又说不出来的心里话，就想办法尽可能消除即将离去的老人心中的憾事，失声痛哭地呼唤着：“妈妈！您老人家放心，我会把四囡儿给妹妹，抚平她失去儿子带来的心灵创伤。妈妈！您放心，我一定说到做到。”还哽咽着不断倾诉自己没有侍奉好祖母，没有让祖母过上好日子……2002年初，我读到游伯伯的女儿游宝谅的《喜闻包鹭宾先生遗著出版——兼忆包先生和游国恩先生的友谊》，看到她也对这件事有所记述。她追忆那时听她父亲说：“包老师的天性多么厚道呀!”

姑姑帮助料理完祖母的丧事，就带着一岁多的四妹包佺回天津去了。从此，我的四妹便跟姑父改姓了徐。直到1947年秋，已孀居的姑姑不忍我的四妹与她同受婆家的欺凌虐待，毅然割爱，将我的四妹从江西金溪农村带到南城，送还给母亲，恢复了包家姓名，这虽然有悖父亲的初衷，但我这个四妹依然把抚育自己十余载的姑姑视同亲生母亲一样，从部队转业地方后即接到身边赡养送终。2002年4月，姑姑逝世40周年前夕，我还陪同四妹专程到金溪为姑姑扫墓，尽做儿女的孝道。

父亲对母亲十分理解，体贴入微，关心备至。我曾听心地善良、宽厚待人的母亲说：她没有文化，也不会料理家务。但父亲对她很好，从不计较这些事，还抽空教她识字，常常给她讲《红楼梦》和一些古书里的故事。我还曾听母亲说过，她是我外祖父家的长女，因为没有兄弟，出嫁时家里给了很多值钱的东西，为了支持父亲外出念书，把所有陪嫁的金银首饰全都变卖了。

父亲生性俭朴，从不讲究吃穿，却嗜书如命，较优厚的薪酬除养家糊口，接济孤寡的婶婶和帮助贫困学生外，几乎全用于购买书籍。父亲在云架桥的书房比较宽大，靠里的一面墙边放着一张单人床，另外两面墙前竖立着两排书橱，房中间还用较高的书架隔开。书橱里上下几层装得满满的全是父亲心爱的线装书，不准我们翻动。父亲的藏书究竟有多少我不清楚，只知道抗日战争爆发后，我们带回老家和父亲随身携带到桂林的四五十箱书籍、字幅都遭日机炸毁。

父亲的日常生活既刻苦又很有规律，每天除到学校上课或上街逛书店外，回到家里也很少和我们逗乐戏耍，进入书房就孜孜不倦地看书、备课、写文章。全家人都养成习惯，饭菜还没有完全做好，就去告诉父亲吃饭啦！随后再多次催请。饭后，父亲吸袋水烟稍事休息又回书房去了，常常是那高筒温酒盅和一碟小食品陪伴父亲伏案看书写作到深夜。

父亲对哥哥管教严格，对我们姐妹则较宽容。仅记得有过那么一次，我不知为什么长时间哭个不停，闹得整个院子不得安宁，父亲生气地走出书房，用“螺蛳拐”（弯起来的食指）敲了一下我的脑门，责备我：“你怎么哭个没完没了，你就不想想你这样哭闹，吵得我心烦意乱不说，还打扰了你游伯伯看书备课，也影响你表哥学习，你再哭，我就要狠狠揍你一顿。”父亲的这一责罚，虽然制止了我的哭声，但内心还是感到委屈。待我长大后，才慢慢懂得一个人不能只顾自己，想怎么就怎么，凡事都应该多替别人想想。至今我越来越感到诸如此类的教导实在太少太少了。

我的三妹可不同，年龄比我小却比我懂事，才几岁的妹妹就会替大人着想，争着做一些力所能及的生活小事。每当父亲回家时，才进大门，她就会赶忙拿拖鞋给父亲换，看到父亲吃完饭，她就会照例去拿水烟袋、装好烟丝、点燃纸捻送到父亲手里……这很自然地受到父亲的特别怜爱。1941 年，母亲把她带到父亲身边去代替我们几姊妹承欢于父亲膝下，慰藉二老的孤寂。父亲不幸早年病逝，我的三妹才十岁就陪伴着母亲和哥哥承受这突如其来的残酷横祸，尤其是当哥哥随游伯伯去昆明后，惟独她一人与母亲孤苦伶仃相依为命，坚强地度过那段辛酸艰难的日日夜夜。1983 年，哥哥不幸去世后，她又独担奉养母亲的重担，历尽坎坷的母亲有了她的倾心承颜侍奉，终得安享寿近百龄天年。

武汉炎热的夏秋季节，夜间蚊子特多，父亲每天工作到深夜。七七事变后的一天，姐姐买回一盒蚊烟香，父亲接过一看是日本的产牌，一向斯斯文文、喜怒不形于色的父亲，竟按捺不住对日寇的憎恨，声色俱厉地逼着姐姐马上退回去，宁肯自己忍受蚊虫叮咬，也决不使用日本货。那时我还小，不理解父亲为什么一反常态地用那种态度对待姐姐。

等到我自己被迫流离失所，又耳闻目睹日寇的种种罪行后，才深刻地认识到国难当头，每一个中国人，都应以民族大义为重，哪怕是一些细微小事，也当义不容辞地牺牲个人利益，以实际行动捍卫自己的祖国。

1937 年冬，南京沦陷，武汉危在旦夕，开始动员疏散，笃爱教育事业的父亲，既不肯离开自己的教学岗位，也不愿增加学校的困难，果断决定送走全家老小，只身留在武昌随学校转移。当时，母亲只能照顾襁褓中的弟弟，我们又年幼无知，所有行装和不便远运的书籍、字幅等全靠父亲收捡，雇用一辆木炭货车，把母亲和我们兄弟姐妹一起送回南城老家，与年逾九旬的曾祖母及婶婶全家同住在西街天柱巷。这时，虽然家境已大不如前，但每年春节，婶婶照样把几幅穿着朝服的老人画像拿出来挂在堂屋里供全家祭拜。我曾听婶婶说：我们家的祖先是住在南街天一山脚的"进士第"，后来由于宗族日渐衰落，那幢聚族而居的"进士第"老屋已被典出去了。当时，我的堂姐包信就住在这幢三进大屋里，后遭日机轰炸夷为平地。从此我再不能到里面去玩，更使我感到气愤的是我的堂姐也像许多被炸人家一样没有了住所。

1941 年初，日寇的侵略战火已燃遍中原大地，许多城市被占领，不少无辜民众惨遭蹂躏，南城也不例外地受到袭扰。据《南城县志》记载："3 月 3 日，日机 27 架轰炸县城，炸死炸伤居民千余人，炸毁房屋 400 多幢。"这一天我就亲身经历了日机狂轰滥炸的恐吓，目睹一个安静、熟悉的城区顷刻间变得遍地瓦砾、尸骨纵横，孤儿寡母哭天喊地的惨状连看都不忍看。那时，只身远在云南的父亲得知我们天天跑警报，城里被炸破损的住房已无法栖身，更谈不上上学读书，我的两个小弟弟又先后夭折，噩耗频传，忧心如焚，但繁重的学校工作又不能脱身，几经周折，辗转托人，才把母亲接到喜洲。母亲临行前收到父亲一封详细叙说沿途情况和应注意事项的长信。由于路途遥远又兵荒马乱，只得将我和姐姐暂时留下，托付给婶婶照管，便带着哥哥和三妹离开故土。母亲离去时，满怀着远避战乱，与亲人长聚的心愿，六年后却伴着亲人的骨灰回到故乡。这一惨痛的遭遇，不都是残暴日寇的侵华战争所造下的罪孽吗？

父亲擅长书法，他那浑厚挺拔、独具风格的行书、草书字体，都很受师生们喜爱。记得在云架桥住宅的书房里，除书桌外，还有一张双层长方形写字台，上面摆着一个大笔筒，里面插满粗细长短不一的毛笔，旁边是一个刻着精致图案的大砚台和散发着香味的徽墨。每当父亲应约写字时，我都自告奋勇地忙着端水、洗笔、研墨、伸纸，接着就聚精会神地看着父亲挥毫疾书，当父亲欣然盖上自制的图章时，我就高兴地喊着“写完了！写完了”，随后又去帮父亲收拾笔墨纸砚。1998 年以后，我们姐妹在遍觅父亲遗物的过程中，从父亲的同事、北京大学的阴法鲁教授处得知，阴教授几十年来，无论迁往何处，都一直收藏着父亲为他书写的一帧条幅，但由于年事已高，记不清放在哪里，答应等孩子们回家帮助寻找。父亲的学生、河北大学的胡人龙教授曾经收藏的字幅，也由于时间久远无法找到，随后即将找到的父亲 1942 年写给他的一封信和他转学到西南联大读书时，抄录游国恩教授 1943 年所作的《寄包大渔庄》那首诗一并复印寄给我们。2002 年元旦刚过，我收到大理白族自治州图书馆前馆长吴棠先生在大理古城一古玩店意外发现的我父亲 1943 年教师节代德源镇（今属洱源县）中心学校全体学生书写献给他们老师的一帧草书条幅，这是我们姐妹迄今所见到父亲唯一的大型手书真迹。

父亲还喜欢雕刻技艺，书房里的那张双层写字台的下层，除放着“雨航问学室”的专用稿纸、信笺等外，就是一堆雕刻图章用的各式各样的工具和大大小小尚待加工的图章石料。父亲所刻图章主要供自己使用，有时也会送给少数亲朋好友。如今，我仍保存着一枚刻有“雨航问学之室”，顶端雕刻着两只松鼠爬在一堆瓜果上的鸡血石图章，和一枚已改刻我的名字的象牙图章，印钮是一头昂首半蹲坐栩栩如生的狮子。每当看到这两枚图章时，我就会情不自禁地追念父亲为抚育我们所付出的辛劳。在父亲写给胡教授的那封信和吴先生发现的那帧条幅上，也都能清晰地看到父亲所刻制的多枚钤印。2001 年夏，父亲的学生、傅懋勣教授的夫人——中国社会科学院民族研究所研究员徐琳姐姐告诉我：她结婚时，父亲答应选枚好石、镌刻“文章知己，患难夫妻”八个字的图章送给她作纪念，惜未完成就与世长辞了。嗣后，我哥哥把一枚较小的好石和刻有父亲名字的两支大毛笔送给她，她随即将这枚石章刻上名字，一直使用和珍藏着。

许多年来，我怀着无尽的哀思，渴望知道父亲短促的人生，尽可能利用种种机会，探索父亲的教学生涯和学术成就。

1987 年，我离休后返聘参与编撰《云南省卫生志》，在省图书馆历史文献部查阅资料时，仅附带找到一份民国十八年（1929 年）十二月的《江西教育界》中记载父亲在江西省立农业专门学校任教期间，被推任为江西全省暨南昌市中等以上学校教职员联合会干事的资料。

1991 年 7 月，我应邀到下关参加《大理市卫生志稿》评审会期间，专程赴喜洲探访，得知父亲曾经住过的杨家祠堂依在，王家祠堂已失火焚毁。五台中学、苍逸图书馆的图书资料于解放后归并到大理县图书馆，目前尚未作清理。看到曾经做过华中大学校址的大慈寺破旧不堪，教室空荡荡的，显得有些荒凉。会后，市卫生志办给我寄来这年的第一、二两期《大理文化》，期刊连载着天津南开大学历史系郑克晟先生整理的郑天挺教授遗作《大理访古日记》。日记里记述了 1944 年暑假，西南联合大学和云南大学部分教授及青年教师应邀赴大理参与编修大理县志的历程，其中多处提到他们一行在大理、喜洲期间与父亲交往及父亲病逝前后的一些情况，从而使我知道了父亲猝逝的情节。2001 年 8 月，四妹全家去喜洲时，大慈寺已改作镇老年活动中心。她在简介中看到关于华中大学迁至喜洲的八年里“广泛传播现代文明，促进社会进步，为白族文化发展发挥了积极作用。一些著名学者教授开始研究白族文化，如包渔庄教授的《火把节考》（经查，此文系游国恩教授所作）……成为研究白族文化的奠基工作，促使白族文化走向世界”的记述。随后我看到《大理文化》第六期吴棠先生的《魂落苍洱》文里记述着：“包渔庄家所住的王家祠堂成了‘群贤毕至’的‘接待站’。他这里不仅接待学者、教授，也为从外地来大理考察、学习的学生排忧解难。例如中央民族大学的石钟健教授，当年还是西南联大历史系的学生，在向达先生指导下来大理作田野考古。他和哲学系的同学徐衍到喜洲的当天就拜见了包渔庄教授。包教授热情接待，把他两人安顿在华中大学第二宿舍。石钟健与徐衍到弘圭山考察，每天早出晚归，工作非常辛苦，包教授嘱咐学生食堂的厨师：如果两位同学回来较晚，要留下饭菜。石钟健上山觅碑遇上碑前长满荆棘，看不清碑文，就跑到包教授家里借了一把砍柴刀，才解决了困难。可以说，石钟健能完成这次考古任务，写出具有里程碑地位的《大理喜洲访碑记》，是与包渔庄教授全家的关心和支持分不开的。”

1998年2月，我们姐妹办理完母亲的后事，带着父亲的《经学通义初稿》复印件拜访父亲病逝后，曾照料过母亲生活的几个学生之一的云南师范大学朱炳淳教授，他亲切地追述在喜洲华大读书时的一些往事说：包先生胸怀坦荡，不计名利，主动把系主任的职位让给游国恩先生。包先生平易近人，和同学们的关系都很融洽。先生病逝后，全校师生都很悲痛，学校还举行了隆重的追悼会。抗战胜利后，华大迁回武昌前，火化先生遗体时，那浓郁的檀香味从墓地飘到喜洲，全镇的人都能闻到。朱教授当见到父亲的手稿时，就建议我们到武汉华中师范大学，请学校给予协助，争取出版，以惠后学，并回赠一本经父亲批注的藏书《经学通论》和另一篇父亲的遗作《从古代徽识论“易”之名义》，在这篇油印单行本的扉页上登载着十篇论文目录及作者姓名，其中父亲一人的论文就有六篇之多。嗣后，我们拜访阴法鲁教授时，阴教授一见这本油印单行本就爽朗地告诉我们说：这是我当年亲手刻印的。

3月初，我和姐姐、三妹抱着一线希望去到武昌华中师范大学校友总会，说明来意后，当即受到校长助理、校长办公室宋淑蕙主任、历史文化学院院长马敏博士、校出版社王先霈总编及档案馆刘祖芬副馆长的热情接待。他们对父亲似乎都很熟悉，给予了高度评价，称父亲是德高望重的老前辈，并一致表示支持出版父亲的遗作。马院长还赠送一本《跨越中西文化的巨人——韦卓民学术思想国际研讨会论文集》，并提供一本《华中师范大学档案馆馆藏资料》目录等资料。所有这些令我们姐妹十分感动，即决定将当时仅有的一本父亲遗作手稿和另一本藏书赠送给学校收藏。3 月 7 日王庆生校长接受赠书时，我的姐姐代表我们四姐妹发自肺腑地献诗一首，表达我们对学校的感激之情。

为协助学校出版父亲遗著，我先后到江西、北京、云南等地和北京大学、云南大学、云南民族大学的图书馆和档案馆查寻资料。经过几年的努力，终于找到一些关于父亲学历、经历和部分学术论文等。在搜集到的几篇著作里，我感到最为珍贵的是：云南省图书馆历史文献部肖霁虹副主任从云南著名作家和学者徐嘉瑞先生的赠书中为我找到父亲的《民家非白国后裔考》《蒙氏灭南诏说》，游宝谅姐姐收藏的《文心雕龙讲疏》与游国恩教授亲撰的《为包渔庄教授遗族募集生活基金启事》，昆明《云南文史》特邀撰稿人陈立言先生收藏的游国恩教授致父亲的两首诗墨宝。此前，徐琳姐曾函告姐姐和三妹，她 1996 年赴日本访问，在日本国立民族学博物馆查阅资料时，见到华大迁往喜洲期间父亲所作的几篇文章，有的已被人引用。其中《说白人坟》一文已在云南大学图书馆找到。

通过对材料的梳理，我这个自幼就离开父亲的女儿，才对父亲的生平出处有了一个比较系统但仍很粗略的认识。

70 余年的岁月犹如烟云流逝，但孩提时与父亲共同生活的日子里，自那桩桩件件小事所受到的教诲却刻骨铭心，终生难忘。父亲鞠躬尽瘁的敬业精神，容人自励的品德风范，对我们子女身教胜于言传的榜样，深深植根于我的脑海中，被我奉为毕生处世为人的圭臬。

敬爱的父亲，我要告慰您老人家，目前找到的部分遗著即将汇集出版，我深信这将会给后人提供长期被湮没于战乱之中的一位学人更为清晰的学术肖像，也可一酬您老人家终生诲人的遗愿。

敬爱的父亲，安息吧！我永远永远怀念您！

喜闻先父包鹭宾（字渔庄）先生墨迹将刊入华中师范大学百年校庆纪念画册，欣慰之余，谨缀数语，借纾缅怀之忱。

衡庐钟灵毓英才[1]，卓荦不群睥仕阶[2]。
耻步迂说阿俗世[3]，誓奋椽笔起积衰[4]。
遗篇难酬振经志[5]，高风犹存育人怀[6]。
苍山曙色洱海月[7]，共醉流霞往复来[8]。

【原注】

[1] 先生原籍江西，借用王勃《滕王阁序》中“地接衡庐”意。

[2] [6] 1926年先生自北大毕业回乡，谢绝省主席许以高位厚禄之聘，矢志从教育人，舌耕十八载，以迄终于华中大学教席。

[3] 先生曾著文详释“易”之名义，为《庄子·齐物论》“彼”、“是”作解，明辨民家非白国后裔，均尽抒己见，不囿于旧说。

[4] [5] 先生有感于《经学》之积久不振，慨然以振兴为任，穷毕生心力，锐意攻研，力辩倡言欲废之之非，并述为专著，惜因英年早逝，未克厥成。

[7] [8] 抗日战争期间，先生随校内迁滇西大理喜洲，地傍苍山洱海，徜徉于佳山秀水间近六载，终长逝于斯地。

华大惜才　永志难忘

包　俶

由于父亲包鹭宾先生的关系，我与华大有着不解之缘。我生在武昌华中大学，长在喜洲华中大学。1946 年随校迁回武昌读初中。1998 年 3 月，为父亲出书的事，我又随两位姐姐重返武汉，走访了华中师范大学。因此，我对华大有一种特别深厚的感情和许多难以忘怀的美好记忆。1998 年 1 月，母亲邱琼在昆明临终前，将伴随她度过 54 个春秋的一本父亲手书遗著交给我们包氏姊妹，希望有一天能将它出版问世。从此，两位姐姐即萌发为父亲出书的强烈意愿，走访了华大校友、云南师范大学的朱炳淳教授。朱先生给她们提供了很好的建议和线索，并将他保存的一本父亲批注过的藏书《经学通论》回赠我们。于是两位姐姐即约我（四妹包佺还在工作）同往武汉、北京、天津走访查寻。所到之处，如华中师大校友会、档案馆、出版社，以及北京大学阴法鲁教授、河北大学胡人龙教授的寓所等，均受到热情接待和支持，并尽其所能为我们提供资料和线索，让我们感激不尽。始料未及的是，3 月 5 日，我们到达华中师范大学的第二天下午，时任历史文化学院院长、现任校长马敏博士即在其寓所十分热情地接待了我们。他高兴地说“我正从事中国教会大学的研究，故对包先生在华中大学的情况也很了解”，并将他的有关著作和资料拿给我们看。当听说我曾在喜洲华中大学生活过，是四川医学院（其前身为华西医科大学，也是非常著名的中国教会大学）毕业的，马校长尤为高兴。当即将他主编的《跨越中西文化的巨人——韦卓民学术思想国际研讨会论文集》和他担任副主编的《文化传播与教会大学》两书签名送给我们，并希望我写点有关在喜洲华中大学的回忆。这次对马院长的拜访真让我们受益匪浅。从上述和其他有关著作及资料中，我们终于看到了父亲当年在华中大学辛勤耕耘的累累硕果和业内人士对父亲的高度评价；看到了父亲的名字和业绩已被载入华中师范大学的史册。三个均年逾花甲的老姊妹高兴得不亦乐乎，一致商议将父亲的手书遗著真迹《经学通义初稿》和父亲批注过的藏书《经学通论》赠送给华中师范大学收藏。尤其令我欣喜若狂的是，3 月 6 日，在王庆生校长、宋淑蕙主任、马敏院长、张泽湘教授等出席的校友会招待我们的餐桌上，宋主任代表学校明确表态："我们要把包先生的遗著作为学校的宝贵财富予以抢救，有再大困难，包括经费上的困难，也要积极收集、整理、出版。"大姐包俰听后，按捺不住内心的激动，当晚在招待所辗转反侧难以成眠，发自肺腑写诗一首，"宏志未酬辞人间，遗著湮世难安眠。百岁恰逢母随伴，临终嘱女了父愿。泣捧手稿思万千，学子见书进良言。觅访有着喜心田，华大惜才慰九泉"，以包氏四姊妹之名，献给华中师范大学，以表达我们对华中师大最深切、最诚挚的谢意。1999年11月，热切期盼父亲文集出版的大姐不幸病故后，二姐包佶更是不遗余力、锲而不舍，积极协助华中师大四处觅访，历经三年，行程万里。功夫不负有心人，她终于在校外又陆续收集到父亲的部分遗作和有关珍贵资料，并编写出《包鹭宾先生生平事略》和《包鹭宾先生著述目录》。父亲的遗作大多采用古文和繁体字，甚至有不少古汉字以及甲骨文，整理起来难度非常之大，编辑工作也极为繁重，幸得华中师范大学领导，特别是马校长的大力支持、关照和亲自指导，父亲的文集才得以出版。这是对华中师范大学百年校庆的最好献礼，也是对先父逝世60周年的最好纪念。

下面，再就我在喜洲华中大学生活的那段时光作一回顾，谨献给当年在喜洲生活过的所有华大人，特别是华大已作古的老前辈，以及我华大附小的老师和同学。1941年，我随母亲、哥哥千里迢迢从江西老家逃亡到云南边陲小镇大理喜洲，追随在父亲身旁，度过我快乐美好的而又苦难的童年时光。60多年过去了，然而许多童年往事依然记忆犹新，历历在目，难以忘怀。

一、华大附小——我可爱的摇篮

1944年秋，我上小学五年级时，喜洲华中大学专为其职工子弟创办了一所附属小学，位于华大后侧门外，与华大有一墙之隔，紧靠隔墙，有三间并排小平房。中间是办公室，右侧为低年级教室，左侧是五、六年级的教室。前方有一块空地和好高的几棵大松树。松树间吊有秋千或嵌有长木条。旁边还有一简易沙坑，是进行体育锻炼、游玩和休息的地方。再前方靠篱笆处是一片小土坡，我们在这里种植玉米与向日葵。华大后侧门旁有华大的琴房，每天上学前后均可听到音乐系的郑小姐在这里弹琴吊嗓，其琴声歌声悦耳动听，对我们不无影响，至今我们对美声唱法仍情有独钟。尤其是我班的杜美丽，考大学时选择的就是声乐专业。附小只有两位专职老师，其余全是兼职，但他们的水平却是小学中最高级的。校长由教育学院院长黄秋浦博士兼任。所有老师全是华大毕业或在读学生。黄老师为专职语文老师兼教务主任，代老师为专职算术老师。她俩不断交换场地，穿梭于不同教室与班级之间。但她们仍然非常耐心和蔼，像大姐姐一样关心呵护我们。学生也很少，六年级只有黄以诚一位同学，五年级有 7 位学生。老师给我们上算术或语文课时，黄则预习、复习、做作业。反之亦然。其余课两班合上。我们每天只上半天课，但老师要求我们每节课必须在课堂上全部消化吸收，完成作业。因此，我们都非常专心听讲，努力做好作业，放学后则非常轻松、愉快。

华大附小的规模虽小，设备虽差，但她却是我们最可爱的摇篮。在她温馨的怀抱里，我们受到最良好、最完善的小学教育和爱的熏陶。在老师、家长和周围华大人的言传身教、潜移默化下，我们从小就懂得要有文明礼貌，讲仁义道德，要尊长爱幼，平等待人。所以我们附小的同学都非常团结友爱，情同手足，从不骂人吵架，更不打人斗殴。无论家长是领导还是一般职员，甚至像我这个已无父亲的孤儿，都没有任何特殊或歧视。相反，老师和同学对我都更加关爱与友好，让我毫无一般孤儿常有的孤独和自卑感。她在我们幼小的心灵早已播下了博爱、平等、民主、自由的种子。因此，1947 年初中一年级的我们，对国民党当局镇压武大学生运动，用达姆弹打死三个武大无辜学生感到义愤填膺，并热烈声援他们反迫害、争民主的斗争。1948 年春，到昆明后，我与哥哥又积极投身于昆明如火如荼的学生运动。如“七一五反美扶日”的示威游行，我们在国民党戒备森严的警棍下，手挽着手振臂疾呼“反对美国扶持日本”“反动政府、卖国政府要垮台”等口号。紧接着又集中住在云南大学进行长达近两个月的罢课斗争，主要声援被捕同学。我们天南中学学生会主席郑夫导等这次也被捕入狱，坐电刑，受拷打。我曾在壁报的作文中写道：“血是红的，泪是酸的，奋斗出来的生命才是最宝贵的。”我无限向往“山那边有个好地方，穷人富人都一样，你要吃饭得劳动呀！没人为你当牛羊”。我深切盼望神州大地都能像“山那边”一样美好。1949 年底昆明解放前夕，我秘密加入了共产党的地下外围组织——中国民主青年同盟（简称“民青”），参加了昆明保卫战和迎接解放军进城。哥哥在我之前早已加入民青，“七一五反美扶日”后，他就读的昆明天祥中学因搞学生运动被国民党查封，哥哥被派往云南边纵上山打游击。我非常想和他一起去，哥哥不同意，说我太小，又是女的，而且我们都走了母亲接受不了。哥哥很孝顺母亲，而且各方面均酷似父亲：刚直不阿、淡泊名利、宽容厚道、处处为别人着想，很少考虑自己，以及相貌、字体和英年早逝，猝死他乡等等。例如 1954 年，他从西南农学院毕业时，根据他的条件完全可能分到北京（母亲也在北京）或留校。可是他却主动坚决要求到祖国最艰苦的地方。于是学校让他带队到当时最艰苦最遥远的新疆。他热恋中的女友也因此“拍拍肩膀飞走了”，飞到北京和另一位分到北京的男同学结了婚。但哥哥始终无怨无悔，至死未离开新疆。我与哥哥的感情极深。虽然民青是单线联系，但我们兄妹间可以无话不说，他最喜欢对我背诵的一首诗是：“生命诚可贵，爱情价更高。若为自由故，两者皆可抛。”我追求博爱、平等、民主、自由的思想也受到哥哥的极大影响。

我的父亲是因缺医少药才英年早逝、猝死他乡的。从此，我立志学医，救死扶伤，治病救人。1951 年 7 月，我还在上高二，但一有机会我就毅然报考军事干校参军学医，被分配到重庆第七军医大学（现在的三医大），我非医不学，非医不干。1950年，民青让我报考公安，我不去。为了能更好地奉献爱心，我班七分之五的同学都选择了学医的道路，而且均学有所成：卞博文是医学博士，现仍在美国；刘静华是医院院长；王遂生、李丽珠为湖北医大教授兼科室主任；杜美丽是音乐教授。唯有我只是副教授。不过我也曾被评为四川医学院的优等生、社会主义建设积极分子和成都市先进工作者。我也可以毫无愧色地向母校华大附小汇报：我尽到了一个医生、一个教师应尽的责任和应有的爱心。为此，我由衷地感谢华大及其附小的培养教育，从小在德智体美等诸方面为我们奠定了良好坚实的基础。

二、绚丽多彩的精神文化生活

尽管喜洲华中大学的物质生活异常匮乏，然而据我上附小后所知，她的精神文化生活却非常充实，绚丽多彩。每逢节假日，几个大小伙伴即相约外出远足（郊游）。喜洲依山傍水，景色秀丽，气候宜人，经常白天是蓝天白云，晴空万里，夜晚繁星闪烁，星空璀璨，可供游玩的地方很多。我们或爬苍山，或游洱海；或带上自制的饭团、凉拌菜，坐在潺潺流水、清澈见底的溪涧大石头上野餐；或随华大人到蝴蝶泉，捕捉满天飞舞的蝴蝶，制作美妙非凡的蝴蝶标本等等。不过，我们小孩最高兴的还是过节。喜洲是白族的聚居区，不同风俗习惯节庆日很多。印象最深的有：火把节，它是民家人（白族）特有的节日。晚上，我们到镇上观看民家人举着熊熊燃烧的大火把游街狂欢。火把上面扎的火把梨、花红等水果不断从上面掉下来，人们都可以捡来吃，特别是火把梨，很美，表皮半边水红似胭脂，半边淡绿如翡翠，肉质雪白细嫩，富含水分，唯味甚酸。圣诞节，它是华大人最盛大的节日。这一天，华大女生宿舍向全校开放。上午，我们附小的同学也被黄、代老师带着前往参观。每间寝室都装扮得非常雅致、美观。中午，黄、代老师（广东人）和其他广东籍女生请我们吃她们自制的广东粥。真好吃，我还未吃过如此美味可口的粥。午后，我们在华大绿草如茵的草坪上尽情游玩、嬉戏，等待圣诞老人给我们分送圣诞礼物。平安夜的晚上，在华大礼堂有文艺节目表演，我们附小也参加表演节目。记得附小开办的那年平安夜，我还扮演过圣母玛利亚咧！深夜，每一家，包括非教徒的我们家，都准备有花生、橘子等小食品，等待圣诗班的白衣天使唱着优美动听的《平安夜》等赞美诗来报佳音。春节是喜洲人和华大人共有的节日。白天，我们到镇上观看喜洲人玩龙灯、踩高跷、放鞭炮，买雪粑吃。所谓雪粑，就是喜洲人从苍山背下来的雪，在手心按紧呈凹形，淋上红糖水，卖给孩子们吃。它本没有名字，因喜洲人将类似的米制品均叫粑粑，我也姑且叫它雪粑吧。晚上，我们最喜欢到五台中学礼堂看华大人唱京戏（喜洲人也在镇上搭台唱戏）。杜美丽的父亲是京戏票友。因此，杜美丽也很会唱京戏，我们常跟她学，虽唱不好，但至今还能哼上几句。中秋节最难忘的是有一年，我随华大人到洱海赏月，他们用小土碗，盛上油，装上灯草，点燃，放入洱海。然后，几个人分坐一只小木船，在明亮皎洁的月色下，荡着小舟，举头仰望天高云淡的夜空，一轮又大又圆的明月，低头俯视碧波荡漾的湖面，徐徐漂动的点点灯火，如诗如画，美不胜收。真的，每当回想起可爱的摇篮华大附小，回想起喜洲华大绚丽多彩的精神文化生活，总有许许多多童年和少年往事涌上心头，让我怀念不已，心醉难忘。

三、我心目中的喜洲华中大学

喜洲华中大学在我幼小的心目中是最圣洁、最美好的世外桃源，这里没有战争的恐慌、人世的纷争和城市的喧嚣。这里有的却是善良友好的人们，恬静平和的生活，勤奋努力地工作和学习，以及苍洱优美的自然风光和四季如春的宜人气候。喜洲华中大学更是我心目中最具有博爱、平等、民主、自由氛围的惜才育人的教会大学。这里的领导、师生、家属乃至小孩彼此相处得都特别融洽、和睦、亲密、友爱。她让我真真切切感受到人人爱我、我爱人人的人生是如此美好幸福。这里的成员在人格上完全平等，在领导作风上高度民主，在信仰、言论、学术等问题上充分自由。诚然，这里也同样存在着职务、级别上的不同和待遇上的差异。然而，这种不同和差异主要取决于各成员的能力与贡献，而非取决于信仰，而非取决于关系。我的父亲就是最好的典型例证。父亲没有宗教信仰，非基督教徒，也没有任何背景关系，本人又极其清高正派，刚直不阿，好古笃学，其衣着、语言、思维、观念均属于非常传统的中国儒者的类型。然而，父亲凭借其才学与贡献，在这所基督教徒、外籍教师、中外博士如林的教会大学里，却受到应有的尊敬、信任和重用，享受到充分的平等、民主和自由，以及相应的生活待遇。这首先应感谢具有远见卓识、治校有方的带头人韦卓民校长。小时候，我常听到父母谈及韦校长。尤其是母亲常对我说韦校长是好人。1997 年，母亲去世的前半年，在成都，她已老得卧床不起，生活完全不能自理，但记忆力很好，对过去的人和事记得很清楚。有一天，母亲又突然对我说："三囡，韦校长真是大好人呀！……"长时期的耳濡目染，以及近年看到的一些有关韦校长的著作，更加深了我对韦校长的印象。在喜洲，我不时在华大校园或我们家中可以见到韦校长清瘦的身影，衣着十分简朴，常穿件中式灰色长衫，形态是那样和蔼可亲，平易近人，毫无校长架子。1941 年，我们刚到喜洲时，住在杨家祠堂西厢房，很宽敞，楼上有房三间，楼下有一大一小两间房子，还有大殿、内外庭院和厨房。东厢房分别住着物理系和化学系的两位青年教师。住楼上的是物理系的郑建国副教授。他家人口多（七人），父亲就将我家楼下让给郑的岳母，即许宗岳先生（当时在美国）的母亲许老太和她的孙子住。两家相处甚密，亲如一家。不久，郑先生全家离开喜洲到复旦大学去了。有一次，父亲的故友、著名作家老舍先生住在我家，韦校长得知后，亲自到我家看望贵客，并见缝插针，趁老舍到喜洲作苍洱之游的机会，请他晚上为华大讲学，学生反映极佳。如华大校友、河北大学的胡人龙教授在 1989 年写给我大姐的信中还提到请老舍讲学的事，念念不忘。后来，我家搬到王家祠堂西厢房，这里的房子更新、更漂亮，环境更优美，内外院内均种有许多花草，宛如花园。住东厢房的是教育学院院长黄秋浦博士一家九口。黄先生很洋气，经常西服革履，在家与黄太太也常说英语。但他待人包括我们小孩也非常随和友善。我常到他家楼上找比我大的黄寄美、黄寄华玩。1944 年暑假，西南联大和云大的部分专家、教授如郑天挺、罗常培、游国恩、徐嘉瑞等应邀到大理为其编写县志作实地考察，我的父亲也被邀参加。8 月 4 日，父亲因病先一天回喜洲。8 月 7 日郑先生在他的《大理访古日记》中记有："五时华中大学设宴于王家祠堂，即包渔庄、黄秋浦所居，招待同来诸人……卓民、萃田均大醉。"

我的父亲非常敬仰韦卓民校长的学识与为人，特别是他的综合中西文化的治校方针和平等、民主、自由的领导作风更是深深地吸引着父亲。因此，父亲到华大执教后，一待 13 年整，至死未渝。我们都知道韦校长是基督教徒，留学美英的博士，著名的哲学专家，精通多门外语，在国外享有很高声誉；同时，韦校长更是伟大的爱国者，他十分热爱中国文化和中国古籍，他的中文功底同样非常雄厚，堪称是融会中西文化的楷模与倡导者。韦校长主张基督教中国化。教会大学应成为中西文化交流与融会的重要场所，这对中国的繁荣有益无害。要综合中西文化，首先必须吸收更多受过本科优良训练的、有良好中国文化背景的中国学者以充实教会大学的师资，特别是社会科学的教学。鉴于此，1931 年，中文系的周正权老先生走后，韦校长即聘请我父亲接替他的工作，并委任年仅 32 岁的父亲为中文系系主任，执掌系务。此后，又让父亲相继成为学校常设委员会中的入学、课程、中期考试委员会委员，与校长、教务长、院系主要领导一起共商学校教务大事。华中大学对师资水平要求极高，各门课程的高年级专业课均需由资深的博士教授担任，且需用英语讲授。韦校长曾有意送父亲出国深造，但父亲却说："我是教中文的，我的土壤在中国，应植根于国内。"韦校长并未因父亲的顶撞，耿耿于怀，给父亲"小鞋"穿，而是根据父亲的才学与贡献，照样提升父亲为教授，担任中文系高年级专业课，并明确规定，中文系高年级专业课可以不用英语讲授，充分体现韦校长任人唯贤、海纳百川的博大胸怀，以及他一贯的平等、民主、自由的领导作风。韦校长兼文学院院长，对中文系的发展与科研工作十分关心，重大事件均与父亲等系内同仁商议决定，且功绩卓著。如1936年，他与父亲等关于中文系未来的设想给美国哈佛燕京学社中国研究会执行秘书长埃里舍夫博士以深刻印象。次年，华大中文系即开始得到哈佛燕京学社的资助，用于研究长江中部文化。又如1939年，华大迁至喜洲后，韦校长高瞻远瞩，考虑到西南边疆的重要性，遂又与系内诸子商议转向研究西南边疆少数民族文化，并于1942年5月，由中国文学系研究室编辑出版了《西南边疆问题研究报告》第一期。其中刊登有父亲与游国恩先生的论文各两篇。韦校长在《报告》的弁言中写道："三年以来，孜孜不懈，凡先后撰文十余篇，邮至美国报告者四次。"我父亲与游先生、傅懋勣先生的学术论文令美国汉学家瞩目，且受到美国哈佛燕京学社好评，"补助亦递有增加"，使中文系发展成为华中大学实力最雄厚的系，韦校长功不可没。

1944年8月8日，我的父亲不幸英年早逝，猝死于喜洲。噩耗传出，整个华中大学沉浸在一片悲痛之中，同时给予我家以极大关怀与帮助，诸如：（一）学校对父亲的逝世极为关心和重视，对父亲的丧礼给予极高礼遇，并完全满足母亲按家乡封建礼仪提出的一切要求，为父亲举行空前隆重盛大的守灵、公祭、追悼会、送殡和火化。（二）韦校长多次到我家看望母亲，坐在母亲旁边，亲切地对母亲说：包太太，你要节哀保重，孩子们都太小，你不能垮啊！你一定要挺住。并告知母亲，学校对我家今后的生活和子女教育已作周密考虑和妥善安排，如决定抚养男孩包仁至大学毕业，四个女孩至高中毕业等［这里我必须插入一点说明：学校当时即一次性给了我们一笔数额不少的抚恤金和教育费。母亲将这笔钱和募集到的生活基金（不太多）全部交给了某先生，请他带回昆明帮助我们存入银行或做生意，同时将哥哥带到昆明上中学。1946年4月哥哥和我们一起随校迁回武昌后，该先生与我家再无任何联系，这笔钱也下落不明。母亲靠给华大学生（在喜洲）和朋友家（在武昌）做饭维持生活。我和哥哥上学则靠父亲的华大同事（在武昌）和学生（在昆明）资助]。（三）华大主任秘书王仁载先生的夫人置全家大小八口生活于不顾，专至我家帮忙料理父亲的一切后事，并陪伴我们守灵三天三夜。回武汉后，学校虽为我们安排有住房，但我与哥哥住校，王太太为慰藉母亲孤独和照顾她的生活，特意接母亲住在她家，不久，华大校友、武汉大学的许宗岳教授全家回到武汉后，许老太又执意请母亲住她家。（四）中文系主任傅懋勣教授和夫人徐琳研究员对母亲关怀备至。徐姐称我母亲为“妈妈”，情同亲母女。回武昌后，他俩又主动资助哥哥上著名的私立文化中学（教会男中）。他们到北京工作后，得知母亲也住在北京大姐家，来往更密。20世纪70年代末，傅先生到成都开会，还专门到我家看望。1996年，徐姐赴日访问，看到我父亲的《说白人坟》一文被人引用，即写信给我到成都图书馆查找父亲的原文，“复印下来，慢慢把老师的文章收集起来，出一集子，这是大家的愿望”！（五）文学院院长骆传芳博士给予我慈父般的关爱。1946年返鄂途中，骆先生是第一批领队，他特意将我家四人和我最要好的朋友刘静华全家九人安排和他同坐一辆十轮大卡车，让患有严重心脏病的刘鄂华睡在靠车头的行军床上，让我母亲坐驾驶室。他自己带着我坐在车后高高的行李包上，可以将头露在车篷外，以免我晕车，一路上给予我无微不至的关怀。到武汉后，骆伯伯又主动资助我上最著名的贵族教会中学——圣希理达女中。1947年，骆太太（美国人）及其女儿从美国回武汉后，常请我上他家玩，请我吃西点，送我小礼物。这年圣诞节，骆伯伯还送给我一串镶有三颗绿宝石的项链，并亲自为我戴上。（六）华大校友、天南中学校长吴醒夫先生，在我去昆明后，免费让我上私立天南中学（也是教会中学），父亲的学生昆明天祥中学校长章煜然先生资助哥哥上天祥中学等等，不胜枚举。

1948年1月，我最具有孝心和仁爱之心的大姐，为实现我们全家梦寐以求的母女、手足团聚，她一有机会，就专程从天津赶到武汉、江西，将母亲和三个弟妹接到昆明，主动地、无怨无悔地承担起赡养母亲、抚养弟妹的重任。当时，大姐新婚不久，失业在家，仅靠大姐夫（也是表兄、高级工程师、离休干部）谢天民先生一个人的工资，维持一家生计，实在太难为他们。从此，我告别了可爱的大家庭华中大学，告别了可亲可敬的华大人，告别了生我、养我的第二故乡武昌。半个世纪过去了，至今我仍常常地怀念、无限地感激他们。华大对父亲的器重、惜才更是让我铭记在心，永志难忘！

学者风范　铭刻心髓

包　俶

1941年，我8岁时，抗日战争的烽火已燃遍神州大地半壁江山，我的故乡江西南城也正处于水深火热之中，母亲邱琼只好带着哥哥和我千里迢迢逃难到华中大学南迁之地——云南边陲小镇大理喜洲，追随在父亲包鹭宾的身旁。父亲当时课时不多，主要在家看书、备课、写文章，因而我能与父亲朝夕相处。父亲很爱我，让我与父母同住一间卧室兼书房（我们楼上楼下共有五间住房），每天早上帮我洗脸、梳头。我自幼爱看小说，父亲就从华大图书馆借些中外名著给我看。虽然当时有的看不太懂，但对大仲马、老舍、茅盾、巴金等著名作家的名字已有很深印象。我也最敬爱父亲，对父亲有着极深厚的感情。每天放学后（镇小只上半天课），我哪里都不去，就喜欢围绕在父亲身边，即使在他看书、写文章的时候，我也爱静静地待在一旁看小说，尽力为父亲做些我力所能及的生活小事。如父亲爱抽水烟，我就帮他装烟、点火、搓纸捻（点火用）。父亲经常看书看得入神，忘了自己，我就主动帮父亲添饭、夹菜、端茶水等。因此，我对父亲有很深刻的印象和许多难以忘怀的记忆。父亲离开我们虽然已 60 年了，然而父亲那孜孜不倦、勤于治学的学者风范，刚直不阿、淡泊名利的人格魅力，严于律己、宽以待人的奉献精神，以及英年早逝、猝死他乡的悲痛情景至今仍深深铭刻在我的心髓，任随岁月流逝，也难以磨灭。

一、学者风范

父亲在我的记忆中是那么具有贤者风范的学者、教授兼书法家，他终日孜孜不倦，勤于做学问。白天，我见到父亲不是在书房专心致志地伏案看书，就是在堂屋全神贯注地走来走去思考学术问题。父亲从不躺着、靠着看书，而是端坐桌旁，将书平放，边看书边在书上做批注。吃饭时，则将书放在饭桌上，用铜压条压住，边看边吃。父亲在看书或思考问题时，不仅两耳不闻窗外事，就是他身边的事也是充耳不闻、视而不见，甚至我们叫他，和他说话，他都听不见。故母亲从不叫父亲的名字，只称父亲为“聋子”。“聋子”就成了母亲对父亲的爱称。夜晚，我见到的父亲总是在油灯下奋笔疾书至深夜。往往我一觉醒来，仍见父亲还在不停地写个没完，把他白天思考好的腹稿撰写成文章或讲义。虽然我无力知道父亲写的内容，然而有两点印象很深、很深：一是在书桌和书架上堆放着许多一叠叠父亲用毛笔竖写的手稿；二是清楚记得听父亲说过他要赶写文章寄往美国发表。

父亲还擅长书法，他的行书、草书和楷书写得都非常漂亮，深受时人喜爱。我常见父亲欣然挥毫，为上门求字者书写匾、联、条幅等。我则非常乐意地站在一旁，为他磨墨伸纸。父亲还专为哥哥和我写过字帖让我们临摹，并给我们示范如何握笔练大字：握笔要直，右手心要空，右前臂要稳。这三条父亲做得非常到位，他可以在手握大毫的同时，右手心再握一枚鸡蛋，右前臂放一小杯水，悬笔写大字时，做到滴水不溢。我们看了直拍手叫绝，敬佩不已。篆刻图章是父亲的业余爱好和休闲方式，我经常见父亲茶余饭后坐在书桌旁的窗台下，埋头精心刻图章。窗台上堆放着不少形状、大小、字体各异的图章。遗憾的是，当年我太年幼无知，对父亲的手稿、墨宝、图章等珍贵文化遗物，全然不知珍惜、更不知保存，1946 年 4 月，我家随华中大学复员回武汉时，在我的印象中，这些东西已丧失殆尽。

时隔 54 年后，我才欣喜得知母亲尚保存着父亲的一本手书遗著和几枚图章。尤其令我欣喜不已的是，继此之后，我随两位姐姐走访了华中师范大学，从华中师大的有关著作，以及后来二姐包佶收集到的有关资料中，我终于看到了父亲当年在华中大学孜孜不倦、辛勤耕耘 13 年的累累硕果和业内人士对父亲的高度评价；看到了父亲的名字和业绩早已被载入华中师范大学的史册。父亲的前功并非徒劳。此外，我的许多儿时记忆也获得了印证，诸如：（一）在《中国教会大学文献目录》第三辑之《华中师范大学档案馆馆藏资料》（马敏、方燕编著）中，记载有父亲的论著目录 11 篇，并写有："从 1937 年起，中文系得到美国哈佛燕京学社的资助，用于研究长江中部文化。包鹭宾、游国恩、傅懋勣等教授对滇西南诏、白国、佛教、种族和各夷族语言的研究与提供给美国哈佛燕京学社关于西南文化的论文为美国汉学家所珍视。""中文系发展成为华中大学实力最雄厚的系。"（二）在《跨越中西文化的巨人——韦卓民学术思想国际研讨会论文集》（马敏、周洪宇、方燕主编）一书中，周洪宇博士在其论文中多处提到父亲包鹭宾的名字，并写道："包鹭宾教授是著名的国学大师，发表过许多有影响的论著……"范麟章先生在他的论文中写有："文选学专家包鹭宾教授，在喜洲时研究僰国、僰族等问题，曾写过《白人非白族之后》等学术论文，由哈佛燕京学社出版。包鹭宾教授为培养云南各族人民的子弟积劳成疾，燃尽了生命之火，长眠在洱海之滨。"（三）在《华中大学》（美国柯约翰著，黄政辉译）的书中，记有父亲在华中大学的主要经历与业绩，从而使我更清楚、更具体地知道父亲是 1931 年受聘于韦卓民校长到华中大学任教的。是年父亲年仅 32 岁，即开始担任中文系系主任，执掌系务。此后，父亲又相继成为学校常设委员会中的入学、课程、中期考试委员会委员。在此期间，柯约翰先生写道：“包先生为中文系的发展做了很多贡献，中文系不仅发展成为华中大学主要的系，而且在武汉地区高校中有着很大的影响。”“1936 年春，韦博士、包先生对中文系将来的设想”给到华中大学考察的美国哈佛燕京学社中国研究会埃里舍夫博士以深刻印象。次年，哈佛燕京学社终于认识到了华中大学“中文系在中国文学与写作方面的工作价值”，并开始给中文系以资助。“1944 年 8 月，中文系主任包先生猝死于喜洲，从而结束了他对中文系长时间的正确领导。”（四）在《西南边疆问题研究报告》（华中大学中国文学系研究室编）中，刊登有父亲的《民家非白国后裔考》和《蒙氏灭南诏说》两篇学术论文。韦校长在报告的弁言中写道：“三年以来，孜孜不懈。凡先后撰文十余篇，邮致美国报告者四次，补助亦递有增加，乃益觉前功之非徒劳也。爰议汇集，陆续付印，其事匪易，久乃克底于成，兹编其嚆也。”（五）在《为包渔庄教授遗族募集生活基金启事》（北京大学游国恩教授撰写）中，附有父亲的遗著目录共 14 篇之多。（六）在 1996 年，华大校友、中国社会科学院徐琳研究员（父亲的学生，傅懋勣先生的夫人）给我的信中写道：“我这次赴日访问，在民族学博物馆查阅资料时，见到包老师的《说白人坟》一文被人引用……”尽管父亲还有不少未来得及发表的手稿已无法寻觅，但既有论著与资料已充分显示出其珍贵的文献价值。2001 年初，二姐收集到迄今唯一一帧父亲的大型条幅真迹，上面还盖有父亲自刻印章三枚，真如获至宝。二姐将它影印放大，分送包氏兄妹各一张，挂在客厅，从而可以随时再睹父亲的书法风采，感到无比亲切和极美好的艺术享受。

二、人格魅力

父亲一生清高正派、刚直不阿、淡泊名利，更不屑于沽名钓誉，趋炎附势。父亲常说：“我愿意吃一辈子粉笔灰，当一辈子穷教书匠，也不愿意当官，受命于人，更不愿意为五斗米折腰。”如早年在江西时，江西省省长熊式辉欲聘请父亲出任其秘书长，父亲谢绝了。又如父亲执教的华中大学是一所由美英等外国教会创办的私立教会大学。这里有牧师、传教士、众多基督教徒和外籍教师。可是，我却听父亲说过："我没有宗教信仰，我只信仰真理，即科学文化，我愿为追求真理，传播真理而献身。"父亲是这样说的，也是这样做的。如在喜洲时，父亲主要致力于探究西南少数民族文化的真谛。父亲曾在华大主任秘书王仁载先生陪同下，到鸡足山等边远山区进行实地考察、探索、研究，并将他考察探究的结果撰写成学术论文向国内外发表传播。华中大学对师资水平要求极高，各门课程的高年级专业课均需由资深的博士教授担任，且需用英语讲授。听母亲说在武汉时，韦校长即有意送父亲出国深造，但父亲却说"我是教中文的，我的土壤在中国，我应植根于国内"，不愿出国留学，争当博士。父亲在其日常生活中也是如此。如穿衣只穿中式长袍马褂，从不穿西服衬衣；写字只用毛笔竖写，从不用钢笔横写等等。另外，听说在武汉时，大姐包俫买了盒日本牌蚊香回来，父亲就声色俱厉地批评大姐，并要她立即退回。现在看来，这些似乎都并不可取，然而却充分显示了父亲对博大精深的中国传统文化的酷爱与执着，以及他的一片爱国之心和民族之情；同时也充分显示了父亲对名利地位乃至白眼歧视的毫不在意，以及他富贵不能淫——不愿当高官厚禄的省秘书长，贫贱不能移——甘当一辈子两袖清风的穷教书匠的人格魅力，实属难能可贵。正如1943年西南联大教授、著名楚辞专家游国恩先生在其《寄怀包大渔庄》的诗中所写："可怜落落觚稜在，只换悠悠白眼来。"又如1944年西南联大教授、著名历史学家郑天挺教授在他的《大理访古日记》中所记："安得笃学好古如渔庄者，更从而求之耶！"也如鲁迅先生的名言所说："横眉冷对千夫指，俯首甘为孺子牛。"

三、奉献精神

父亲对自己和孩子特别是哥哥包仁要求极严，对待他人却异乎寻常的宽容与厚道。父亲为了工作和他人可以奉献自己的一切。给我印象最深刻的是，1937 年 12 月 13 日，南京沦陷，南大和金陵女大准备或已经西迁，华大许多人也提议西迁。父亲为了不给工作和学校增添拖累，于同年底，即将母亲和我们 6 个孩子（最小的弟弟尚在襁褓中），连同他的几十箱书和字画等全部遣送回江西老家。1938 年 7 月，父亲只身一人，带着他实在舍弃不下的、经他自己精选出来的 13 箱线装书，随华大辗转至桂林。在桂林他的 13 箱书以及带回老家的书全被炸毁，这是让父亲最痛心的事（父亲嗜书如命）。随后绕道越南河内，万里逃亡到云南边陲小镇大理喜洲。其间数年，父亲一直过着十分清苦的单身汉生活。直到 1941 年，故乡也天天受到日机轰炸，民不聊生，我两个小弟弟又先后夭折，父亲才让母亲带着哥哥和我去喜洲。父亲将自己三个亲生女儿仍留在江西，却同意母亲将她的一个偷窃成性、被学校开除的堂弟邱某带到喜洲，目的是希望能挽救一个失足青年，给他“痛改前非”（邱的血书保证）、重新做人的机会。但邱到喜洲后仍恶习不改，甚至将母亲带出来的金银首饰等也偷出变卖，又多次被开除。父亲置自己的情面于不顾，亲自到学校为邱求情、担保。尽管如此，父亲非但对母亲毫无怨言，就是对邱本人也从无重语。可是，对哥哥却完全不一样。哥哥只要贪玩，学习成绩不如他意，父亲非骂即打，甚至拳脚相加，并责怪母亲：“就是让你给惯的。”1942 年 5 月，国难当头，故乡沦陷，我二姐小小年纪流离失所，无人照管。父亲面对国患家忧，无能为力，只能束手浩叹，其内心苦不堪言，只有向其挚友、北大同窗、江西同乡游国恩伯伯倾诉。游伯伯当时还在喜洲，常于晚饭后上我家串门。两人在一起除主要研讨学问或吟诗作赋外，有时，我也见他们边饮酒边谈论国事、家事等，借酒浇愁，结果愁更愁。我清楚记得，一天晚饭后父亲喝得酩酊大醉，拍桌子，发脾气，痛斥国民党腐败无能，并为自己骨肉分离，女儿们在沦陷区受苦受难失声痛哭。1942 年秋，游先生到昆明西南联大任教授，曾为父亲写诗两首，就是对父亲当年情况的真实写照。如《东征别渔庄》的前四句为：“避世共丘壑，各占苍山半。俯仰悲乾坤，束手余浩叹。孤抱君与同，岁月供把玩。如何烽燧高，寒饿驱人散。”在《寄怀包大渔庄》一诗中写有：“少年卓荦不凡才，忧患侵寻志易灰……此士塞胸惟磊块，故应和泪咽深杯。”父亲“家无担石之储”，“守贱安贫身老大”。他自己节衣缩食，也要竭尽可能接济我寡居的婶母和姑母。姑母无后，父亲就将我四妹包佺留在姑母身边，以慰藉姑母。华中师范大学的张泽湘教授（华大校友）也回忆说：“包先生自己没有钱，但见到学生经济上有困难总要解囊相助。”父亲还非常好客，对来访客人，无论是著名作家、学者，还是普通学生，均热情接待，关怀备至。我印象最深的是有一次，著名作家老舍等二人住在我家所居的杨家祠堂东厢房楼上，我们全家都高兴极了。我还很得意地告诉我镇小的同学说：“老舍来喜洲了，就住在我家。”让她们也分享我们的快乐。母亲对客人更是无微不至的关怀，每天叫我到东厢房楼上（我家住西厢房）给客人们送水泡茶等。近年，我从著名古琴家、中国民航局原经理查阜西先生的《苍洱之游》（1941 年）一文中得到印证：“抵喜洲，已近暮，宿老舍故人包渔庄家。无何游君泽承（即国恩）亦至，皆热肠惊呼，余则借他人酒杯，自消傀儡而已。华大校长韦君之来访，求老舍为之讲学三夕，余一夕……”尤为难得的是，1944 年 8 月 5 日，就在病故的前三天，父亲尚带病到华大苍逸图书馆，看望西南联大友人郑天挺教授等。郑先生在其《大理访古日记》中记有：“五日余等到喜洲，尚来苍逸图书馆相视，下午余等诣之，谈尚甚健。余惟于其殷勤招待时之一刹那见其微蹙其眉，有痛苦状耳，不意隔日之别竟沉重至此。”

四、英年早逝

1944 年暑假，父亲应邀前往大理为其编写县志作实地考察，被邀请的主要尚有游国恩、郑天挺、罗常培、徐嘉瑞等西南联大和云大的部分著名学者、教授和青年教师。8 月 4 日，父亲因发烧先期一天回到喜洲家中。6 日晚，我见父亲躺在床上，他叫我过去，坐在他床边，将他特意在大理为我买的一小包水果糖放在我手中，抚摸着我的手，和我亲切谈话。他说："三囡，我头天晚上还陪客人看戏，你晓得我是不爱看戏的，主要是为尽地主之谊。第二天就开始发烧。他们要我在大理住院，我觉得不要紧，何必给别人添麻烦，就先回来了。"万万没有料到，这竟是我们父女的最后话别。次晨，母亲告诉我："爸爸烧得很厉害，迷迷糊糊，话也不说。"当时华大校医鲁茨大夫刚回美国，哥哥只请来一位护士，由于未得到正确诊治（据我现在分析，父亲很可能是患疾病——瘴气，但那位护士只一味给父亲注射强心剂），午后，父亲的体温已高达 41.6℃。深夜（8 日凌晨）父亲的生命之火遽然熄灭。此时此刻，有如天塌地裂，突如其来的人生最大不幸，令我们悲痛欲绝，我紧紧趴在最最敬爱的慈父遗体上，撕心裂肺般嚎啕痛哭，久久不愿与父亲分离。清晨，游先生来了，华大许多师生来了，校外参加大理考察的学者、教授也来了。我对游先生大声哭诉："游伯伯，我爸死了！我怎么突然就成了没爸疼的孤儿了？我还小，只有 11 岁，我不能没有爸爸呀！"游先生哭了！在场的许多人都哭了！母亲更是哭得死去活来，痛不欲生！尤其是夜深人静时，只有我依偎在母亲身边，不断地为她擦拭那流不干的辛酸泪，抚摸她那孤苦破碎的心！

父亲走了！年仅 45 岁的父亲风华正茂，正当学术上大有成就之时，遽然抛妻弃子，匆匆远行。当年，父亲不曾携带妻室儿女，万里逃亡，同至喜洲；今后，父亲更是永远不能携妻带子，胜利复员，同返武汉，成了客死他乡的孤魂，长眠在苍山之麓、洱海之滨的一座凄凉小红庙里暂厝。抗战胜利后，返回武昌时，却是哥哥抱着父亲的骨灰盒与我们母女同行，此情此景，刻骨铭心，每每回忆至此，仍禁不住吞声雪涕。父亲毕生尽瘁于中国文化研究与教育事业，实现了他"愿为追求真理、传播真理而献身"的人生宿愿。父亲心中装的全是工作和他人，唯独没有自己。父亲短暂的一生，活得太苦！太穷！没有过上好日子！没有享受到抗战胜利骨肉团聚的喜悦！也没有给可怜的孤儿寡母留下任何可以赖以生存的物质财富！然而，父亲虽死犹生，他崇高的学者风范、高尚的人格魅力、无私的奉献精神，永远活在我们心里。他留下的文化精神遗产是我们子孙后代永远享受不尽的无价之宝。我们为有这么好的父亲感到无比幸福和自豪。

父亲的噩耗传出，整个华中大学沉浸在一片悲痛之中。学校对父亲的丧礼给予了极高的礼遇。据主持操办父亲丧礼的华大主任秘书之女王遂生教授，以及华大校友朱炳淳教授，张泽湘教授等近年告知，父亲的丧礼其仪式之隆重、场面之悲痛、参加人数之众多，在华中大学历史上均堪称空前。校外在喜洲的著名专家教授和父亲的生前友好也参加了父亲的丧礼。尤其是西南联大的游国恩教授因我父亲的去世过度悲痛和劳累，引发急病住院。他用其心血和泪水凝聚而成的《为包渔庄教授遗族募集生活基金启事》更是感人至深，催人泪下。西南联大的郑天挺教授在其《大理访古日记》中记述了父亲病逝的全过程。他得知噩耗后，悲叹："可伤之至"、"呜呼！渔庄往矣……" 8 月 10 日，发丧那天，郑先生记有："九时至包宅，公祭渔庄先生，致赙一千元，送殡至停柩庙。天大雨，衣履尽湿，同来诸公自包宅送至图书馆门前，华中教职员、学生送至五台中学门前，余与韦、黄、萧、卞及子嘉、维商（华大的领导与教授们）送至庙，萃田（西南联大的教授）自图书馆送至庙……"

母亲历经人间沧桑，饱尝世态炎凉，遭受人生两大不幸——中年（43 岁）丧夫、老年（82 岁）丧子——哥哥是母亲最疼爱的独子，高级农艺师，离休干部，1983 年准备出国考察前夕，突患中毒性休克，一日之内猝死于新疆乌鲁木齐市。然而，母亲非常坚强、豁达、宽容。她不仅是一位典型的贤妻良母，而且与她周围所有的人的关系都非常好。母亲总是以助人为乐，与人为善，数十年如一日。母亲还非常能吃苦耐劳，完全看不出她是出身于大户人家娇生惯养的千金小姐。母亲没上过学，但很聪明，识字达理、关心政治，是北京街道上的积极分子。母亲的记忆力特强，别人对她的好处，她铭记在心，她对别人的好处从不挂在嘴上。母亲的事例实在太多，举不胜举，凡认识她的人，没有不夸她的。正因为母亲乐观、热情、勤劳、善良，助人为乐的性格和精神支撑着她，才使她在经受两次巨大人生打击后能够健康快乐地活到97岁，直到1998年，正值父亲诞辰百年之际，才追随父亲而去。临终前，母亲将伴随她度过54个春秋的一本父亲亲笔所写、亲自装订、完好无损的遗著《经学通义初稿》交给我们四姊妹，希望能使它出版问世。现在，我们可以非常高兴地告慰二老，以及热切期盼父亲文集出版的大姐包俅和过早离开我们的哥哥包仁的在天之灵：华中师范大学即将出版父亲的文集，这是对父亲也是对母亲的最好纪念。安息吧！我最最亲爱的亲人们。

学界对包鹭宾先生的研究

先父包鹭宾的学术遗产[①]

包　信

我的父亲是一位传承国学经典的学者，1899 年 9 月诞生于江西省南城县一个书香门第。幼年即承袭祖国传统文化熏陶。青少年时期离家赴省会南昌接受新文化教育。21 岁考入北京大学哲学系预科。27 岁取得文学学士学位，回到故乡，弃仕从教，任省立中学国文教员，江西私立心远大学教授。32 岁应聘到湖北武昌私立（英美教会）华中大学（今教育部部属华中师范大学前身之一）执教 13 载，历任国学讲师、副教授、教授，并长期兼任中国文学系系主任。递至 1944 年 8 月，方当春秋鼎盛、风华正茂之际，竟横遭战乱，避燹流离，身心交瘁，病逝于去故乡数千里外的滇西边陲小镇喜洲，仅只 45 个短促岁月就永远离开他毕生追求的教学研究事业。

父亲的一生，都志在教书育人，传承中华古文明精华，结合教学潜心钻研传统文化典籍，为学界同仁誉为国学大师、经学专家、文选学专家。

1939 年 4 月，父亲只身随抗日流亡的华中大学（以下简称"华大"）辗转搬迁到云南省大理县喜洲镇。学校的图书资料未能全部搬运，随迁部分又遭轰炸而流失，个人携带书籍更是有限，给研究工作造成极大不便。但散见于校内外学术刊物上的论述仍属不少，应国外学术团体要求所作的研究报告也源源提供，得到大量赞誉。惜赍志早殁，身后又未得妥善收捡保存，致遗稿丧失殆尽。

2005年8月，父亲的《包鹭宾学术论著选》（以下简称“《论著选》”）在华中师范大学校长马敏博士的鼎力支持下，经过付海晏、文廷海两位博士等数年的辛勤整理和校友总会、档案馆、图书馆、出版社等部门的多方支援，沉寂六十余年之后终于出版面世，实现了母亲生前盼其流传惠人的宿愿，也给我们兄妹留下一个应效法的敬业奉献的榜样。

此次编辑，历经数年搜寻，仅得遗著24篇（包括残稿、残篇、演讲笔记和偶见于一些文献上没有全文的目录）。近期粗略翻看《论著选》时，又在《从古代徽识论“易”之名义》一文中发现有《释芉毕》（见207页9行和211页14行）、《读许私议》（见215页2行）、《释单》（见218页倒数2行和219页5行）等3篇目录。其中凝聚父亲毕生心血、相伴母亲度过54个春秋的《经学通义》也只是初稿上篇。编入《论著选》的遗著虽然只有9篇，但基本上涵盖了父亲的学术研究领域，见证了他学识渊博、造诣精深和治学严谨的学者风范。

20世纪初叶，随着西学东渐，曾兴起一股崇尚舶来、弃旧维新的浪潮，古典经籍首当其冲。据父亲的《经学通义初稿》上篇总论引言所载：“经学至于今日，不振极矣。非之者至谓其名不类，欲废之不得与（《论著选》脱‘与’字）于诸学科之列。”他意识到这已不是学术思想观点之争，而是关乎中华数千年璀璨瑰玮古文明存亡之大义，愤然置个人毁誉得失于度外，挺身而出，提纲挈领，概论经学之闳博精深，施之教化，经世济民。他遂力排时议，振臂疾呼：“故不欲言中国之学则已，欲言中国之学，则舍经学外，未见其能有与今所称泰西诸学相抗者也。安在其能废哉?”义正辞严，浩气凛然。

通观《经学通义初稿》，从经学之立，以至历代各家阐释、演变、得失，总其传承源流可得一完整的概念。而其按学科分列缕述的分论尚无法看到，但已可有仿佛闳中肆外、贯穿经传的感受。尤其是父亲一心以捍卫中华古文明精华为志的情怀抱负，不以曲学阿世、随俗俯仰的胆识，均非常人所可及。至其振聋发聩的铮铮诤言，今天读来也还是不得不使人有所警醒。

《文心雕龙讲疏》（以下简称《讲疏》）应是父亲的一篇手书授课讲义。在查阅大量前人的引证和评论后，把“某是”、“某非”与自己的看法分段或逐句一一作了评释。文稿将第五十篇《序志》移置于篇首，似乎是为了授课的需要，一开始即将该书作者对著作的旨意、志趣、编次、体例作一总的介绍，然后再作分论讲述。全稿虽不得见，但从所附附录可以看出已有设计，根据原著编排，从叙文之史到为文之道，以致对文学的批评作一系统介绍和评论。在这约相当于全篇七分之一的手书残稿中，就有30多处眉批和正文中的多处增改，可以看出父亲还有作进一步修整的考虑。

《文心雕龙》自成书以来，代有翻刻。《讲疏》所据，应是黄叔琳注的纪昀评本。目前我在云南省图书馆历史文献部见到的清道光十三年（1833年）粤东翰墨园藏版本中，除正文和注释例为黑体字外，黄、纪眉批及偶见的正文后纪注，都分别以黑、红两色套印（据《序志第五十》之后载有：“乾隆辛卯八月初六日阅毕晓岚记”十四字字体为红色，可以判定该书所有红色字均为“纪昀评注”。又据同书黄叔琳述《例言》的最后一条：“注释例于每篇之末，偶有臆见，附于上方”，则该书不多的黑色字体眉批应属黄叔琳的“偶有臆见”），分辨清晰，已属珍本。随后又看到上海文瑞楼印行的四册线装本和1977年江苏广陵古籍刻印社影印的翰墨园藏版本，所有正文和眉批的字体一概为黑色，不仅分不清评注出自何人，甚至间或有相邻两则眉批意见相左（据吴兰修跋载：“文达举正凡二十余事，其称引参错不与焉。”但未逐条明白标出），阅读时令人有如堕烟海之感。《讲疏》载有不少黄注、纪评，查看原著时还得注意版本的选择和条目的辨认。

父亲结合教学所作的研究成果，部分已在校内外学术刊物上刊登。《〈庄子·齐物论〉“彼是”解》是选入1943年《华中大学二十周年纪念特刊》的一篇论文。目前尚未找到全文，《论著选》所据，则是华中师范大学档案馆收藏的缺页断尾的残篇。该文主要是对晋郭象注“彼是”含义进行研讨和评论，兼及近人章太炎的附郭之说。

哲学论述一般都比较难读，此篇文句又特拗曲，要做到文中所说的既“妙达其玄”而又“词顺理当无所疑滞”，绝不是我这个国学功底浅薄的二女儿所能做到的。文中标“注”的地方多达十几处，这些能帮助读者全面、准确理解作者见解的解释、引证，由于文页不全，也见不到了。

原稿残缺，部分段落书写不够规范，致《论著选》排印有两处失误，应予更正。

一、184 页第 12 行“前无他词”与“安用移?”之间，原已缺失两页 1000 余字，现连成一句不妥，应予断开，并加注说明。

二、186 页第 19 行所引《天道篇》“故视而可见者，形与色也；听而可闻者，名与声也，悲夫！世人以形色名声为足以得彼之情！则知者不言，言者不知，而世岂识之哉!”后续的“则彼即闻见心知之对境，于义尤无疑焉”一句，经查几个精本《庄子》，原文均无此 16 个字。就句义推测可能为父亲的见解，误编入引文，应移至下一行，置于“又《庚桑楚》云”之前。

民国三十三年（1944 年），华大中文系还编辑了《国学研究论文专刊》（以下简称《专刊》）。第一辑有十篇论文，其中之二是父亲的《从古代徽识论“易”之名义》，于当年六月以油印单行本发行。据时在华中大学中文系任教的阴法鲁教授指认，系阴老亲自刻印。封面、封底有点奇特，分别用中文和英文书写，是否为寄往国外所需，却忘了向阴老请教。

《“易”之名义》所引甲骨、钟鼎文字特多，其笔画造型辨识甚难。在这里我由衷感谢洪胜非老师和给以专业支援的老专家以及摹写编排的师傅们。

文中引证甚多，对诸家之说或同或否，俱各有说，正如作者所说：“吾人生数千年后，能发古人之覆，借以推见古人之遗”应是需要谨慎对待的问题。这一家之言，特别是那些古文字资料，能够为后来有兴趣深入探讨的读者，在检索方面省去一些时间和精力，也就体现它的意义了。

《韩退之先生年谱长编》始见于民国二十五年（1936年），1月武昌华中大学中国文学会出版的《华声》创刊号，文末注明“未完”。文题标明“年谱”且为“长编”，开始部分主要是考证退之先生的籍贯。据香港中文大学吴梓明、梁元生主编的《中国教会大学文献目录》第三辑收录的马敏、方燕编著《华中师范大学档案馆馆藏资料》记载，1944年华中大学中文系编辑的《华中大学国学研究论文专刊》第一辑载有父亲的《韩退之籍贯考》《韩退之生月考》《韩退之子女考》三篇论文。这一目录与华大民国三十三年（1944年）6月以油印单行本发行的包鹭宾《从古代徽识论“易”之名义》封面背页所载目录相同（其中“七”下脱“八包鹭宾《僰族濮族考》”，顺延为“十包鹭宾《古易图钩沉》”，误为《古易国钩沈》。）

这年8月父亲去世后，游国恩教授所撰的《为包渔庄教授遗族募集生活基金启事》所附《包教授遗著目录》中，除列有《老子述义》《韩昌黎年谱》等外，还有《读韩三考》（《韩退之籍贯考》《韩退之生月考》《韩退之子女考》），可以推想父亲已将原来用年谱长编形式所概括的有关籍贯部分抽出，与生卒年月、子息繁衍分述为“三考”、“一年谱”四篇。如今虽未见到原文，但档案资料俱在，我想需要时是可以找到的。

华大迁滇后，美国哈佛燕京学社原资助研究我国长江中部文化转向研究西南地区文化。父亲利用地理、人文、地方文献就近考察检索的方便，对云南边疆少数民族问题作了多方面深入的探讨，于1940年完成《云南土族之种类及其分布》《释僰》《释僰补》等之后，又详考了民家族源，改正一个旧说而写成《民家非白国后裔考》。现在对这一问题仍有争论，希望有兴趣的学者继续探讨考证。

《蒙氏灭南诏说》既是单一政治事件的考证，也给上一篇文章的一个缺项作了补正。父亲在上文后面的“补识”中已经提到将另文述说蒙灭南诏事，时隔一月即已成篇。由于引证繁富，时间似过于紧迫，实际应是上文所积累的资料已为本文打下了基础。

原刊登在《边政公论》上的《说白人坟》，则是1945年8月，已是父亲忌日周年（《论著选》误为1934年9月）。这篇遗作从族缘、习俗及其居住地历史沿革，考证这种悬棺葬法应属僚人（土僚、葛僚、仡佬、土僚蛮、仡僚）葬俗，不能以字同音近而谓为白人、僰人墓葬。近来看到电视屏幕上偶有探考悬棺葬的画面，得以亲睹这一民俗遗迹。就现有的攀援提升设备、技能、考研力量和DNA鉴定等科学技术，要彻底解开这一谜团应是为时不远的事了。据徐琳姐1996年赴日本考察时，看到有文章引用此文资讯，而这篇著述何时传到国外就不得而知了。

刊登在1938年11月1日《华大桂声》第一卷第二期上的《文学艺术概说及其在教育中的地位》，是华大转移到广西桂林驻留期间，父亲给低年级学生所作的演讲，系张学祖、黄元吉整理的笔记。

现在出版的《包鹭宾学术论著选》，可以说是父亲唯一的、真正的遗产。而今我这个七十多年前还依偎在父亲膝前、牵衣索饼的黄毛丫头已是满头白发的耄耋老人，还有幸得以继承这份极其珍贵的遗产，深深地感到既满足又自豪。虽然由于专业和能力有限，无力继续他老人家的学术研究事业，但我从这份遗产里所体现的崇高的敬业和奉献精神中受到了极大的激励和鼓舞，要在有生之年尽力学习一些国学基础知识，争取能够多看懂一点遗著的内容。我还要把这一精神传给我的孩子，并希望他们代代相传。更重要的是，感谢华中师范大学把这一学术研究成果推向社会，为后来者提供一点讯息资料，这确实是纪念先辈、造福后学绩效莫大的善举。

【编者注】

①原载纳张元主编：《大理民族文化研究论丛》第3辑，民族出版社2009年版，第536—540页。

魂系华大的国学名家包鹭宾[①]

董中锋

在20世纪三四十年代，坐落于武汉的华中大学在国内的大学中有一定的声名，而且在海外也有一些影响。这所大学之所以能成为一所特色鲜明而且有着广泛影响的教会大学，除其他诸多因素之外，与校长韦卓民先生的学术地位、人格魅力和招才纳贤的治校方略有着很大的关系。同样，在喜洲期间，华中大学中文系发展成为全校实力最雄厚的一个系，与被韦卓民先生聘请来的系主任包鹭宾先生的贡献也密不可分。亲身经历了其发展的美国人柯约翰在《华中大学》一书中有这样的断语："包先生为中文系的发展做了很多贡献，中文系不仅发展成为华中大学主要的系，而且在武汉地区高校中有着很大的影响。"沧海桑田，几十年过去了，包鹭宾先生的名字已深深地铭刻在具有百年历史的华中师范大学的校史上。

包鹭宾，字渔庄，1899年出生于江西省南城县。包鹭宾自幼聪颖好学，后赴南昌就读于省立中学。1920年考入北京大学哲学系。1926年，大学毕业后回南昌，先后在江西省立第一中学、省立第一女子中学、省立农业专门学校任国文教师，同时还被私立心远大学聘为教授。1931年，应华中大学校长韦卓民先生之聘，出任中文系系主任。到任后，包鹭宾先生在抓系务工作的同时，还延聘了游国恩、林之棠、傅懋勣、阴法鲁、李何林、孙昌熙等名师任教，使中文系的师资力量和办学实力大大提高。华中大学中文系的发展，引起了国外文化团体的关注。1936年春，美国哈佛燕京学社中国研究会秘书长埃里舍夫博士考察了华中大学之后，对中文系印象深刻。一年后，中文系得到了美国哈佛燕京学社的资助。1939—1940年，美国哈佛燕京学社再次对中文系拨款，支持包鹭宾、游国恩、傅懋勣等教授对西南少数民族的文化研究，他们的研究成果为美国汉学家所重视。1944年暑假，包鹭宾先生应邀前往大理为其编写县志作实地考察，然不幸染疾，溘然长逝，年仅45岁。

包鹭宾先生虽英年早逝，但学术上已早负盛名，或称国学大师，或称文选学家，在短暂的学术生涯中留下了弥足珍贵的多种研究成果。《经学通义初稿》以振兴经学为己任，就经学所研究的对象和内容，对其成立、传授、流别、演变以及与诸家之精神、旨趣、异同、得失等一一论述，多有创见。包先生的研究，或广博，或精深，为深入探究某一问题，不惜割舍潜心研究之所得，弃旧从新。在滇西民家族源及三四百年的旧说中，均以民家为汉哀牢夷之后裔，包鹭宾先生经详考民家、白国、南诏、大理诸国之渊源，确认其各不相谋，于是撰写了《民家非白国后裔考》，给予订正。《〈庄子·齐物论〉“彼是”解》对《庄子·齐物论》“彼”、“是”的蕴意作了多方面的阐释，入情入理。《韩退之先生年谱长编》《韩退之籍贯考》《韩退之子女考》《韩退之生月考》等文章对韩退之的家世一考再考，立论严谨，新见迭出。此外，还有《文心雕龙讲疏》《老子述义》《蒙氏灭南诏说》《云南土族之种类及其分布》《说白人坟》《白文的产生》《白人非白族之后》《僰族濮族考》《释僰》《释僰补》《古易图钩沉》《从古代徽识论“易”之名义》《韩昌黎年谱》《读韩三考》等论著论文，都有很高的学术价值和史料价值。

据包鹭宾先生的三女儿包淑回忆，包先生白天不是在书房专心致志地伏案看书，就是在堂屋里走来走去地思考学术问题。他从不躺着、靠着看书，而是端坐桌旁，将书平放，边看边作批注，就是吃饭也是边吃边看。他在看书或思考问题时总是充耳不闻、视而不见，哪怕是叫他，和他说话，他都听不见，以至于“聋子”成了包夫人对他的爱称。晚上，包鹭宾先生总是在油灯下奋笔疾书至深夜。包鹭宾先生还擅长书法和篆刻，常有人登门求字，但他总是来者不拒。他可以在手握大毫的同时，右手心再握一个鸡蛋，右前臂还放上一小杯水，悬笔写大字而做到滴水不溢。这种运笔的功夫，就是他的女儿也为之拍手叫绝，敬佩不已。

包鹭宾先生的二女儿包佶在《缅怀父亲》一文中写道：“父亲的日常生活既刻苦又很有规律，每天除到学校上课或上街逛书店外，回到家里也很少和我们逗乐戏耍，进入书房就孜孜不倦地看书、备课、写文章。全家人都养成习惯，饭菜还没有完全做好，就去告诉父亲吃饭啦！随后再多次催请。饭后，父亲吸袋水烟稍事休息又回书房去了，常常是那高筒温酒盅和一碟小食品陪伴父亲伏案看书写作到深夜。”

包鹭宾先生清高正派，刚正不阿，淡泊名利。他说：“我愿意吃一辈子粉笔灰，当一辈子穷教书匠，也不愿意当官，受命于人，更不愿意为五斗米折腰。”早年在江西时，江西省主席熊式辉意欲聘请他出任秘书长，被他谢绝了。他生活简朴，只穿中式长袍马褂，从不穿西服衬衣；写字只用毛笔竖写，从不用钢笔横写。他的生活、他的习惯似乎也熔铸着他那种执着的精神和源远流长的中华文化。

在华中大学任教期间，包鹭宾先生主要讲授高年级的诸子研究、《尚书》研究等专业课，也为低年级开设《文心雕龙》、中国古代文艺论等文学理论课。他撰写了经学、老子、庄子等多种讲义。在他去世后，包夫人将凝聚包先生心血的《经学通义初稿》珍藏达半个世纪之久。1998年，97岁高龄的包夫人与世长辞。临终前，包老夫人将遗稿交给包氏四姐妹，希望它早日出版问世。包氏姐妹虽年事已高，但仍竭尽全力，四处奔波，多方查找资料。为协助学校出版包先生的遗著，包先生的女儿先后到江西、北京、云南等地和北京大学、云南大学、云南民族大学的图书馆和档案馆查寻资料。经过几年的努力，终于找到了一些包先生的学历、经历和部分学术论文资料。在此过程中，大女儿包俅不幸去世。之后，二女儿包佶和三女儿包俶为此继续奔走。值得欣慰的是，《包鹭宾学术论著选》终于出版了。这本论著选所包含的学术精义和文化精神以及深深的华大情结，不仅震撼着我们的心灵，而且在丰富着我们今天的大学精神。这种精神，将孕育着一代一代学人的成长，滋养着学校一步一步地发展。

【编者注】

原载董中锋著：《华大精神与人文底蕴——学人·学术·学养》，华中师范大学出版社 2013 年版，第 68—71 页。

20 世纪 40 年代三位学人对大理历史文化研究的贡献①

吴　棠

1937 年卢沟桥事变后，北平、天津相继沦陷，武汉、长沙、桂林等城市遭到空袭，内地一批高等院校先后迁到云南，其中留滇时间最长，对云南教育、文化事业影响最大的是北大、清华、南开三校合组的西南联合大学；其次是原在武昌，后于 1939 年 3 月迁到大理喜洲的华中大学。这几所学校的教师群体当中，有着许多海内外知名的文化精英，当年在物质条件极其简陋、生活环境十分困难的情况下，以他们的爱国热情和深厚的学养，在教书育人的同时，学术研究也取得丰硕的成果。他们的人文精神和学人风骨，可以当之无愧地成为后学的楷模。本文只就这一群体中列出曾在大理喜洲工作、生活和做过田野调查的游国恩、包鹭宾、石钟健三位先生，追述他们在这一特定时期的学术历程，以及对大理历史文化的贡献。

一代宗师游国恩

游国恩先生（1899—1978），字泽承，江西临川人。1926 年毕业于北京大学中国文学系，此后先在江西教中学，后历任武汉大学、山东大学、华中大学、西南联大、北京大学中国文学系教授。游先生学识渊博，著述宏富，尤以楚辞研究与中国文学史研究著称于世，被称为现代楚辞研究的集大成者。他所著《楚辞概论》《离骚纂义》《天问纂义》等，堪称楚辞研究史上的巨著。他与王起、萧涤非等共同主编的《中国文学史》，成为中国文学研究的规范性著作，已发行百万余部。王瑶先生主编的《中国文学研究现代化进程》一书，介绍近百年来对中国文学研究有突出贡献的20位学者，先生是其中之一。其他人士有梁启超、王国维、鲁迅、陈寅恪、胡适、郭沫若、朱自清、闻一多等。

游先生在喜洲的时间是1939—1942年，在华中大学教授中国文学史、历代诗选、历代文选等课程。由于迁校时长途跋涉，颠沛流离，先生的大量图书未能随身携带，其中多数被日机炸毁，到大理后只好把研究的重点转到南诏、大理的历史文化和西南少数民族的语言、风俗等方面。先生认为：大理是古南诏国的都邑，民族文化源远流长。面对这块神奇的地域及尚待发掘和阐扬的南诏文化，先生有一种强烈的文化使命感，先后撰写了《说洱海》《火把节考》《南诏用汉文字考》《文献中所见西南民族语言资料》《说蛮》（上、下）等多篇论文。其中有的刊于华中大学中文系研究室《西南边疆问题研究报告》，有的刊于《旅行杂志》。1944年暑假，大理县政府邀请西南联大知名教授10多人来大理“用新法重修大理县志”，游先生在应邀之列。重返大理，他利用地方文献与实地踏勘，撰写了《白古通考》《南诏德化碑校勘记》等六七篇论文。遗憾的是其中有的文章散失有待寻找。令人欣喜的是，2001年8月至2002年2月，游先生之女游宝谅女士在整理其先父遗作的过程中，从笔记本和散页笺纸里发现两批有关大理名胜古迹、文献考证，以及民族语言、民俗方面的札记等资料，经辨认、点校后，这批未刊手稿应为修志时写就的初稿和撰写有关论文时收集的资料。手稿内容与大理风景名胜、文物古迹、历史人物有关，“如果整理出来，将是一份很有价值的重要文献”。

游先生的这批论文和手稿，每篇文字不太多，但学术研究的成果不在于篇幅的多少，而在于品位和内容的坚实厚重。如《火把节考》，对火把节起于何时，火把节的由来三种传说的辨误，以及火把节的真正意义，火把节非星回节，节日期间的有关民俗等，一一考证清楚。论文据大量文献材料得出的结论与实地调查结果相符合。游先生以他的研究实践说明，充分掌握文献资料是民俗学和民族历史文化研究中不可缺少的环节。论文发表在《旅行杂志》1942 年第 16 卷第 11 期，编者写了《研究学术的态度》按语，认为论文的写作是阅读了大量文献的结果，“但是会看书不足以表示本篇的价值，游教授以明察的眼光，判传说与书籍之是非真假，故事史迹的考证以外，不盲从，不武断，此种研究态度是值得钦佩的”。

《南诏用汉文字考》据史志文献和现存碑刻，说明远在汉代云南地区就已经具有相当高的文化水平，唐代“南诏能用汉文字则载籍屡见之”。先生钩稽了相当多的史料，概述南诏文学，以及白族、彝族先民与中原汉族之间文化融合的轮廓，并试述南诏文化之盛与郑回、韦皋的关系。游先生虽然不是语言学家，但他在批阅大量史籍文献时，注意收集民族语言、风俗的资料，经整理分类后形成的文字，既补充了民国《续云南通志稿》中的“方言”，也为从事语言学研究者提供了一份弥足珍贵的资料。先生使用的考据方法是以宏观指导微观，从博闻多识到会通成说，再求开拓发展，这也许就是先生治学的特色。

英年早逝包鹭宾

包鹭宾先生（1899—1944）字渔庄，江西省南城县人。他与游国恩先生同庚，又在 1920 年同时考入北京大学，包先生读的是哲学系。1931 年包先生应华中大学校长韦卓民之聘，任中文系教授、系主任。学校西迁到大理喜洲之后，游、包两家借住于杨、王两姓祠堂。两先生在系内相互配合，潜心于学问和育人，朝夕相处，结成终生不渝的学人情谊。

包渔庄在中文系主要担任高年级诸子研究、《尚书》研究等课程，也为低年级讲授中国古代文论、《文心雕龙》等专书课程。结合教学，他撰写了经学、老子、庄子等多部国学讲义，成书的有《经学通义初稿》《文心雕龙讲疏》《韩退之先生年谱长编》《从古代徽识论“易”之名义》，论文有《古易图钩沉》《韩退之籍贯考》《韩退之生月考》《韩退之子女考》等。这里要着重提出包先生在喜洲时精心撰写的与南诏大理民族文化有关的几篇论文：《僰族濮族考》《释僰》《释僰补》《释僰滕语》《民家非白国后裔考》和《蒙氏灭南诏说》。写作的背景与他为中文系的发展倾注了整个心力有关。美国学者柯约翰写了一本《华中大学》（1962年出版，1992年黄政辉译），书中追述："1931年夏……中文系的周先生走后，韦博士聘请包鹭宾先生接替他的工作，包先生为中文系的发展做了很多贡献。中文系不仅发展为华中大学主要的系，而且在武汉地区高校中有着很大的影响。"华中师范大学周洪宇博士在《韦卓民的教育思想与实践论述》中也提到："包鹭宾教授是著名的国学大师，发表过许多有影响的论著。"华中大学即今华中师大的前身，其档案馆馆藏资料中记载："在喜洲期间，中文系发展成为华中大学实力最雄厚的系。"1936年春，美国哈佛燕京学社中国研究会执行秘书长埃里舍夫博士到武昌，考察了华中大学，"对其作了高度评价，韦博士、包先生、游先生对中文系将来的设想给他以深刻的印象"。"从1937年起，中文系得到美国哈佛燕京学社资助，用来研究长江中游的文化。迁入云南后，研究方向转移到西南少数民族的文化方面。包鹭宾、游国恩、傅懋勣等教授对滇西南诏、白国、佛教、种族及各夷语研究，与提供给美国哈佛燕京学社关于西南文化的论文，为美国汉学家所珍视。"韦卓民校长在1942年中文系研究室编辑的《西南边疆问题研究报告》第一期弁言中写道："三年以来，孜孜不懈，凡先后撰文十余篇，邮致美国四次，补助亦递有增加"。包先生所撰《民家非白国后裔考》后由哈佛燕京学社出版。

《民家非白国后裔考》在国内已成孤本，笔者还是从包先生的子女手中得到复印件。经查各种检索工具书未见著录，涉及这一论题的文献也未见有人引用，这与当年处于战争环境，印刷载体还未进步到现今这样方便的程度，保存、流通都十分困难有关。这篇论文长达 3 万字，可以视为专著。章节分为：一、引言；二、民家称谓之由来；三、所谓白国；四、白国传说之构成；五、哀牢夷与白国南诏大理民家之关系；六、民家之先世；七、结论。关于在大理地区古代历史的长河中，南诏之前是否有个白国，学术界有两种不同的观点，至今仍在讨论。如著名学者向达先生在《南诏史略论》中的“论南诏史上的史料问题”一节，鉴别史料后认为“可以断言并无此国”。在向氏之前的云南石屏学者、晚清经济特科状元袁嘉谷所著《滇绎》，对白国之说亦认为不可轻信。包渔庄的这篇论文写于向氏之前，得出的结论是：“所谓白国，本非实有，乃唐宋白蛮之所虚构。哀牢夷者，为今摆夷之先世，与唐之乌蛮、白蛮举不相涉，亦即与所谓白国无关。自唐至元，在大理建国之族，南诏为乌蛮蒙氏，长和为汉人郑氏，天兴、义宁、大理为白蛮赵氏、杨氏、段氏；民家之名原非种族之称，其名始于明世，为当地屯戍之军家汉人对其土著夷民之称。当时大理一带之土著，实白蛮赵、杨、段诸氏之遗民，故民家为白蛮之后。白国之说，虽出诸白蛮之所假托，然其事究属子虚，故不能因民家为白蛮之后，而谓古有所谓白国，民家为其后裔。若今大理一带之民家，自明代以后，多中土迁来之汉族，则其事又当别论。”包先生从事的课题，或从广博，或务精深，钩沉积微，披沙拣金，为了彻底弄清，常常对一个问题深追穷究，如遇有新的发现，则不吝割舍早先竭心力之所得，弃旧从新。例如他初考民家族源及南诏、大理国的创建，始撰《释僰》时仍从三四百年来之旧说，以民家为汉哀牢夷之后裔。后经详考民家、白国与南诏、大理国之渊源，确认其各不相涉，遂以《民家非白国后裔考》作了更正。

对于治史，先生不拘泥于文字记载，为考校典籍和野史旧说，还就近探访古迹遗址。如他曾在周城附近荒草间发现吴三桂大周纪念碑，当联大同仁前往寻觅时，因先生已溘然长逝而无法找到。北大历史系郑天挺教授在《大理访古日记》中哀叹："坟墓累千，莫可细考。呜呼！渔庄往矣，又安得笃学好古如渔庄者，更从而求之耶！"

包渔庄教授因积劳成疾，于 1944 年 8 月 8 日猝然去世，年仅 45 岁。

石钟健大理访碑

石钟健先生（1913—1991），又名石钟，祖籍浙江诸暨。1939 年入武汉大学历史系，师从吴其昌先生。1941 年转学西南联大历史系，得到向达先生的指导，两次来大理访碑做田野调查。毕业后在昆明多所中学教历史。1951 年到四川，先后执教于川东教育学院、四川师范学院历史系，任副教授。1955 年调中央民族学院，先后在该院研究部、历史系、民族研究所、民族学系任副教授、教授，壮族史、百越民族史硕士研究生导师。1991 年 6 月 22 日因心脏病突发，在上海逝世，终年 78 岁。石先生生前曾任中国古代铜鼓研究会理事长、中国百越民族史研究会副会长，为中国民族史学家。

1942 年 6 月，向达先生建议石钟健去大理做些考古工作。行前向先生作了提示，指出现在研究西南边疆史有几个大问题尚未解决：（一）哀牢九隆族与黑蛮白蛮的关系；（二）《白史》与《白古通》《玄峰年运志》的关系；（三）南诏与释密教——释密教是否从印度传来。向先生还叮嘱："初做学问的人，务必严守师宗，要做一件事，就要做得确实有效，一丝不苟。你们这一行，不怕做上一天或两天，但是这一两天的成绩，要绝对的有效才好。"石钟健到喜洲后，在包渔庄先生的协助下，到弘圭山"披荆斩棘"调查古墓。当年弘圭山有古墓数千座，明墓就有数百座，范围大，年代久，石刻为风雨剥蚀，字迹难以识读。他早出晚归，克服重重困难，终于录下碑铭 150 余通。碑文涉及的时间从唐代迄于明代；涉及的空间除中原外，北至吐蕃，西北至印度摩伽陀，西到缅甸，南至越南；涉及的史实多为正史所不载。他根据调查记录作分类研究，认为密教来源于印度的显密，传入南诏成为国教，传法僧成为国僧，直到元明密教仍盛行于大理。其还论述到《白史》《白古通》《玄峰年运志》与白文的关系，梵咒与梵文等。此外他还发现明杨黼《词记山花·咏苍洱境》之外的另两块白文碑：《故善士赵公墓志》《故善士杨宗墓志》。他于此行访碑写有《大理喜洲访碑记》并油印成册，又将原始资料编成《访碑录》两辑，未刊。

第二次大理访碑是 1943 年 8 月。石先生认为喜洲访碑虽有成绩，但时间太短，邓川一带还有一批元碑，很值得再去一趟。更主要的是“苍（山）洱（海）不单是一个地理上的名词，在文化上也有特殊的意义”。这个区域以苍山洱海为中心，东至姚安、大姚，西至云龙、永平，北至鹤庆、丽江，南至蒙化、弥渡。这个区域地理环境相同，社会风貌也相同，自古以来各民族之间同舟共济。从文化形态上看，从南诏建国到大理国之后的明清，“是三种文化的综合体——汉印文化与土民文化，姑名之曰‘苍洱文化’”。

石先生第二次访古原定计划到邓川、洱源、鹤庆、丽江，后因时间及健康原因，只完成邓川一县的调查，但收获很大。与第一次喜洲访碑不同的是，到的地方多，涉及范围广，抄录古碑铭文之外，还在火葬习俗、本主崇拜、口碑传说、金石器物等方面获得不少资料。其中，火葬罐的发掘、搜集，白文碑的再次发现，为南诏、大理国历史的研究提供了实物。石氏把调查所得与文献相印证，写出《段氏世系考》，这是两次访古后完成的论文。其内容包括：一、段氏始祖——段道超；二、南诏时期的段氏；三、大理国时期的段氏世系表；四、元大理总管府时期的段氏世系；五、明代段氏的后裔；并附录有段氏与密教的关系、段氏与白文的关系等内容。附录还有多篇从《邓川访碑录》中选出的碑文。此次调查形成《滇西考古报告》，署名石钟，以“中国边疆问题研究会云南省立龙渊中学支会专刊”发表，为油印本。内容分两大部分：《邓川访碑记》《段氏世系考》。

石钟健先生的这两本报告内容非常丰富，做了前人所未做或未做完的考古工作，除收集到的大理碑铭是第一手资料，论断的几个重要问题都是与南诏、大理国历史和白族族源，以及密教在苍洱地区的流传与影响有关。石先生为南诏、大理历史文化研究所做的实际工作，其成绩和影响都是很大的，应载入大理文化史册。

余　论

20 世纪是中国人文科学发展、变革最深刻的时期，40 年代大批学者从内地来到云南，带来了新思想、治学新方法，造成新的学术文化氛围。这一代学人多数都精通西学，又具有中国传统文化的深厚基础，经过严格的科学训练，因而能在各自从事的学科或专题研究领域取得丰硕的成果。他们先后到大理讲学、考察或观光，十分关注南诏、大理文化，在历史地理、考古、民族、语言、宗教、民俗以及文学、艺术创作等领域，留下了大量的作品。然由于社会变革，知识分子屡遭危难，这些作品得以广泛流传的不多，至今还没有专门机构或专人来做这一时期的文献收集、整理工作。如果不及时重视和抢救，他们将会随着时光的流逝而湮灭，损失也就无法弥补。

本文列举的三位学者，只是这个群体中有代表性的个案。游、包两先生应是第一代学人，石钟健为第二代，集中在一起论述，是因为他们接受教育的背景和治学道路基本相同。北大校长蔡元培倡导的“循思想自由原则，取兼容并包主义”，以及“独立、自由、批判、创造”的北大精神，在他们的为人、治学上都有所体现，研究历史遵循从史实出发，实事求是，哪怕考证一件史事、一种古书、一通碑刻，都要从各方面收集丰富确凿的材料，无征不信。为文时做到观念现代化，叙述和论证条理化和逻辑化。这一时代的这批学人正因为具有坚实的学术根底和修养，又接受新的时代精神、新的学术思想和治学方法，成了研究工作有创新，能开辟一个领域新局面的大学者。

学术的传承贵在人梯精神，他们终身从事教育，为国家培养了大批人才。他们治学留下的论文、专著，成为一宗宗宝贵的文化遗产。“前辈学者的治学经验和求索新知的心路历程，往往是闪现在他们心中的智慧火花，也是点燃后辈学人的思想燧石。”我们应该敬仰先贤，尊重他们在学术研究上的成就，更应缅怀他们对南诏、大理历史文化所做出的贡献。

【参考文献】

［1］游国恩：《游国恩学术论文集》，中华书局 1989 年版。

［2］游宝谅：《游国恩先生学谱》，《文教资料》2000 年第 3 期。

［3］吴棠：《游国恩研究大理文稿在京发现》，《云南日报・文史哲》，2002 年1月 16 日。

［4］杨政业主编：《游国恩大理文史论集》，云南民族出版社 2003 年版。

［5］华中大学中国文学系研究室：《西南边疆问题研究报告》第一期，1942 年。

［6］吴棠：《包鹭宾教授生平事略》。

［7］《华中大学档案资料》，华中师范大学档案馆。

［8］石钟健：《石钟健民族研究文集》，民族出版社 1996 年版。

［9］石钟：《大理喜洲访碑记》，云南省立龙渊中学，1944 年 1 月。

［10］石钟：《滇西考古报告》，云南省立龙渊中学，1944 年 3 月。

［11］吴棠：《石钟健的苍洱考古行》，《白族学研究》2001 年第 6 期。

［12］向达：《南诏史略论——南诏史上若干问题的试探》，《历史研究》1954 年第 2 期。

［13］袁嘉谷：《滇绎》，李春龙主编点校，刘景毛副主编点校：《正续云南备征志精选点校》，云南民族出版社 2000 年版。

［14］王瑶：《中国文学研究现代化进程》，北京大学出版社 1998 年版。

【编者注】

①原载林超民、杨政业、赵寅松主编：《南诏大理历史文化国际学术讨论会论文集》，民族出版社 2006 年版，第 229—234 页。

华中大学迁滇纪事（摘录）[①]

范麟章

1939年，当抗日烽火燃遍大江南北之时，一所创办于江汉之滨的大学迁到银苍玉洱之间的云南大理喜洲，弦歌于南诏故郡，在云南办学达8年之久，这就是私立武昌华中大学。1945年抗战胜利后，这所学校才于次年迁回湖北武昌。缅怀史迹，追述于后。

…………

（3）聘请高水平的教师。华中大学在喜洲时，虽然物质条件和教学条件非常困难，但仍聘请了一批学有专长的有名望的教师任教。如楚辞专家游国恩教授，在喜洲时曾研究白族火把节的起源等问题；文选学专家包鹭宾教授，在喜洲时研究僰国、僰族等问题，曾写过《白人非白族之后》等学术论文，由哈佛燕京学社出版；鲁迅研究专家李何林教授，社会学专家许烺光教授，磁学专家桂质廷教授，教育学专家胡毅教授，分析化学专家张资珙教授，有机化学专家徐作和教授以及主持学校行政的卞彭年、骆传芳、黄溥等教授都先后在华中大学任过教。包鹭宾教授为培养云南各族人民的子弟，积劳成疾，燃尽了生命之火，长眠在洱海之滨。除中国籍教师外，华中大学还有十几位来自英、美、德及瑞典的外籍教师，这些人大多是国外知名大学的教授学者，是被派来中国讲学的。此外，一些知名的中国学者也经常到华中大学讲学，如罗常培先生、老舍先生、熊庆来先生和潘光旦先生，美国知名学者费正清先生等，都到过喜洲讲学。除知名教授学者外，华中大学还重视聘请一些有成就、有抱负的青年教师，如傅懋勣、萧之的、陈国杰、万绳武、许宗岳、阴法鲁、吴醒夫、应崇福、陈美觉、胡志彬等任教。他们当时都是刚毕业不久的青年，现在大都已成为国内外有成就的专家学者。如傅懋勣老师是国内外有名的语言学家，肖之的老师是研究生物学的博士，应崇福老师是声学专家，吴醒夫老师是动物学专家。由于有着高质量的教师，因而一批在华中大学迁滇前后的学生能到国外留学，有的到研究院攻读，现在都已成为专家学者。如陈培生毕业后到国外留学，现任瑞士苏黎世大学生物系主任；韦宝锷在清华大学研究院毕业后，又到美国留学，现任中国科学院武汉物理研究所所长。还有一些学生留学后，都在国内外的大专院校或科研机构任教任职。

【编者注】

①原载黄恩德主编，中国人民政治协商会议云南省委员会文史资料委员会编：《云南文史资料选辑》第53辑，云南人民出版社1998年，第168—172页。

包鹭宾《文心雕龙讲疏》述略①

陈开林　李　芳

梁代刘勰所著《文心雕龙》是我国古代文学批评的集大成者。清代黄叔琳曾言："刘舍人《文心雕龙》一书，盖艺苑之秘宝也。观其苞罗群籍，多所折衷。于凡文章利病，抉摘靡遗。缀文之士，苟欲希风前秀，未有可舍此而别求津逮者。"[1]近人梁启超（1873—1929）曾为范文澜《文心雕龙讲疏》作序，亦称"求其是非不谬，华实并隆，析源流，明体用，以骈俪之言，而有驰骤之势，含飞动之采，极瑰玮之观者，其惟刘彦和之《文心雕龙》乎？"[2]二人对《文心雕龙》可谓推崇备至，足见其在传统文学批评史上的地位。然而，由于时代久远，《文心雕龙》在流传过程中文字颇多错讹；加之内容丰赡，旨趣深邃，因此，历代学者对之进行了多方面的研究，或从文献的角度校正字词，笺释文句；或从理论的高度寻绎文旨，阐发义理。

随着历代学者研究成果的不断涌现，《文心雕龙》的研究蔚为大观，学界每以"龙学"称之。清代为《文心雕龙》研究的"大成时期"[3]，晚清民国承其余绪，研治《文心雕龙》的学者极多，成果极为丰硕。其中，李详《文心雕龙补注》、黄侃《文心雕龙札记》、刘永济《文心雕龙校释》、范文澜《文心雕龙注》、杨明照《文心雕龙校注拾遗》等书，均为龙学史上的典范之作，迄今蜚声学界，泽被后人至深。

然而，与这些熠熠生辉的学人相比，民国时期尚有一批学者，由于种种原因，而被时代尘封，声名不彰。他们的著作或生前未刊，或残缺不全，不为学界所知，趋于被世人遗忘。就《文心雕龙》而言，刘咸炘《文心雕龙阐说》[4]、包鹭宾《文心雕龙讲疏》等书，虽篇幅无多，但精见迭出，迄今未曾引起学界关注。如张少康《文心雕龙研究史》[5]、张文勋《文心雕龙研究史》[6]备列民国时期《文心雕龙》的研究成果，对刘、包二书则只字未提。李建中主编《龙学档案》中的《百年龙学论著提要》[7]收录20世纪龙学论著246种，亦未著录刘、包之书。二书的学术价值亟待发掘。笔者拟对包鹭宾《文心雕龙讲疏》一书略作评述，以期引起学人关注。

一、包鹭宾及《文心雕龙讲疏》

包鹭宾，字渔庄，1899年生于江西省南城县。1920年9月考入北京大学哲学系。1926年毕业，1931年任华中大学（今华中师范大学）中国文学系主任，历任讲师、副教授、教授。抗战爆发后，随校迁移至广西桂林，后又迁至云南大理。1944年8月8日，因病逝世于大理喜洲镇，时年45岁。先生一生治学育人，孜孜不倦，同仁称其“早年志学，聪颖绝伦；壮岁为师，诱掖无倦”[8]。沉潜艺林，好学深思，对经学、史学、文学均有精深造诣。生平著述有《经学通义初稿》（上篇）、《文心雕龙讲疏》（残稿）、《老子述义》《韩昌黎年谱》《读韩三考》等[9]。其主要作品今由马敏、付海晏、文廷海整理，收入《包鹭宾学术论著选》一书。

《包鹭宾学术论著选》所收《文心雕龙讲疏》（下文简称《讲疏》）乃据作者手书残稿整理而成。手稿除正文部分外，尚有多处眉批，则此书系未成之稿，因此，书中无序跋等相关文字。包佶《包鹭宾先生生平事略》称“（先生）主要担任高年级的诸子研究、《尚书》研究等专书课程，也为低年级讲授《文心雕龙》、中国古代文艺论等文学理论课”[10]，则此稿当为先生授课所作之准备。书名为“讲疏”，亦含此义。由于资料的匮乏，其写作的具体时代不详。

刘勰《文心雕龙》凡50篇，《文心雕龙讲疏》今存六篇，依次分别为《序志》《原道》《宗经》《正纬》《辨骚》《明诗》。就体例而言，包鹭宾研治《文心雕龙》，乃仿效黄侃《文心雕龙札记》的体例，运用札记的形式，逐篇予以评点。黄侃在《题辞及略例》中指出：“今为讲说计，自宜依用刘氏成书，加之诠释。引申触类，既任学者之自为；曲畅旁推，亦缘版业而散见。”[11]每篇篇首有概论，然后对文中字句予以疏证和阐发。《文心雕龙讲疏》和《文心雕龙札记》的体例如出一辙。

书后依仿《经学通义初稿》，附有《版本与参考文献》[12]，备列古今《文心雕龙》的刻本、校本、评点本。日本铃木虎雄、冈白驹校本亦见著录。此外，还有征引《文心雕龙》的类书、考订《文心雕龙》的笔记等。当然，书中所参考、征引的文献，尚有《版本与参考文献》漏收者。如《序志》篇“自生人以来”[13]“辞训之异”[14]，均征引了刘永济的校勘成果，而《版本与参考文献》中并未提及。即就已言及的版本、参考文献而言，版本搜罗之全，书籍征引之富，足见先生研治《文心雕龙》用力至勤。

二、揭橥刘勰之隐微

台湾学者李曰刚曾指出晚清时期《文心雕龙》研究的特征，称：“民国鼎革以前，清代学士大夫多以读经之法读《文心》，大则不外校勘、评解二途，于彦和之文论思想甚少阐发。”他对黄侃《文心雕龙札记》作过高度评价：“黄氏《札记》适属稿于人文荟萃之北大，复于中西文化剧烈交绥之时，因此《札记》初出，即震惊文坛，从而令学术思想界对《文心雕龙》之实用价值、研究角度，均作革命性之调整。”[15]

《讲疏》乃有意仿效《文心雕龙札记》而作，因此，包鹭宾也非常注重文论思想的阐发。

关于《文心雕龙》书名中的“文心”，刘勰在《序志》篇指出：“文心，言为文之用心也。”学者一般也只是敷衍刘勰之说，然而，包鹭宾对此颇有引申。他说：

> “文心”一名，实含二义：言为文之用心，一也；言文章之心，二也。《孟子》曰：“心之官则思。”《素问·灵兰秘典论》云：“心者，君主之官也，神明出焉。”心用则神明以生，文成而作者之精神思意以见。扬子云云：“言，心声也；书，心画也。”是也。彦和所引“王孙”、“巧心”是指第一义，“涓子”、“琴心”是指第二义。……为文之用心者，所以示作者以涂术言；文章之心者，所以抉文章之利病。盖斯二者，而后《文心》之义始足。[16]

“文心”一词，直接关系到《文心雕龙》整本书的构建。包鹭宾在综括《文心雕龙》全书的基础上，高屋建瓴地指出“文心”的两重含义，可谓“好学深思，心知其意”。文中引用《孟子》《素问》《法言》诸书以为佐证，并以《史记》所载“（司马）相如以琴心挑”卓文君为例，认为“‘琴中’即‘琴心’，亦即鼓琴者之心之所寄也”，以“琴心”类推“文心”，论证新颖而准确。

再如“原道”。古人著作中以《原道》名篇的较多，如《淮南子》《文心雕龙》，韩愈、章学诚《文史通义》等，然持论各异。刘勰《原道》究为何意，历代学者也有不同理解。包鹭宾认为：

> 彦和之意，大抵与《淮南》同。惟《淮南》推原道体，包裹天地，亭毒万物。彦和则只推文章之本原于道而已。道者非它，自然之谓耳。（注文略）其后韩愈作《原道》篇，（注文略）以“仁与义

为定名，道与德为虚位”，以仁义为道德之实。……然与彦和《原道》命篇之意，截然不同。[17]

《淮南子·原道训》高诱注云：“本道根真，包裹天地，以历万物，故曰原道。”[18]包鹭宾指出《文心雕龙》的“原道”与《淮南子》有相通之处，并进而指出二者的不同。同时，对韩愈及其弟子“文者，贯道之器也”的主张做出了评判，认为韩愈所原之道和刘勰所指乃“名同实异”。

此外，包鹭宾对刘勰持论的依据、刘勰的论文主旨等均有申发。如《明诗》篇“五子咸怨”一句，包鹭宾历举《墨子·非乐》《竹书纪年》《国语·楚语》《水经注》《史记·夏本纪》文本记载的差异，认为刘勰乃是用伪《古文尚书》而立论[19]。《序志》篇“《周书》论辞”数句，包鹭宾总结刘勰论文根本为“体要”，进而言明“盖欲使文不离本，免于讹滥，惟在于能之体要”。这些议论都是在贯通刘勰思想，综合传统学术流变的基础上提炼出来的，颇为精审。

三、探寻《文心雕龙》之结构

《文心雕龙》乃为精心结构之作，体系非常完整。刘勰在《序志》篇曾对全书体系做过整体的概括，称：“盖《文心》之作也，本乎道，师乎圣，体乎经，酌乎纬，变乎骚：文之枢纽，亦云极矣。……上篇以上，纲领明矣。……下篇以下，毛目显矣。”[20]后人对《文心雕龙》作整体观照时，也都是推衍《序志》之说。其中，学者犹喜编制表格，囊括全书篇章，使得整本书的内容较为醒目地呈现出来，如范文澜《文心雕龙注》[21]、罗根泽《中国文学批评史》[22]等。包鹭宾也做过这方面的梳理。《文心雕龙讲疏》的附录部分，有“《文心雕龙》之组织”一栏。包鹭宾所说的“组织”就是常说的“体系”。《序志》为全书总序，故不作论述。

“组织”包含粗分和细分两部分。就粗分而言，包鹭宾指出：“上篇——文史，原文章之流变；下篇——文论，论文章利病及其利病之由”。以“文史”和“文论”来概括《文心雕龙》的上下篇，用词较为新颖。细分部分条列较为明晰。包鹭宾将全书内容分为七个部分：原文学之本原、论文学之宗主、明文学之体变、论文学之创作与修养、论创作之本领、论文辞之修饰、论文学之批评，并且将49篇文章按类进行了分配。这个分类应该是在包鹭宾具体注解《文心雕龙》之前就已完成。《明诗》篇中，包鹭宾提出：“自此以下至于《书记》，依文体以为诠释，《辨骚》以上则明文章之总原。”立论与此完全吻合。与前贤相比，包鹭宾的分类更加细致。包鹭宾的分类，突出了《文心雕龙》一书的系统性；同时，也为全面、深入研究《文心雕龙》提供了一个整体的参照。

包鹭宾不仅对全书有总观，更为重要的是，他在具体的篇章里也下过一番考索的功夫，探析文章的结构。《序志》篇中，刘勰提出“原始以表末，释名以章义，选文以定篇，敷理以举统”[23]。包鹭宾将刘勰的分类具体引入到了《明诗》篇。《讲疏》云：

> 大舜云至莫非自然。（此释名以章义）[24]
>
> 结体散文，直而不野。（以上原始以表末也）[25]
>
> 张衡《怨》篇至纲领之要可明矣。（此选文以定篇也）[26]
>
> 回文所兴，则道原为始。（以此敷理以举泛也）[27]

《明诗》至《书记》共20篇，包鹭宾归入“明文学之体变”一类。在《明诗》篇总评中，包鹭宾也指出“《明诗》以下始为专论”。刘勰认为上篇“论文叙笔，则囿别区分”，并且提出“表末”“章义”“定篇”“举统”四端，作为纲领。包鹭宾即以《明诗》为例，按照刘勰的纲领进行了区分。由于“明文学之体变”一类的篇章，《讲疏》中仅有《明诗》一篇，包鹭宾推衍刘勰之说由此可窥一斑。

四、条辨前人之得失

历代累积的《文心雕龙》研究成果极为丰富，得失互见。其中，学人正确的结论可以为后人所取资，持疑义的推论也可供后人证实；同时，论断的不足及错讹，又可以成为后来者补充、纠正的研究对象。包鹭宾著书时，对前人及同时代人的成果多有引用。

一方面，在疏证《文心雕龙》时，他直接援引相关正确的论断。如《原道》篇“乾坤两位，独制《文言》。言之文也，天地之心哉”一句，《讲疏》云：

> 范注曰：“《周易音义》：‘文言，文饰卦下之言也。’《正义》引庄氏曰：‘文谓文饰，以乾坤德大，故特文饰以为文言。’”黄先生侃曰：“此二说与彦和意正同。”按：黄、范之说是。[28]

包鹭宾认为黄侃、范文澜之说是正确的，因此径直加以征引，以佐证己说。

同时，对于前人所持疑义，包鹭宾往往援引新的材料加以辨证。如《序志》篇“莫非经典”一句，《讲疏》云：

> 黄校云：“非”一作“外”。按：作“外”是。“五礼”、“六典”云云，本非经典，然经典所载莫外乎是。[29]

黄叔琳校文，未下断语。包鹭宾结合《序志》前文“五礼资之以成文，六典因之以致用”，对黄叔琳的校文予以证实。

另一方面，对于前人的不足和错谬，包鹭宾则予以补正。书中对纪昀的评语多有批驳。如《序志》篇“古来文章，以雕缛成体，岂取驺奭之群言雕龙也”一句，黄侃《文心雕龙札记》云：“此与后章‘文绣鞶帨，离本弥甚’之说，似有差违。实则彦和之意，以为文章本贵修饰，特去泰去甚耳。”包鹭宾对黄侃之说亦有微词。《讲疏》云：

> 按：黄氏谓彦和以为文章本贵修饰，甚是。惟谓其在去泰去甚，似当有一间未达。《情采》篇云：“庄周云‘辩雕万物’，谓藻饰也；韩非云‘艳乎辩说’，谓绮丽也。”《神思》篇赞云：“刻镂声律，萌芽比兴。”《风骨》篇云：“孚甲新意，雕画奇辞。”其他《丽辞》《声律》《事类》《夸饰》诸篇，莫非讲求雕画刻镂之事，何尝以“泰”、“甚”为过？至若晋宋以后，极貌写物穷力追新之作，在彦和视之，盖所谓浮诡讹滥，非特泰甚已也。浮诡讹滥之离本。本者，性情风骨之谓也。有性情，有风骨，则刻镂雕画正文家之要事，否则浮诡讹滥而已。[30]

针对黄侃《文心雕龙》中的论述，包鹭宾首先肯定了“以为文章本贵修饰”的提法。同时，征引《文心雕龙》中《情采》《神思》《风骨》《丽辞》《声律》《事类》《夸饰》诸篇的文字，对黄侃“去泰去甚”的论断予以驳斥。进而从文学演进的角度，结合晋宋时期“极貌写物穷力追新”的文章，指出其特性是“浮诡讹滥”，这与文家要事的“刻镂雕画”有根本区别。持论谨严，论证充分。在《原道》篇中，包鹭宾对此亦有深入的阐发，指出“彦和虽疾齐梁以来文章讹滥，特病其文胜于质，辞浮于情耳，非斥其藻饰雕绘也。”[31]可谓再三致意。

晚清民国时期时局变迁，风云际会，学术亦随之流转。这一时期的学人，身历新旧文化的濡染，一方面对中国传统学术进行了总结，另一方面又拉开了近代学术的序幕。传统的学人依然恪守着前贤的治学路径，从事自己的研究。包鹭宾先生即是这一类学者。从其生平著述而言，主要集中在传统的经史子集四部之学。先生遽而辞世，以致其讲授《文心雕龙》的文稿终未成书，可谓学界之憾事。然就其残存部分而言，足以窥其一斑，价值不容忽视。笔者试述其大略，尚期引起进一步的研究。

【原注】

［1］黄叔琳：《黄校本原序》，范文澜：《文心雕龙注》，人民文学出版社 1958 年版，第 2 页。

［2］梁启超《文心雕龙讲疏序》，范文澜：《文心雕龙讲疏》，新懋印书局 1925 年版，第 1 页。

［3］刘业超：《文心雕龙通论》上编，人民出版社 2012 年版，第 401 页。

［4］陈开林、冯之：《刘咸炘〈文心雕龙〉研究述略》，《江汉大学学报（社会科学版）》，2015 年第 32 卷第 1 期。

［5］张少康、汪春泓、陈允锋等：《文心雕龙研究史》，北京大学出版社 2001 年版，第 129185 页。

［6］张文勋：《文心雕龙研究史》，云南大学出版社 2001 年版，第 100—113 页。

［7］李建中：《龙学档案》，武汉大学出版社 2012 年版，第 213—309 页。

［8］游国恩：《为包渔庄教授遗族募生活基金启事》，马敏、付海晏、文廷海整理：《包鹭宾学术论著选》，华中师范大学出版社 2005 年版，第 306 页。

［9］包佶：《包鹭宾先生生平事略》，马敏、付海晏、文廷海整理：《包鹭宾学术论著选》，华中师范大学出版社 2005 年版，第 297—305 页。

［10］包佶：《包鹭宾先生生平事略》，马敏、付海晏、文廷海整理：《包鹭宾学术论著选》，华中师范大学出版社 2005 年版，第 300 页。

［11］黄侃：《文心雕龙札记》，华东师范大学出版社 1996 年版，第 1 页。

［12］包鹭宾：《文心雕龙讲疏》，马敏、付海晏、文廷海整理：《包鹭宾学术论著选》，华中师范大学出版社 2005 年版，第 174—177 页。

［13］包鹭宾：《文心雕龙讲疏》，马敏、付海晏、文廷海整理：《包鹭宾学术论著选》，华中师范大学出版社 2005 年版，第 131 页。

［14］包鹭宾：《文心雕龙讲疏》，马敏、付海晏、文廷海整理：《包鹭宾学术论著选》，华中师范大学出版社 2005 年版，第 135 页。

［15］李曰刚：《文心雕龙斠诠》，台湾编译馆 1982 年版，第 2515 页。

［16］包鹭宾：《文心雕龙讲疏》，马敏、付海晏、文廷海整理：《包鹭宾学术论著选》，华中师范大学出版社 2005 年版，第 128 页。

[17] 包鹭宾：《文心雕龙讲疏》，马敏、付海晏、文廷海整理：《包鹭宾学术论著选》，华中师范大学出版社 2005 年版，第 141—142 页。

[18] 刘文典：《淮南鸿烈集解》，中华书局 1989 年版，第 1 页。

[19] 包鹭宾：《文心雕龙讲疏》，马敏、付海晏、文廷海整理：《包鹭宾学术论著选》，华中师范大学出版社 2005 年版，第 170 页。

[20] 范文澜：《文心雕龙注》，人民文学出版社 1958 年版，第 727 页。

[21] 范文澜：《文心雕龙注》，人民文学出版社 1958 年版，第 4—5 页。

[22] 罗根泽：《中国文学批评史》，上海书店出版社 2003 年版，第 228 页。

[23] 范文澜：《文心雕龙注》，人民文学出版社 1962 年版，第 727 页。

[24] 包鹭宾：《文心雕龙讲疏》，马敏、付海晏、文廷海整理：《包鹭宾学术论著选》，华中师范大学出版社 2005 年版，第 169 页。

[25] 包鹭宾：《文心雕龙讲疏》，马敏、付海晏、文廷海整理：《包鹭宾学术论著选》，华中师范大学出版社 2005 年版，第 171 页。

[26] 包鹭宾：《文心雕龙讲疏》，马敏、付海晏、文廷海整理：《包鹭宾学术论著选》，华中师范大学出版社 2005 年版，第 172 页。

[27] 包鹭宾：《文心雕龙讲疏》，马敏、付海晏、文廷海整理：《包鹭宾学术论著选》，华中师范大学出版社 2005 年版，第 173 页。

[28] 包鹭宾：《文心雕龙讲疏》，马敏、付海晏、文廷海整理：《包鹭宾学术论著选》，华中师范大学出版社 2005 年版，第 143 页。

[29] 包鹭宾：《文心雕龙讲疏》，马敏、付海晏、文廷海整理：《包鹭宾学术论著选》，华中师范大学出版社 2005 年版，第 132 页。

[30] 包鹭宾：《文心雕龙讲疏》，马敏、付海晏、文廷海整理：《包鹭宾学术论著选》，华中师范大学出版社 2005 年版，第 129 页。

[31] 包鹭宾：《文心雕龙讲疏》，马敏、付海晏、文廷海整理：《包鹭宾学术论著选》，华中师范大学出版社 2005 年版，第 142 页。

【编者注】

①原载《沈阳大学学报（社会科学版）》，第 17 卷第 3 期，2015 年 6 月，第 405—408 页。

抗战期间华中大学的西南边疆问题研究

马 敏 吴和林

抗日战争期间，与当时诸多高校一样，为躲避战乱，华中大学背井离乡，经桂林西迁至云南大理喜洲镇。在喜洲8年期间，华中大学师生投身云南大理和喜洲的建设当中，不仅解决了当地老百姓的实际问题，也通过文献研究和实地考察，对西南地区少数民族的历史、文化、语言、民俗、社会等进行调查，取得了令人瞩目的成绩，发表了一系列享誉中外的优秀学术成果。本文主要对华中大学相关学者开展的西南边疆民族语言文化研究进行梳理、总结与分析，以期对抗战时期西南边疆问题研究的历史做一些必要的补充。

一、华中大学西南边疆问题研究的源起

在武昌办学期间，华中大学无论是人文社会科学、理学还是教育学都主要围绕华中地区、长江中游的历史、地理和环境问题进行研究。如生物系曾经是长江鳄鱼研究的基地，拥有丰富的长江鳄标本。中文系围绕长江文化开展的研究课题则包括长江中游地区的方言、民歌以及民间传说研究，江西省宋代文化研究和湖南省朱子研究[1]。搬迁至云南喜洲之后，由于实验条件、资料限制，研究重心发生了变化，影响华中大学开展西南边疆民族文化问题研究的主要因素包括以下几个方面。

一是抗战期间西南边疆问题研究的蔚然兴起。我国历来重视边疆问题研究，近代以来，中国社会内忧外患不断，在这种严酷现实的强烈刺激下，学界掀起了边疆研究的高潮，以清季西北史地学和民国边政学最具代表性。特别是在国民政府迁都重庆后，在政学两界的倡导下，伴随着高校内迁、西迁，大量学者移驻西部省份，开始关注并开展边疆问题研究，有的学者甚至提出了创立边政学的构想[2]。

1938年，国民政府为应对战事，下发文件，特别提到“查西南各省边区，汉夷杂处，自古多事。考厥原因，实由于当时政府忽略宣导，边官措施失当，坐令民族间之情感隔膜，有以致之。值此全面抗战期间，所有地方秩序之稳定，民力之团结，具关重要。对于苗夷等族亟应因势利导，予以组织训练，使其效忠党国，借以增强抗战力量。本部现拟编订宣抚苗夷方案，唯恐不明情形，将来实施困难，特制订西南边区民族调查表式，先事调查，以资参考”[3]。国民政府关心西南边疆调查，通过文书进行表态对西南边境问题研究产生了重要影响。不少国立大学的研究都进行学术转向。

抗日战争时期，“社会各界对边疆问题的关注也因形势的严峻、学术力量的空前集中而得以增强”[4]。边疆问题研究刊物出版陡然增多，边疆研究的地位更加突出，一个个边疆学术机构先后成立。据统计，成立于上世纪三四十年代的边疆研究与学术机构近30个，学术刊物20余种。以云南为例，在1937年之前，全省仅举办了少数报刊，如《云南日报》《云南国民日报》等。高校西迁入滇后，云南省出版各类报刊多达312种，其中学术类期刊就有30余种，可谓空前繁荣。有关西南边疆问题研究的刊物《西南边疆》《边疆人文》《西南研究》等正是在此期间创办的[5]。

当时的教会大学在其中也扮演了非常重要的角色。1941年2月，由内迁成都的5所教会大学共同发起成立了中国边疆学会。此后，华西协合大学成立了边疆研究所，加上之前在华西协合大学成立的华西边疆研究会，构成了当时西南边疆问题研究的“三驾马车”。他们“既互相配合又各自独立地开展调查研究，进行实地考察”[6]。在韦卓民校长的领导下，华中大学以游国恩、包鹭宾教授等人为核心的中文系成立了西南边疆文化研究室，开辟了属于华中大学自己的西南边疆问题研究。

二是华中大学知名学者转型及云南籍青年教师的加入。在喜洲期间，华中大学教员共有41人，其中教授20人，副教授7人，讲师

7人，副讲师5人，普通教员、助教各1人[7]。全职教员中包括了不少国内外著名专家，譬如楚辞专家游国恩、文选学专家包鹭宾、社会学专家许烺光、西洋文学家吴宓及鲁迅研究专家李何林等。包鹭宾、游国恩等人在华中大学武昌办学期间就已在文献、语言、文化研究方面发布了不少学术成果，为研究专项奠定了基础。正如汪洪亮所提到的，抗战期间“有些学者原本既不研究边疆历史文化，亦不从事人类民族学社会学研究，更没有实地调查的习惯，但是到了边地以后，很多学者投入到了边疆研究中”[8]。华中大学的教授亦不例外，包鹭宾、游国恩等学者正是在学校迁入大理后开始关注西南边疆问题研究并投身其中。

另外一个值得关注的因素是华中大学聘请了当时一批从著名高校毕业，有远大抱负且有一定成就的青年才俊，如萧之的、傅懋勣、陈国杰、许宗岳、万绳武、吴醒夫、阴法鲁等。这些青年教师虽毕业不久，但在入校工作前都做过一些西南边疆问题研究，为华中大学开展西南边疆问题研究增添了新的力量。此外，不少著名学者都曾应邀来华中大学讲学、开展合作研究，包括罗常培、吴金鼎、熊庆来、费孝通、老舍、潘光旦和徐悲鸿[9]，以及美国知名学者费正清等[10]。

三是哈佛燕京学社对华中大学的支持。华中大学一直采用文学院、理学院和教育学院的三院建制模式，入滇后，学校保留了这一建制。不过，曾经独占鳌头的理学院由于很多实验器械无法搬运，受到影响最大，科研方面的实力削减的比较严重。幸运的是，1937年韦卓民校长争取到哈佛燕京学社的资金支持，为困境中的华中大学文学院解了燃眉之急。

在滇办学期间，华中大学开展西南边疆问题研究，离不开哈佛燕京学社的经费支持以及对相关学术课题的首肯。据载，“中国文学系于一九三七年向美国哈佛燕京学会申请补助为长江中部文化之研究，一九三八年春得该会通告准予补助美金四千元，无奈初期抗战失利，武汉危急，原定研究计划无法进行，既而本校迁桂，乃改而研究西南民族文化问题。在桂数月，虽日处于敌机轰炸之下，仍极力搜集材料，幸得一九三九年春再迁现址（喜洲，笔者注）途中完成报告，复承该会继续补助美金二千五百元。是年四月本校到喜，入秋以后，该系遂积极从事于云南各土族文化问题之研究，计成论文十篇，益得该会奖励，又准连续补三年，每年美金四千元”[11]。哈佛燕京学社的资助对于华中大学的人文学科发展无疑是举足轻重的。

四是华中大学生源构成变化和人才培养的需要。在西迁之前，华中大学的生源主要依靠华中地区教会所办的中学，学生也主要来源于湖南、湖北两地，是名副其实的“华中”大学。相比而言，属于“大西南”地区的学生寥寥无几，而来自云南边疆地区的学生更是少之又少。学校西迁至喜洲镇后，学生人数下降明显。为了增加学生人数，扩大办学规模，招收云南及西南地区的学生成了学校安身立命的首要任务。

在喜洲办学期间，华中大学开始大规模招收西部地区的学生，其中云南籍学生的数量增幅很大。据统计，1941 年秋季，注册的 77 名新生中，云南籍学生占 32 名。随后五年，云南地区的学生年年增加，到 1945 年秋达到顶峰，云南籍学生总人数达到 174 名，占整个在校注册学生总人数的 68%以上[12]。余子侠指出，“如果考虑到贵州、广西两省及湘西、川西两地同样属于‘西部’的地理位置，仅从在校学生变化情况来看，我们也可以说华大已成为一所真正的西部地区的大专院校了”[13]。

华中大学教师开展西南边疆问题研究，一方面充分利用当地学生的资源开展少数民族语言研究（如傅懋勣）、文献考证、与西南联大等高校联合开展考古研究，另一方面带领学生开展田野调查，为当地政府、高校、科研机构培养具有理论基础和专业知识的人才，满足国家和社会需求，体现了高校与地方社会的良好互动。

可以说，华中大学开展西南边疆问题研究是天时、地利、人和多种因素共同影响的结果，是对抗战时期国家对于边疆问题研究的需求的一种积极回应，也是利用哈佛燕京学社这样的学术平台开展国际化高水平研究的一种尝试，更是学校在其办学的内在需要和驱动下逐渐发展和形成的。

二、华中大学西南边疆问题研究的主要内容

华中大学的西南边疆问题研究主要包括三个方面："一是有关西南地区各民族的文献研究，包括历史学、地理学、民族学、文化学等；二是有关西南民族社会的调查研究，包括宗教信仰、衣食住行、娱乐婚丧，以及其它方面的风俗习性等；三是有关西南民族的语言研究，包括发音、语法及其语言表达方式等。"[14]

（一）西南地区各民族的文献研究

以包鹭宾和游国恩为首的西南边疆文化研究室，围绕滇西的历史、地理、民族和文化等内容，通过以历史文献查考与实地考察相结合的方式，开展了一系列研究。

1. 包鹭宾及其民家研究

包鹭宾（1899—1944），字渔庄，曾长期兼任华中大学中文系主任，到喜洲后，除仍从事国学研究外，对云南少数民族历史与文化开始感兴趣，并进行了深入的研究，其著作《民家非白国后裔考》一文详细考证了民家的来源以及与白国的关系。根据包先生的考证，历史上并不曾有白国，"所谓白国，本非实有，乃唐宋白蛮之所虚构；哀牢夷者为今摆夷之先世，与唐之乌蛮、白蛮举不相涉，亦即与所谓白国无关"。关于民家的起源，包鹭宾认为：民家也不是"自唐至元，在大理建国之族，……民家之名，原非种族之称，其名始于明世，为当地屯戍之军家汉人对其土著夷民之称。""白国之说，虽出诸白蛮之所假托，然其事究属子虚，故不能因民家为白蛮之后，而谓古有所谓白国，民家为其后裔。"他还进一步判定，如今大理一带之民家，"自明代以后，多中土迁来之汉族，则其事又当别论，非所语于此之所谓民家矣"。[15]

包鹭宾的考证经过上世纪50年代开始的口语普查得到证实。当时

的口语普查，“证明白族的任何一个方言土语中，都没有表示出‘民家’一词为白族的含义。因为白族崇尚白，所以自称‘白’，白后面的‘子’、‘尼’表示人的单数，‘和’则表示人的复数，两个构词成分结合起来，就成了‘白人’、‘白族’这一完整的概念”[16]。因此，1956 年大理白族自治州建立时，根据白族人民的意愿，确定族名为白族。

此外，包鹭宾对傣语的调查还证明了白族和摆夷（傣族）分别属于两个不同的民族，自称与他称也有所不同，在语音上分得很清楚。白族称傣族为摆夷。根据地区不同，西双版纳的傣族自称傣仂，德宏傣族自称傣纳。过去傣族称白族为“和”，20 世纪 50 年代改称为“白”。可见，白族和傣族的自称是完全不同的两个读音。这一研究反驳了那些企图把南诏、大理国说成是由泰国建立的完全缺乏根据的推论。

关于西南边疆问题研究，包鹭宾还著有《云南土族之种类及其分布》《说白人坟》《释僰》《释僰补》《释僰䗖语》[17]《蒙氏灭南诏说》《白文的产生》诸篇。在华中师范大学时任副校长马敏、包氏三姊妹及前校长王庆生的积极推动下，2005 年 8 月，流失 60 余年的包鹭宾遗著《包鹭宾学术论著选》由华中师范大学出版社正式出版发行，包鹭宾的女儿将其称为先生“唯一的、真正的遗产”[18]。

2. 游国恩及其民族文化研究。

游国恩（1899—1978），字泽承，1936 年辞去山东大学教职，来华中大学受聘为教授兼中文系主任，1942 年 8 月应罗常培邀请到西南联大任教（受聘于北京大学）[19]。游国恩在华中大学工作的时间并不长，却是华中大学西迁前后的重要见证人。在喜洲期间，他与包鹭宾共同创办了西南边疆文化研究室，专门从事西南边疆研究，编辑出版了《西南边疆问题研究报告》，罗常培、韦卓民、游国恩、包鹭宾、傅懋勣等著名学者撰写的一批有关大理历史文化的论文均收录其中，对西南边疆问题研究产生了重要影响，如罗常培在《西南边疆问题研究报告》第一期上就发表了论文《贡山俅语初探》[20]。

在华中大学期间，受到哈佛燕京学社资助，游国恩的西南边疆研究取得了一系列成果，主要包括《说蛮》（上、下）、《火把节考》、《南诏用汉文字考》、《文献中所见西南民族语言资料》、《说洱海》（*A historical Study of the Erh-Hai*）、《西南古代的各种方言》、《云南少数民族国家形成的历史》、《云南土著民族的文化》、《云南土族见过史略》、《西南夷语拾遗》、《西南古夷语考》[21]等。1944 年，已任西南联大兼北京大学中文系教授的游国恩随海内专家团赴大理“用新法重修大理县志”考察期间，又利用资料写了若干关于西南民族的考察论文，主要包括《夷族令节考》《南诏德化碑校勘记》《白古通考》《韦士官非阴后裔辨》《驳段樊二名不偏讳说》和《跋杨慎滇载记》[22]。游国恩对西南少数民族的语言、历史、文化、古迹研究作出了重要贡献，向世人展现了汉族与当地少数民族共同铸造的中华文明。

（二）许烺光及其西南民族社会调查研究

在西南民族生活的研究方面，华中大学诸位教授的研究中均有所体现，但最集中的还是体现在许烺光（Francis L. K. Hsu）先生代表作之一的《祖荫下：中国乡村的亲属、人格与社会流动》（*Under The Ancestor's Shadow: Kinship, Personality & Social Mobility in China*）上。

作为行为科学家、心理人类学创始人之一的许烺光（1909—1999）[23]，是继韦伯、汤因比之后，少数能够在大规模文明社会研究比较中立下一家之言的大师。1933 年，许烺光从沪江大学毕业，获社会学学位，后进入辅仁大学研究所学习。不久便辍学，在北京协和医院从事社会工作。1937 年，他考取了中英庚子赔款奖学金，赴英国伦敦经济学院就读人类学，与费孝通同门，师从马林诺夫斯基（Bronislaw Malinowski），1940 年获博士学位。1941 年回国后，许烺光受费孝通邀请在云南大学任教，先后担任云南大学副教授、教授，在燕京大学与云南大学合作举办的社会学实地调查工作室（又称魁阁或魁星阁[24]）工作。不过，极少有人了解，1941 年至 1942 年，许先生曾在华中大学任教。

1941 到 1943 年间，许烺光在云南大理喜洲小镇做田野调查，而《祖荫下：中国乡村的亲属、人格与社会流动》的民族志材料就来源于此[25]。该书详细描述和分析了喜洲以祖先崇拜为主的文化行为方式，试图透视中国文化共性的心理。1941 年，许烺光在华中大学执教时做了第一次喜洲调查，后回到云南大学，住在魁星阁，并接待了李约瑟（Noel Joseph Terence Montgomery Needham）和林顿（Ralph Linton），1943 年再回喜洲做田野调查。这本书在扉页上写道："谨献给拉尔夫·林顿——我的一位学术前辈。"这主要在于这一创作曾受到林顿的心理学研究的影响。虽然许烺光认为自己缺乏心理科学的知识，因此采用了另一种研究方法，"我以人们的行为活动作为向导来研究某种文化传统，而不是采用固定的心理学体系以及这一体系内固定的方法。我采用大众化的名称，而舍弃精神分析学的术语"[26]，但实际上，许烺光还是采用了心理学派"群体人格"的理论来分析喜洲田野观察所获得的民族志资料。在谈到个性形成时，许烺光认为"拉尔夫·林顿对于这一问题的解释看来是唯一可行的"[27]，因此，他"采用'基本人格结构'和'身份人格结构'来划分喜洲和中国人的父子、夫妻等家庭和亲属关系，并指出了在喜洲文化下所形成的基本个性类型特征以及地位个性类型"[28]。

1943 年，受林顿邀请，许烺光赴美工作，先后担任哥伦比亚大学讲师（1944—1945）、康奈尔大学代理助理教授（1945—1947）、西北大学正式助理教授和教授。1957 年至 1976 年，许烺光担任西北大学人类学系主任二十年。此外，许烺光还是迄今为止唯一一位担任过美国人类学协会主席（1977—1978）的华裔人类学家。1978 年，他从西北大学退休后，仍坚持论文写作，笔耕不辍。1983 年，许烺光出版了另一本书——《驱逐捣蛋者——魔法、科学与文化》，他将 1942 年在喜洲镇目睹的村民在一场霍乱中拯救自己的方法，与 1975 年在香港沙田区观察到的一系列宗教活动进行了比较[29]。

如今看来，“许烺光在西镇（即喜洲，笔者注）的研究是他第一次完整的人类学田野经历，从中获得的丰富材料与他在香港沙田和华北的生活经历一起，构成了他后来走向跨文化比较的中国经验基础，他一生的理论成就都与此有关”[30]。许烺光在华中大学的执教经历不仅对其后来的学术生涯产生了深远影响，而且在喜洲期间他还找到了人生的挚爱董一男女士，并与其喜结连理。

（三）傅懋勣及其西南民族语言研究

1939年9月，由罗常培推荐，傅懋勣（1911—1988）来华中大学任教。在韦卓民校长、包鹭宾、阴法鲁和王玉哲等人的关爱和撮合下，傅懋勣和徐琳女士在华中大学喜结连理[31]。

傅懋勣一生的研究也都与西南边疆少数民族的语言、文化和历史有关[32]。1940年，他利用假期调查了昆明附近的倮倮语（彝语）、么些语（纳西语）和民家语。在1941年7月18日华中大学中文系呈送给哈佛燕京学社的报告中，傅懋勣的《维西么些语研究》（报告中称“栗普语”，英文为Lip's Language，罗常培在《苍洱之间》称之为《利波语研究》）第三篇词条栗普语英语词条（英文著）就已收入其中了。报告特别备注：“作者因需利用暑假前往实地调查，不及等候誊完亲自校勘。如有错误，作者将来拟作一勘误表以资校正。”[33]可见，这是傅懋勣当时最新的研究成果。

1941年8月，为了便于研究西康（今四川西部大凉山一带）彝语，傅懋勣离开华中大学到华西协合大学任副教授，讲授中国语法和少数民族语言，同时在该校中国文化研究所任副研究员。其间，他正式发表了此前已寄给哈佛燕京学社的《维西么些语研究》（分语音、语法和词汇三个部分）[34]，这是傅懋勣研究少数民族的又一部学术成果，是我国最早的一部全面研究么些语的专著[35]。

1943年2月，傅懋勣深入西康大凉山调查夷语（倮倮语，今称彝语）和夷文（今称彝文）。他在西昌调查夷语期间编写了一本《夷语会话》，并组织夷语研究班，讲授夷语发音学和语法，普及夷语知识。1943年底，傅懋勣渡金沙江回到云南大理华中大学任副教授，次年2月兼任中文系主任。1945年暑假，他又到云南丽江研究么些象形文字和音节经典，他得到连襟马曜的帮助，请了著名的东巴经师和芳解读经文，并购得一批东巴经书。同年他晋升为华中大学中文系教授。1946年春末，华中大学迁回武昌后，傅懋勣滞留大理，利用这个机会把和芳经师请到家中，继续跟和芳经师研读东巴文[36]。

1946年9月返校后，根据前一年在丽江搜集的材料，傅懋勣撰写了《丽江么些象形文〈古事记〉研究》一书（1948年由华中大学出版）和《释彝文思乡诗兼论其韵律》一文。《古事记》是纳西族东巴经中最著名的一种，傅懋勣用国际音标注出了每篇东巴经的读法，先逐字注明意义和语法关系，再译成汉语，然后从语言和文字两个方面对经文进行详细的解说，举出了异体字，辨析了古今读音。《丽江么些象形文〈古事记〉研究》有史以来第一次对《古事记》进行了科学的记录，并提供了完整的译文，也成为这部经书写本的第一本研究著作。这本书不仅是研究纳西语和东巴经的一个范本，而且为研究纳西族的历史、文化、民间文学提供了重要资料。

1948年，英国剑桥大学基督学院的毕铿（L. E. R. Pickren）博士到华中大学访问，认识了傅懋勣，并把他的论文送给该院东方语言学系主任夏伦（G. Haloun）教授看。夏伦是研究古代汉语的学者，对彝语和藏缅语族语言的比较研究也很感兴趣。经过他的推荐，傅懋勣赴英国剑桥攻读博士学位，并于1950年10月获博士学位，还被选为皇家亚细亚学会会员。其博士学位论文《彝语描写语法》是其长期研究彝语的智慧结晶，也是一部构思严谨的学术著作，后被列入剑桥东方学丛书选题计划[37]。

20世纪80年代，傅懋勣应邀赴日本东京外国语大学亚非语言文化研究所访学。在日期间，他整理了20世纪40年代所搜集的文献资料，写成研究纳西文的专著《纳西族图画文字〈白蝙蝠取经记〉研究》（上册）[38]，并由日本国立亚非语言文化研究所先后于1981年和1984年出版。该书以20世纪40年代傅先生在云南纳西族地区收集到的《白蝙蝠取经记》手抄本为研究的基础，解释了经书的读法和表示的意义，是傅先生研究纳西族图画文字《白蝙蝠取经记》的重要成果。图画文字在世界诸文字的历史上是一个重要的发展阶段，纳西族东巴文经书中的东巴文是历史上保存下来最完整最丰富的图画文字，对研究文字演变的历史有重要意义。

对于傅懋勣所取得的卓越学术成就，美国著名汉藏语研究专家马提索夫（James A. Matisoff）教授曾予以充分肯定，指出："傅懋勣是20世纪中国最出色的语言学家之一。他对中国少数民族语言的研究和保护做出了巨大贡献。他的贡献体现在学术上和在实际应用两方面。他对众多的语言和方言进行了长期的和艰苦的调查，跻身于当地人的语言文化中。他掌握了彝族和纳西族的神秘而复杂的文字，并会释读、书写他们的表音、图画文字，甚至不亚于他们的经师。如果一种语言没有自己的文字，傅懋勣就会帮助创造一套科学性的，以罗马字母为基础的实用文字。他是中国语言学界先驱之一，把西方语言学理论应用于所研究的中国语言，与此同时他把西方理论和中国传统音韵学结合起来，避免生搬硬套欧洲语言学来处理形态大为不同的东亚语言。"[39]

三、华中大学西南边疆问题研究的特点及价值

尽管西迁至云南的高校不多，但是清华大学、北京大学和南开大学三校迁入昆明后组成的西南联大，先后聘请了顾颉刚、郑天挺、陶云奎、潘光旦、吴晗、邵循正、向达、吴景超、李方桂、李景超等专家，加上云南大学的费孝通、杨堃、李有义、白寿彝等著名学者，当时的云南俨然成为西南边疆问题研究的重镇，而西迁至大理喜洲的华中大学学者与上述两所高校的相关学者之间频繁的互访交流，促进了西南边疆问

题研究。

华中大学在喜洲办学跨度八年，办学总时间七年有余。梳理华中大学在喜洲这一边陲小镇办学时期对云南边疆问题的研究，不仅对华中大学的校史研究意义重大，而且对于全面了解近代西南边疆问题研究同样具有重要的价值。

抗日战争时期，在哈佛燕京学社的大力支持下，华中大学所开展的西南边疆问题研究，通过与西南联大等著名高校学者充分交流与合作，形成了华中大学自身的研究特色。

1. 以新的视野和研究方法从事地方性问题研究。

华中大学西迁期间，哈佛燕京学社对该校的文学院的相关西南边疆问题研究，特别是西南少数民族语言研究提供了资金支持。得到哈佛燕京学社的资助后，华中大学的教授不仅在待遇方面有所提升，并有条件开展田野调查[40]。哈佛燕京学社对于这种民族性的问题研究给予了高度评价。再如，在华中大学短暂工作的许烺光，他从英国留学归国后，把人类学、社会学等新的研究方法与边疆社会调查相结合，产生了具有国际影响力的学术成果。正是这种把本土化、民族性的问题与国际学术潮流中新的研究方法相结合的研究模式，为华中大学开展高水平的西南边疆问题研究提供了更广阔的舞台。

以傅懋勣为代表的青年学者，通过田野调查和进入华西协合大学工作，为进入欧美顶尖大学深造奠定了基础。傅懋勣在攻读博士学位期间的研究选题仍然以其在西南工作时期的调查为基础。马提索夫对傅懋勣的博士学位论文《彝语描写语法》如此评述道："材料纪录十分仔细和准确，对音位系统和语法具有独特分析，对前人有关著作的总结和引用著作也完整有效，特别是作为第一部彝语现代语法论文具有很重要的历史意义。论文用标准英文写成，是跨文化的杰作。"[41]在上世纪八十年代赴日访学期间，傅懋勣手写著作《纳西族图画文字〈白蝙蝠取经记〉研究》也是运用他在剑桥大学所受的专业训练，研究上述民族语言文字。日本著名语言学家桥本万太郎在为这部书写的跋中说："傅懋勣博士使用现代描写语言学方法研究迄今很少研究过的语言（指纳西语，即纳西族图画文字所表示的语言），为藏缅语研究打开了新的视野。"[42]可以说，这种将本土化、民族性的问题与国际学术潮流中新的研究方法相结合的研究路子，令傅懋勣一生受用，也是其学术研究的一大特色。

此外，徐嘉瑞、阴法鲁、王玉哲等在华中大学期间，也是利用哈佛燕京学社的资金支持，采用新的人文社会科学方法开展相关西南边疆问题研究，后来成为各自领域的杰出学者。

2. 以开放的心态开展卓有成效的学术合作。

抗战时期，特别是西迁云南期间，西南联大、云南大学和华中大学的教授之间不仅互动频繁、交往密切，而且开展了大量卓有成效的学术合作。

1944 年暑假，西南联大、云南大学、华中大学的一批教授、学者应邀来大理纂修县志，包括罗常培、郑天挺、游国恩、徐嘉瑞、吴乾就、田汝康、郑万钧、吴征镒、冯景兰、孙云铸、李宪之、周定一、李俊昌、王年芳、赵儒林、付素斐、米士以及华中大学的包鹭宾（渔庄）等人参与。学科涵盖了文史、社会学、人类学、森林、地质、气象、语言等专业。其中，文史组的召集人就是曾在华中大学任教的徐嘉瑞教授[43]。从 8 月 5 日至 14 日，考察组在喜洲进行了 10 天的活动，主要做了以下几项工作：一是通读喜洲董、尹、谭、杨、杜、严、赵、段氏诸家族谱，考究世居喜洲的各大姓的民族源流和迁徙、繁衍情况；二是遍访喜洲附近的佛寺和庙堂，研究白族独有的本主崇拜，及其与佛教密宗的关系；三是对民家人（白族）的语言和民俗进行考察[44]。

参与此次修县志的学者，除了当时在华中大学工作的包鹭宾，还包括游国恩、徐嘉瑞等华大校友，在喜洲期间，考察团还与华中大学林之棠、黄秋浦、卞彭年、萧之的、傅子嘉和韦卓民先生等进行了学术交流。

包鹭宾一生的学识和人品受到同行的尊敬，与各大学的学人都有所交往。他不仅接待来大理修志、讲学的学者、专家，还为来大理考察或学习的学生排忧解难。例如，中央民族大学的石钟健教授，当年还是西南联大历史系的学生，在向达指导下来大理作田野考古，包先生就把他和他的同学徐衍安排在华中大学学生第二宿舍。可以说，石钟健能完成这次考古任务，写出具有里程碑地位的《大理喜洲访碑记》，是与包鹭宾教授全家的关心和支持分不开的[45]。

3. 回应国家需求，服务社会发展。

抗日战争时期，大批学者云集云南，不少人赴大理讲学和考古，把考察报告写成专著。1938 年 11 月至 1940 年 6 月尚有中央博物院考古专家吴金鼎、曾昭燏、王介忱率队在大理进行史前文化遗址考古，内容涉及新石器时代、汉、魏晋南北朝、蒙舍诏（唐初）、南诏统一时期（盛唐至晚唐）、大理国的文化遗址 38 处，以及南诏、大理国以来的古墓葬 17 座，并著成《云南苍洱境考古报告》[46]。这是第一份从地质学、考古生物学和古器物学角度，对大理史前文化遗址作科学考察、发掘后写成的考古文献，揭开了近代全面研究南诏文化的序幕[47]。

华中大学师生对于西南边疆问题研究是对国家与时代的一个强有力的回应，也是为满足西南社会迫切需要而采取的主动调整。华中大学专家、学者都非常注重田野调查和第一手资料的搜集，把解决西南边疆的历史、地理、语言、文化以及经济建设中所遇到的实际问题与科学研究有机结合起来。除前文所述华中大学师生参与了纂修大理县志的工作外，学校还一直敞开大门，为来滇西开展实地调查和科学研究的学者提供生活上的便利，从已知文献或所作研究中帮助专家破解难题。

西南边疆文化多元，在语言文字、民族习性、地理环境、生活习俗等方面都有其特殊点，开展西南边疆问题研究，促进了民族团结，稳定了大后方，推动了全民族抗战。不仅如此，时至今日，前文所述关于大理文化的论著学说都成为世界了解云南、了解大理的重要途径，这些文献资料至今仍然在促进大理文化和喜洲文化的发展与推广，例如徐嘉瑞脱稿于喜洲华中大学的名著《大理古代文化史稿》[48]，许烺光《祖荫下：中国乡村的亲属、人格与社会流动》等，把大理悠久的民族文化弘扬到国内外，引起中外学者对大理的关注。

华中大学开展的西南边疆问题研究，除上文提到的研究特点外，还具有以下作用和价值：

一是为西南边疆问题研究及其后续学术发展奠定了坚实基础。从许烺光等人所从事的研究来看，上世纪上半叶的西南边疆问题研究对“西方现代人类学理论的把握与运用已经到了相当水平”[49]，其在华中大学对于喜洲镇的实地调研对他赴美后的学术研究成果影响深远。如前所述，他一生最重要的学术成果之一《祖荫下：中国乡村的亲属、人格与社会流动》，便主要是基于当年在大理喜洲的田野调查。

费孝通谈及他自己对中国早期社会学所作的贡献时，曾中肯地说：“这些工作如果从科学水准上估价也许并不能认为有重要的贡献，但是从中国社会学的发展上去检讨，确可认为是一步重要的迈进。他们不是单把西洋的理论用适当的中国传统概念加以翻译，不是专注重于西洋理论的系统介绍，也不是素白的胪列中国的社会事实，而是企图用西洋所传来的科学方法和已有的社会学理论去观察及分析中国现实的社会生活，更进一步地想对中国社会怎么会有这样的问题提出解释。……重要的是他们能从可以证实的现实生活中去求概然性的解释，使我们对于中国社会有了去认识的兴趣，以及继续研究的基础了。”[50]这样的评价，对许烺光的研究工作和学术成就也同样是适用的。

傅懋勣也正是通过当年在巴东地区、丽江地区等地的考察，掌握了大量第一手资料，从而成为少数民族语言研究专家，并成为继罗常培之后的语言学科带头人。他于 1950 年担任中国科学院语言研究所第四组组长，负责少数民族语言文字调查研究。他和著名语言学家罗常培一起领导了中国少数民族语言识别工作，随后组织并领导了全国少数民族语言大调查，为10个少数民族创制了14种文字，对彝语、利波语、纳西语等都有深入的研究，为新中国成立后的少数民族及少数民族语言工作做出了重要贡献。1956年，傅懋勣参与筹备建立了中国科学院少数民族语言研究所，并任该所副所长（所长为包尔汉）[51]，推动了少数民族语言文字的研究工作。

二是激发了在滇其他高校学者对西南边疆问题研究的兴趣。根据罗常培《从滇池到洱海》（收录在《苍洱之间》）的记述，在1941年秋天游国恩就约罗常培去玩，顺便调查民家的语言和生活状况。1942年，罗常培到喜洲访问了华中大学，看到了游国恩的西南民族论文《说蛮》（上、下）和包鹭宾的《民家非白国后裔考》[52]。罗常培原来是研究语言学的，正是通过与游国恩教授和包鹭宾教授的交流，赴大理等地调查民族语言，才进而将语言学与民族学紧密结合进行研究，先后发表了《从语言上论云南民族的分类》《论藏缅族的父子连名制》《再论藏缅族的父子连名制》《三论藏缅族的父子连名制》《从可嘉迁徙的踪迹论客赣方言的关系》等成果。

再如，宋伯胤在《点苍洱海寄哲思》中回顾了自己对于大理的了解，提出这正是源于华中大学游国恩教授。他说："抗日战争时期，我在昆明西南联大读书，第一次听到'大理'这个地名，是因游国恩教授在大理华中大学任教并帮当地重修大理县志说到的。"[53]可见，当时的学人开始关注大理，研究大理，华中大学相关教授学者的贡献不小。1950年，宋伯胤随中央民族访问团赴西南少数民族地区调查民族文物，其间，受国家文物局委托调查始凿于南诏时期的剑川石窟，之后该石窟被列为国家重点文物保护单位。

三是形成了华中大学严谨与苦干的科学精神。汪洪亮在评价西南边疆问题研究时，如此评价道："西南联大的罗常培、闻一多、邢公畹、傅懋勣、高华年、马学良、袁家骅等学者对西南民族语言的调查研究，陶云逵、马学良、吴泽霖、李景汉、陈序经、陈岱孙等一批著名学者对西南民族历史文化的调查研究，陶云逵、马学良、吴泽霖、傅懋勣等对西南民族宗教的调查研究，在边疆学术史上占据了不可取代的地位。”[54]其实，罗常培和傅懋勣二人的西南边疆民族语言研究均是发轫于华中大学西迁期间。除了上述提到的学者，游国恩、包鹭宾、许烺光等人在华中大学所开展的西南边疆问题研究同样不容忽视。西迁期间，华中大学的学者们在开展西南边疆问题研究时逐渐形成了严谨和苦干的科学精神。1942年1月21日写于喜洲、载于同年10月《旅行杂志》的游国恩文章《说洱海》，编者附有题为《研究学术的态度》的按语，指出游先生在写这篇文章以前不但看了大量的书籍，而且“以明察的眼光，判断传说与书籍之是非真假，故事史迹的考证以外，不盲从，不武断，此种研究态度值得钦佩”[55]。1944年，在参与了纂修大理县志的工作时，包鹭宾不辞辛劳，一方面接待来大理工作的学术同仁[56]，一方面开展大理县志工作，终因负担过重，突患疟疾，救治无效，英年早逝。再如，傅懋勣1940年开始研究纳西语，1945年赴云南丽江调查研究纳西族的语言和文字，成为先生上世纪八十年代在日本访学期间的原始材料，著成《纳西族图画文字〈白蝙蝠取经记〉研究》。由于下足了学术的苦功，并开展了大量扎实的实地调查研究，华中大学教授们的西南边疆问题研究不仅弘扬了大理文化，他们撰写的论著更成为某些学科的经典，形成了大理文化发展史上的一个黄金时代[57]。正如罗常培说，在喜洲办学期间，华中大学师生有着一种“平时不求闻达，却独自关起门来苦干”[58]的精神，这与今天华中师范大学“忠诚博雅，朴实刚毅”的精神可谓遥相呼应，一脉相承。潜心学术，不求闻达，这是值得今日学人所珍重的优良传统和品质。

回顾华中大学抗战期间的西南边疆问题研究，不难发现，在抗战这样艰苦的时期，即便是避处大理喜洲这样的边疆小镇，一所大学只要深深地扎根于本土社会，充分吸吮民族文化的养分，就能获得无穷无尽的活力，开展高水平的科学研究。国际化与本土化、全球化与地域化、人类共同知识与民族特殊知识之间并不存在截然的界限，本着求实创新的科学精神，一定能实现二者的良性互动与融合，从而育生出一种新型的文化，为人类文化的发展开辟出新的方向。诚如华中大学校训所言："立足本土文化，放眼人类文明。"从某种意义上讲，这也正是华中大学抗战期间能在喜洲边陲小镇立足生根、茁壮成长的根本经验之总结。韦卓民先生曾说："抗日战争中的中国教育是一部史诗，将为中国人民子子孙孙永志不忘。"[59]华中大学在喜洲的岁月，正是这部史诗中的一个篇章，而西南边疆问题研究无疑又是其中浓墨重彩的一笔。

致谢：本文曾于2019年发表在《华中师范大学学报（人文社会科学版）》第58卷第2期上，得益于哈佛燕京学社社长裴宜理教授发来哈佛燕京学社藏华中大学与哈佛燕京学社的电子档案，收入本书时作者才能进一步补充与修订，特此鸣谢。

【原注】

[1] 马敏、吴和林：《哈佛燕京学社与华中大学人文学科历史关系述略》，《华中师范大学学报（人文社会科学版）》2017年第4期，第114页。

[2] 汪洪亮：《民国时期的边政与边政学（1931—1948）》，人民出版社2014年版，第2页。

[3] 云南省政府秘：民字第174号密令，1938年6月16日，云南省档案馆馆藏，1011全卷宗，第6—7页，转引自张春涛：《西南联大的西南边疆调查研究》，云南师范大学2014年硕士研究生学位论文，第14—15页。

[4] 孙喆：《抗战时期边疆研究的特点与趋势》，《光明日报》2015年5月6日第14版。

[5] 王勇、李琰、李杨：《抗战期间云南境内出版的报刊》，《云南档案》2013年第7期，第23—24页。

[6] 黄新宪：《教会大学学者对旧中国社会问题的研究》，《教育评论》1995年

第6期，第47页。

[7] 吴棠：《华中大学在喜洲》，中国人民政治协商会议云南省大理市第六届委员会编：《大理市文史资料》第十一辑，2004年，第35页。

[8] 汪洪亮：《20世纪三四十年代中国学术地图变化与边疆研究的复兴》，《四川师范大学学报（社会科学版）》2015年第2期，第9页。

[9] 1942年1月，出访印度、新加坡后的徐悲鸿取道缅甸回国。他携带的在海外参展筹集抗战义款的大批书画、金石、艺术珍品，由畹町口岸入境。3月6日起，徐悲鸿在保山举办劳军画展，共展出600多幅名贵作品，在一个月内观众达30余万人次。徐悲鸿在云南生活了约半年，其中近四个月在滇西地区度过。参见马诚：《徐悲鸿在滇西的那些日子》，《云南档案》2014年第8期，第25—27页。

[10] 范麟章：《抗日战争时期迁滇的武昌华中大学纪事》，中国人民政治协商会议西南地区文史资料协作会议编：《抗战时期内迁西南的高等院校》，贵州民族出版社1988年版，第105页。

[11]《中国文学系研究工作》，《华中通讯》1940年第1卷第1期，马敏、付海晏、文廷海整理：《包鹭宾学术论著选》，华中师范大学出版社2005年版，第282页。

[12] 余子侠：《华中大学西迁述论》，章开沅、[美] 林蔚主编：《中西文化与教会大学》，湖北教育出版社1991年版，第306—307页。

[13] 余子侠：《华中大学西迁述论》，章开沅、[美] 林蔚主编：《中西文化与教会大学》，湖北教育出版社1991年版，第307页。

[14] 余子侠：《抗战时期教会高校的迁变》，《抗日战争研究》1998年第2期，第97页。

[15] 包鹭宾：《民家非白国后裔考》，马敏、付海晏、文廷海整理：《包鹭宾学术论著选》，华中师范大学出版社2005年版，第274—275页。《民家非白国后裔考》曾由哈佛燕京学社出版。

[16] 徐琳：《深切怀念渔庄恩师》，马敏、付海晏、文廷海整理：《包鹭宾学术论著选》，华中师范大学出版社2005年版，第315页。

[17] 参见哈佛燕京学社藏 Harvard University - Harvard College Library Harvard-Yenching Library / Harvard-Yenching Institute Archives. Hua Chung

College. 1935—1951. Christian Colleges in China. Harvard-Yenching Institute, Cambridge, Mass. 第 164 页。

[18] 包信：《先父包鹭宾的学术遗产》，纳张元主编：《大理民族文化研究论丛》第 3 辑，民族出版社 2009 年版，第 540 页。

[19] 在游国恩的领导下，华中大学中文系成为很有影响的系。其间，他曾聘请北京大学同学林之棠、罗常培的高足傅懋勣等来华中大学中文系任教。

[20] 此文后来发表在《国学季刊》1952 年第 7 卷第 3 期上。

[21] 参见哈佛燕京学社藏 Harvard University - Harvard College Library Harvard-Yenching Library / Harvard-Yenching Institute Archives. Hua Chung College. 1935—1951. Christian Colleges in China. Harvard-Yenching Institute, Cambridge, Mass. 第 163 页。

[22] 游宝谅：《游国恩先生年谱》，杨政业主编：《游国恩大理文史论集》，云南民族出版社 2003 年版，第 135 页。

[23] 其个人生平参见《许烺光》，http://www. shehui. pku. edu. cn/second/index. aspx? nodeid = 52&page = ContentPage&contentid = 1834，2018 年 11 月 30 日。

[24] 魁阁或称魁星阁，指的是 20 世纪 30 年代末在中国银行的资助下，费孝通与燕京大学合作建立的社会学研究室所。该工作室由于遭到日本飞机轰炸，便前往昆明附近的呈贡，住在一个三层楼的魁星阁，所以该实地调查工作站也称作魁阁研究室。先后在该站工作过的有张之毅、史国衡、谷苞、田汝康、李有义、胡庆钧、许烺光、张宗瑛等十多人。参见聂蒲生：《抗战时期在昆明专家对云南和大凉山的调查研究》，华中师范大学 2004 年博士学位论文，第 67 页。

[25] 参见罗常培：《苍洱之间》，《罗常培文集》编委会编：《罗常培文集》第 10 卷，山东教育出版社 2000 年版，第 227 页。

[26] [美] 许烺光：《祖荫下：中国乡村的亲属、人格与社会流动》，王芃、徐隆德译，南天书局 2001 年版，第 10 页。

[27] [美] 许烺光：《祖荫下：中国乡村的亲属、人格与社会流动》，王芃、徐隆德译，南天书局 2001 年版，第 223 页。

[28] 陈丽纯：《评〈祖荫下〉》，2010 年 12 月 8 日，http://blog. sina. com. cn/

s/blog _ 6dca29c80100nrhi. html，2017 年 9 月 6 日。

[29] [美] 许烺光：《驱逐捣蛋者——魔法、科学与文化》，王芃、徐隆德译，南天书局 1997 年版。

[30] 杨春宇：《民国社区研究与民间教门——以西镇圣谕坛为例》，《社会学评论》2015 年第 3 期，第 11 页。

[31] 徐琳：《深切怀念渔庄恩师》，马敏、付海晏、文廷海整理：《包鹭宾学术论著选》，华中师范大学出版社 2005 年版，第 317 页。

[32] 傅懋勣的不少文章收录在《傅懋勣民族语文论集》，民族出版社 2011 年版。傅懋勣晚年应后学要求，根据自己从事少数民族语言研究的经验，对民族语言调查研究的理论和方法所作的概括和总结，其内容涉及我国境内数十种民族语言的语言和语法结构，最初以《民族语言调查研究讲话》为题连载于《民族语文》，从 1983 年第 4 期开始到 1988 年第 2 期，共 29 期。傅先生原计划写 30 讲，写完 29 讲，因病搁笔，不久离世。1996 年，《民族语言》编辑部的同志对其进行了整理，出版了《论民族语言调查研究》这一专著，由语文出版社出版。

[33] 参见哈佛燕京学社藏 Harvard University — Harvard College Library Harvard-Yenching Library / Harvard-Yenching Institute Archives. Hua Chung College. 1935—1951. Christian Colleges in China. Harvard-Yenching Institute, Cambridge, Mass. 第 165 页。

[34]《维西么些语研究（一）语音》《维西么些语研究（二）语法》分别载《华西大学中国文化研究所集刊》1940 年第 1 卷第 4 期、1941 年第 2 卷，《维西么些语词汇》载《华西齐鲁金陵三大学中国文化研究会刊》1943 年第 3 卷。参见道布：《傅懋勣生平》，傅懋勣：《傅懋勣民族语文论集》，民族出版社 2011 年版，第 539 页。

[35] 道布：《傅懋勣生平》，傅懋勣：《傅懋勣民族语文论集》，民族出版社 2011 年版，第 539—540 页。

[36] 道布：《傅懋勣生平》，傅懋勣：《傅懋勣民族语文论集》，民族出版社 2011 年版，第 540—541 页。

[37] 道布：《傅懋勣生平》，傅懋勣：《傅懋勣民族语文论集》，民族出版社 2011 年版，第 543—544 页。傅懋勣于 11 月从英国动身，12 月中旬抵达香港，回国后继

续在武昌华中大学任教，兼系主任。论文出版后续事宜不详。

[38] 为纪念傅懋勣 100 周年诞辰，商务印书馆于 2012 年影印再版了《纳西族图画文字〈白蝙蝠取经记〉研究》。

[39] 马提索夫教授为《彝语描写语法》作的序。转引自傅云起：《撒手竟长逝，慈容难再见——思念我亲爱的父亲傅懋勣》，2011 年 11 月 11 日，http://blog.163.com/yan_rz@126/blog/static/35239375201110291057 41274/，2016 年 9 月 13 日。

[40] 马敏、吴和林：《哈佛燕京学社与华中大学人文学科历史关系述略》，《华中师范大学学报（人文社会科学版）》2017 年第 4 期。

[41] 马提索夫教授为《彝语描写语法》作的序。转引自傅云起：《撒手竟长逝，慈容难再见——思念我亲爱的父亲傅懋勣》，2011 年 11 月 11 日，http://blog.163.com/yan_rz@126/blog/static/35239375201110291057 41274/，2016 年 9 月 13 日。

[42] [日] 桥本万太郎：《跋》，傅懋勣：《纳西族图画文字〈白蝙蝠取经记〉研究》（下册），东京外国语大学亚非言语文化研究所 1984 年版，第 329 页。

[43] 吴棠：《游国恩与徐嘉瑞、闻一多等学人的交往》，《大理文史拾遗》，云南民族出版社 2007 年版，第 208 页。

[44] 吴棠：《西南联大教授大理行》，《大理文史拾遗》，云南民族出版社 2007 年版，第 202—203 页。

[45] 吴棠：《魂落苍洱的包渔庄教授》，《大理文史拾遗》，云南民族出版社 2007 年版，第 225 页。

[46] 吴金鼎、曾昭燏、王介忱：《云南苍洱境考古报告》，“国立中央博物院专刊乙种”之一，1942 年版。

[47] 吴棠：《石钟健的苍洱考古》，《大理文史拾遗》，云南民族出版社 2007 年版，第 210 页。

[48] 吴棠：《游国恩与徐嘉瑞、闻一多等学人的交往》，《大理文史拾遗》，云南民族出版社 2007 年版，第 208 页。

[49] 张原、杨清媚：《“地方之上”的人类学——20 世纪前期学人眼中的大理社会与民族志叙述》，《云南师范大学学报（哲学社会科学版）》2013 年第 3 期，第

7页。

[50] 费孝通:《中国社会学的成长》,《社会研究》1947年第7期。

[51] 1962年,中国科学院少数民族语言研究所(1956年成立)和中国科学院民族研究所(1958年成立)合并为中国科学院民族研究所,1977年归属新成立的中国社会科学院,2002年更名为中国社会科学院民族学与人类学研究所。

[52] 罗常培:《苍洱之间》,《罗常培文集》编委会编:《罗常培文集》第10卷,山东教育出版社2000年版,第210页。

[53] 宋伯胤:《点苍洱海寄哲思——叙〈大理文史拾遗〉》,吴棠:《大理文史拾遗》,云南民族出版社2007年版,第3页。

[54] 汪洪亮:《20世纪三四十年代中国学术地图变化与边疆研究的复兴》,《四川师范大学学报(社会科学版)》2015年第2期,第13—14页。

[55] 转引自吴棠:《游国恩先生未刊手稿点校后记》,杨政业主编:《游国恩大理文史论集》,云南民族出版社2003年版,第163页。

[56] 参见郑天挺:《大理访古日记(摘录)》,马敏、付海晏、文廷海整理:《包鹭宾学术论著选》,华中师范大学出版社2005年版,第309—310页。

[57] 吴棠:《苍凉的喜洲华中大学遗址》,《大理文史拾遗》,云南民族出版社2007年版,第221页。

[58] 罗常培:《苍洱之间》,《罗常培文集》编委会编:《罗常培文集》第10卷,山东教育出版社2000年版,第226页。

[59] 吴棠:《苍凉的喜洲华中大学遗址》,《大理文史拾遗》,云南民族出版社2007年版,第222页。

年近期颐临终留言　包氏姐妹千里还愿

——原华中大学中文系主任包鹭宾先生子女返校记

韩晓玲

“宏志未酬辞人间，遗著湮世难安眠。百岁恰逢母随伴，临终嘱女了父愿。泣捧手稿思万千，学子见书进良言。觅访有着喜心田，华大惜才慰九泉。”1998年3月7日，当包鹭宾先生的三个女儿从王庆生校长手中接过捐赠证书时，再也按捺不住情感的波涛，发自肺腑地献上了这首诗。

包氏姐妹此行乃是遵母遗愿，向华中师范大学捐赠其父的遗著《经学通义初稿》及藏书《经学通论》，并联系有关出书事宜。

包鹭宾先生于1931年受聘为华中师范大学前身之一——华中大学的中文系主任，接替已离开的周正权先生（清举人）。在他与游国恩、傅懋勣、阴法鲁等人的共同努力下，中文系发展为华中大学主要的系，而且在武汉地区高校中有着较大影响。包先生于华中大学，可谓善莫大焉。

1939年3月，由于日军轰炸，包先生随华中大学从桂林迁到大理喜洲。在那兵燹频仍的年代，仍然不辍耕作，先后主持了多项研究，使中文系成为实力最雄厚的系。然出于时世的动荡、生活环境的艰苦，包先生积劳成疾，于1944年8月8日溘然逝于喜洲小镇，年方四十五岁。

包先生的功绩和他的名字一起，被镌刻到华中师范大学的校史上，永不磨灭；而作为一名学者，他的研究成果却湮灭于乱世。颠沛流离之中，他的夫人仅能保存下他的一部手稿——《经学通义初稿》。半个世纪以来，将这部凝聚着包先生毕生心血的著作出版面世，一直是包夫人的最大愿望。今年1月21日，98岁高龄的包夫人与世长辞，临终前对子女吐露了她的心愿：将包鹭宾先生的遗著出版，作为他百岁诞辰的贺礼。

此时，包氏四姐妹都已是耄耋老人，最小的也已年逾花甲。为了完成母亲的遗愿，为了表达对父亲的深深怀念之情，包先生的三位女儿不辞辛苦，来到父亲为之鞠躬尽瘁，死而后已的这所大学，赠送了这部珍贵的手稿。

赠书一个月之后，包鹭宾先生的大女儿又从北京汇来两千元钱，作为向华师中文系特困生献上的一点爱心。这位古稀老人在汇款单的简短附言中写道："值贵校 95 校庆将临之际，恰逢家父一百周年诞辰，谨代表包氏六兄妹预贺，恭祝千秋宏业大展，桃李满天下。"两千元钱，在有些人眼里看来并不算多，却寄寓了老人多少深情！

后　　记

包鹭宾先生的学术论著选终于正式出版了，我们为此感到由衷的高兴。

包先生是江西省南城县人，1926 年毕业于北京大学哲学系，曾任江西心远大学教授，1931 年 9 月应聘到华中大学（华中师范大学的前身之一）任国学教授并兼中国文学系主任。抗战期间，包鹭宾先生随华中大学迁往地处大后方的云南大理喜洲镇。包先生对华中大学中文系的发展做出了很多贡献，在短短的时间内使中文系成为学术上很强的系，并与美国哈佛燕京学社进行了卓有成效的学术合作。包先生本人的学术造诣主要在中国传统的经学及文学方面，著有《经学通义初稿》《文心雕龙讲疏》等。另，他结合避处西南边疆的实际，开展了对西南边疆少数民族文化的研究，著有《民家非白国后裔考》《蒙氏灭南诏说》诸篇。从现有留存著作来看，包鹭宾先生在当时经学造诣是相当高的，其论著的学术价值亦有定评。惜包先生不幸于 1944 年在喜洲染上疟疾，不治身亡，英年早逝，至为可叹！

令我十分感动的是，几乎在包鹭宾先生逝世整整 54 个年头之后，包先生的三个女儿在年事已高、身体不好的情况下，仍尊奉母亲遗愿，以一种不达目的誓不罢休的执着精神，四处奔波，八方搜求，力争要编辑出版父亲的论著，以告慰父亲在天之灵。我当初之所以能挤出时间参与包鹭宾先生学术论著选的编辑工作，实在是因为受到包氏三姊妹那种投入精神的感染，觉得有责任助她们一臂之力。值得一提的是，在这一过程中，包氏三姊妹中的大姐包俫不幸患病去世，并没能最终目睹包鹭宾先生学术论著选的出版，不能不说是一件至为遗憾之事。今天，作为华中师范大学的校长，我从内心为母校曾经拥有包鹭宾先生这样的学术俊杰而感到自豪，同时也为包先生的后裔能有如此至孝和真爱而感到自豪。这种充满人间的真爱精神和不达目的誓不罢休的执着，不正是今天华师精神的组成部分吗？不正值得我们全体华师人发扬而光大吗？

最后要提一下的是，由于我工作繁忙，且不通经学，学术论著选的编成，除仰仗包氏姐妹和许多校友的支持外，我的学生付海晏和历史文献所的研究生文廷海出了很大的力气，尤其在手稿的辨识、校雠上所花的功夫更是常人所难及。而目前学术论著选中所存在的各种可能的编辑错误，责任则应主要由我个人来负。

是为记。

马　敏

2003 年 8 月 11 日于桂子山新居

新版后记

包鹭宾先生的学术论著选自2005年由华中师范大学出版社出版后，至今已近18载。岁月流逝，但当年包氏三姊妹为推动学术论著选出版而东寻西觅，多方奔走的场景仍历历在目，其中的艰辛与不易，委实令人动容！

喜逢华中师范大学120周年校庆，为了在原书的基础上增补新内容以飨读者，经在华中师范大学档案馆、哈佛燕京学社保存的华中大学档案中反复搜寻，我们又陆续发现了一批包鹭宾先生此前未曾被发现的遗稿、信函。与此同时，我们还查阅了各类民国报刊以及包先生友人、弟子的文章、论著，以求尽可能收全包先生所留存之文字。此外，新版学术论著选的附录部分增设了“学界对包鹭宾先生的研究”，收录相关研究成果，俾使读者能进一步了解包鹭宾先生的研究成果与学术精神。新版总共增加的内容约有10万字。

由于我本人学术研究工作繁忙，又刚刚在哈佛大学从事了为期半年的访问研究，故此次新版《包鹭宾论著选》得以顺利出版，不仅仰赖相关机构与校友的支持，还要特别感谢华中师范大学档案馆付强馆长、王文娟馆员以及哈佛燕京学社社长裴宜理教授、副社长李若虹博士等的大力帮助。付海晏教授、吴和林博士与中国近代史研究所的博士生袁艺嘉担负了大量资料收寻和编辑工作，其中付海晏教授出力尤多。

值得一提的是，包鹭宾先生书法功底深厚，尤擅行草，但因年代久远，相关文稿的辨识校对颇费周章。经他们数度核稽，求助精于书法的友人，最终才使新版学术论著选的内容得以完璧呈现于读者。编辑前贤学术论著之不易，于此可见一斑。

马敏 谨记

2022 年 10 月 25 日